内 容 提 要

本书概述了学科化服务的来源与发展,以及信息技术服务的基础、模式和国内外发展现状,比较全面系统地阐述了学科化信息资源的管理与方法。包括信息资源的获取方式、组织模式、分类与揭示、检索与利用、数据的存储以及信息安全问题。根据学科化服务过程中所涉及的技术,详细介绍了多种技术应用手段,包括利用 RSS 和 E-mail 推送信息资源,利用 Tag 标引学科信息,以及利用物联网技术和即时通讯(IM)技术开展学科化服务。在服务平台方面,详细阐述了博客、微博、维基、期刊导航、云服务、虚拟参考咨询以及教参系统平台在学科化服务中的应用方式和技术开发手段。并针对学科化服务技术与应用进行展望,对未来的学科化服务方式及内容进行延伸探讨。全书图文并茂、通俗实用,强调学科化服务技术的可操作性,读者无须具备专业的计算机知识亦可实现相关技术的开发与应用。

本书可作为学科化服务工作人员的培训教材,以及信息资源服务和技术人员的参考指南,也可供从事图书与情报专业的教师、学生和科研人员参考。

图书在版编目(CIP)数据

学科化服务技术与应用/孙翌主编. —上海:上海交通大学出版社,2013

ISBN 978-7-313-09127-7

Ⅰ. 学… Ⅱ. 孙… Ⅲ. 图书馆服务—研究 Ⅳ. G252

中国版本图书馆 CIP 数据核字(2012)第 247130 号

学科化服务技术与应用

孙 翌 主编

上海交通大学出版社出版发行

(上海市番禺路 951 号 邮政编码 200030)

电话:64071208 出版人:韩建民

浙江云广印业有限公司 印刷 全国新华书店经销

开本:787mm×960mm 1/16 印张:19.5 字数:365 千字

2013 年 1 月第 1 版 2013 年 1 月第 1 次印刷

印数:1～2 030

ISBN 978-7-313-09127-7/G 定价:68.00 元

文治堂学术专著

学科化服务技术与应用

主编 孙 翌

上海交通大学出版社

编　委

曲建峰　陈嘉懿　钱　吟　李海燕
施晓华　李　鲍　蔡峰华

前　言

学科化服务是图书馆和情报信息机构的高端服务项目。在我国发展已经有近十年,但仍然属于图书馆和科研机构等的新兴服务领域。随着计算机网络的发展,学科化服务方式发生了翻天覆地的变化。学科服务技术馆员应该紧跟技术的发展,利用新技术新理念为广大科研工作者提供更为个性化、便捷的学科信息服务,为学科服务团队创建更为便捷、高效率的工作环境。本书的编者均具有较强的理论基础与技术实践经验,在学科服务的技术应用与推广上开创性地引入了多项先进技术,如学科博客、学科云服务、智能信息服务、泛在智慧校园等,在图书情报领域发表了相关论著十多篇。目前,国内鲜有学科化服务方面的书籍,特别是学科化服务技术与应用方面,国内图书馆及相关领域的工作人员缺乏系统的指导性的教材类书籍,希望本书能为学科化服务提供一定的指导性作用。

本书是 CALIS 建设项目三期"馆员素养培训与资质认证"子项目系列成果之一,编者均来自上海交通大学图书馆。第一章由钱吟、李海燕和孙翌编写,第二章由曲建峰和李鲍编写,第三章由孙翌、李鲍和蔡峰华编写,第四章由陈嘉懿、孙翌、施晓华和钱吟编写,第五章由陈嘉懿和孙翌编写。

1. 本书主要内容

(1) 第一章为绪论。主要介绍学科化服务和信息技术的发展与定义,阐述了学科化信息技术应用的基础和服务模式以及国内外图书馆信息技术发展现状,剖析了学科化服务技术应用目的与意义。

(2) 第二章为学科化信息资源管理。开展学科化服务的基础单元是信息资源,该章节主要介绍学科化信息服务过程中涉及的信息资源基础技术,在信息资源管理体系框架下分别阐述了信息资源的获取方式、组织模式、分类与揭示、检索与利用。根据数据保存的问题,阐述了数据存储以及信息安全方面的问题。

(3) 第三章为学科化服务技术应用手段。以 RSS、E-mail、Tag、物联网技术和即时通讯(IM)为研究对象,主要阐述了学科化服务过程中常见的技术该如何设计与实践,并以案例的方式详细分析其应用情况。

(4) 第四章为学科化服务平台建设。详细阐述了博客、微博、维基、期刊导航、云服务、虚拟参考咨询以及教参系统平台在学科化服务中的应用方式和技术开发手段,以案例分析和技术剖析的方式分别阐述各应用平台在学科化服务中的作用与实践。

（5）第五章为学科化技术应用展望。立足于学科化服务的需求，围绕学科化信息技术的发展，尝试性地讨论未来学科化技术的发展方向及服务模式，并着重从信息资源获取、智能化、云服务以及互动性方面进行探讨。

2. 本书主要特点

（1）结构合理，内容新颖。目前涉及学科化服务的技术书籍大多数侧重于对技术的概述，并未深入探讨技术的应用和意义。本书内容新颖，从知识概述、应用基础、技术剖析到技术展望，以案例的方式图文并茂地详解各种学科化服务技术应用手段与服务平台，对学科服务人员在开展服务的过程中起到指导作用。

（2）知识系统，内容全面。本书参考了大量的文献和新技术，从学科化服务的发展到信息技术的获取、组织与揭示，提出了学科化服务技术框架，系统全面地阐述了学科化服务的技术发展、技术理论、应用方法等基础工作，读者学习本书之后，可以掌握多项技术的开发实践知识，同时也可以全面了解学科化服务技术各方面的应用。

（3）通俗易懂，技术实用。本书语言通俗易懂，强调实用性和可操作性，开发框架的讲解都配有核心技术设计和实践过程。读者可以边学边实践，快速、全面地掌握学科化服务的开发方法和技巧。

本书提供了大量的学科化服务典型应用案例，覆盖了大多数学科化服务技术应用的方法与技巧。

3. 本书读者对象

本书可作为学科化服务工作人员的培训教材，以及信息资源服务和技术人员的参考指南，也可供从事图书与情报专业的教师、学生和科研人员参考。

本书获得了上海交通大学第二届“文治堂系列”学术著作出版资助。感谢上海交通大学图书馆陈进馆长对本系列丛书的组织和策划；感谢上海交通大学出版社潘新为本书的出版给予的支持；感谢上海交通大学图书馆郑巧英研究员及相关评审专家给予的专业指导；感谢我们的家人，在编写过程中给予的支持和帮助。

由于编写时间仓促，书中存在的错误和疏漏，恳请广大读者批评和指正。

编　者

目 录

第1章 绪 论

1.1 学科化服务与信息技术

1.1.1 学科化服务概述

学科化服务,源自学科馆员制度的建立。学科馆员是大学图书馆服务的核心层,是联系图书馆与院系的纽带。美国是较早实行学科馆员制度的国家,1946年学科馆员岗位在美国的一些大学图书馆设立,学科馆员也被称为学科联络馆员(Academic Liaison Librarian,Liaison Librarian)、学科信息专家(Subject Specialist)、学科馆员(Subject librarians)、学院馆员(Faculty Librarian)、学科目录学家(Subject bibliographer)、研究支持馆员(Research Support Librarian)、学科咨询馆员(Subject Reference Librarians)、网络馆员(Network Librarian)、参考咨询馆员(Reference Librarian)、院系专业图书馆员(Departmental Librarian)、专业文献采访人员(Special Collections)、专业选书馆员(Collection Managers)等,至1960年大部分美国大学图书馆均设立了学科馆员。

与美国相比,我国大学图书馆设立学科馆员制度相对较晚,1998年清华大学率先在国内引进学科馆员制度,并聘请了院系图情专家,在国内大学图书馆率先开始了由学科馆员与院系图情专家相结合的、面向学科的图书馆服务。之后,东南大学图书馆(1999)、西安交通大学图书馆(2000)、北京大学图书馆(2001)、武汉大学图书馆(2001)、江苏大学图书馆(2001)、南开大学图书馆(2002)、北京师范大学图书馆(2002)、上海交通大学图书馆(2003)等多个高校图书馆都效仿设立了学科馆员(或学科咨询馆员)制度,由专人负责开展面向特定院系与学科的、有针对性的服务,只是学科馆员的工作职责侧重点不同。学科馆员根据工作特性的不同,称谓也会有所不同,例如:"学科联络员"(如中国矿业大学图书馆"院系对口服务联系人"、苏州大学图书馆"联络馆员"、南京大学图书馆"学科联络员"、徐州师范大学图书馆"学科联系人"等);"咨询馆员"(如上海大学"信息参考馆员"、南京师范大学"对口咨询馆员"、中国人民大学"咨询馆员"、中山大学"咨询馆员"、兰州大学"咨询馆员"、宁夏大学"在线咨询员");"采访馆员"(如厦门大学的"学科采访馆员",西北师范大学的"学科选书馆员")①。2003 年以后,清华大学图书馆又针对网络化、数字化环境的变化,进一步拓展了学科馆员的职责,并尝试面向学科的竞争情报分析服务,收到了比较好的效果②。2006 年,中科院国家科学图书馆推出了"融入一线,嵌入过程,提供学科化、个性化、知识化、泛在化服务"的"第二代学科馆员和学科化服务"③,以其"融入一线、组织一线、服务一线;责任绑定、服务绑定、创新绑定、考核绑定"的学科馆员管理原则和服务模式而受到广泛关注。2008 年,上海交通大学图书馆又推出了以 IC² 创新服务模式为品牌的全馆全方位学科化服务体系,从组织机构设置、学科服务团队组成、馆藏物理空间布局、到各类业务流程再造,都开始以学科化服务为主线进行,在国内走出了一条独具特色的学科化服务之路。至2010 年,全国已有约 100 余所高校图书馆设立了学科馆员岗位,开展面向学科的服务。

随着国内图书馆学科馆员制度的引入与深化,学科服务成为图书馆读者服务的一项重要内容。与传统的参考咨询等服务相比,学科服务是一项开拓性的主动参与式的创新服务。它要求学科馆员深入到用户的科研或教学活动中,帮助他们发现并提供更多的专业资源和信息导航,为用户的研究和工作提供针对性很强的信息服务,是图书馆创新精神和个性化服务特征的具体体现。

1.1.2　学科化信息技术概述

信息技术或资讯科技(Information Technology,简称 IT),是主要用于管理和处理信息所采用的各种技术的总称。它主要是应用计算机科学和通信技术来设计、开发、安装和实施信息系统及应用软件。它也常被称为信息和通信技术(Information and Communications Technology,ICT)。主要包括传感技术、计算机技术和通信技术④。

从信息技术的特性来看,其主要具备以下两个方面的特征:

(1) 信息技术具有技术的一般特征——技术性。具体表现为:方法的科学性,工具设备的先进性,技能的熟练性,经验的丰富性,作用过程的快捷性,功能的高效性等。

① 柯平,唐承秀. 新世纪十年我国学科馆员与学科服务的发展(上)[J]. 高校图书馆工作,2011(2):3-10.

② 杜也力. 谈大学图书馆"学科馆员"制度[J]. 图书馆与图书馆事业,2002(1):49-50.

③ 初景利,张冬荣. 第二代学科馆员与学科化服务[J]. 图书情报工作,2008(2):6-10,68.

④ 维基百科. 信息技术[EB/OL]. [2012-05-06]. http://zh. Wikipedia. org/Wiki/%E4%BF%A1%E6%81%AF%E6%8A%80%E6%9C%AF.

（2）信息技术具有区别于其他技术的特征——信息性。具体表现为：信息技术的服务主体是信息，核心功能是提高信息处理与利用的效率、效益。由信息的属性决定信息技术还具有普遍性、客观性、相对性、动态性、共享性、可变换性等特性。

根据信息技术的特性人们对信息技术进行了定义，因其使用的目的、范围、层次不同而有不同的表述：

（1）信息技术就是获取、存储、传递、处理分析以及使信息标准化的技术。

（2）信息技术包含通信、计算机与计算机语言、计算机游戏、电子技术、光纤技术等。

（3）现代信息技术以计算机技术、微电子技术和通信技术为特征。

（4）信息技术是指在计算机和通信技术支持下用以获取、加工、存储、变换、显示和传输文字、数值、图像以及声音信息，包括提供设备和提供信息服务两大方面的方法与设备的总称。

（5）信息技术是人类在生产斗争和科学实验中认识自然和改造自然过程中所积累起来的获取信息，传递信息，存储信息，处理信息以及使信息标准化的经验、知识、技能和体现这些经验、知识、技能的劳动资料有目的的结合过程。

（6）信息技术是管理、开发和利用信息资源的有关方法、手段与操作程序的总称。

（7）信息技术是指能够扩展人类信息器官功能的一类技术的总称。

（8）信息技术指应用在信息加工和处理中的科学，技术与工程的训练方法和管理技巧；上述方法和技巧的应用；计算机及其与人、机的相互作用，与人相应的社会、经济和文化等诸种事物。

（9）信息技术包括信息传递过程中的各个方面，即信息的产生、收集、交换、存储、传输、显示、识别、提取、控制、加工和利用等技术。

信息技术推广应用的显著成效，促使图书馆致力于数字化和信息化，而信息化的巨大需求又驱使信息技术高速发展。当前，信息技术发展的总趋势是以互联网技术的发展和应用为中心，从典型的技术驱动发展模式向技术驱动与应用驱动相结合的模式转变。

在信息技术领域，微电子技术和软件技术是技术核心[①]。

（1）微电子技术方面：集成电路的集成度和运算能力、信息技术性能价格比依然遵循"摩尔定律"的每18个月翻一番的速度呈几何级数增长，支持信息技术达到前所未有的水平。现在每个芯片上包含上亿个元件，构成了"单片上的系统"（SOC），模糊了整机与元器件的界限，极大地提高了信息设备的功能，并促使整机

① 百度百科.信息技术[EB/OL].[2012-05-06].http://baike.baidu.com/view/3226.htm.

向轻、小、薄和低功耗方向发展,例如苹果公司推出的一系列创新性的产品。

(2) 软件技术方面:已经从以计算机为中心向以网络为中心转变,软件与集成电路设计的相互渗透使得芯片变成"固化的软件",进一步巩固了软件的核心地位。软件技术的快速发展使得越来越多的功能通过软件来实现,"硬件软化"成为趋势,出现了"软件无线电""软交换"等技术领域。嵌入式软件的发展使软件走出了传统的计算机领域,促使多种工业产品和民用产品的智能化。软件技术已成为推进信息化的核心技术。

然而,如今的信息技术的发展与应用少不了网络技术的支持。三网融合和宽带化是网络技术发展的大方向。电话网、有线电视网和计算机网的三网融合是指它们都在数字化的基础上在网络技术上走向一致,在业务内容上相互覆盖,三网融合的确打破了原有的行业界限,引起产业的重组与政策的调整。随着互联网上数据流量的迅猛增加,特别是多媒体信息的增加,对网络带宽的要求日益提高。增大带宽,是相当长时期内网络技术发展的主题,因而我们可以通过网络将各类学科化信息推送给用户,从而促进了网络信息体系的形成。

无论人们从何种角度定义和看待信息技术,信息技术的最终目标都是用计算机等设备将信息进行存储并处理,以期为人们更快更有效率地解决信息的获取和处理。大学正是以信息交流为基础来实现其培养人才和创新知识的目标,信息服务活动是以信息用户为导向、以信息服务者为纽带、以信息服务内容为基础、以信息服务策略为保障的活动。信息交流体系的变化对图书馆的服务活动具有重大影响,促使图书馆不断调整服务内容,完善服务方式,探索新型信息交流体系下的服务模式。

信息技术是更好地进行学科化服务的手段,能将图书馆的信息服务与用户的信息获取方式打通。如今的学科化服务不再是简单的文献提供,而是根据用户的需求,将信息碎片化和重组后提供个性化的信息资源服务,即学科馆员需要为用户提供有价值的学科化信息。学科化信息指的是在学科化服务过程中所涉及的信息资源。无论是何种信息资源,在信息技术的处理上都是相通的,且从其他信息技术的方法引用或重组,从而获取更多学科化信息技术,将其应用至学科化服务中,产生更大的服务效益。

1.2　学科化信息技术应用基础

信息化时代的图书馆是计算机技术、网络技术、多媒体技术和其他相关技术共同发展应用的产物。依赖于信息技术的发展,图书馆逐步实现了自动化管理,读者可以在图书馆的公共查询平台上查找获取自己所需要的信息资源,可以通过虚拟参考服务随时得到服务和帮助,还可以借助图书馆现有的设备资源更好地进行科学研究。高校图书馆不再只是一个信息交流服务的场所,更是一个资源获取平台和科研辅助机构。图书馆的学科化服务正是在这样的现代化环境下蓬勃发展起来的。以图书馆的学科馆员为核心,借助于图书馆现有的信息技术环境,将图书馆的服务主动地推送到读者中去,真正体现了提供读者所需要的、以读者为中心这一服务理念。信息技术是推动学科化服务工作的有力工具,而图书馆信息技术的提升需要一个完整的体系来支撑,这个体系包括各种硬件基础,软件环境和网络环境。图书馆的软硬件建设是用户获取和利用信息资源的基本物质条件,网络建设是传统图书馆向数字图书馆过渡的基础,同时也是数字图书馆建设的重点之一。图书馆的软硬件基础和网络环境关系到图书馆建设的成败及发展。本节将重点介绍学科化服务中涉及的信息技术应用基础。

1.2.1 硬件基础

在学科化服务中信息技术的硬件基础主要指的是各种支持学科化信息资源开发、信息技术应用的基础设施。这些基础设施是分析、处理以及传播各类信息的物质基础,是图书馆信息化建设最基本的条件,也是图书馆整个信息化支撑系统中最基本的要素。

当前图书馆开展学科化服务的硬件类基础设施主要包括:

1) 各类专用服务器

专用服务器是用来运行图书馆各类应用软件的系统平台,保证了图书馆各系统的正常运作才能保证学科化服务的顺利进行。这些应用软件从服务范围来分可以分成对内和对外两种,对内主要包括流通管理系统、办公自动化系统、电子阅览室管理系统、编目信息处理系统、网站管理系统等,对外包括读者管理系统、联合编目系统、基层数字资源服务系统、文献传递系统、开放链接和统一门户系统等。不同的图书馆产品对服务器性能要求有很大不同,从服务压力来考虑,既有高访问量的例如数字资源发布系统、OPAC 系统,也有访问量相对较小的多媒体服务系统、虚拟现实导航系统等。同时也受读者需求、网络情况等因素影响,因此服务器的设计要根据应用软件的服务规模、安装条件、开发成本等综合考虑。选择服务器时最好能将图书馆软件系统的 Web 系统、数据库系统、原版数据系统分开存放于不同的服务器上,这样的话不仅可增加系统的安全性和扩充性,而且成本也比较低。如果图书馆软件系统平台只存放和运行在一台服务器上,不仅可扩充性差,而且扩充成本也高。

2) 计算机等终端设备

现代办公离不开计算机等终端设备,以参考咨询服务为例,现代信息技术条件下的参考咨询服务不再需要馆员和用户进行面对面的问答,也不再受到时间和空间的限制,馆员可以在家中或办公室通过网络进行咨询和交互式问答。这就必须为学科馆员配备相应的计算机设备。

随着移动通信、移动互联网技术的不断发展,各类移动终端设备如手机、平板电脑等越来越普及,利用手机 QQ、手机 MSN、移动微信等传递信息、服务用户已逐渐成为学科化信息服务的新手段,各类智能移动终端也成为学科馆员与用户动态互动的最新终端设备。

3）图书馆网络建设

网络建设主要用来建立和保持图书馆和外部系统之间的信息连接和传递,是图书馆信息化建设的核心指标。图书馆的数据源头多、数据处理工作量大、加工要求严格、传输要求快速、信息存储安全性要求高,而计算机网络具有数据通信、资源共享、分布处理、集中控制、系统可靠等功能特点,因而在图书馆中的应用显得尤为广泛和关键。图书馆网络布局主要包括有线网络、无线网、手机网等。

有线网络作为数字图书馆运行的基础与底层平台,它能否正确、可靠、安全、稳定地运行,对于图书馆能否正常提供服务来说至关重要。

数字时代的图书馆将为到馆的读者提供无线网接入的服务,通过使用无线网,读者既可以使用自带计算机访问互联网,体验到图书馆多网连接的优势,又可以直接使用数字图书馆在互联网上提供服务的数字资源。无线网以其安装便捷、使用灵活、易于扩展等特点成为有线网络的重要补充。

随着手机性能不断提高,智能手机快速普及,手机已经成为人们获取信息的重要途径,中国已经成为世界上拥有手机量最大的国家。手机也成了除互联网外社会公众文化信息服务的另一个重要渠道,建立并且不断丰富以手机和其他手持设备作为应用平台的服务项目,目前主要通过 WAP 网站、短信服务、动态内容分发等方式来提供服务。通过建立 WAP 网站,可以形成手机版的数字图书馆网站门户,集中向公众揭示图书馆各种资源和服务。

4）存储设备

存储系统主要实现海量数字资源的调度、备份、服务、存储和长期保存的功能。现代图书馆逐渐走向成熟,从硬件条件上讲是与网络和大容量存储设备的出现分不开的,没有这两者,就不会有真正意义上的数字图书馆。数字图书馆很大一项任务就是利用当今先进的数字化技术,将图书馆馆藏信息实现数字化,通过计算机网络供用户随时随地地查询,使处在不同地理位置的用户能够方便地利用大量的、分散在不同地点的电子信息资源的全部内容。这些电子信息资源包括网络化的文本、地图、图表、音频、视频以及科学、企业、政府的数据集,还包括超媒体和多媒体等。海量数字资源的加工、组织、服务、管理、保存的各个环节都需要大容量、高性能的存储设备。数字时代如果存储设备扩充性差,那么就无法丰富馆藏资源,更多有价值的海量数字资源就不能被存储,进而也就谈不上利用,对学科化服务进程造成阻碍。

综上所述,硬件系统在整个数字图书馆工程中发挥了基础环境的支撑作用,是读者获取和利用信息资源和服务的物质条件。

1.2.2　软件环境

信息技术应用的软件环境主要包括以下几个方面:

1) 相关软件系统

与图书馆相关的软件主要分为以下几类:一是操作系统软件;二是数据库和网络管理系统软件;三是各类应用软件。操作系统软件和管理系统软件,都有专业公司进行研制,市场上都有出售,各馆可根据需要,选择条件好、适用性强、扩展性好、功能比较齐全、安全可靠、标准化程度高、用户界面友好的软件。在应用软件方面,由于图书馆业务的专业性比较强,近年来不少图书馆都组织力量进行过研制,有的应用软件推广应用后,形成了一定的规模,通过逐步升级换代,现已比较成熟。有的应用软件还开发了数据套录功能,既为统一数据标准,尽快与国家标准和国际标准接轨,打下了良好的基础;又为图书馆网络之间的相互连接,实行资源共享,开辟了良好的应用前景。

2) 建设数字化图书馆环境

当前是传统图书馆、自动化图书馆和数字图书馆共存互补的时代。未来图书馆发展的新目标,是通过光纤传导系统将全国乃至世界所有的图书馆连接起来,将一切可用资源转化为数字储存起来,创建"庞大的"数字图书馆。信息资源的开发和利用能力是图书馆信息化的核心内容,也是信息化建设的关键环节,是其他各要素顺利实施的保障。信息资源的拥有与存取,最直接地反映了图书馆的信息处理能力,随着现代网络技术在图书馆的普遍应用,图书馆文献信息资源种类呈多样化,馆藏已实现以印刷型资料为主向印刷型文献、电子文献(如光盘、磁带、录像带、软盘)及数字化虚拟馆藏资源并重转变。数字资源的迅猛增长也使得图书馆能够更加方便快捷地满足用户需求。

3) 素质良好的图书馆工作人员

印度著名图书馆学家阮冈纳赞指出:"一个图书馆成败的关键在于图书馆工作者。"随着信息技术的发展,出现了很多较高层次的信息用户,这类用户要求图书馆能够提供范围较广或较专深的知识和信息。现代图书馆人才除了要掌握有关图书馆学专业知识外,还必须要掌握其他学科的一些专业知识,能为专业人员提供所需的专业类信息资料,能解答有关学科领域的知识性咨询,提供信息综述、信息代理、信息分析等高层次信息服务。学科化服务是一种面向内容的专业化服务,需要有高素质的学科馆员来提供服务。学科馆员是学科化服务的中坚力量,其素质与能力是图书馆实力的外在体现,要求学科馆员服务于特定的学科,不仅要具备对口服务学科的专业背景,还要具备图书情报专业背景;不仅要了解所服务学科的发展状况,还要有提炼知识、挖掘知识的能力,以及能融入教学、科研,与师生和科研人员有效沟通合作的能力。

1.2.3　网络环境

Internet 的迅猛发展使图书馆进入网络时代。目前,网上图书馆越来越多,它们提供馆藏资源的网上检索、网上信息导航、虚拟图书馆等。虚拟图书馆对网上的信息资源进行合理的组织整理,建立网络信息资源导航系统,提供网上浏览和查询。现代图书馆正朝着文献信息服务中心的目标发展,这将使图书馆读者和馆藏概念发生变化。在网络时代,读者不再从属于某一个图书馆,而是整个网络的用户。对于具体的某一个图书馆而言,读者可分为直接到馆的读者、远程访问的读者和通过其他馆来访问的间接读者。衡量一个图书馆不仅看它物理上拥有多少文献,还要看它能为用户提供多少服务,在多大程度上满足了用户的要求。图书馆馆藏的概念,不应局限在本馆有形的印刷型文献,还要包括一定时间内网上可访问的数据库信息资源。另外,在网络环境下,图书馆工作方式与传统方式截然不同,参考咨询功能大大增强。文献资源管理的自动化与网络化,将使图书馆变被动服务为主动服务,变单一服务为多元、多层次服务。除有形书刊借阅,还有无形网上文献用户权限的申请办理,除了工作人员和读者面对面的接触,还有网上的提问解答及联系等。当然,我们应当承认,虚拟图书馆只能是未来图书馆的一个组成部分,它为传统图书馆的服务内容和形式等增加了新的含义,而不会完全取代传统图书馆。所以 21 世纪的大学图书馆不可能是传统图书馆的一统天下,而是两种图书馆共存互补,包括信息技术与传统图书技术的共存互补。

当 Web2.0 概念正逐步被互联网界及广大用户接受的同时,一个新的说法——下一代网络 Web3.0 接着出现在人们的眼前,并且引起了学术界及商业界的巨大反响。关于 Web3.0 的话题,随便一搜索,各种说法和观点、预测和猜想,几天几夜也许都看不完,几乎让人感觉"身处在互联网百家争鸣时代"。而对于 Web3.0 的定义,到现在还没有一个统一的认识,可以理解成 Web3.0 是在 Web2.0 基础上发展起来的并且实现了更加"智能化的人与人和人与机器的交流"功能的互联网模式,是一种全新的互联网服务模式。下一代的 Web 服务更多的不是仅仅一种技术上的革新,而是以统一的通信协议,通过更加简洁的方式为用户提供更为个性化的互联网信息资讯定制的一种技术整合,对各种网络资源进行整合后提供给用户,同时应当保证所提供的知识信息是高质量的,这将会是互联网发展中由技术创新走向用户理念创新的关键一步。和新一代 Web 一样,相信图书馆技术将很快在现有图书馆 2.0 基础上,发展成图书馆 3.0、4.0 甚至是 X.0 等。在下一代图书馆 Web 时代,图书馆不仅要很好地继承图书馆 2.0 建设的丰富资源,而且还要在图书馆工作中充分利用新一代 Web 技术应用所产生的革新理念。

那么新的 Web 技术和服务将为图书馆带来什么呢,可以预见的是:

1) 服务平台更加个性化

读者可以在图书馆的服务平台上建立自己的个人账户,平台提供各种 widget 让用户定制自己喜爱的个性化服务,并根据自己的兴趣、爱好及需求,选择自己喜欢的内容,同时还可以从因特网上聚合其他信息,最终构建自己的个性化门户。平台上的信息可以由用户自己进行掌控和整合,读者甚至还可以把因特网上的信息例如天气状况、博客、论坛等添加到自己的个人图书馆门户,图书馆只需提供技术上的支撑和完善。用户和用户之间还可以相互交流、互相链接、共享信息,发布、收藏、分享和传播读者对图书的评论、推荐程度、个人观后感等信息,让读者尽情分享彼此的信息和心情。新一代 Web 技术带来的图书馆门户网站革新,必将全面提升图书馆的网上服务水平。

2) 搜索的智能化

对于搜索引擎来说,下一代 Web 的到来就是智能语义搜索的到来。智能搜索,具有比较复杂的逻辑判断能力,能针对搜索人不同身份、不同要求而调整搜索结果及信息排列顺序,使搜索更加人性化和智能化。用户无需再分析和试验组合查询词,只需要将查询用自然语言表达出来,搜索引擎就会对查询和用户的搜索习惯进行解析、整理、挖掘、得出最佳的设计方案,帮助用户快速、准确地搜索到自己感兴趣的信息内容,避免信息海量化带来的搜索疲劳。

3) 更大的信息资源共享效益

实现信息资源全面共享一直是图书馆追求的目标,相信到了图书馆 3.0 时代,图书馆的信息资源提供和创建方面都将迎来质的发展。在信息提供方面,图书馆的虚拟参考咨询服务可以智能地分析用户的偏好和需求,主动搜索提取用户所需资源,并通过 RSS 聚合等手段将资源主动推送给用户,这样便很好地克服了传统咨询服务提供资源不足、不准确的缺点。在信息创建方面,将鼓励用户参与到图书馆的信息创建服务当中,用户可以充分运用 Web 服务的核心技术如 Tag、Wiki 等来创建有效资源并共享出去,这样既能够极大地丰富图书馆的信息资源,同时也为别的用户提供了更多有效的信息,从而大大提高了资源共享的效率。

4) 为用户提供个性化的使用体验

真正能够赢得用户青睐的图书馆服务模式一定是基于用户行为、习惯和信息的聚合而构建成的模式。满足个性化需求设计、人性化的设计、友好的界面、简单易用等是用户体验的核心元素,这些正是新的网络时代可以为图书馆带来的。

5) 适合多种终端平台,实现信息服务的普适性

随着信息网络技术的软、硬件不断更新换代,各种智能设备层出不穷,3G 时代,智能手机越来越普及。下一代 Web 的网络模式将实现不同终端的兼容,从 PC机到智能手机、PDA、机顶盒、专用终端等,图书馆的用户可以使用多样化的终端平台随时随地检索公共目录、下载阅读电子资源、创建个人空间、发布信息和享受及时交互的信息服务,同时也使得这些嵌入式设备在新模式下发挥更大的效力。

总之,随着新一代 Web 技术的不断发展和完善,图书馆界必将迎来图书馆 3.0这一革命性变革。图书馆 3.0 将充分利用各种先进技术成果,在情报检索、虚拟参考咨询、资源共享等方面为读者提供更加便捷有效的服务方式。作为情报信息服务的主要承担者——图书馆,必须顺应历史潮流,抓住契机,改革创新,完善自我,才能在瞬息万变的时代浪潮中立于不败之地,才能不断为图书馆注入新的活力,推动图书馆的快速发展。

1.3   学科信息服务模式

合理构建学科信息服务体系,积极开展学科信息服务,是当前高校图书馆的一项重要任务。学科信息服务最早产生于 1981 年,学科信息服务的雏形是美国卡内基梅隆大学图书馆推出的"跟踪服务"。之后,美国俄亥俄大学图书馆推出的"网络馆员免费导读"服务则推动了其进一步发展。30 年的发展使学科信息服务在美国基本上形成了完整的服务体系,而在我国,学科信息服务则是处于刚起步的探索阶段。随着社会和信息技术的发展,图书馆的服务方式也在不断地变革,在做好传统服务工作的同时,如何加强基于学科建设的数字化信息服务,是图书馆需要研究和思考的问题。

高校图书馆的学科信息服务是以读者为中心,以学科馆员为纽带,背靠图书馆文献信息平台,依托图书馆的全体工作人员,面向各院系、课题组和个人,建立基于图书馆、院系协同的、面向一线的学科化服务机制,以个性化、学科化、知识化服务为手段,以提升科研用户信息获取与利用能力为目标,为科学研究的自主创新提供有力的信息保障[1]。概括来说学科信息服务是一种基于馆藏物理资源和网络虚拟资源,以读者需求为目标驱动的,面向知识内容的,融入读者决策过程并帮助读者找到或形成问题的解决方案的增值服务。新的学科信息服务模式要求学科馆员不

---

① 王青. 高校图书馆学科化信息服务模式研究[J]. 大学图书情报学刊. 2010(6):15-17.

能被动地等待用户来获取信息,不能局限于解决用户所提出的单一信息需求,还应主动参与到用户的问题解决过程,提供全程、有特色的信息服务及信息增值服务。其服务内容包括:文献信息查找、网络检索工具使用辅导、咨询解答、信息利用指导、学科资源推荐、课题跟踪服务和用户意见反馈等。

可以说,学科信息服务造就了新的图书馆信息服务时代,使得以读者为中心的服务理念得以实现。高校图书馆学科化信息服务一方面强调对最新技术的利用,另一方面强调读者的参与。对于高校图书馆而言,将学科化信息服务理念引入到图书馆领域,使学术资源由分散变集中,由无序变有序,极大地方便各学科读者利用本学科领域的信息资源,让各学科特别是重点学科领域的教师和科研人员快速了解本学科领域前沿研究方向、发展趋势和国际动态,使图书馆的服务具有互动性、参与性、社会性、开放性和个性化特征,扩大图书馆读者群体,提高读者满意度。通过对高校图书馆学科化信息服务进行研究,探讨学科化信息服务如何与图书馆信息服务结合,在服务模式上创新,从而提供更优质的服务。

1.3.1 参考咨询服务模式

参考咨询服务是高校图书馆工作中一项十分重要的工作,是在数字化、网络化的信息大环境下,以丰富的馆藏资源和网络资源为依托,针对网络用户的需要,由具备一定专业知识的图书馆工作人员将馆藏资源和网络资源进行收集、整理与加工,并通过在线问答、E-mail 等形式反馈给用户的服务机制[①]。

在网络技术与信息科学飞速发展和数字化信息资源与日俱增的今天,参考咨询工作的咨询环境、咨询模式和咨询工具等都发生了巨大的变化,图书馆接受咨询问题与解答咨询问题的方式从面对面的传统咨询方式扩展到网上咨询服务。有别于传统参考咨询的“一对一”服务,新的服务策略将为用户提供有价值、实效性、针对性强的图书馆参考咨询服务。于是实时咨询、在线咨询、可视咨询、互动咨询等方式纷纷涌现,为用户提供网络时代实时、高效、便捷的服务。其中合作参考咨询的出现大大提高了咨询服务的质量,对传统参考咨询服务而言是一次质的飞跃。

合作参考咨询服务是由多个图书馆或情报咨询机构建立协作关系,充分利用各自的信息资源特色和人才优势为用户提供全天候的数字参考咨询服务[②]。其优

---

① 晁卫华. 信息时代高校图书馆信息服务模式[J]. 河北理工大学学报:社会科学版. 2011(5):84-86.

② 侯福丽. 网络环境下高校图书馆信息服务模式探讨[J]. 农业网络信息. 2011(9):49-50,65.

势在于：首先，不仅能够改善图书馆专业咨询人员不足的情况，而且可以把学科馆员从繁琐的咨询服务中解脱出来；其次，这种虚拟参考咨询服务不受时间、空间限制，具有实时性、开放性、广泛性和公益性，能够使读者及时得到自己想要的答案；再次，能以统一的标准为用户提供咨询服务，减少咨询答案不完整、不统一、出错的情况。目前我国已初步建立了几个合作参考咨询系统，主要包括网上联合知识导航站、联合参考咨询与文献传递网和 CALIS 虚拟参考咨询服务系统(CVRS)等。

数字图书馆的虚拟参考咨询服务突破了传统参考咨询服务时间和空间的限制，人们可在任何时间获取信息，是一个灵活的个性化的信息服务和信息获取方式，实现用户与学科、专家知识连接，具有交互式、问答式、灵活性等特点。

1.3.2　学科信息门户服务模式

学科信息门户(Subject Based Information Gateways)是近年来伴随着因特网的发展而出现的。"门户是通过统一检索、数据收割、推送服务等技术手段，将分布在不同信息源的内容整合在一起集中提供给用户的网络服务[1]"。学科信息门户则是致力于将特定学科领域的信息资源、工具与服务集成到一个整体中，按学科、专业分类，将学科的各类资源进行分类、归纳、序化与优化，提供全面的学科资源信息。简单来说，学科信息门户是用户访问某学科资源与服务的通道，它是一种网络服务，为用户提供一个方便的信息检索和服务入口，使用户能够通过这样一个平台全面了解有关学科的信息全貌，掌握学科研究趋势与动态。同时，它也是联系学科馆员与用户的桥梁。用户通过此平台享受学科化信息服务，学科馆员使用该平台为用户提供服务。

作为信息服务平台，它利用各种先进信息技术手段和方法将海量的信息资源组织成一个相对集中的方便用户利用的信息系统，有效解决用户对学术信息资源的需求问题，提高他们的资源查找和利用效率，满足用户科研和教育等方面的信息需求。它是网络指南、学科导航、信息资源指引库的进一步发展。

学科信息门户具有以下特点：

1) 跨系统一站式检索

用户在一个搜索界面，将搜索请求一次性输入，就可实现对多种资源和数据库信息的查询。它将各个系统的检索结果汇集起来，以统一的界面展示给用户，使用户的搜索方便而高效。用户不需要分别进入各个本地的或远程的检索系统来进行检索。

① 苌群策.大学图书馆知识创新的信息服务模式研究[J].河南图书馆学刊.2009(1)：85-88.

2) 信息和应用的集成整合

信息内容经过深层次组织加工,形成高质量的信息内容。这些信息与各种信息服务有机地集成在一个统一的界面中。

3) 收录的资源专业化

如专题数据库、专利信息、专题新闻、会议信息、讨论组和新闻组、教学资源、研究项目和基金课题以及相关领域专家的博客、个人主页等资源,它整合了不同类型、不同形式、不同渠道的专业信息和各种资源。

4) 推行的服务个性化

学科信息门户模式注重服务功能的开发,提供了各种个性化的增值信息服务,如 RSS 新闻推送、个性化定制、讨论组与社区服务、案例研究、新资源介绍、热点推荐等。根据用户需求与偏好的描述信息,或通过用户信息访问行为的动态分析来推测用户意图,进行信息过滤和信息推荐等。

5) 参与的人员学科化

学科信息门户的用户中许多就是本学科领域的专家学者,他们对于专业学科资源的了解更为深刻,通过他们参与资源的创建能够有效发现有价值的信息,促进信息资源的最大共享。

尽管学科信息门户在实践应用上存在与理论技术滞后的问题,关键技术还有待提高,但随着学科信息门户概念的普及推广,学科信息门户关键技术的深入研究和广泛应用,新一代学科信息门户将成为专业数字图书馆共建共享的首选模式。

1.3.3 个性化学科信息服务模式

个性化学科信息服务是图书馆信息服务的发展方向,是图书馆可持续发展的需要,是满足用户信息需求、培养个性、表现个性的服务。所谓个性化信息服务就是根据读者的知识结构、信息需求、行为方式和心理倾向等有的放矢地为具体读者创造符合个性需求的信息服务环境,为其提供定向的个性化预定信息与服务,并帮助用户建立个人信息系统。个性化信息服务是适应用户多样化需求的重要手段,是图书馆应对信息资源多样化的一个必要措施。通过提供专门而深入的服务使用户的信息需求得到最大满足,将是未来图书馆用户服务的主流形式。

一般认为个性化信息服务包括两层含义:一是按用户需求提供信息服务,对用户来说,只有提供符合用户个人需要的知识信息才具有价值,这是个性化信息服务的基础;二是按用户或用户群的特点来组织信息,创建个性化的环境,主动向用户提供符合其个性特征的信息和服务。

实现个性化学科信息服务模式的途径主要有以下几个方面:

1) 个性化信息定制服务

信息定制服务是目前国内外图书馆开展个性化信息服务的主流模式。用户可以按照自己的需求和喜好,对所需的资源类型、信息内容、显示形式和接收方式等方面进行定制,动态地获得新信息的服务方式。通过用户个性化定制,获取用户个人信息,了解和推测用户的需求,图书馆能为用户提供到位的信息服务。

个性化的定制服务不仅满足了用户个性化的信息需要,也展现了用户的个人风格。用户进入到一个完全个性化的信息空间,只看到自己感兴趣的内容和享受自己需要的信息服务,而不会受到其他不相关信息的干扰。个性化定制服务是应对复杂的数字图书馆资源与用户界面挑战的有效途径。

2) 个性化信息推送服务

信息推送服务能够主动地根据学科专家的需求,将最新的信息分门别类地传送到相应的专家库中。它是一种深层次、主动的和个性化较强的服务方式,它具备智能化信息分析与处理功能,通过对读者专业特征、研究兴趣的智能分析而主动地向读者推荐其可能需要的信息。与传统拉取式获取信息方式不同,是由服务提供者及时主动地将个性化信息推送给用户。

基于网络的信息推送服务主要可以采取以下几种形式:

① 通知:如电子邮件。

② 提要:可实现查看 Web 页或其他信息源,寻找需要匹配的信息、并向读者传递信息。

③ 频道式推送:这是目前普遍采用的一种模式,它将某些页面定义为浏览器中的频道,读者可像选择电视频道那样接收有兴趣的信息。

④ 网页式推送:在一个特定网页内将所推送的信息提供给读者。

⑤ 专用式推送:采用专门的信息发送和接受软件,信源将信息推送给专门读者。

信息推送技术具有提供服务的主动性,返回信息的新颖性、及时性等特点,弥补了专业搜索引擎在为用户提供主动服务方面的不足。推送服务具有对读者要求不高、普遍适用于广大公众等优点,是一种比较深层次的、个性化主动信息服务方式。

3) 个性化信息检索服务

传统的信息检索是基于关键字或相似性的检索,检索结果大量重复,不相关信息多。而个性化检索工具通过各种方式搜集用户信息需求,建立用户模型,并且能够动态跟踪用户需求,修改和完善用户模型。在检索过程中,系统根据用户模型自动修正检索策略,并根据用户需求对检索结果进行排序。

用户在信息检索与利用的过程中往往表现出用户检索的个性化特征。图书馆在设置检索方案、选择搜索引擎、定制检索途径、提供检索线索时,必须充分支持用户在检索策略、检索方法和检索结果选择处理中的个性化。

4）学科信息共享空间服务

信息共享空间（Information Commons,IC）是 20 世纪 90 年代在欧美大学图书馆兴起的一种新型服务模式。IC 是一个经过特别设计的一站式服务中心和协同学习环境,通过提供方便的互联网络、功能完美的电脑软硬件设施以及内容丰富的知识资源库,把高校图书馆融入到教学与研究的整个过程,为用户回归图书馆和拓展图书馆服务成为可能。而学习信息共享空间（Subject Information Commons,SIC）则是以丰富的学科信息资源为依托,将服务进一步向纵深方向扩展,使之更具有专业化和个性化,从而以更加主动的姿态融入用户的学习、科研过程,为用户提供更加全面深入的学科化信息服务。

5）学科信息导航服务

学科信息导航服务就是根据重点学科用户的信息需求,以学科为主题由学科馆员将互联网上的相应资源加以搜集、分类、描述、组织和有序化,收集的范围主要包括国内外各种学术信息、科研动态信息和综述信息,信息主要来源于专业的网站,报纸以及被 SCI、EI 收录的核心期刊,建立全方位、多层次、有序化的相关信息资源导航系统,链接到图书馆网站主页上,使重点学科用户能在网上迅速找到自己想要的文献信息。

6）My Library 信息服务

My Library 是目前图书馆个性化信息服务最主要的形式。My Library 是以用户为核心,以个性化选择为界面的图书馆信息资源搜集方式,是根据用户个性特征进行的图书馆信息服务。My Library 集成用户所有信息在个人主页上,其实质是一个用户驱动的个性化资源定制、推送集成系统,提供以图书馆信息资源为主的资源集合的个性化定制服务。用户还可以按自己的喜好对页面显示的风格、色调进行选择设置,从而形成友好的个性化信息空间。

7）垂直信息服务

垂直信息服务是针对某一特定领域、某一特定人群和某一特定需求提供的具有一定价值的信息和相关服务。垂直信息服务通过汇聚网上特定专题信息资源并对其进行挖掘及加工,以满足用户专门而深入的信息需求[1],其特点是"专"、"精"、"深"。垂直信息服务主要是通过专门化、个性化、精品化、高技术和创新性的服务,使重点学科专家的信息需求得到极大的满足,并使图书馆在为学院的教学和科研服务上真正发挥了应有的作用。

---

① 方胜华. 个性化需求与图书馆信息服务模式探讨[J]. 情报杂志,2004(8):40-41.

1.3.4　智能化信息服务模式

智能化信息服务是通过建立智能信息系统与信息资源共享应用平台,使虚拟信息资源可以进行智能化处理,从而实现智能化信息检索、智能化信息处理的一种服务模式。

智能化信息服务是一种结合了智能代理技术和信息检索技术的信息检索机制,主要是通过一些智能代理软件来实现。利用开放和互动的网络信息工具如 Web2.0 技术等来深度挖掘各类专题信息,而且能与用户互动,直接回应用户信息需求。

同传统信息服务相比,先进的智能化服务主要有以下几层含义:

(1) 有高度的智能性,即使在没有用户的干预下也能自主或交互地执行各种拟人任务。

(2) 根据用户使用习惯、爱好、背景和要求,主动分析、预测用户需求,为用户提供量体裁衣式的个性化服务。

(3) 集成了专家系统、机器学习、人机交互接口等功能,能自我学习、自我调整,加快知识库更新,不断满足用户需求。

在图书馆的信息服务中应用智能代理技术,能真正围绕用户个性需求和用户信息活动及行为,实现信息资源、服务内容和服务功能的集成。目前,智能化信息服务属于较前沿的一种形式,还处于发展研究之中。如果借助搜索引擎、网络功能和 Lib2.0 更紧密地结合,充分地利用电子化资源、网络化资源,相信会开发出更多的知识产品。

1.4　国内外图书馆信息技术发展现状

现代信息技术主要包括计算机技术、通信技术、网络技术、多媒体技术和数据存贮技术等,其中,计算机技术是进行信息处理、传输、存贮所必不可少的核心技术。现代信息技术在图书馆中的应用,首先是从美国开始的。1950 年,美国海军军械中心图书馆的 H. E. 泰利特提交了世界上第一篇建议图书馆利用计算机的研究报告[①]。1954 年,该馆首先在 IBM701 型计算机上建立 NOTS 检索系统,采用单元词组配检索,输出结果为文献号码。1958 年,经过改进的 NOTS 系统使用 IBM704 型计算机,可以检索文摘、题目和作者等项目。NOTS 检索系统的建立,开始了图书馆现代信息技术的新时期。进入 20 世纪 60 年代后,一些工业发达国家都先后在图书馆应用计算机,信息技术正式进驻图书馆领域。

---

① 沈迪飞. 图书馆信息技术工作[M]. 北京:北京图书馆出版社,2000.

随着现代信息技术的发展以及计算机、网络、电子出版物的发展,大大改变了图书馆的馆藏结构,使其正由以物理载体馆藏为主向以物理馆藏、电子馆藏、虚拟馆藏相结合的方向发展。同时,数字化、网络化的信息革命从根本上推动了图书馆的发展进程,计算机日益成为图书馆的主要设备,图书馆采用了各种自动化集成系统、一站式检索系统等并建立自己的内部网络环境,呈现出网络化、信息化、智能化和社会化的特征。图书馆纷纷做出变革,朝着数字化的方向发展,从而形成了图书馆的一个新时代。

1.4.1 国外发展现状

1) 3G 技术推动移动图书馆服务

3G 是第三代移动通信的简称,它包括标准的制定、系统网络、终端应用开发等,其核心特征是信息传输的移动性和高速性。随着 3G 时代的到来,由于信息传播介质的改变,对图书馆的发展构成了前所未有的机遇和挑战。移动图书馆作为移动互联网与图书馆相结合的产物,随着 3G 应用的普及将深刻影响传统图书馆的管理理念、服务实践和信息获取。用户通过各种手持移动终端设备,以无线接入的方式接收图书馆提供的服务。如利用手机的短信功能或电子邮件功能,接收图书馆发出的图书逾期通知,以及查询图书是否借出。还可以利用手机上网的功能检索馆藏图书的书目信息、馆藏位置、阅读在线全文书刊等。

目前,国外的移动图书馆发展情况也与过去基于 WAP 网站的方式有了很大的改变,国外的学术图书馆从经济性和应用性两方面考虑,目前大部分移动图书馆都使用第三方应用程序,他们并不需要开发自己的移动网站,所有的 Web 网页可以通过"谷歌移动"自动转换为移动设备上可读取的网页,书目搜索可以通过OCLC 公司最新发布的移动搜索平台 Worldcat 查出每一本书在哪个图书馆[1]。2008 年 9 月佛罗里达州的 Orange County Library System(OCLS)最近就通过Innovative 的 AirPAC 来提供 iPhone 查寻等服务。2009 年 1 月 8 日华盛顿特区的公共图书馆系统发布了基于 iPhone/iPod 的触摸应用程序,初期的版本包括:查寻馆藏书目,查看图书封面及阅读简介,预约书籍,查看各分馆的位置、开放时间及电话号码等功能[2]。

---

[1] Joel Cummings, Alex Merrill, Steve Borrelli. The Bse of handheld mobile devices:their impact and implications for library services [J]. Library Hi Tech. 2010(1):22-40.

[2] Robert Fox. DIGITAL LIBRARIES: THE SYSTEMS ANALYSIS PERSPECTIVE Library to go. OCLC Systems & Services:International digital library perspectives. VoL 26 No. 1, 2010. pp. 8-13.

2) BLOG

进入 2.0 时代以来,国外很多应用新技术较早的图书馆都已经开通了自己的博客,通过博客与读者更好地互动。国外图书馆博客的大规模建站热潮是在 2004～2005 年。在近几年,博客作为信息服务的有效工具在国外的图书馆得到了空前的发展。

2008 年,美国图书馆协会会刊《美国图书馆》将自己的博客进行了升级,更多业界专家的专业文章被收入进来,整体的界面更加鲜明、直观,用户无需注册就可以参与评论,实现了更高程度的互动性,一时间参与博客评论的用户人数激增。同样,国外很多公共图书馆也都在完善自己的博客,其中最重要的一点就是强调提高与用户的互动程度。如富兰克林公园图书馆打造的电子地图就是一例,读者可以在图书馆的博客上提供路况更新的信息,这使读者真正参与到了图书馆服务的建设与完善中,对于更好地吸引用户很有帮助。一些图书馆还在博客上建立了图片库,不仅展示图书馆的建筑,还包括图书馆的馆藏,以图片的形式向读者展示馆藏更新的情况,使读者更好地了解图书馆。当然,一些专业性的文章也是各图书馆博客中不可缺少的内容,很多图书馆的博客都开始注重以更易理解的方式展示专业性的文章,使专业领域之外的读者能了解更多的图书馆知识。作为博客技术来说,即便是在图书馆事业较发达的国家,也还没有达到很成熟的程度,因此在未来一年乃至更长时间,博客仍然是图书馆界应用新技术时重要的方面。

3) Podcasts

国外图书馆播客站点的建设是随着图书馆博客的建设而兴起的,这应该与相当一部分播客是依附博客建站并且使用的是和博客一样的建站软件有一定关系。播客就是一个以互联网为载体的个人电台,也可以说是"有声博客"。通过播客,用户可以在互联网上浏览、查找、试听并订阅节目[①]。

国外图书馆播客站点的主题内容主要包括以下几大类:

① 新闻消息类。

② 阅读指导类。包括图书推介、书评、阅读技巧的讨论等。

③ 技术服务类。主要是对图书馆各种资源和服务的使用方法、与图书馆相关的各种技术及其使用技巧的介绍。

④ 名家讲演、访谈类。高校图书馆主要是学校或者学术界的专家学者(如宾夕法尼亚地区图书馆联盟 PALINET)。

⑤ 专题讲稿类。提供这类的主要是高校图书馆和专业图书馆,如加州大学圣克鲁斯分校图书馆和弗吉尼亚大学 Claude Moore 保健科学图书馆提供学科专题

---

① 李金波. 国外图书馆播客站点建设调查与分析[J]. 图书馆论坛,2009(2):52-56.

讲稿。

⑥ 为某个特定事件或对象开设的播客。

4）RSS

RSS 应用技术在西方发达国家,尤其是美国已经达到相当大的规模,据不完全统计,美国提供 RSS 服务的网站数从 2001 年 1 月的 14 家激增到 2004 年 8 月的 19 万 5 千余家,用户数从 2001 年 8 月的 10 万激增到 2004 年 8 月的近 900 万。RSS 技术与应用的飞速发展令人瞩目[①],国外高校图书馆也将 RSS 技术应用到图书馆服务中。通过对国外高校图书馆的直接访问(清华大学图书馆提供的国外图书馆网站链接),发现国外许多图书馆门户网站提供 RSS Feed 功能,但现阶段所提供的 RSS 订阅以最新消息或新闻居多。美国波士顿大学、密歇根州立大学、英国剑桥大学以及加拿大大不列颠哥伦比亚大学图书馆等都运用 RSS 技术提供最新消息的订阅服务。俄亥俄大学图书馆提供了 RSS 的详细介绍,包括 RSS 简介(What in the world is RSS?)、RSS 的特点(Why would I want to use it?)以及 RSS 的使用方法(How do I know if my favorite sites have an RSS Feed?)等。俄亥俄大学图书馆还为读者提供自主服务,在网页中描绘了订阅 RSS 的具体操作步骤,使读者了解在 CSA Databases、EBSCOhostDatabases、ProQuest 等数据库中如何实现 RSS 订阅,为读者更快地掌握 RSS 的使用方法、更多地利用 RSS 服务提供保障。麻省理工学院图书馆也以研究的角度向读者推荐 RSS 服务,进行了 RSS Feed 与 Email alerts 的比较(RSS Feeds VS Email TOC/Alerts Services),提供了多个阅读工具的下载并介绍了数据库对外访问的 RSS 资源订阅,提供了包括最新消息(All news)、图书馆公告(Events)、捐赠信息(Grants&gifts)、播客(Podcasts)、学术出版播客(Podcasts on scholarly Publishing)等订阅内容,在馆藏资源中还做了详细的分类,管理科学、社会科学、工程技术等类目下的细类均提供 RSS 的订阅服务,帮助读者了解资源的最新动态,为读者提供个性化的学科定制服务[②]。

5）Wiki

Wiki 在国外图书馆服务中的应用现状有以下几种情况:

① 作为图书馆的网站。

如美国南卡罗莱纳大学图书馆网站(http://www.sc.edu/library)就是一个由 Wiki 方式来架构图书馆信息服务的成功案例。该网站提供了文章查找、图书查找、研究指南、馆际互借、图书馆信息等一般图书馆网站所包含的各项服务内容,图书馆各部门都可以参与网站的维护,保证网站内容的及时更新。

① 刘景宇. RSS 在图书馆个性化信息服务中的应用[J]. 情报资料工作,2007(4):102-105.
② 于宁,庞海燕. 国内外高校图书馆 RSS 服务及技术应用[J]. 图书馆学刊,2009(7).

② 参考咨询。

参考咨询是图书馆 Wiki 应用的主要领域,美国俄亥俄大学图书馆的 Biz Wiki 就是一个 Wiki 版的主题指南,它覆盖了所有馆藏资源(包括纸本和电子资源)中的商业参考书、数据库、网站和其他研究资料,用于支持商业研究人员找到最适合他们项目的资源。同时,Biz Wiki 的主页上还嵌入了即时聊天工具,用于提供虚拟参考咨询。2005 年巴特勒大学图书馆设立的"参考维基"是一个合作编辑资料、书籍、网站等的网页①,鼓励馆员与教师、职员、学生对该馆各类参考资源(定购数据库、图书及有关网站)进行评论及提供应用说明。圣约瑟公共图书馆也设立了专题指南维基②,帮助用户了解专题信息,寻找图书馆资源与社区事务,发现阅读的乐趣,用户可以进行反馈,提出想法、意见和建议。

③ 信息专业人员使用 Wiki。

以 Wiki 的形式收集图书馆在信息技术应用中的成功案例、典型应用等,为图书馆员提供一个交流沟通、集思广益的空间,图书馆可以在这里分享他们成功的工作经验和最佳实践。

④ 图书馆内部交流平台。

如康涅狄格州大学图书馆员工的 Wiki 平台,用于该图书馆工作人员之间共享文档和相互交流。

6) SNS

SNS 网站于 2003 年 3 月在美国悄然兴起,短短五个月内就风靡整个北美地区。据统计,在硅谷工作的每三个人中就有一个人使用 SNS 来拓展自己的交际圈③。MySpace 是美国一个相互沟通及结识新朋友的社会交友网站,秉着"用户在哪里,图书馆就在哪里"的原则,为吸引更多图书馆的潜在用户,目前已经有很多大学图书馆参与到 MySpace 的社交网络中。如巴那德大学图书馆、布鲁克林大学图书馆、佐治亚技术大学图书馆、休斯敦大学图书馆、肯塔基大学图书馆等纷纷在 MySpace 中建立自己的服务站点。类似的还有 Facebook 等网站。

第二生命(Second Life)是全球最大的虚拟三维世界,完全模仿现实生活的社区交友型网络游戏,Second Life 中每一个虚拟形象的背后都是一个真实人物。

① Butler WikiRef Home Page [EB/OL](2012-04-30). http://www.seedWiki.com/Wiki/butler-Wikiref.

② SJCPL's Subject Guides. [EB/OL](2012-04-30). http://www.libraryforlife.org/Subjectguides/index.php/Main-Page.

③ 陈敏豫,左晶晶,陈超.关于图书馆 SNS 社会性平台的构建与应用[J].大学图书情报学刊,2010(3):49-53.

Second Life 在美国很受欢迎,许多图书馆、图书馆自动化系统厂商等都纷纷在这个虚拟世界上拓展图书馆服务。如今,有许多用户不愿意"长途跋涉"去图书馆查找信息,这些用户加入 Second Life 虚拟空间中,可以获取虚拟现实中的各类信息。Second Life 中的图书馆用户像在现实生活中走进图书馆那样身临其境地分享馆内海量信息资源,参加图书馆提供的各种主题课程和讲座,向馆员提出信息服务需求和咨询问题[①]。

7)IM

国外图书馆早期的实时虚拟咨询就是借助 ICQ、AOL Instant Messenger 等 IM 类工具来尝试实现的。由于当时此类工具不能完全满足图书馆界开展实时咨询时一些使用和管理上的特殊要求,很快就诞生了许多为图书馆界专门开发的实时咨询软件系统[②]。从 2004 年开始,国外图书馆界开展实时虚拟咨询服务所遇到的一些问题开始显现出来,包括缺乏足够的维持经费保证服务的持续开展、使用量低、人力配备紧张、技术问题等。此外 IM 在用户中很受欢迎,顺应用户利用网络的习惯来提高服务利用率,来提高服务效益才是国外图书馆重新青睐 IM 工具的根本原因。

密歇根州立大学,早在 2002 年 7 月采用 Docutek 软件开展虚拟参考服务,2005 年 7 月开始添加 IM 参考服务。密歇根州立大学选择 Trillian 客户端软件开展 IM 服务。自 2005 年以来,国外已有许多图书馆,尤其是美国的一些图书馆宣称他们的 IM 参考获得了极大的成功[③]。

1.4.2 国内发展现状

1)移动图书馆

国内对于移动图书馆的理论研究是在 2000 年以后才逐渐兴起的。从理论的研究起步来说要比国外晚,但是研究速度比较快。2003 年 12 月,北京理工大学图书馆开通了国内最早的手机图书馆短信服务。随后香港大学图书馆、上海图书馆等相继开通了短信服务,2006 年 7 月,湖南理工学院开通了国内第一家 WAP 手机服务图书馆。2010 年 9 月,国家图书馆在 101 年馆庆之际,推出了改版后的国图手机门户 WAP 网站"掌上国图",至此我的移动图书馆发展跨上了一个新的台阶。

移动图书馆环境的到来正是顺应着当今数字图书馆发展的趋势,将图书馆的

① 聂应高. SNS 在图书馆信息服务中的应用[J]. 图书馆工作与研究,2009(6):77-79.

② 潘卫,郑巧英. IM——实时虚拟参考咨询方式的再选择[J]. 现代图书情报技术,2006(11).

③ 陈旭东. 国外图书馆虚拟参考服务的新特点及启示[J]. 图书馆,2009(3).

服务搬上移动空间,使读者及任何用户可以在任意地点随时获取图书馆的一切信息资源。移动图书馆时代的到来,打破了数字图书馆用户访问利用信息资源时处于禁止状态的限制,为用户营造全新的图书馆利用环境,充分满足网络环境下用户信息获取个性化、多元化的需求。

虽然移动图书馆受到了图书馆界的热捧与重视,但从全国范围来看,手机图书馆在国内尚未形成潮流,我国的移动图书馆不管是在实践开始时间还是发展规模上,都远远落后于国外的一些先进国家。

2）BLOG

国内已经出现了针对整个图书馆机构的博客站点,如厦门大学图书馆博客及其编目部的博客。国内高校图书馆博客类站点已经进入了初步建设阶段,从国外图书馆博客发展的历程来看,近几年国内很多图书馆也将会构建自己的博客站点。

博客为国内的图书馆的学科服务带来了许多新的启示和应用方向:

① 学科信息的传递。发布与学科相关的重要信息。

② 学科知识导航。通过学科知识导航,用户可以了解相关的学科资源,也可以与学科馆员交流并推荐相关的资源。

③ 用户信息素养教育。包括信息意识和信息道德的培养、信息能力的提高和培训等。

④ 参考咨询服务。利用博客开展参考咨询服务,用户通过博客可以进行咨询,通过学科馆员的响应,准确及时地获得信息资源。

与国外图书馆相比,我国图书馆建立的博客数量很少,信息服务的发展水平较国外来说还有很大的不足。

3）Podcast

国内对播客站点的建设始于 2004 年底至 2005 年初,在 2006～2007 年盛起,各大门户网站都纷纷推出自己的播客站点,专门的播客网站如土豆播客、播客天下、中国播客网等也相继涌现。人们已经习惯于网络音视频内容的使用,随着网络宽带市场的进一步扩大,人们对音视频内容的需求势必不断增加,播客的发展环境会越来越好。它也定会持续良好的发展势头。尽管到目前为止,尚未发现国内图书馆建设播客站点,但随着图书馆网络软硬件的发展、2.0 技术的逐渐应用和普及,以及对老人、小孩和残疾人士等群体需求的更多关注,可以预见图书馆也有必要建立自己的播客站点,以向读者提供更多元化和更好的服务。

4）RSS

随着国外图书馆 RSS 应用的深入,国内的一些知名图书馆如上海图书馆、厦门大学图书馆等图书馆的技术团队在 Web2.0 的大环境下开始了本馆 RSS 应用的探索,把图书馆工作的最新消息推送给用户,缩短图书馆与读者之间的距离。例如,将图书馆最新到馆的图书、期刊等信息按照学科分类以 RSS Feed 方式提供给用户,避免用户不断访问图书馆网站之苦之累。目前国内图书馆推行的 RSS 服务提供给用户的内容基本上有以下几类。

① 新闻类信息发布。图书馆的"最新消息"或"新闻(服务)公告"等。西安交通大学(最新通告)、哈尔滨工业大学(最新消息)、北京师范大学(服务公告)、重庆大学(图书馆公告)图书馆等都运用 RSS 技术开展最新信息推送服务。清华大学、复旦大学、华东理工大学图书馆等更进一步细化信息推送的内容,提供最新通告、最新讲座、电子资源动态的 RSS Feed,根据读者对信息服务关注点的不同需求,向读者推送更加具体详尽的服务信息。

② 最新书刊的发布。图书馆的馆藏在不断更新,尤其是期刊,更新频率更快。通过 RSS 输出能让读者及时获取新到书刊。用户还可以按照学科的类别进行定制。清华大学图书馆将中文新书划分为社会科学、法律、经济等 8 个类目,分别设定 RSS Feed 链接。复旦大学图书馆新书通报每日更新,分设 8 个类目链接。华东理工大学的最新图书 RSS 服务最为详尽,类目划分较细致,按《中图法》类目划分共设定 34 个类目,为读者提供个性化最新信息资源的查询与推送服务。

③ 最新资源的发布。数据库的更新动态,学科动态等。华东理工大学图书馆提供了 14 个国内外数据库的 RSS Feed,复旦大学、同济大学图书馆组织的商业数据库 RSS 链接更为丰富,各有 24 个 RSS Feed 链接,使读者不必频繁进出多个数据库就可以了解学科领域资源的更新情况。

我国高校图书馆已认识到 RSS 服务的重要性,正逐步将 RSS 技术与相关服务结合,不断开展、完善或正在建设、实践 RSS 服务。但现阶段,RSS 技术的应用多集中于综合实力较强、服务技术先进的全国重点高校、"211"工程院校图书馆。国外、港台应用的层次相比,国内图书馆还有一定的差距,RSS 技术应用范围与服务层次有待进一步扩大与提高。

5) Wiki

由于种种原因,维基在国内的应用一直不太理想。在图书馆界,厦大图书馆编目部首开先河尝试采用维基系统建立了一个内部的交流平台,后来又开通了"图书情报网上百科"。中科院采用 Wiki 进行会议内容的共享和主题拓展。这些都是馆员内部的社群。在馆员——读者的 Wiki 虚拟社群中,馆员、读者可以在 Wiki 平台上协同写作,读者将发现的问题张贴出来,馆员利用自身的知识储备或搜集、查找资料对问题进行解答,有点类似于虚拟参考咨询。同时其他读者或馆员又可以在此基础上补充完善,使该条目最终形成完整确切的答案。还可以创建若干学科门户,针对某一学科再分解为与之相关的下位类,各分支聚合成该学科的

Wiki 页面①。例如一个计算机学科门户"IT 百科全书"再分解为软件、硬件、网络、数码、电信等分支②。读者根据自身兴趣和专业进入到相关门户内进行学习交流，图书馆的学科馆员和资深专家学者发挥学科背景优势，对相关问题予以解答，不断完善该学科门户的资源建设。

6）SNS

台湾大学的项洁教授在第二届海峡两岸大学图书馆合作发展论坛上作了《大学图书馆应用社会网络的有效性分析》的报告。在报告中他提出要主动地到有使用者存在的地方去，把图书馆的服务送到他们的身边。在台湾地区可以利用 Facebook 和 Plurk 这两个社会网络来实现。大陆地区以豆瓣网为例，豆瓣网成立于 2005 年，是一个以用户个人为中心，鼓励用户参与的社会性工具，其创建的目的就是实现兴趣相同者之间的阅读分享与互动。豆瓣在建立过程中，新书推介是一项任务。另一任务是帮助用户寻找兴趣相同者，建立起以书为介质，以人为中心的交流互动。这种以人为中心的交流互动组的建立，是对传统门户互联网读书频道以书为中心来进行交流互动的一种突破。因此，豆瓣不仅是一个读书网站、一个"图书馆"，还是一个读者俱乐部，一个以书会友的虚拟社区。图书馆可借助此类 SNS 网站，介绍图书馆文献资源和服务内容，提供虚拟参考咨询，建立交际圈和开展合作等。SNS 拉近图书馆与用户间的距离，与用户建立更深的关系，增进服务的亲切感和信任感，从而培养用户的忠诚度。在豆瓣网的小组中也能找到首都图书馆、厦门大学图书馆等的身影。

7）IM

对于国内来说，类似 Trillan 和 Gaim 这样的多协议工具的综合使用和管理产品还不成熟，而国内市场包括 MSN、腾讯 QQ、GoogleTalk、Skype、新浪 UC、网易泡泡、E 话通等同类即时通讯产品却有近百款，各自均有相应的用户群。如果没有一个好的综合使用工具，对图书馆提供 IM 服务来说，管理上会带来很大的困难。因此，至少在当前，IM 应该与图书馆实时咨询软件共同承担实时咨询业务的开展，两者并行提供实时咨询服务，在实践中优势互补，使得实时咨询（包括 IM 咨询、专业系统咨询）、表单咨询、E-mail 咨询、电话咨询、馆内面对面咨询以及预约专业馆员咨询等构成图书馆参考咨询服务的完整体系。

当然，为弥补 IM 作为图书馆虚拟咨询工具功能上的不足，在如今已开发使用的虚拟咨询系统中增加 IM 使用和管理功能也不失为一种可以尝试的方法。

---

① 王博,刘青华. 基于 Wiki 的图书馆网络交流平台建设[J]. 图书馆学研究,2006(11).
② 孙明杰,吴德岗. Wiki 与高校图书馆学科导航库建设[J]. 科技信息,2008(35).

1.5 学科化服务技术应用目的与意义

学科化服务是研究型图书馆的重要服务之一,其紧密围绕所属机构的教学、科研和人才培养,以学科或学院重组图书馆信息资源与信息服务,直接面向院系和学科团队,提供更具针对性、专业性、同时也更加主动性的信息服务。学科化服务的技术应用正是为了让信息服务在学科上得到充分体现,在一定程度上,学科化服务也改变了图书馆传统的资源保管者的形象,利用信息技术的学科化服务是从用户角度出发,将学科信息资源的服务活动以信息用户为导向、以信息服务者为纽带、以信息服务内容为基础、以信息服务策略为保障。

学科化服务是以信息资源为服务内容的服务方式。在数字图书馆环境下,一种虚拟信息服务体系已经形成,这种虚拟信息服务体系不仅仅是一种新的技术框架和资源集合,更是一种组织创新和服务创新,预示着一种新的学术信息服务模式:从数字环境下图书馆的信息服务模式不难看出,学科化服务是数字图书馆以用户为中心的集成式服务模式的表征,它聚集了以用户为中心的集成化、多元化服务内容。所以学科服务不仅仅是现代信息环境下图书馆的一种新型的服务形式,也代表了一种新的服务模式,促使图书馆服务进行重组和整合。

在学科化服务过程中,学科馆员经常会思考一些问题:
① 如何将信息资源有效分割并个性化整合?
② 如何分析与判断用户需求?
③ 如何为用户提供最优的信息获取渠道?
④ 如何将信息资源通过用户希望的模式与方法推送给用户?
⑤ 如何能订购到资源用户急需或需要的信息资源?

诸如此类的问题都是学科馆员在工作中需要思考和解决的。综观国内外大学图书馆,学科馆员的数量大多小于院系学科设置的数量,甚至远远不足[①],也就是说一个学科馆员需要服务于一个以上的学科。学科馆员的精力和能力均很难承受一个学科所有的需求,而用户需求与学科馆员的服务在某一个"临界值"的时候将产生矛盾,偏手工的学科服务方式势必无法应付大量的用户需求,解决的方法必定要引入各类信息技术,将技术应用合理,提高服务广度与深度。将传统的以集中式图书馆为中心、依赖物理占有的文献资源及其组织和传递服务的封闭式校园信息服务系统,迅速改造为用户需求驱动、依托网络化数字化学术信息交流体系、依靠

---

① 柯平,唐承秀.新世纪十年我国学科馆员与学科服务的发展(上)[J].高校图书馆工作,2011(2):3-10.

分布式资源体系和检索传递系统、以知识化增值型信息服务为核心的充分支持知识服务和知识创新的开放性信息交流环境。

　　研究者认为,未来的数字图书馆信息服务模式应当是一种以用户为中心的集成式服务模式,一切工作从用户的信息活动出发,朝着一种面向用户的资源系统、服务系统与用户信息利用系统聚合在同一信息空间的、界面更加友好易用的智能化的一站式联合自助集成信息服务模式的方向发展。也有研究者认为,以用户为中心的集成化、多元化服务模式应是未来数字图书馆读者服务的基本模式。以用户为中心的服务模式包含两层含义:一是按用户需求提供信息服务,即"用户驱动"的信息服务;二是按照用户或用户群的特点来组织信息资源,创建个性化的信息环境①。从数字环境下图书馆的信息服务模式不难看出,学科化服务是数字图书馆以用户为中心的集成式服务模式的表征,它聚集了以用户为中心的集成化、多元化服务内容。所以学科服务不仅仅是现代信息环境下图书馆的一种新型的服务形式,也代表了一种新的服务模式,推动着新的信息技术应用,促使图书馆资源与服务的重组和整合。因此,学科化服务的效率与成果很大程度上取决于信息技术的应用。

---

① 　郭海明,邓灵斌.数字图书馆信息服务模式研究[J].中国图书馆学报,2005(2):47-49,53.

第 2 章 学科化信息资源管理

随着社会进入信息经济时代,信息的创造、转移、共享和增值成为人们关注的焦点。人们不再满足于对信息资源的简单利用,也就是说希望得到的不仅仅是关于"什么是什么"的信息,而且希望得到 Know-what、Know-how、Know-why、Know-when 等知识层面的东西。信息是普遍存在的,但并非所有的信息都是信息资源,只有经过人类加工、可被利用的信息才能成为信息资源。在英文中,"资源"一词为附属时,常指信息及信息管理有关的设备、技术、资金和人员等的集合体。因此,信息资源是可供人们直接或间接开发和利用的各种信息集合的总称。

信息真正成为资源,则要求加入"信息资源管理"的概念。信息资源管理不只是对信息的管理,而是对涉及信息活动的各种要素(信息、人、机器、机构等)进行合理的组织和控制,以实现信息及有关资源的合理配置,从而有效地满足社会的信息需求。信息资源管理(IRM)概念首先出现于 20 世纪 70 年代后期的美国。它是由计算机的广泛应用而导致信息理论与管理理论相结合的产物,是信息实践发展到信息处理自动化和信息传递网络化时期,为加强对信息资源的集中管理而产生的一种新概念和新理论。

2.1 信息资源管理技术应用概述

信息资源管理(Information Resources Management,IRM)是基于信息资源的一种管理模式,它综合运用现代信息技术和管理技术,对信息资源涉及的各个要素进行计划、组织、协调和控制,以确保信息资源的有效利用,满足经济社会的各种信息需求。IRM 始于信息资源的开发获取而终于信息资源的利用,它的目的是满足社会中各行各业的各种信息需求[①]。

信息资源的合理配置和共享,是信息资源管理的基本要求。信息资源的配置是指信息资源在时间、空间和数量三个方面的有效配置,其目的是为了实现信息资源的共享。信息资源管理的功能在于改进数据交流和利用网络系统,以最大限度地缩短管理过程中信息流的时间。信息活动作为一种普遍的人类活动,主要是在三个层面展开的:在社会组织的微观层面,信息资源管理活动主要体现为一种过程

---

① 陈庄,刘加伶,成卫. 信息资源组织与管理[M]. 北京:清华大学出版社. 2011.

管理;在社会组织体系的中观层面,信息资源管理活动主要体现为一种网络管理;在国家政府的宏观层面,信息资源管理活动主要体现为一种政策法规主导的调控管理。

2.1.1　信息资源管理的发展史

信息资源管理是介于信息资源生产和信息资源消费之间的一种人类活动。信息资源管理源起于 20 世纪 70 年代后期的美国。其最早产生于美国政府部门的文书管理领域,美国政府运用了行政和立法双管齐下的办法实施整治数量激增的文书,结果却意外地促成了信息资源管理的产生①。信息资源管理的整个发展过程可以分为四个阶段:

(1)从 20 世纪 40 年代到 50 年代后期,信息资源管理作为一种思想,分别在美国政府部门的文书管理领域和工商行业的企业管理领域开始萌芽,这个阶段主要以图书管理为主要特征。

(2)60 年代和 70 年代走向成熟,这个阶段以信息系统、数据管理为主要特征。

(3)1980 年美国国会颁布的《文书削减法》是信息资源管理发展的里程碑,以法律的形式确立了信息资源管理在联邦政府机构中的地位与作用,是信息资源管理理论形成的标志,并使信息资源管理在世界范围内确立了自己的地位,这个阶段就开始以信息资源管理为主要特征。在 20 世纪 80 年代中期,信息资源管理理论开始传入欧洲。

(4)90 年代网络化进一步带动信息资源管理的发展,这个阶段以网络信息资源管理为主要特征。

目前,信息资源管理仍处于发展阶段。从文书管理到信息资源管理的发展,是一个理论与实践相互促进、紧密结合的过程。首先是文书数量和文书管理成本的激增导致了“实践危机”,为了解决这种危机成立了专门的委员会从事理论研究,理论研究的成果再应用于实践,如此螺旋式地发展和多次升华,终于铸就了全新的信息资源管理理论。其间,信息技术扮演了非常重要的角色。因此可以说,信息资源管理是信息积累和信息技术的应用在文书管理及企业管理特定领域相结合的产物,而信息资源管理在企业管理领域的生成具有更多的技术色彩。一方面,由于市场竞争所带来的压力,企业对新技术的引进和应用更为敏感和积极;另一方面,企业具备优势、条件和能力,可开发新的技术。

我国信息资源管理从 20 世纪 70 年代才开始萌芽,因此与欧美发达国家相比,还存在较大的差距。90 年代初,中国学者孟广均和卢泰宏等人系统地引入了信息

---

①　王纯.信息资源管理的现状及趋势[J].河北科技图苑.2000(3):38-39.

资源管理理论,并在 90 年代中期形成了一个研究热点,促进了信息资源管理在中国的发展。如今信息资源管理机构的组织领导者——首席信息官(Chief Information Officer,CIO)这一高级信息管理职位在美国已经有 80% 的大公司设置了,其相当于副总经理的地位;而中国企业中 CIO 职位却没有那么高的地位。

2.1.2　信息资源管理的原则

信息资源管理是研究管理、评估和利用组织的信息资源的新兴学科。它综合了信息科学与信息系统的理论与方法,也是知识管理的思想基础和理论支撑。搞好信息资源管理,必须遵循一定的原则,包括共享原则、系统原则、科学原则、安全原则[①]等。

(1) 共享原则:它是信息资源管理的目标和归宿。信息资源来自社会,也应当服务于社会,归全社会所平等共享。

(2) 系统原则:它将使信息资源管理获得新的生命和新的活力。按照系统科学的要求,使得全社会的信息资源形成一个相互联系、相互作用的系统,即形成一个上下畅通、纵横交错、既有分工、又有协作、互惠互利的整体,这样才能真正发挥"资源"的作用。

(3) 科学原则:它是指信息资源管理要遵循信息运动的客观规律,体现信息资源管理的特殊性。

(4) 安全原则:随着信息资源的共享,信息资源的安全问题日益引人注目,也成为信息资源管理的一个重要难题,必须全方位的综合防范和治理。

在遵循以上信息资源管理的原则的前提下,对于特定的学科信息资源如何管理呢? 经过研究分析和实践总结,我们可以从以下几个方面来进行管理[②]:

(1) 要理解学科信息的作用。全面运用学科信息资源能提升服务水平,改进信息流可以提高决策和内部运营的质量。

(2) 按照用户信息需要,确定信息资源的政策。重要的是建立获取和管理信息的政策,使信息所有权、信息的公共获取和信息共享保持利益均衡。

(3) 开展信息等级评估,建立信息资产记录。对信息依其属性进行分类,建立知识映射地图(Knowledge Mapping),这也被称之为"关于组织的知识"。

(4) 进行系统化的监测。包括法律和制度、政治和社会、经济和技术方面,以及产业内部环境、市场、客户和竞争对手等,且向关键的执行人员,及时提供可选择

---

① 谢红芳,童一秋. 信息资源开发利用与管理事物全书[M]. 北京:中国科学技术出版社. 2001.

② 吴慰慈. 从信息资源管理到知识管理[J]. 图书馆论坛. 2002,22(5):12-13.

的和适合个别需求的关键信号的传播。

（5）统筹软、硬件和内、外部资源。当内外部数据并列起来考虑的时候，当硬的数据与定性分析及其评价相统筹的时候，真正的类型信息和观点才得以产生。

（6）引入信息挖掘和提炼技术。优化的信息管理系统应包括数据挖掘（Data Mining）、信息提炼（Information Refining）和知识编辑（Knowledge-Editing）。可使用技术（例如智能代理软件），为用户提供友好而实用的信息格式。

（7）整合信息开发技术。对电信技术、办公自动化系统、出版和文献相关技术进行整台，通过开放的网络互联，利用这种技术的整合，使用诸如 WWW 等技术手段，不仅可以用于外部信息的传播，而且可以用于内部共享信息。

2.1.3　信息资源管理的内容与技术

信息资源管理的内容主要由信息资源采集、信息资源组织、信息资源检索、信息资源服务、信息资源安全等部分构成。信息资源服务是目的，信息资源采集、信息资源组织和信息资源检索则是基础和手段，信息资源安全是保障。

信息资源采集，即按照用户的需要运行一定技术手段来采集相应的信息资源。

信息资源组织，亦称信息整序，是利用一定的规则、方法和技术对信息的外部特征和内容特征进行揭示和描述，并按给定的参数和序列公式排列，使信息从无序集合转换为有序集合的过程。信息组织的发展方向是知识组织，这也一直是信息资源管理讨论的热点。知识组织简而言之就是揭示知识单元（包括显性知识因子和隐性知识因子），挖掘知识关联的过程或行为，最快捷地为用户提供有效的知识或信息。其特征在于：自动化、集成化、智能化，然而想要有效地揭示隐性知识是其中的难点也是重点。在云环境下，信息的集成化得到了一定程度的解决，这也为知识揭示和挖掘提供了良好的条件，然而数据仓库和知识挖掘是主观知识组织的基本工具，这便使得云环境成为知识组织进一步发展的机遇。

信息资源检索则相当于信息组织的逆过程，是根据特定的需求，运用某种检索工具，按照一定的方法，从大量文献中查出所需的资料或信息的过程。

信息资源服务就是用不同的方式向用户提供所需信息的一项活动。它包括两个方面的内容：一是对分散在不同载体上的信息进行收集、评价、选择、组织、存储，使之有序化，成为方便利用的形式；二是对用户及信息需求进行研究，以便向他们提供有价值的信息。

信息资源安全就是利用一定软硬件技术手段来保障用户安全地使用信息资源。

信息资源管理相关技术主要包括信息传输技术、信息资源数字化技术、信息组织和检索技术、信息网络技术和信息安全技术等，其技术推进与具体的信息资源管理环节结合,从而提出了基于信息资源管理的技术推进模式,决定了技术研发的基本组织模式和内容。

2.1.4　信息资源管理体系框架

信息资源管理自从创立以来,就有许多专家学者在孜孜不倦地对其进行研究,也提出了许多信息资源管理的观点,如卢泰宏在 1993 年的《国家信息政策》中提出的"三维结构"[①],孟广均在 1998 年《信息资源管理导论》中提出的"三个层次"[②]等。

从图 2-1 中可以看出,所使用的资源是本地信息资源还是云资源对他们来说并不重要,只要可以快速便捷地得到他们需要的信息资源即可。然而对于信息资源的管理人员来说,在组织并存储好本地的信息资源的同时,必须给予用户非常安全便利的检索和利用信息资源的接口以便他们很容易地得到云端的信息资源。

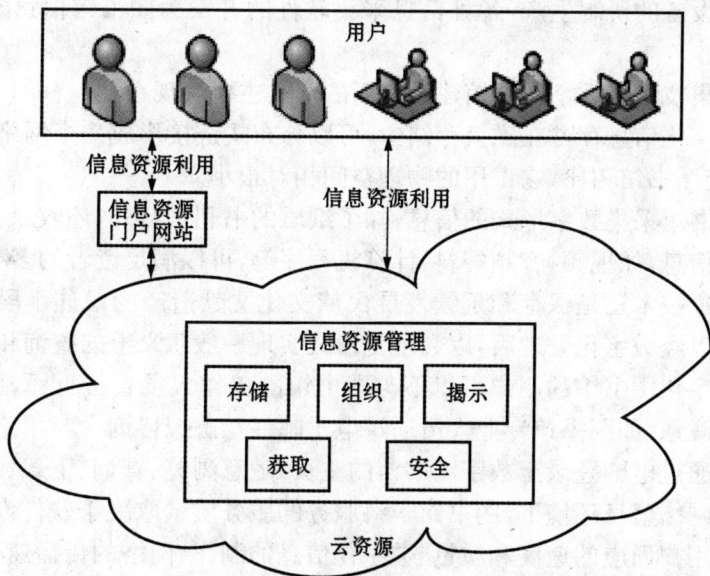

图 2-1　信息资源管理体系框架

2.2　信息资源获取(采集)技术

随着信息技术的进步,任何可以获取的信息资源包括文本、图像、音视频等均

---

①　卢泰宏. 国家信息政策[M]. 北京:科学技术文献出版社,1993.

②　孟广均等. 信息资源管理导论[M]. 北京:科学出版社,1998.

可通过大容量高密度的存储,通过网络实现快速的传递。数字化技术在各个信息处理领域被广泛地应用,作为文献信息重要集散地之一的图书馆必须运用数字化技术来完成信息的采集、存储和传递工作。目前在图书馆学科服务进程中仍存在很多问题需要研究和解决,比如在学科服务中要提供大量有学术价值的信息,各类信息的采集加工技术就显得非常重要。因此信息采集技术在数字图书馆学科服务的技术应用研究就成为目前学科服务中的重要内容之一[①]。

数字图书馆技术的迅猛发展,特别是网络技术、数据存储与传输技术等软硬件的全面更新,使得人们对文献信息的加工、存储、查询、利用等方面有了新的要求。图书馆的所有载体的信息均能以数字化的形式获得,包括所有联机采购、编目、公共查询、资源导航;对各种信息资源的检索,通过网络组织读者访问外界数字图书馆和文献信息数据库系统,如电子期刊、电子图书、多媒体音视频资料等。各种信息采集加工设备的研制生产,各种信息采集软件的开发为图书馆信息资源数字化提供了条件。

信息采集技术在数字图书馆建设方面的意义主要表现在[②]:

大量数字化信息存贮在磁盘存储中,可以分布式链接形成一个网络联机体系。因此,与传统图书馆相比,它占用的物理空间相对很小。

数字图书馆采集数字形式的信息,除了纸质的书刊资料外,还收录其他一切可以数字化的信息,如视频、音频资料、计算机程序等,可以满足读者的多种需求。

信息采集技术还是保存和延续发展民族文化文献遗产的最佳手段,所有的珍贵资料都可以经数字化处理后,以数字化形式实现一般意义上的查询和阅读。

利用数字化图书馆的用户可以不与图书馆的工作人员直接见面,而只通过网络与图书馆联系,如图书馆专业人员通过电子邮件及虚拟咨询台与用户联系,用户也可以直接通过电脑登录至数字图书馆的主页,随意浏览、查询、下载、打印有用的信息。数字网络信息环境下,图书馆学科服务的服务质量取决于软件设计、图书馆专业人员对用户回应的速度和质量、数字化信息的制作、网络的传播速度及人性化界面的设计等。

信息采集系统可用于学校信息资源的采集、加工、发布和管理,可以使学校的资源得到充分的利用,同时还可以节省购买电子资源的费用,直接服务于学校的教学目的,很大程度上方便了学校师生的学习和工作,对于学校的教学研究有很大的促进作用。信息采集系统的重点部分是模板的设计与实现问题,这是信息采集的

　　① 张群,何丽梅."211工程"高校图书馆学科馆员服务的现状及发展对策研究[J].现代情报.2008(5):49-52.

　　② 王培凤.元数据在数字图书馆中的应用[J].科技情报开发与经济.2004(9):121-125.

关键所在。在信息采集系统中还包括信息资源的发布子系统,只有信息采集系统与信息发布系统两个系统有机地结合起来才使整个数字图书馆的功能得以正常的实现[①]。

2.2.1　Web 信息采集

Web 信息采集(Web Crawling)[②],主要是指通过 Web 页面之间的链接关系,从 Web 上自动的获取页面信息,并且随着链接不断向所需要的 Web 页面扩展的过程。实现这一过程主要是由 Web 信息采集器(Web Crawler)来完成的,根据应用习惯的不同,Web 信息采集器也常称作 Web Spider、Web Robot 和 Web Worm。Web 信息采集主要是指这样一个程序,从一个初始的 URL 集出发,将这些 URL 全部放入到一个有序的待采集队列里。而采集器从这个队列里按顺序取出 URL,通过 Web 协议获取 URL 所指向的页面,然后从这些已获取的页面中提取新的 URL,并将它们继续加入到待采集队列里,然后重复上面的过程,直到采集器根据自己的策略停止采集。对于大多数采集器来说,到此就算完结,而对于有些采集器而言,它还要将采集到的页面数据和相关处理结果存储、索引并在此基础上对内容进行语义分析。Web 信息采集可为搜索引擎提供信息资源。

Web 信息是完全无组织的异构的网页集合,具有以下几个特点:

(1) 数据的分布性。数据分布存储在网络中的多个 Web 服务器上,要求信息采集系统对平台、网络等各种复杂环境的适应能力强。

(2) 数据的动态性。互联网上 Web 服务器动态增加或减少非常频繁,网页信息变化也很快,导致 Web 信息高度动态变化,要求信息采集系统具有高性能的动态索引和数据更新技术。

(3) 海量数据。Web 数据非常巨大,网页数目以亿为单位;仅文本的数据量就达到 TB 以上,而且还在成指数级的增长;另外,互联网上还存在大量的图像、音频、视频资料等。如 Google 采集的网页从最初的 2 千万发展到 80 亿,呈几何级数增长,数据存储量达到 5PB。

(4) 数据的非结构化。Web 中包含文本、图像、音频和视频等多种数据类型,HTML 页面本身也是一种非结构化或半结构化的数据类型。搜索引擎必须具有高效处理非结构化数据的能力以适应用户需求。

综合以上对 Web 信息的特点描述可知,用户在网上迅速、准确地获得所需信息变得越来越困难。因此,迫切需要改善传统的互联网信息采集和搜索模式,使用

---

① 龙烨. 信息采集技术在高校数字图书馆中的应用[D]. 北京:北京工业大学,2007.
② 朱华. 浅谈网络信息资源采集技术[J]. 国家图书馆学刊. 2004(2):38-40.

户能更迅速准确地查找到所需的信息,减少网络的通信量和工作时间显得越来越重要①。

2.2.1.1　通用爬虫技术

通用搜索引擎大多使用的是通用爬虫,由于用户群体广泛,大多采用较高的Web覆盖率,因此通常采用广度或深度优先策略搜索②。通用爬虫实际上是代替了目录式搜索引擎中人的工作,它从种子链接开始,不断抓取 URL 网页,通用爬虫进入某个超级文本时,它利用 HTML 语言的标记结构来搜索信息及获取指向其他超级文本的 URL 地址,可以完全不依赖用户干预实现网络上的自动"爬行"和搜索,如果这些链接未被该爬虫访问过,则又把这些爬虫放在下载队列中,进行抓取。通用爬虫就是通过这样一种方式来不断遍历整个互联网,一直到下载队列为空或者达到系统给定的停止条件。

通用爬虫是基于传统的图算法作为工作原理的,它通常不管网页的内容,仅仅以一个或几个 URL 作为种子,利用宽度或者深度优先算法对整个互联网进行访问。这种爬虫的目标是覆盖整个 Web 网络。URL 分析模块是爬虫的调度者,它将下载回来的 URL 存入列表,进行分析。

目前网络上较常见的是宽度优先搜索算法(又称广度优先搜索)③,它是最简便的图的搜索算法之一,这一算法也是很多重要的图的算法的原型。Dijkstra 单源最短路径算法和 Prim 最小生成树算法都采用了和宽度优先搜索类似的思想。此种搜索方式类似于先进先出的队列方式,其基本思想是认为与初始 URL 在一定链接距离内的网页具有主题相关性的概率很大,它是先搜索完一个网页上所有的URL 链接,然后再继续搜索下一层 URL 链接,直到发生回环现象或者搜索完毕。这种遍历方式优缺点明显,对于网页级数少的网站,爬行速度快,对于信息量大,网页级数多的网站难以深入。深度优先搜索所遵循的搜索策略是尽可能"深"地搜索图。此种搜索方式类似于先进后出的队列方式,深度优先搜索从一个 URL 开始,检测该 URL 中还有没有没访问的链接,作为一条边,由一条边一直访问下去,直到再也访问不到边为止,即不含有 URL 的 Web 网页,然后沿之前的边回溯访问其他没有访问的边,整个过程一直持续到回溯到所有相关的 URL 被访问为止。这样搜索的优点是对于大型的、重要的站点,由于网页级数深,能够抓取到很多内容,但是很容易引起爬虫的陷入问题,无法返回结果,因对网站持续访问,加重了服务器负

---

① 王晶. 基于 Web 信息获取的新闻数据分析研究[D]. 上海:华东师范大学,2009.
② 徐学可. 网页文本分类及其在搜索引擎中的应用[D]. 北京:北京工业大学,2008.
③ 赵洋等. 基于 Internet 的农业信息垂直搜索引擎的设计[J]. 河北农业大学学报,2009(6):125-128.

担,因此这种搜索方式很少被通用爬虫采用。

爬虫在工作时,待下载队列中的链接会迅速增长,如果不限制下载队列的大小,就会增加服务器内存开销,浪费服务器空间,因此一般会限制队列大小,同时也是为了减小爬虫查找待下载队列中的链接的负担,提高查找速度。而如果将待下载链接队列限制的过小,容易使待下载队列变空,爬虫就会因为没有需要访问的链接而停止爬行,因此,限定的最大长度值也不能太小,以避免出现还没有爬行足够多的网页,爬虫中止的情况。如果爬虫只使用深度或者广度优先的方式搜索,不可避免的会出现如何对待下载队列进行限制的问题,因为互联网的变化,每次访问的顺序会有变化,设置一个完善队列大小十分困难,这时针对舍弃队列中的某些不相关链接来说,深度优先和广度优先的策略只能盲目地放弃其中的某些链接,造成搜索信息丢失。

2.2.1.2　主题爬虫技术

主题爬虫(Topical　Crawler)是一个自动下载网页的程序,它根据既定的抓取目标,有选择地访问互联网上的网页与相关的链接,获取所需要的信息。与通用爬虫不同,主题爬虫并不追求大的覆盖,而将目标定为抓取与某一特定主题内容相关的网页,为面向主题的用户查询准备数据资源。主题爬虫过滤与主题无关的链接,保留主题相关的链接并将其放入待抓取的 URL 队列中,然后根据一定的搜索策略从队列中选择下一步要抓取的网页 URL,并重复上述过程,直到达到系统的某一条件时停止。所有被爬虫抓取的网页将会被系统存储,进行一定的分析、过滤,并建立索引,对于主题爬虫来说,所得到的分析结果还可能对后续的抓取过程进行反馈和指导。主题爬虫目前成为搜索领域的热点研究问题,因为它的搜索效率更高,可以更快地更新网页内容,消耗的服务器资源更低。并且具有类人的浏览网页方式,会学习更新自己抓取网页的方式,能够更有针对性地获得信息。

主题爬虫的工作流程较之通用爬虫更为复杂,主要有如下几个步骤[①]:

首先,按照一定的网页分析算法,预测候选 URL 与主题的相关性,并选取评价最好的 URL 进行抓取,存放在待抓取队列中。然后,根据类似搜索策略从待抓取的 URL 中选取下一条相关的 URL 链接,并重复这一过程,直到搜索过程结束。

当所有主题相关网页被爬虫存入本地数据库后,必须在本地数据库中进行进一步的分析、过滤,并建立索引以便搜索。对于主题爬虫而言,这一过程所得到的分析结果还应该提供对以后的抓取过程的反馈和指导。当然,也可以直接解析目标网页,提取并获得最终的结构化数据和元数据信息。

---

① 朱学芳等. 基于 P2P 的分布式主题爬虫系统的设计与实现[J]. 情报学报. 2010(3):402-407.

主题爬虫的网页分析算法主要可以分为两种[①]:

(1) 基于链接关系的网页分析算法:是指通过已知的网页或数据,对已知集合内的对象做出评价的算法。基于链接关系的网页分析算法是指通过已知的网页或数据,对已知集合内的对象做出评价的算法。链接分析属于 Web 结构挖掘研究的范畴,Web 结构挖掘主要是从 Web 组织结构和链接关系中推导信息和知识。根据科学引文分析理论,文档之间的互联数据中蕴涵着丰富有用的信息,在通常的搜索引擎中由于考虑到结构的复杂性,仅将 Web 看作是一个平面文档的集合,忽略其结构信息。挖掘页面的结构和 Web 结构,可以用来指导对页面进行分类和聚类,找到权威页面、中心页面,从而提高检索的性能;同时还可以用来指导网页采集工作,提高采集效率。

(2) 基于网页内容的分析算法:指的是利用网页内容特征进行网页评价。此类算法可以应用文本分类技术。这种网页分析算法以向量空间模型和分类器作为判断工具,对 URL 主题的相关度进行判断。涉及网页数据抽取、机器学习、数据挖掘、自然语言等多领域综合方法,并为信息的自动抽取技术研究奠定了基础。由于网页数据不同,又可以将基于网页内容的分析算法分为三类。第一类针对以文本和超链接为主的无结构或结构很简单的网页;第二类针对从结构化的数据源动态生成的页面,其数据不能直接批量访问;第三类针对的数据界于第一和第二类数据之间,具有较好的结构,显示遵循一定模式或风格,且可以直接访问。

主题爬虫一般采用最佳优先搜索策略来爬行 URL[②]。最佳优先搜索策略是一种局部优先的搜索算法。在网页分析算法的协助下,预测将要抓取的 URL 和主题的相似性,只在其中选取几个最高相似性的网页进行访问。在网页分析算法的可靠程度影响下,最佳优先搜索策略具有相当高的访问效率和精度,但是难免会遗漏一些有效的 URL 链接。

近年来智能化的数据发掘发展趋势,对于搜索引擎的智能化要求也越来越高,因此主题搜索引擎得到了快速发展,对主题爬虫也提出了智能化自动化的抓取网页的要求。目前该领域也涌现出了大量的新技术,诸如分类及聚类算法,相关度,信息熵,文本正则表达式等一系列新的理论研究成果。

主题爬虫在爬行过程中主要需解决两个问题,一方面是如何确定主题爬虫的抓取目标,另一方面是如何解决主题爬虫爬行的顺序。目前主题爬虫主要是根据网页的主题相关度的大小,来对待爬行的队列进行排序,决定访问次序,不再像通

① 张翔等. 基于 PageRank 与 Bagging 的主题爬虫研究[J]. 计算机工程与设计. 2010(14):3309-3312.
② 袁浩. 主题爬虫搜索 Web 页面策略的研究[D]. 长沙:中南大学,2009.

用爬虫只采用广度或者深度遍历的方式缓慢地遍历整个互联网络。

一个主题爬虫一般是由主题抓取器,页面分析器,网页分类器,URL 排序,网页存储管理五个部分构成[①]。

(1) 网页主题抓取器,是根据 URL 待下载队列中的内容,从网络中下载对应页面,存储到网页数据库中。一般情况下为了提高抓取的速度,网页抓取部分还需要实现域名解析,能够使用多个主题爬虫抓取网页等功能,以提高页面的抓取效率。网页抓取程序还要能够判断一些网站访问的某些安全限制,比如能够识别网站拒绝或者限制自动爬行程序访问的请求,这些网站需要采取专门爬行策略来应对。

(2) 页面解析抽取部分,因为网页大部分都是半结构化的 HTML 代码,页面解析程序首先需要对这些半结构化页面进行处理。需要将 HTML 代码转换成 XML 数据结构,便于 Web 中的数据信息共享和检索,更容易从中挖掘有用的数据信息,然后进行进一步的解析。一般情况下解析程序将页面在 XML 文档的逻辑上建立一个树模型,树的节点是一个个的对象,这样容易提取其中的文本和 URL,不过文本的提取过程中需要对页面噪音进行处理,页面噪音处理是主题爬虫一个非常重要的问题,很多人都在这个领域进行了深入的研究,提出了很多理论和算法,最后提取的文本和 URL 按照一定的规则存储到数据库中。

(3) 网页分类器是主题爬行最重要的部分,主题爬行程序需要对抓取的页面进行识别,是否为相关主题的页面。用户需要提供一部分相关于主题的网页,或者文本信息,系统再根据这些信息建立各种主题分类模型,一般采用文本分类领域中比较成熟的算法,或者由专家建立本题模型对主题域进行定义。目前文本分类领域中,比较成熟的算法有朴素贝叶斯分类算法,SVM 文本分类算法等。建立分类器之后,分类器对页面上提取的文本进行内容判断。

(4) 待爬行页面 URL 队列排序是主题爬行系统中最为核心的部分,也是主题爬行算法的关键。页面解析程序从下载页面中解析出新的 URL 链接,需要进行优先级排序,即爬行程序需要确定下一部分需要下载页面的 URL,并根据优先程度插入到待下载队列中去。主题爬行程序目标是下载尽可能多的相关的主题页面,而尽可能少的下载非主题相关页面。所以,选择 URL 优先爬行顺序非常重要。优秀的主题爬行算法可以极大地提高搜索网页命中主题的概率,同时显著减少之后爬虫对抓取无关网页信息进行分析的资源开销,由此可见主题爬行算法对于主题爬虫的重大意义。

---

① 夏诏杰,等. 化学主题网络爬虫的设计和实现[J]. 计算机工程与应用,2006(10):204-206.

（5）网页存储管理部分负责管理爬行当中产生的数据。网页抓取下来之后，提取出的文本，链接等相关信息都需要存储到本地，由于提取的信息量巨大，所以需对产生的数据进行管理。同时，由于互联网站的增多，大部分网站都会共享相通信息，因此下载网页中有大量网页是重复网页，或者镜像的网页，数据库管理部分也需要针对这些网页进行有效的去除管理。

2.2.1.3　Web 信息采集算法

借助网络爬虫技术，Web 信息采集的算法，也即爬行算法，按照爬行选择的媒介的不同，分为以下几种类型[①]。

1）基于文字内容的页面相关度的爬行算法

基于文字内容的页面相关度爬行算法主要是依据 Web 页面里的文字内容、URL 字符串、锚文本的上下文等文字内容信息来爬行的。主要有 Best firstSearch、Fishsearch、Sharksearch 三种算法。它的基本思想是给定一个待爬行的 URL 队列，从中挑选最优的 URL 优先爬行。爬行主题采用关键词集合来描述，待爬行URL 的优先级是根据主题词和已经爬行网页的文字内容来计算，用它们的相关度来估计 URL 所指向网页的相关度。相关度大的网页，所指向的网页优先级就高，从而决定爬行队列中 URL 的优先级顺序。如果待爬行队列的缓冲区满了，则将优先级最低的 URL 从该队列中删除。通过余弦向量来确定关键词与网页内容的相关度。

Fishsearch 算法是 DeBra 等提出的网页主题抓取算法，主题爬取需要由用户提供种子页面来搜集初始爬取的 URL。把网络爬虫爬行 Web 的行为模拟为鱼群在大海中觅食，动态建立一个优先爬取的 URL 列表，算法中的每条鱼代表一个URL。当鱼找到食物（发现相关网页）时，它的繁殖能力增强（搜索宽度增加），并且它繁殖的后代寿命与它自身相同（搜索深度不变）；当没有发现食物（没有发现相关网页）时，它的繁殖能力保持不变（搜索宽度不变），并且它后代的寿命缩短（搜索深度缩小）；如果在该方向上经过几条链接仍未找到相关网页，即遍历深度为 0，那么鱼就会饿死，不再沿这个方向继续爬取。该链接的子结点不再插入 URL 列表。该算法的关键之处是根据输入的种子链接和查寻串等参数，动态地建立一个 URL 的优先级爬行列表。

2）基于 Web 链接方式的爬行算法

基于文字内容的算法只是利用页面、URL、锚文本等文字信息，没有考虑到通过超链接而形成的 Web 有向图对主题爬虫的影响。基于 Web 链接的策略的基本

---

①　孙庚,等. 一种基于 Heritrix 的网络定题爬虫算法——以渔业信息网络为例[J]. 软件导刊. 2010(5)：47-49.

思想来自文献计量学的引文分析理论。尽管引文分析理论的应用环境与 Web 并不相同,但是到目前为止,网页之间的超链接还是比较有价值的一种信息。基于 Web 超链接图评价的爬行算法最典型的就是 Pagerank 算法,它是由 Google 的创始人 L. Page 提出的,Pagerank 算法原理基于"从许多优质的网页链接过来的网页,必定还是优质网页"的回归关系,来判定所有网页的重要性。如果一个网页被多次引用,则它可能是很重要的;一个网页虽然没有被多次引用,但是如果被重要的网页引用,则它也可能是很重要的;一个网页的重要性被平均地传递到它所引用的网页,这种重要的网页被称为权威网页。

2.2.2　图像信息采集

随着因特网和多媒体技术的不断发展,图像已成为一种重要的信息资源。各种数字图像中包含了大量有用的信息,然而由于它们是无序状态分布在世界各地,图像中包含的信息无法被有效地访问和使用。图像不同于普通网页文本信息,传统的采集、压缩和检索技术在图像方面不太适用,这就要求必须有一套针对图像信息的采集、处理、压缩、编码和索引建立的相关技术。

多媒体图像数据在表示中会存在大量冗余,主要有:

(1) 空间冗余:静态图像存在的最主要的一种数据冗余。

(2) 时间冗余:序列图像(运动图像、电视图像)经常包含的冗余。

(3) 结构冗余:某些图像的纹理区,图像像素值存在明显的分布模式。

(4) 纹理的统计冗余:有些图像纹理尽管不严格服从某一分布规律,但是它在统计意义上服从该规律。利用这种性质也可以减少表示图像的数据量。

研究发现,多种冗余造成图像数字化信息数据量庞大。这无疑给存储容量、网络传输及计算机运行速度都增加一定的压力。因此必须依靠减少数据冗余的方法进行多媒体图像数据的压缩与编码。压缩编码方法根据不同的依据可以产生不同的分类。常见的分类是根据数据压缩时的无损压缩和有损压缩两大类。无损压缩利用数据的统计冗余进行压缩,可完全恢复原始数据而不引入任何失真,但压缩率受到数据统计冗余度的理论限制,一般为 $2:1 \sim 5:1$。这类方法广泛应用于特殊场合图像数据(如指纹图像、医学图像等)的压缩。由于压缩比的限制,仅适用无损压缩方法不可能解决图像数据的存储和传输问题。

有损压缩方法利用了人类视觉对图像中的某些频率成分不敏感的特性,允许压缩过程中损失一定的信息。通过损失对理解原始图像影响较小的部分数据,以换得更高的压缩比。有损压缩广泛应用于多媒体图像数据的压缩中。

2.2.2.1　图像压缩技术

典型的图像数据压缩系统主要由三部分组成:变换部分(transformer)、量化部分(quantizer)和编码部分(coder)。

1）变换部分

它体现了输入的原始图像和变换后的图像之间的对应关系。变换也称为去除相关。它减少图像的冗余信息,与原始图像数据相比,变换后的图像数据提供了一种更易于压缩的图像数据表现形式。

2）量化部分

把经过变换的图像数据作为输入进行处理后,会得到有限数目的一些符号。一般而言,这一步会带来信息的损失,这正是有损压缩和无损压缩两种方法之间的主要区别。在无损压缩方法中,这一步骤并不存在。量化是一个不可逆的过程,原因就在于这是多到一映射。标量量化与向量量化是两种量化类型,前者是在以像素为基础实现量化,而后者是对像素向量进行量化。

3）编码部分

这是压缩过程中的最后一个步骤。这个部分将经过变换的系数(量化或未量化)编码为二进制位流,可以采用定长编码或变长编码。前者对所有符号赋予等长的编码;而后者则对出现频率较高的符号分配较短的编码。变长编码也叫熵编码,它能把经过变换得到的图像系数数据以较短的信息总长度来表示,因而在实际应用中多采用变长编码方式。

JPEG 作为常用的静态图像压缩标准已被广泛采用,此外还有 BMP、GIF、PNG 和 TIFF 格式。JPEG 是国际标准化组织(International Organization for Standardization,ISO)和国际电工委员会(International Electro Technical Commission,IEC)两个组织机构联合组成的一个专家组,负责制定静态的数字图像数据压缩编码标准。JPEG 是一个适用范围很广的静态图像数据压缩标准,既可以用于灰度图像,又可用于彩色图像。

JPEG 专家组开发了两种基本的压缩算法;一种是以余弦变换(Discrete Cosine Transform,DCT)为基础的有损压缩算法;另一种是以预测技术为基础的无损压缩算法。使用有损压缩算法时,在压缩比为 25：1 的情况下,压缩后还原得到的图像与原始图像相比较时,非图像专家难以找出它们之间的区别。因此 JPEG 的有损压缩算法得到了广泛应用。

JPEG 算法与彩色空间无关,进行有损和无损压缩时利用了人的视觉系统特性,采用量化和无损压缩编码相结合的方法来去除视觉和数据本身的冗余信息。JPEG 压缩编码大致分为三个步骤:

（1）使用正向离散余弦变换将图像从空间域变换到频率域;

（2）使用加权函数对 DCT 系数进行量化,这个加权函数对于人的视觉系统是最佳的;

（3）使用 Huffman 可变长编码器对量化系数进行编码。

近年来，JPEG 专家组正在制定 JPEG2000 标准，它与传统 JPEG 的最大不同在于，它放弃了 JPEG 所采用的以 DCT 为主的区块编码方式，而采用以小波变换为主的多解析编码方式。离散小波变换算法在图像处理与图像分析领域得到越来越广泛的应用。JPEG2000 标准提供了一套新的特征，这些特征对于一些产品（数码相机）和应用（因特网）是非常重要的。它把 JPEG 的四种模式（顺序模式、渐进模式、无损模式和分层模式）集成在一个标准中，在编码端以最大的压缩质量（包括无失真压缩）和最大的图像分辨率压缩图像，在解码端可以从码流中以任意的图像质量和分辨率解压图像，最大可达到编码时的图像质量和分辨率。JPEG2000 的应用领域包括因特网、数字摄像、移动通信、医疗图像、彩色传真和电子商务等。它具体包括以下主要特征：高压缩率、无损压缩和有损压缩、渐进传输、感兴趣区域的压缩、容错性、开放的框架结构、基于内容的描述。

除了 JPEG 之外，其他的图像压缩标准还有：

（1）BMP 格式。BMP（全称 bitmap，位图）格式图像在计算机中是用行列点阵来描述的，每个点的值用 1 比特或多个比特来存储。BMP 格式的文件由文件头、位图信息和位图阵列三部分组成：位图文件头包含了文件的类型、显示内容等信息；位图信息包含有关 BMP 图像的宽、高及压缩方向等信息；位图阵列则记录了图像中每个点的值。

（2）GIF 格式。GIF 是图形交换格式（graphics interchange format）的简称，是 Web 支持的第二种格式。GIF 格式是无损压缩，而且仅支持 256 种颜色。当图像中包含的颜色数较少（如素描、黑白图像等）时，GIF 的压缩效果更加出色。

（3）PNG 格式。PNG 是便携式网络图形（portable network graphics）的缩写，它是一种新兴的网络图像格式，是 Web 支持的第三种图形标准。PNG 格式改进了 GIF 技术，在对图像进行无损压缩时，前者的压缩率要比后者提高 5%～25%，但缺点是不支持动画。

（4）TIFF 格式。TIFF 是标签图像文件格式（tagged image file format）的缩写，它是在计算机中存储位图最常见的格式之一。TIFF 格式是基于标签的，它比 BMP 格式有更多灵活的结构。在 TIFF 文件的开始处有一个简单的 8byte 文件头，它指向第一个图像文件目录标签的位置。图像文件目录的长度可以是任意的，也可以包含任意数目的标签。所以 TIFF 格式的文件头是可以完全定制的。由于 TIFF 文件的结构是基于标签的，当中的数据并不需要顺序存储，因此图像文件目录还被用于查找 TIFF 文件中存储的图像数据。

2.2.2.2　图像检索与采集技术

随着网络和新的数字图像采集技术的发展，在科学、教育、医疗、工业和其他应用领域所产生的数字图像的数量也在以惊人的速度增长。以上海交通大学图书馆为例,在学科服务活动过程中拍摄图像的数据量就不断增长,这些图像中包含了很多有用和有意义的信息,但是由于分布广且数据量大,读者很难有效的访问。所以需要一种能够准确快速地查询和访问用户所需图像信息的技术,这就是图像检索技术①。早在 1979 年,主题为"图像应用中的数据库技术"的会议在意大利召开,从那时起,图像数据库管理技术的研究吸引了越来越多学者的关注。早期图像检索使用的是基于文本的图像检索(Text-Based Image Retrieval, TBIR)技术,基于文本的图像检索使用传统的数据库技术存储图像,对每一幅图像添加标注,标注中含有对图像的描述。图像可以根据不同的主题或语义层次进行组织。然而,计算机无法自动产生对图像的合理描述,只能借助人工标注。但图像的数据量往往很大,人工标注的代价过高,因此需要新技术来解决这一问题。

1992 年,美国国家科学基金会举办了一个有关视觉信息管理系统的研讨会,提出图像数据库管理系统中心的发展方向——基于内容的图像检索(Content-Based Image Retrieval, CBIR)②。基于内容的建设技术自动提取图像内容的基本视觉特征,如颜色、形状、纹理等,并根据这些特征建立索引以进行相似性匹配。

针对现有图像搜索引擎的不足,有人提出了分布式的图像搜索引擎(Visual & SemanTic Image Search Engine, VAST),结合和利用现有的基于文本的搜索引擎技术和基于图像的内容查询技术,在研究现有的基于文本的搜索引擎技术的基础上,引入和结合图像数据库查询技术,采用基于图像内容和基于文本语义相融合的查询,建立以互联网空间内的图像为对象的特征索引数据库,并提供灵活方便的查询方式,帮助用户能迅速准确的定位所需要的信息。

VAST 图像搜索引擎系统可分为 Web 信息采集器、索引器、检索器和用户接口四个大模块③。

1) Web 信息采集器

VAST 图像搜索引擎的 Web 信息采集器主要采用移动 Agent 技术和网络爬虫相结合的技术来对互联网中的 Web 站点进行信息采集。基于移动 Agent 的网络爬虫 Agent(简称移动爬虫, Mobile Crawler)在互联网中的 Web 站点之间自主迁移,充分利用移动 Agent 技术的优势,彻底改变传统的 Web 信息采集和搜索模式,将传统的计算模式"将数据拉到计算"改为"将计算推向数据"。移动爬虫运行

①　李丽,等.高校图书馆全方位学科咨询服务创新实践[J].图书馆建设.2010(5):51-54.

②　王琦,等.基于 Lucene 与 Heritrix 的图书垂直搜索引擎的研究与实现[J].计算机时代.2010(2):12-14.

③　周利兵.图像搜索引擎中信息采集技术的研究[D].武汉:华中科技大学,2006.

在远程 Web 服务器上,将集中在服务器端的处理,如特征提取、建立索引等计算任务分散到远程的 Web 服务器上运行,最后将少量的压缩后的索引数据回传到服务器端,各个移动爬虫的协同工作通过信息采集服务器端进行统一调度,协作爬行。

在信息采集过程中,移动爬虫将在互联网中 Web 站点之间移动,对 Web 站点进行"本地采集"以及对采集的数据进行处理,最后将压缩的数据传回服务器端处理;接着移动爬虫继续迁移到其他 Web 站点进行信息采集,其迁移路径采用自适应迁移策略控制,采用该策略可以减少网络数据传输量和缩短工作时间;移动爬虫的并行度控制策略可以控制信息采集器中移动爬虫的个数,这样就不会过分加重远程 Web 站点的负载,增强系统的稳定性。

2) 索引器

索引器把 Web Crawler 下载的网页进行关键字提取,把这个文档内的全部单词分别提取出来放在数组或者链表中,然后依次对每个单词进行索引,得到的索引库为全文索引数据库。目前常用的全文索引算法有三种:倒排文件(inverted files)、后缀数组(suffix arrays)、签名文件(signature files)。

倒排文件是目前多数搜索引擎实际使用的全文索引算法。对于倒排文件来说,这个技术是以关键字为基础的搜索技术,它是现在对于大多数应用最佳的选择;后缀数组对于短语查找和其他很少的普通查询比较快,但是构造和维护它们是非常困难的;签名文件流行于 20 世纪 80 年代,但现在倒排文件已经取代了签名文件。

图像搜索引擎 VAST 基于文本语义和图像内容,充分利用移动 Agent 的分布式计算优势,将索引器的一部分功能如对文本解析建立文本索引、建立图像内容的特征索引等处理分布到远程 Web 站点上处理,最后由移动爬虫将压缩后的结果传送到索引服务器端进行汇总、分类处理,减轻了服务器端的负载。检索器将这两部分索引文件组织成特定的数据结构供检索器查询检索。当 Web 页面数据发生更新时索引数据也需要更新,网页数据的更新可以触发索引的更新,因为网页数据的更新可以根据驻留在服务器端的模块及时反馈到服务器端。

图像内容特征的提取采用 16 维的特征向量,以文件的形式用来存储,其特征主要是基于纹理和颜色的特征以及基于区域分割的特征相融合算法;文本语义提取采用全文索引和关键字索引相结合的方法。最终生成的索引是图像内容和文本语义两者的融合。

3) 检索器

检索器模块具有以下四项功能:匹配计算、相关反馈、结果排序和日志分析。功能就是接受用户提交的查询请求,按照查询条件在索引库中搜索满足条件的文件,并根据用户定制的过滤条件和排序因素组织搜索结果集,返回给用户接口。从使用者角度来看,检索器的查询算法是决定一个搜索引擎检索质量最重要的因素。VAST 图像搜索引擎的检索器就是利用索引数据库提供的图像特征索引库、图片对应网页的全文索引库、关键字索引库以及超链接分析库和查询历史库等多个数据源,实现对用户输入关键字的准确、快速的匹配。

如果用户提交的是查询图像,检索匹配模块通过视觉特征数据库的索引将该查询图像的图像特征向量和视觉特征数据库中记录的图像特征向量进行相似性匹配计算,返回最近相邻的匹配结果。如果用户提交的是文本关键字搜索,则检索匹配模块通过文本语义特征数据库的索引将其关键字和语义特征数据库中记录的关键字进行匹配,返回最匹配的记录结果。

基于内容的查询和检索过程是个逐步求精的过程,它存在一个特征调整,重新匹配的循环过程。如何进行特征匹配、相似性度量将关系到检索的精度和速度,它在检索中起到重要的作用。

该模块包括的主要研究内容为:

① 距离算法或策略。采用何种距离策略,将直接影响到相似性计算。比较常用的是 Euclidean 距离。

② 相似性计算。确定了距离算法或策略后,计算两个图像特征向量的相似性。由于图像涉及多个图像特征向量,对于不同种类的图像,可能有不同的特征更适合检索匹配,因此需要对多个图像特征向量赋予不同的权值,再综合计算整个图像的相似性。

③ 查询结果排序。对搜索获取的图像结果的相似性进行排序以及结果的排序。

④ 相关反馈。

⑤ 日志分析。对用户查询的历史信息进行分析、统计,对查询结果加以调整。

4)用户接口

用户接口提供一系列查询方式、选项以满足用户不同的查询要求,将用户的查询请求提交给检索器去匹配。检索器将排序后的结果集返回给用户。目前一般的图像搜索引擎支持文本关键字语义的图像检索,可以选择图像的大小、类型(如 GIF,JPG,PNG 以及 TIFF 等)。VAST 图像搜索引擎在提供文本关键字的图像检索的同时,也提供基于图像内容本身底层特征语义的图像检索,此外还提供两者的融合检索。系统提供给用户的选项包括选择样例图片或提交草图进行查询,同时可以选择相似度查询以及相关反馈的查询模式,这样能充分提高系统的效率以及准确性。

用户接口模块的主要研究内容为:

① 待查图像的输入,包括样例图像的输入或草图的输入。用户可以从本地或

通过网络链接提供一副样例图像或者一组相近的样例图像组;另外,用户也可以通过提供的绘制草图的工具在界面上绘制一副草图,提交给系统。

② 图像特征提取。对用户提供的样例图或草图,系统要选择合适的图像特征(颜色、纹理、形状、空间位置等)进行提取,通过调用图像处理算法模块中的相关算法,获得图像的特征向量。

③ 关键字和其他输入的选择。用户可以通过输入关键字来搜索图像,并提供一些其他的信息,如限制图像类型、大小、搜索范围等。其他的输入选择用来在检索时过滤并缩小检索范围,或者提供一些额外的辅助查询条件。当前我们只提供简单的关键字查询搜索,以后要考虑提供具备多关键字逻辑组合,可对输入的文本语句自动进行关键字分割的查询搜索。

④ 生成查询描述。在获取了图像的特征向量或文本关键字,以及其他的一些辅助信息后,根据一定的规则和格式生成查询描述,提交给检索匹配模块。

⑤ 结果显示。从检索器接收排序后的查询结果后以缩略图的方式显示在用户界面中。

⑥ 相关反馈方式查询。在获取了查询的初步图像结果集后,用户可从结果显示界面中选择其中相似度比较高的一幅或多幅图像作为正面样例,一幅或多幅相似度很差的图像作为反面样例,再次提交给检索器重新检索。

系统定期收集从互联网的 Web 站点搜索到的图像及其相关的数据和信息,将其暂时存储在图像数据库中,并通过文本信息提取对其进行语法语义等方面的分析,分析出和该图像相关的关键词的信息等,组合成文本索引,将其插入或更新到语义特征数据库中;同时,系统通过提取图像特征(包括颜色、纹理、形状等图形内容特征)信息,组合成图像特征索引,将其插入或更新到视觉特征数据库中。

用户通过用户界面提交一个查询,如果它是一个样例图或草图(同时还可能再包括一些辅助信息,如限定图像类型、大小等),在获取查询描述中通过对待查图像进行图像特征提取,获得的图像特征向量,形成查询描述;如果用户提交的是文本关键字的输入,也在获取查询描述中形成查询描述。随后,查询描述在检索匹配中通过索引管理与视觉特征数据库中的图像特征信息进行相似性匹配,或者与语义特征数据库中的文本关键字信息进行匹配。匹配的结果是根据一定规则返回一个匹配结果集合。

对于这个返回的结果图像集合,根据相似性在结果图像排序中对其进行排序,返回给用户界面进行显示;用户在显示的结果中可再选择图像进行相关性反馈,将重新检索的结果再返回给用户。基于内容的图像搜索引擎 VAST 不是基于文本的图像检索的简单替代,而是融合了文本语义与图像内容特征的一个综合评价值来为用户提供更加准确的查询。

2.2.3　音、视频信息采集

在构建学科服务信息素养教学资源的过程中,仅通过文本、图片、动画等形式呈现的学习资源,已不能满足学习者的学习需求[①]。音视频的文件能够增强网络教学的现场感和实时性,但相对其他类型的文件而言容量较大。在这种情况下,流媒体技术就成为了一种突破带宽瓶颈,克服文件下载传输方式的不足、实现音视频信息在互联网上流式传输与再现的主要技术手段[②]。

2.2.3.1　音、视频信息技术

数字音频和视频只是一系列采样值,并没有明显的语义结构,它们都是依赖于时间的连续媒体,这意味着,为取得合理的音频和视频播放质量,音频样本和视频样本必须以固定的间隔进行接收和播放。例如,如果对音频片段以 8 KHZ 的频率进行采样,则每秒必须播放 8 000 个样本值[③]。

连续的音频波形可通过麦克风转化为连续的电信号,电信号通常是以伏特数测量的。把这种具体有连续振幅和时间的信号称为模拟信号。要使计算机能够处理和传输音频信号,必须把连续的电信号转化为数字信号。模数转换(ADC)需要经历三个阶段:采样、量化和编码。

1) 采样

把连续时间转化为离散值的过程称为采样。在采样过程中,把时间轴划分成固定长度的时间间隔,模拟信号的瞬时值在每个时间间隔的开始处读取。该间隔是由时钟脉冲决定的。时钟的频率成为采样率或采样频率。采样值一直到下一个时间间隔保持不变。进行上述过程的电路称为采样和保持电路。对振幅而言,每个采样值仍然是连续的,采样值可以取得连续范围内的任意值。但对时间而言却是离散的,在每个时间间隔内采样值只取一个值。

2) 量化

把连续的采样值转化为离散值的过程称为量化。量化过程中,把信号范围分割成固定数量的时间间隔。每个时间间隔都是等长度的并配有一个数值。把这些间隔分布标注成 0～7。每个样本都落在其中的一个间隔内并配有该间隔的数值。每个样本都有一个有限的可选值。量化间隔的大小称为量化步长。

---

①　陈廉芳. 高校图书馆面向学科服务构建信息共享空间的研究[D]. 福州:福建师范大学,2009.

②　冯研. 数字图书馆中基于流媒体技术的教学平台建设[D]. 大连:大连理工大学,2006.

③　杨强,等. 基于语义的新闻视频检索系统设计[J]. 电视技术. 2010(4):90-92.

3）编码

把量化值表示成数字形式的过程称为编码,如果采样速率和量化级数很大,则数字化的信号将是原始模拟信号的近似表示。如果需要从数字数据中重建原始的模拟信号,需要采用一个数模转换器。

这里提到的量化都是线性量化。非线性量化可以降低表达同一质量的数字音频所需的数据量,或者说可以采用同样的数据量表达更高质量的音频。非线性量化实际上就是一种数据压缩技术。MPEG 音频是通用的音频压缩标准。大家可能都经历过这样的屏蔽效应:当正在播放声音较大的音乐时,往往听不到周围的其他低强度声音。由于被屏蔽的声音听不到,因此可以在不影响音频质量的前提下安全地丢弃它们,这就是国际标准化 MPEG 采用的策略。事实上,MPEG 音频编码器利用的正是人类听觉系统的感知局限性。由于除去这些不相干的部分并不引起听觉障碍,因此 MPEG 音频标准可用于压缩人耳可听到的任何信号。

其他音频压缩标准还有 MP3 标准、WAV 标准、AIF(AIFF)标准等。

2.2.3.2 音、视频采集技术

音频包含丰富的听觉特征。人耳能够听见的音频频率范围是 20～60 Hz,其中语音频率大约分布在 300～4 000 Hz 之间,而音乐和其他自然声响则是全范围分布。语言是人类进行思想、观点和情感交流最自然便捷的交互方式,音乐又是人们日常生活中形影不离的朋友,所以人们希望能通过这些自然的听觉特征来检索声音信息。现阶段在音乐检索中广为流行的是基于内容的音乐检索方法。众所周知,网络海量的音视频数据如果仅仅靠人工实现分类和标注最终必然逐渐变得不切实际,需要自动分类和检索技术的帮助;同时人们在查询数据时往往并不知道数据的名称、作者等版权信息,仅仅知道一些内容片断,这也要求基于内容的音乐检索技术帮助查询[①]。因此,基于内容的音乐检索在音乐数据库管理、互联网音乐检索人文艺术类学科服务以及生活娱乐方面都具有非常重要的意义,该领域具有很强的实用意义和研究价值。

目前该领域中,音频的分类技术(如将音频文件分为"音乐"、"语音"、"噪音"等)得到了较快的发展,而由于音乐自身的特征表达和模式匹配问题,基于内容的音乐检索技术发展相对缓慢。音乐与人的听觉感知密切相关,它更多地表达了一种感情,一种很难量化的情绪,音乐的这种特性决定了在音频的分类检索技术中所用到的物理特征对音乐分析并不适用,基于内容的音乐检索是根据音乐的内容特征来进行检索,也就是根据音乐的旋律、节奏等音乐特征进行检索。基于内容的音乐信息检索技术是一个涉及交叉学科的研究方向,涉及的学科包括:计算机科学、

---

① 蒲筱哥.基于内容的视频检索关键技术研究综述[J].情报科学.2010(3):464-469.

信息检索、音乐学、音频技术、数字信号处理和认知科学等。

　　基于内容的音乐检索涉及音乐旋律的表达、音乐旋律的特征提取、用户查询构造、音乐旋律匹配以及音乐数据库构造等很多方面的问题,这些问题的解决是建立一个完整、有效的音乐检索系统的关键。基于内容的音乐检索通常采用如图 2-2所示的通用的步骤[①]:

　　首先,要使用音乐采集设备完成原始声音记录,将连续的音频信号离散化,变成数字化的信息。

　　接着,音乐还需要经过特征提取、分段、识别、分类这几个关键步骤。大部分情况下,分类规则往往表现为"特征向量＋类别"的查找表,在数据量很大的时候,一个高维索引是必需的。

　　最后,基于内容的音乐检索就变成一个模式匹配问题。对于输入的一段音乐或音乐的特征向量,所需要做的就是拿这个向量到音乐数据库中和已有的向量进行比较。最后系统返回最相似的结果。

　　(1)音乐旋律的表达,即音频信号的预处理;

　　(2)通过对音乐旋律的特征提取,形成查询索引;

　　(3)对音乐数据库中的音乐建立音频索引;

　　(4)用户查询构造;

　　(5)根据查询索引和数据库中音频索引之间的相似性,对音乐片段进行检索。

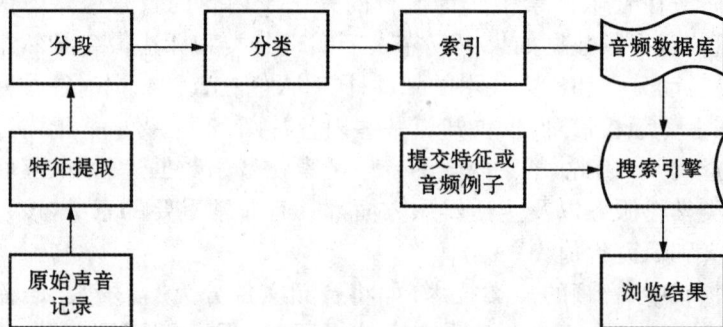

图 2-2　采集流程

　　基于内容的音乐检索主要是基于音频特征矢量匹配和近似音调匹配。计算机对信息的表达归根结底是一种状态表达,要将听觉感知的信息借助计算机进行存储与检索,这当中进行的转换难以避免实际信息的失真。对于音频检索来说,由于感官上与表达上的不一致性大大增加了检索的处理难度。因此,基于内容的音频

①　薛峰.基于内容的音乐检索[J].大学图书馆学报.1999(4):28-30.

检索只能是一种相似性检索,而无法实现传统的精确匹配检索。虽然研究人员已在基于内容的音乐检索技术方面做了大量的研究,但是为了满足大容量数据库和互联网检索的要求还有许多工作要做①。

音频的内容从整体上来看可以划分成三个等级:最底层的物理样本级、中间层的声学特征级和最高层的语义级。

(1) 在物理样本级,音频内容是以媒体流的形式存在,其中包含原始音频数据和注册数据(如采样频率、量化精度和压缩编码方法等)。用户通过音频录放软件如 CoolEdit 等只能以时间刻度来检索和浏览音频内容。

(2) 中间层是声学特征级。声学特征是从音频数据中自动抽取的,它可以分为物理特征(Physical Feature)和感觉特征(Perceptual Feature),前者包括音频的基频、幅度和共振峰结构等,后者表达用户对音频的感知,例如音调、响度和音色等,感觉特征一般都与某些物理特征之间存在一定的联系。

(3) 最高层是语义级,它是音频内容、音频对象的概念描述。具体来说,在这个级别上,音频的内容可以是语音识别、辨别后的结果(文本)、音乐旋律和叙事说明等。

近年来,随着多媒体技术的发展,数据库中的多媒体数据量越来越庞大,人们不仅需要存贮这些数据以进行传统的基于关键字的检索,而且要求对多媒体数据进行语义分析、表达和检索。基于内容的检索(Content Based Retrieval,CBR)就是应运而生的一种多媒体数据库查询与检索技术,它是目前多媒体研究中的一项重点课题,也是一个高水准的数字图书馆不可缺少的检索手段②。

虽然音乐可以用题名、作者或主题分类来进行索引,但用户常常会要求用一段音乐旋律来检索乐曲。用输入的简谱进行旋律检索,并能获得命中记录的文本、乐谱和音频等数据,这种系统对于音乐数字图书馆建设具有重要意义。

基于内容的音乐检索,关键是确定用什么特征在音乐数据库中进行检索。乐曲是作曲家思想的发挥,随意性很强,对于一段旋律没有一个规范的标准。因此要制订一个类似词表的标准化的乐曲库是不可能的。然而在音乐中也有其规律可循。

首先,要指出的是旋律的识别和演奏的声调没有关系。所以用户可以在任何声调上输入音符信息,这可以通过基于音调比率或音程的检索来实现。其次,经过多次实验表明,音程的方向独立于音程的大小,在旋律的识别中起着重要的作用。音程的方向序列被称为"旋律轮廓"或"旋律外形",如用 Parsons 的表达方法,*表

① 薛振武. 基于内容的音乐检索算法研究[J]. 语音技术. 2009(3):63-67.
② 张宝华等. 基于旋律的音乐检索系统[J]. 电声技术. 2005(12):4-11.

示音符的开始,D 表示一个下降的音程,U 表示一个上升的音程,R 表示重复的音程。则二胡独奏《二泉映月》的开始部分可被表示为:*UDURDDUDUURD。从根本上讲,基于内容的音乐检索就是将输入的字符序列和音乐数据库中的字符序列相匹配,这一点和文本检索很相似。

一个完整的基于旋律的音乐检索与采集模型,应该包括三个部分:音乐旋律特征的规范化和提取,用户前端旋律的输入识别及特征提取,旋律特征的匹配检索及结果输出,如图 2-3 所示①。

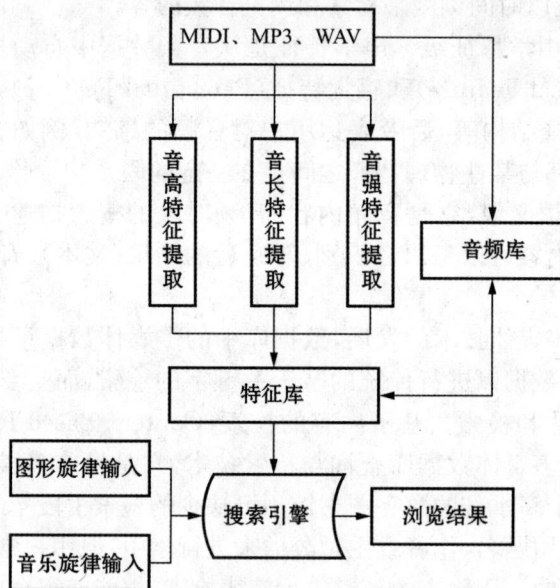

图 2-3　音频检索采集模型

2.2.3.3　案例

上海交通大学图书馆建立了一个中国民族音乐基于旋律的检索与采集模型,如图 2-4 所示②。

中国民族音乐基于旋律的检索模型由三个部分组成:旋律特征的表达和提取、旋律特征的匹配检索及结果输出、旋律特征的输入识别和提取③。

---

① 李晨,等. 音频检索技术研究[J]. 计算机技术与发展. 2008(8):215-218.
② 金毅,等. 基于旋律的音乐检索[J]. 情报学报. 2003(3):297-301.
③ 金毅,等. 基于旋律的音乐检索研究——旋律特征的匹配检索[J]. 现代图书情报技术,2003(4):57-59.

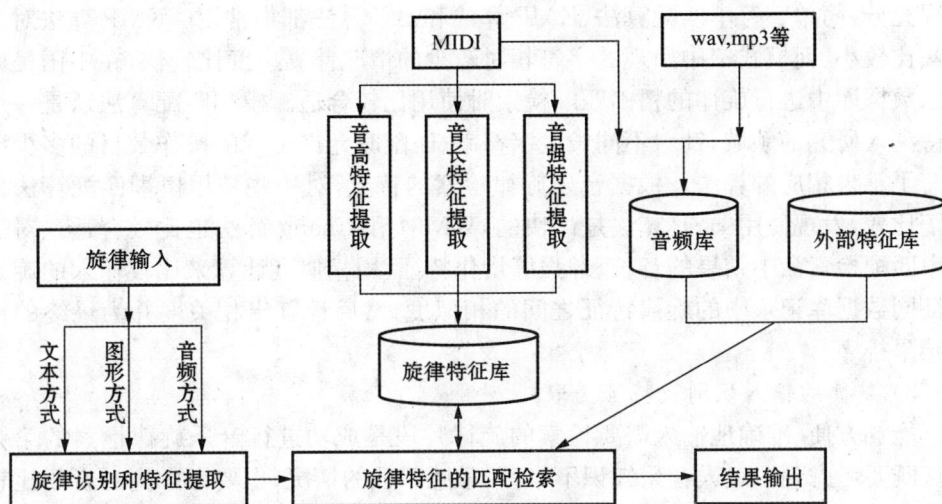

图 2-4　中国民族音乐基于旋律的检索采集模型

1) 旋律特征的表达和提取

旋律特征的表达和提取是整个基于旋律的音乐检索模型的核心。根据中国民族音乐的旋律有即兴性、单音、不确定性和独立性的特点,可以采用绝对音高序列、相对音高序列以及综合使用音高、音长和音强信息构成音乐的旋律轮廓。绝对音高序列包含了旋律的准确音高,可以对音乐旋律进行完全精确的检索。比如用户通过文本方式输入的简谱、五线谱,或通过虚拟琴键等都可以输入比较精确的音高信息,检索的查准率和速度都是非常理想的。而采用 Parsons 表达法转换后的相对音高序列可以有效解决中国民族音乐旋律中存在的大量即兴性、不确定性因素给旋律检索带来的问题。综合使用音高、音长和音强信息是更为完善地表达音乐旋律轮廓的方式,不同的特征组合采用的检索算法、阈值范围以及适用的检索途径各不相同,需要在有相当数据量的基础上不断测试和调整。

根据三种音频文件格式:声音文件、MIDI 文件和模块文件各自的特点,从精确度、方便性和通用性角度分析后的结论是:MIDI 文件更合适作为提取音乐旋律的数据源。通过从 MIDI 格式文件中提取所需的旋律特征构成旋律特征库,旋律特征库、音频库和外部特征库就是中国民族音乐数据库的核心。

2) 旋律特征的匹配检索及结果输出

用户输入的音乐旋律同数据库中的旋律记录的比较匹配是音乐旋律检索的关键。检索速度的快慢、查全率和查准率的高低,都依赖于系统有合理、高效的检索功能。

对旋律轮廓中的音高序列需要进行字符串匹配检索。精确匹配检索已经研究得很充分,简单字符串匹配算法、KMP 算法和 BM 算法都很常用。KMP 算法对字符集比较小、而模式串中出现的字符相对较少的情况计算速度比较快,在中国民族音乐数据库中进行旋律的精确匹配检索时使用比较合适。模糊匹配算法还是一个有待深入研究的领域,针对不同长度字符串、匹配时允许出现的操作数目的多少已经有了不少相应的算法。根据音乐旋律检索的特点,对一些常用模糊匹配算法进行了比较,发现使用 BYP 算法是最快的,WMM 和 Chang 算法也比较合适。对字符串匹配检索命中结果的音长、音强等量化特征,用相似度计算来比较输入的旋律特征同数据库记录中的旋律特征之间的相似度,然后计算出相关度并为最终的检索结果排序。

3) 旋律的输入识别及特征提取

能够方便、准确地输入需要检索的旋律片段是成功进行音乐旋律检索的第一步。既要考虑到一般人音乐知识不丰富,乐感不强的情况,也要考虑到对音乐比较熟悉、比较专业的使用者,所以解决方法应该是多种途径的,可以满足不同层次用户的使用需求。一个完善的系统应该包含文本的输入方式、图形的输入方式和音频的输入方式。

在对中国民族音乐基于旋律的检索模型研究的基础上,初步建立了一个试验系统:中国民族音乐数据库检索系统,在系统中对一些关键技术进行了具体的分析并部分实现了相应的功能。

图 2-5 是中国民族音乐数据库检索系统首页。首页提供了通常的基于音乐外部特征的检索途径,检索范围是曲名、类别、作曲、演奏、指挥、乐器以及乐曲介绍

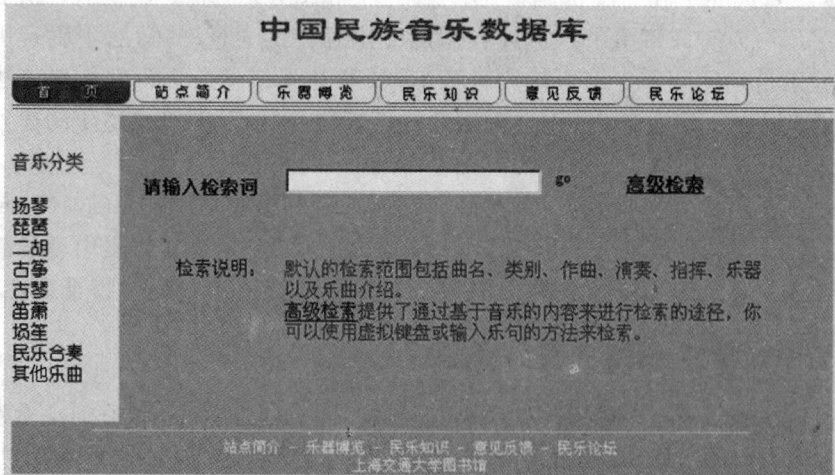

图 2-5　中国民族音乐数据库检索系统

等。首页中的高级检索提供了通过基于音乐的旋律来进行检索的途径,目前可以使用的方法有两种:通过虚拟键盘弹奏检索和基于简谱的乐句检索。图 2-6 是中国民族音乐数据库高级检索界面。

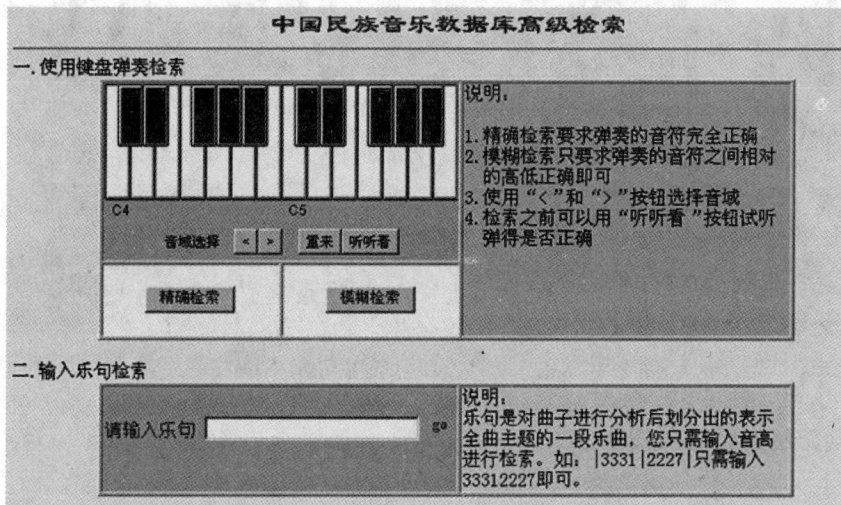

图 2-6　中国民族音乐数据库高级检索

　　在对中国民族音乐旋律特点和 MIDI 文件格式研究的基础上,开发了从 MIDI 文件中提取旋律特征的工具 MExtractor(图 2-7),MExtractor 打开一个 MIDI 文件后,可以将这个 MIDI 文件所有通道使用的乐器名、乐器发出的音符总数都统计并显示出来,选择主旋律所在的相应通道后就可以提取出旋律的绝对音符特征和相对音符特征。

　　基于内容的视频检索采集技术是针对音视频这类非结构化数据,使用了自动数字化、语音识别、镜头检测、关键帧抽取和内容自动关联等技术,真正做到了从内容上对视频进行搜索。而其中视频数据模型、视频结构化、场景构造、视频索引和浏览等是其中最具有代表性的关键技术。要实现基于内容的视频检索,首先必须进行视频镜头分割、关键帧提取、镜头聚类,经过这些处理,然后才能通过对视频段之间特征空间的比较来进行视频段内容的比较。然而由于视频内容繁多且复杂,对视频的检索十分困难。从 20 世纪 90 年代初,国际上就开始了对基于内容的视频检索方面的研究,但到目前基于内容的视频检索关键技术方面的研究仍然存在着不少问题,需要进行进一步的研究[①]。

---

　　① 金毅,等. 基于旋律的音乐检索研究——旋律特征的输入识别[J]. 现代图书情报技术. 2004(1):41-45.

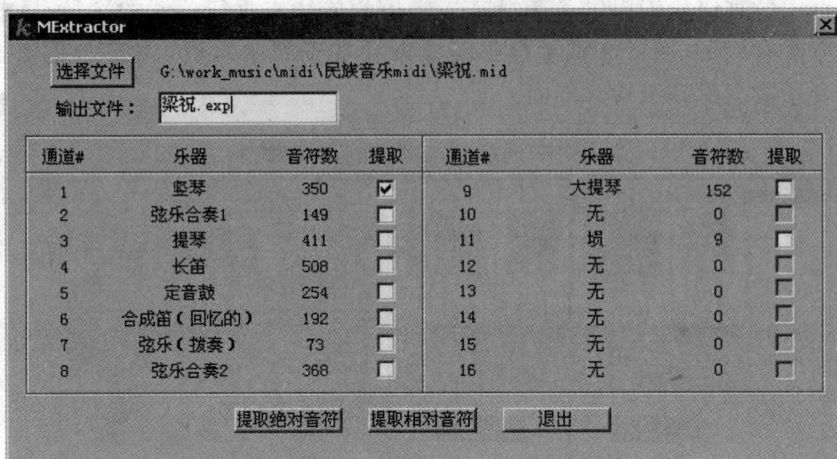

图 2-7　MIDI 文件旋律提取工具 MExtractor

2.2.4　无线射频信息采集

2.2.4.1　无线射频识别技术

无线射频识别技术的官方名称是 RFID(Radio Frequency Identification),俗称电子标签。RFID 是一种非接触式的自动识别技术,它通过射频信号自动识别目标对象并获取相关数据,识别工作无须人工干预,可工作于各种恶劣环境下。RFID技术可识别高速运动物体并可同时识别多个标签,操作快捷方便。RFID 标签进入磁场后,接收解读器发出的射频信号,凭借感应电流所获得的能量发送出存储在芯片中的产品信息(Passive Tag,无源标签或被动标签),或者主动发送某一频率的信号(Active Tag,有源标签或主动标签);解读器读取信息并解码后,送至中央信息系统进行有关数据处理[①]。

RFID 技术是一种直接继承了雷达的概念,并由此发展起来的具有革命性的自动识别技术。它能对几厘米到几十米范围内的物体进行识别,可以批量读取,可以识别各种运动状态下的物品、设备、人员等,是继互联网之后的又一次新的技术革命。1948 年哈里·斯托史曼(Harry Stockman)在无线电工程师协会(Institute of Radio Engineers)学报上发表的《利用能量反射进行通信》奠定了 RFID 技术的理论基础。20 世纪 60 年代,RFID 技术开始应用于商业领域,到 20 世纪 80 年代,该技术得到了全面应用。随着如集成电路、通信技术、网络技术等的不断发展,随着人们需求的增加,RFID 技术将对人类的生产和生活方式产生越来越深远的影响。

---

① 百度百科. RFID[EB/OL][2012-05-11]. http://baike.baidu.com/view/26303.htm.

目前,RFID 技术已经在交通管理、物流管理、安全防伪、公共管理、医疗行业、矿井管理、工业、食品安全、图书管理等领域得到了广泛应用[①]。

RFID 按照能源的供给方式可分为无源 RFID,有源 RFID,以及半有源 RFID。无源 RFID 读写距离近,价格低;有源 RFID 可以提供更远的读写距离,但是需要电池供电,成本要更高一些,适用于远距离读写的应用场合。RFID 按照应用频率的不同又可以分为低频(LF)、高频(HF)、超高频(UHF)、微波(MW)这四种频段,所对应的代表性频率分别为:低频 135 KHz 以下、高频 13.56 MHz、超高频 860 M~960 MHz、微波 2.4 GHz~5.8 GHz。频率越高所读写的距离越长,其应用的领域也有所不同。图书馆的 RFID 解决方案主要采用的是高频(HF)和超高频(UHF)这两种频段。一个完整的 RFID 硬件系统通常由三个部分组成:RFID 标签,标签读写器和天线。RFIG 标签(Tag)由耦合元件及芯片组成,每个标签具有唯一的电子编码 UID,附着在物体上标志目标对象;标签读写器是负责读取和写入 RFID 标签信息的设备,可设计为手持式或固定式;天线(Antenna)负责在标签和读写器之间传递射频信号。标签读写器通过天线发送出一定频率的射频信号,当 RFID 标签进入磁场时产生感应电流从而获得能量,发送出自身编码等信息被标签读写器读取并解码后送至电脑主机进行相关的处理。图 2-8 所示是一张高频 RFID 标签和便携手持式 RFID 读写器。

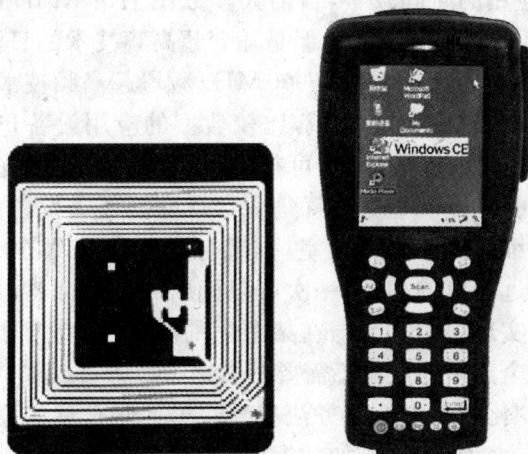

图 2-8　RFID 标签(左)＆手持 RFID 读写器(右)

2.2.4.2　无线射频识别技术在图书馆的应用

1998 年,RFID 在北美图书馆被提议作为读者自助借还的一种方式。1999 年,

---

① 谭民,刘禹. RFID 技术系统工程及应用指南[M].北京:机械工业出版社,2007.

纽约的洛克菲勒大学图书馆最先安装了 RFID 系统。同年,密歇根州的法明顿社区图书馆成为使用该技术的首个公共图书馆。此后,越来越多的图书馆开始使用这一技术。2004 年底,美国已经有 300 多家图书馆安装或开始准备实施 RFID 系统。RFID 在图书馆领域的应用中,美国居于世界领先地位,英国与日本并列第二,荷兰、澳大利亚、新西兰、墨西哥、新加坡、印度、马来西亚、泰国、中国台湾等国家和地区的图书馆也相继实施了 RFID。在亚洲地区,日本、韩国、新加坡等国家都拥有了很多图书馆应用的成功案例,如日本的九州大学图书馆筑紫分馆、奈良尖端技术大学、东京都广告博物馆图书馆;韩国的首尔大学以及新加坡国立图书馆等。近年来随着 RFID 在各行各业的广泛应用,RFID 在图书馆的应用呈现激增的趋势①。

国内 RFID 在图书馆中的应用,文献中记录中最早的是 2006 年 2 月的集美大学诚毅学院图书馆和 2006 年 7 月的深圳图书馆。目前 RFID 在公共图书馆的应用比较多,如武汉图书馆、长宁区图书馆、国家图书馆、杭州市图书馆、厦门少儿图书馆等;高校图书馆相对较少,汕头大学图书馆 2007 年 7 月开始将 RFID 应用于图书借阅,至 2009 年 6 月新馆开馆后,逐步对图书安装电子标签,并将 RFID 扩展到流通和清点中。北京农学院图书馆 2008 年年中进入 RFID 招标采购流程,香港城市大学图书馆从 2008 年开始实施了高频 RFID 和超高频 RFID 的对比研究项目,目前也已经正式开展了 RFID 的应用。

由于高频技术应用的时间较早,目前大多数图书馆 RFID 设备供应商和图书馆选择了 13.56 MHz 频段高频技术,但是随着超高频技术的日渐成熟,不少 RFID 设备供应商和图书馆也逐渐开始选择 900 MHz 频段超高频技术。当前 RFID 技术在图书馆主要应用在流通和盘点领域,比较典型的应用设备包括:自助借还书设备,充分利用 RFID 的读取优势,一次可扫描数十本图书或者光盘,大大减少了借还书需要等待的时间,如图 2-9 所示就是一台自助借还书设备;图书分拣设备,可自动将图书作分类,细化到某个阅览室;排架与图书盘点设备,利用 RFID 阅读器对书架进行非接触、远距离的扫描,一次可以读取数十个标签,可以轻松进行图书馆馆藏的清点工作,实现馆藏书目与在架图书的匹配,提高馆藏书目的准确性;全自动闭架式阅览室,全部借还过程不需要图书馆工作人员操作或干预,真正实现高科技,智能化,全自动化的图书馆业务流程。除了这些常见的设备及应用服务外,还可以在图书馆拓展多种应用,例如数据的统计分析,个性化学科书目推送,合理采购文献与剔旧,以及馆藏资源的智能定位导航等。而要实现以上这些不同于传统的图书馆服务,令人心驰神往的特色 RFID 拓展服务功能,则万万离不开图书和其他馆藏资源信息的采集工作,无线射频识别技术无疑是图书馆信息资源采集方

---

① 王颖,冯涛. 对 RFID 在图书馆应用的思考[J]. 图书馆工作与研究,2009,(2):46-48.

面的一柄利器。

图 2-9　RFID 自助借还书设备

2.2.4.3　无线射频信息资源采集

图书馆信息资源采集是指从信息使用者的需要出发,通过各种渠道和形式获取图书馆相关信息的过程。它是图书馆信息资源建设中最基础的一个环节,能够促进图书馆信息资源的深层开发、促进图书馆信息资源的动态更新、促进图书馆信息资源的迅速传播、促进图书馆信息资源的远程获取、促进图书馆信息资源的广泛共享,以及最终为用户提供多种形式服务,是满足用户各种需求的根本来源,所以它是图书馆工作的"木之本"、"水之源"。随着电子计算机和现代通信技术的相互结合,以因特网为代表的高速信息网络将大量的用户、信息资源、信息服务系统紧密联系起来,形成了人们信息活动的重要空间。图书馆信息资源呈现出品种多,数量大以及来源渠道多样化等特点;与此同时信息传播的手段和方式在网络环境下也发生了巨大的变化[①]。

无线射频识别技术主要是通过 RFID 阅读器扫描图书及其他馆藏资源上所粘贴的 RFID 标签,从而获取到标签和数据库中携带的数据信息,最终完成信息资源的获取与采集工作。通过无线射频识别技术所能采集到的图书馆信息资源包括:

1) 馆藏书目信息

书目信息简单来说指的是以数字化形式存在的有关图书资料的元数据,包括书目、索引、文摘等二次文献信息,以及述评、综述、书评等三次文献信息和其

---

①　袁琳,何坚石.数字出版环境下的信息资源采集策略研究[J].图书馆理论与实践,2010(4):7-11.

他各种类型的书目数据库。这些书目信息资源有些存储在 RFID 标签之中,有些存储在图书馆管理系统的数据库之中,RFID 标签中存放哪些书目信息和具体的存放方式是由各个图书馆的数据模型标准决定的。无线射频识别技术在采集的过程中一方面是直接读取 RFID 标签中的书目信息,另一方面可以通过读取标签的UID 标志符,获取原始条码与 RFID 标签的对应关系,从而链接到图书馆管理系统的数据库之中,采集到更为详细的书目信息。书目信息是在图书的采访编目过程中逐步完善的,而采集工作则一般在加贴 RFID 标签时即可由标签转换系统自动完成,在后续的图书盘点工作中通过 RFID 读写器既可以通过图书馆管理系统采集到最新的书目信息,又能对标签中的书目信息做及时的更新处理。

2) 读者信息及借阅信息

使用 RFID 设备的图书馆有些采用了加贴 RFID 标签的新型读者证,有些则还是使用原来的读者卡,前者的读者信息可由 RFID 阅读器直接获取到,后者则要求将原有的读者信息库与 RFID 用户数据库相连接,从而采集到读者的最新个人信息。RFID 自助借还设备在每次借还书的时候都会自动对借阅信息做记录,并存放到数据库中,这样采集到的图书借阅信息资源是比较完善的。通过这种方式获取到的读者信息和借阅信息都可以为后续开展的学科化服务做好铺垫,打好基础。

3) 图书位置信息

每本图书上粘贴的 RFID 标签都是一个微型的定位装置,在标签上记录了图书的位置信息,由 RFID 智能书车或者手持式盘点设备我们可以轻松地获取到每本图书的所在架位信息,与 RFID 图书智能导航系统相结合就成了一个图书馆馆藏资源的直观可视化地图。这些大量的图书位置信息和之前提到的读者信息,借阅信息一样,对于学科化服务的应用是非常有用的资源。

4) 其他信息资源

除了以上提到的几种信息资源外,无线射频识别技术还可以采集相关的学科信息,图书的借阅人数信息,预约信息,馆藏地变更信息等。

2.2.4.4　无线射频信息采集在学科化服务中的应用

由无线射频识别技术所采集到的信息资源是实现相关学科化服务的基础,是开展学科服务的重要前提。随着信息化时代的到来,网络资源和数字资源在学科信息资源体系中所占的比例越来越大,依托无线射频等各种技术采集到的馆藏信息资源,依据各学校的专业特点或学科建设的信息需求,对这些信息进行收集,分析,评价,处理,存储,并按照一定标准和规范将其运用到学科服务建设中去,不仅实现了图书馆学科资源建设的目标,也是图书馆学科化服务应用的信息来源与保障[1]。

---

① 　刘家新,等.面向重点学科的服务型资源体系建设[J].情报资料工作,2004,(4):38-40.

无线射频信息采集技术在学科化服务中主要有以下一些应用：

1）学科书目信息推送

通过 RFID 设备采集到的读者信息和借阅记录信息，可以获知某个读者近期借阅了哪些文献，对哪些文献最感兴趣，据此可向他推送相关的书目资料。同时也可以针对读者所在的学科，直接向他推荐该学科的新书或者他有可能感兴趣的图书。具体的推送方式可以参考本书第三章的内容。

2）学科化图书分类与摆放

RFID 标签中预置了学科分类信息字段，通过 RFID 自助分拣设备可以很轻松地将图书按照不同的学科自动进行分类。而通过 RFID 设备采集到的各种信息资源，可以实现对图书的借阅历史进行分析的功能，从而确定热门图书的种类，掌握各个学科的热门和冷门类书籍，通过对热门冷门资源的统计，可以规划出更合理的排架与摆放规则，将各个学科热门类的书籍置于读者最容易看到的位置，借以体现出图书馆服务人性化的一面。

3）学科信息统计

利用 RFID 设备采集到的信息资源，包括不同学科图书文献的借阅历史数据，不同学科的图书文献当前所在的位置及馆藏地变更信息，经过相关数据的比对和查询，可以实现深层次的学科文献资源统计分析工作，并提供相关的统计报表，如学科书籍借阅人数统计，图书文献馆藏地变更清单等，为图书馆每个学科文献的流通效率、利用率、遗失率、馆藏分布情况等相关专题调研提供准确客观的第一手资料。

此外，还可以通过设备监测不同学科的书籍被翻阅的情况，得到其统计结果，从而获取过去根本无法统计的单册学科文献阅览次数，统计出每个学科的哪些文献或者封面是最受读者欢迎的。

4）与其他学科服务平台的融合

由无线射频识别技术采集到的书目信息、学科信息等资源可以运用到其他学科服务平台上去，例如将书目推送信息整合到图书馆书目查询系统的个人借阅信息中去，从而实现读取 RFID 信息并与其他平台集成融汇的学科服务新理念。

2.3　信息资源的标引和类别

2.3.1　信息资源的标引

标引（Indexing）是从文献或数据信息中提取确切的信息标示的过程，通过对文献的内容进行分析，提取其重要特征，如分类号、主题词、关键词、人名、地名等，用相应的符号、语言等标志记录下来，其目的就是能够准确地揭示信息资源的特征,便于集中同类的信息资源、区分不同信息资源,为相关信息资源建立一定的联系,并且将其作为存储和检索依据的信息资源处理过程。标引是信息资源加工的一个重要环节,其质量直接决定了信息资源的传递和使用。

信息资源标引是通过分析信息的主题概念、款目记录、内容性质等标引对象的特征,为它们赋予能够提示有关特征的简明的代码或语词标志,从而为信息提示、组织和建设提供依据的信息加工方法。信息资源标引可分为分类标引、主题标引、关键词标引和名称(人名、地名、书名等)标引等。

2.3.1.1 分类标引

分类是以号码(一般为字母和数字的组合)为基本字符,用分类号和类目表达文献主题概念,根据概念之间的关系,把它们组织成一个逻辑体系,从而反映知识的分类或者社会实践活动的职能分工,具有较好的系统性。把同一学科、同一专业、同一活动的文献集中在各个类目之下,而系统地揭示信息,便于满足从学科或专业角度进行族性检索(类检索)需求,并且查全率高。

常见的分类法有:中国图书馆分类法(简称中图法)、中国科学院图书馆分类法(简称科图法)、人民大学图书馆分类法(简称人大法)、国际十进制图书分类法(Dewey Decimal Classification)、美国国会图书馆分类法(Library of Congress Classification)或者采用自行编制的分类法。它的作用就是指导存储文献,正确标引出分类号,帮助从分类的角度检索某一类文献。

分类标引是按信息内容的学科属性来系统提示和组织信息的方法[①]。通过分类标引,可以将具有某些共同特点的信息聚类在一起,并依据各类信息之间的关系把所有信息组织成一个有层次、有条理的整体。分类标引的过程,就是根据已经选定的分类规则,分析标引对象的特征,确定所属类目,并将标引对象的学科特征及有关信息,用分类法中规定的符号代码提示出来。经过分类标引,原本无序的信息便按照分类法规定的序列组织成一定的学科体系。分类标引能较好地表现出知识的系统性,把同一领域的知识集中在一起,把不同的区分开来,从而满足了用户按专业领域进行检索的需要。

2.3.1.2 主题标引

主题标引是按信息内容的主题名称来系统提示和组织信息的方法。所谓主题,是指某件信息所涉及的事物。通过主题标引,可以把有关同一主题的信息集中在一起,并将其按字顺序排列起来。主题标引是对信息内容进行主题分析,确定主题概念,然后按照一定的词汇控制方式,为标引对象赋予恰当的语词标志的过程。与分类标引不同之处在于,主题标引可以集中有关一个主题的各种信息,且有较强

---

① 叶继元. 信息检索导论[M]. 北京:电子工业出版社,2010.

的直观性、专指性和适应性。就标引方式而言,主题标引可以采用自由标引方式,由专业的标引人员直接从已有的描述标引对象内容和其他特征的语句中选取主题词作为标志;也可以从规范化的主题词表(包括标题表、叙词表)这类标引工具中选择相关的语词作为标志。

主题标引的特点是直接用词语来表达各种概念。通过概念组配用于表达任何专指概念,具有较高的专指性,便于特性组配检索,直指性强。《汉语主题词表》是我国第一部大型的综合性的叙词表,词族数 3 707 个,全表收录主题词 108 568 个。

2.3.1.3　关键词标引

关键词标引是用非规范化的自然语言——关键词来表达文献或信息资源主题内容的过程,即不用主题词表等控制工具而直接使用关键词等自然语言进行的标引。不借助分类表、主题词表等检索语言辞典而直接使用自然语言进行的标引,也可将其称为自由标引。严格地说,它是主题标引的一种。由于关键词目前应用广泛,又是最早用于计算机信息检索的自然语言形式,因此将其单独列出。关键词标引早期主要用计算机自动抽取文献题名、文摘或正文中有检索意义的语词。通过轮排生成各种类型的关键词索引,包括题内关键词索引、题外关键词索引、双重关键词索引等。题名、摘要、全文中出现的,对表述文献主体内容具有实质意义的词汇,是未经规范化的自然语言词汇。其优点是适用于计算机自动化编排各种关键词索引,从而加速文献的标引速度和缩短检索工具出版的滞后时间,如美国《化学文摘》。其缺点是检索质量较差,可能会在标引和检索之间造成歧义和误差,从而导致漏查或误查。由于未进行词义、语法规范,导致各人标引不一,标引与检索不一,影响检索效率。

2.3.1.4　名称标引

名称标引是用人名、地名、题名表达文献或信息资源主题内容的过程。它包括人名(如文献的责任者)标引、题名(如书名、刊名)标引、地名标引等。

2.3.1.5　自动标引

除了前面介绍的几种标引,还有利用计算机自动实现的标引。自动标引就是利用计算机从文献中自动提取相关标志引导的过程,文献标志引导主要有文献标题、作者名、分类号、主题词、关键词和摘要等。国内外自动标引的研究有不同的思路和方法,不同的学者对这些方法的分类也有所不同。与人工标引相比,利用计算机进行文本自动标引不仅可以避免标引人员的主观因素、降低人工标引成本,还提高了文献的标引速度和标引质量。

根据在自动标引研究领域的影响程度和创新程度,下面总结出 50 余年来具有代表性的自动标引方法[1]:

---

① 章志成. 自动标引研究的回顾与展望[J]. 现代图书情报技术,2007(11):33-39.

（1）1958 年，Luhn 提出基于绝对频率加权法的自动标引方法；P. B. Baxendale 提出从论题句和介词短语中自动提取关键词；

（2）1959 年，Edmundson 与 Oswald 提出基于相对频率加权法的自动标引方法；

（3）1960 年，Maron&Kuhns 提出基于相关概率的赋词标引方法；

（4）1969 年，H. P. Edmundson 提出了一些新的加权方法，如提示词（预示词）加权法、题名加权法、位置加权法，并探讨了不同加权法的最优组合问题；

（5）1970 年，Lois L. Earl 利用句法分析等语言学方法与词频统计方法相结合的方法来提取关键词；

（6）1973 年，Salton 等提出基于词区分值的自动标引方法；

（7）1975 年，Salton 等将 VSM（Vector Space Model）向量空间模型用于自动标引中；

（8）1983 年，Dillon 等提出一种基于概念的自动标引方法，研制了 FASIT 系统；

（9）1985 年，Devadason 提出基于深层结构标引方法；

（10）1990 年，Deerwester&Dumais 等提出潜在语义分析标引法；

（11）1993 年，Silva & Milidiu 提出基于相信函数模型的赋词标引方法；

（12）1995 年，Cohen 提出 N. Gram 分析法的自动标引方法；

（13）1997 年，简立峰提出基于 PAT 树的关键词提取方法；

（14）1999 年，Frank 等人提出基于朴素贝叶斯（Naive Bayes，Na）的关键词提取方法；Tumey 利用遗传算法和 C4.5 决策树算法等机器学习方法进行关键短语提取的研究；

（15）2001 年，Anjewierden & Kabel 提出基于本体的自动标引方法；

（16）2003 年，Tomokiyo & Hurst 提出了基于语言模型的关键词提取方法；Hulth 利用 Bagging 算法进行了基于集成学习的关键词抽取；

（17）2004 年，李素建提出基于最大熵模型的关键词提取方法；

（18）2006 年，张阔提出基于 SVM（Support Vector Matchtion）支持向量机自动标引模型；

（19）2007 年，Ercan G. & Cicekli 提出基于词汇链的自动标引方法。

我国对中文信息自动标引和处理的研究起步于 20 世纪 70 年代中期，主要还是基于字符串匹配的分词方法，主要成果有东北大学建立的基于规则的中文信息分词系统、山西大学研究的知识库包含八类规则的 ABWD 分词系统、清华大学实现的一个基于评价的全切分中文信息自动分词系统 SEG、南京大学使用改进的最大匹配法结合标志分词法而设计的分词系统 WSBN、上海交通大学采用部件词典法研制的自动抽词系统、东南大学研究的汉语词素自动分词法、哈尔滨工业大学提出的基于短语结构文法的分词系统 PSG，中软总公司研制的非用词表后缀法分词系统等①。

2.3.2　信息资源的类别

对事物进行分类,是人们认识事物的一种基本方法。人们要开发利用信息资源,就必须首先了解信息资源的类型。信息资源类型划分得是否得当,直接关系到整个信息资源管理工作的质量。信息资源的生产、采集、加工、整理、传递、开发、利用等项工作,都离不开对信息资源类型的正确认识与区分。从这个意义上说,信息资源类型划分的恰当程度也可以看做是信息资源管理科学程度的一个标志。不同的人或机构可从不同的角度进行不同的划分。

在国际标准书目著录(International Standard Bibliographic Description,ISBD)中,资源划分为以下几类②:

(1) 印刷资源(Printed resource):用眼睛可读形式的资源或为有视力缺陷者使用的凹凸形式的资源,包括限量发行或按需销售的资源。

(2) 地图资源(Cartography resource):以任何比例尺的地球或任何其他天体的完整的或部分的标示,例如二维或三维地图和详图;航空图、航海图和天空图;立体透视图等。

(3) 电子资源(Electronic resource):由被计算机控制(包括要求使用计算机附加外围设备,如只读光盘驱动器)的资料组成的资源;资源可以或不可以按交互的模式使用。包括有两种类型的资源:数据(以数字、字母、图形、图像和声音或者它们的组合形式的信息)和程序(完成包括数据处理等特定任务的指令或例程)。此外,它们可以结合起来,从而包括电子数据和程序(例如带文字、图形和程序的教育软件)。

(4) 运动图像(Moving Image):一系列连续呈现的视觉表达,给人一种移动的感觉。运动图像的实例包括动画、电影、电视节目、录像及模拟过程的视觉输出。

(5) 多媒体资源(Multimedia resource):由两种或更多不同的媒介组成或者由同一种媒介的不同形式组成的资源,这些不同的媒介或形式都不能被确定为主要的媒介或形式。

(6) 乐谱资源(Notated music resource):以可阅读形式存在的,通过印刷方法、照相复制、平版印刷方法、数字化等手段在线的音乐资源。乐谱资源包括用于演出、辅导、学习、练习所用的乐谱以及乐谱手稿的摹真复制版本。

---

① Albert-Laszlo, Barabasi, Eeic Bonabeau. Scale-Free Networks[J]. 环球科学,2003(7):50-59.

② 顾犇. 国际标准书目著录(统一版)[M]. 北京:北京图书馆出版社,2007.

（7）录音资料（Sound recording）：不伴随视觉图像的声音的资料。

（8）静止图像（Still Image）：静态的视觉表达。静态图像包括绘画、照片、素描、设计的图案、图样、雕像及地图等。

而在《DCMI 类型表》中，资源也被分为十二大类：资源集合、数据集、事件、图像、动态图像、静态图像、交互资源、物理对象、服务、软件、声音和文本。在各国的编目条例或编目规则中则划分得更为详细。如在 AACR2 中，资源包括专著图书、小册子和单面大张印刷品、古籍、测绘制图资料、手稿、乐谱、录音资料、影片和录像资料、图示资料、计算机文档或电子资源、立体工艺品与实物、缩印材料和连续出版物或连续性资源等。《中国文献编目规则》还在上述专著图书中细分出学位论文、科技报告和标准文献等。另外，拓片在《中国文献编目规则》中也被单列为一种资源。

构建信息资源类型体系，其关键在于一级标志的选择。我们研究信息资源的目的在于充分地开发利用它，依据实用性原则，信息资源类型的划分也应紧紧围绕这一目的。对石油、矿产等自然资源来说，要开发利用之，首先要勘明其存储情况，如储藏位置、储量、有无开采价值等。信息资源亦是如此，要开发利用之，也必须首先弄清其存在状态。这样，信息资源存在状态就是划分信息资源类型的一级标志①。

信息资源是一个发展着的有机体。信息资源的类型也不是一成不变的，而应是动态发展的。随着科学技术的发展，新的信息资源类型将不断涌现。信息资源类型体系应及时吸纳、涵盖这些新兴类型。另外，随着信息资源内涵与外延的深化、拓展，信息资源的分类标准与分类方法也可能发生变化，信息资源类型体系亦应及时地予以调整，以保持信息资源类型与其定义的一致性。目前也有学者将图书馆资源分为文献型资源和数字化资源；教育部在 2002 年颁布的《普通高等学校图书馆规程（修订）》中将资源分为"馆藏实体资源"和"网络虚拟资源"；也有学者将其分为实体资源和网络资源。

2.3.2.1　馆藏实体信息资源

目前的馆藏实体信息资源包含文献信息资源和实物信息资源。

文献信息资源是以文献为载体的信息资源。文献信息资源依据其记录方式和载体材料又可分为刻写型、印刷型、缩微型、机读型、声像型五大类。这五类又可进一步细分，如刻写型文献信息资源可分为手稿、日记、信件、原始档案、碑刻等；印刷型文献信息资源可分为图书、报刊、特种文献资料、档案、图片、舆图、乐谱等；缩微型文献信息资源可分为缩微胶片、缩微胶卷、缩微卡片等；机读型文献信息资源可分为磁带、磁盘、光盘等；视听型文献信息资源可分为唱片、录音带、录像带、电影胶

---

① 王松林. 资源组织［M］. 北京：国家图书馆出版社，2011.

卷、胶片、幻灯片等①。

实物信息资源是指以实物为载体的信息资源。依据实物的人工与天然特性又可将实物信息资源分为以自然物质为载体的天然实物信息资源和以人工实物为载体的人工实物信息资源(如产品、样品、样机、模型、雕塑等)。

2.3.2.2　网络信息资源

网络信息资源可理解为采用 HTTP 协议的各种电子资源信息的总和,互联网上大多数资源均属于网络信息资源。其可通俗地描述为用户利用客户端工具(如浏览器、下载工具等)通过 HTTP 协议向网络服务器发出目标请求,服务器响应请求,随后又以相同协议将响应的信息以 HTML 的形式回传至用户客户端。

1) 网络信息资源的特点②

(1) 形式多样、主题繁杂。网络信息资源的表现形式存在多样化,其涵盖了网页、文本、图片、电子文档、多媒体文件等,同时其主题涉及人类社会的各个学科、领域、地区、语言、甚至于生活的方方面面。

(2) 庞杂无序、质量等级不一。互联网的建立为世界提供了一个强大的信息互动、共享平台,其给人类带来的便利影响是空前的,自然驱动着信息资源的迅速膨胀,资源容量不断升级,由于在网络信息产生过程中缺乏统一标准和措施来规范,导致了信息的发布出现较大的随意性和自由度,从而使得庞大的资源体杂乱无序,并带入了大量的信息垃圾,对资源质量的优良等级造成了一定的影响,从而降低了资源整体的分类效率。

(3) 动态性、更新频繁。鉴于互联网这个具备分布式、动态性、多平台、交互式特点的超媒体信息系统承载着人类信息交互的重要使命,这也导致了网络信息资源每时每刻都在循环着生产、更新、淘汰的变迁过程。

(4) 异构性、不确定性。网络信息资源文件种类繁多、Web 系统开发涉及不同的语法标准及技术标准,Web 服务器存在于世界的不同地区等众多的因素,造成了资源结构存在较大的差异、资源透明度降低,提升了资源分类过程的处理强度。

2) Web 信息资源的表示

计算机本身不具备识别和标志信息资源的能力,所以文本表示模型的好坏将直接影响系统对资源的理解程度,目前针对信息资源表示模型的研究已经取得一系列的成果,为大家所熟知的有布尔逻辑模型、概率模型、向量空间模型、RDF、对象交换模型等。鉴于 Web 信息资源大都是半结构化的数据,有关网络信息资源的

---

① 代根兴,周晓燕. 信息资源类型研究[J]. 中国图书馆学报,2000(2):76-79.
② 曾建雄. Web 信息资源评价及分类的研究[D]. 长沙:中南大学,2008.

表示存在多种标准,较为常见的有①:

（1）布尔逻辑模型（Boolean Model，BM）是一种简单的二元文本表示模型,可理解为一种特殊的向量模型,其用 1 或 0 来表示资源文本中每个特征项所对应的权值,即代表当前特征在此文档中是否出现。受表述程度的限制其在分类领域应用范围较窄,而在信息检索领域应用广泛。

（2）概率模型（Probabilistic Model，PM）是一种对词频、文档频率、文档长度等因素进行了综合考虑,并将文档和用户搜索兴趣按照一定的概率关系进行融合的表示模型。概率模型存在多种形式,常见的有贝叶斯概率模型等。

（3）向量空间模型（Vector Space Model，VSM）②是文档表示的一个统计模型,其是由 Gerard Salton 等人于 1998 年提出的一种文本表示模型,其大致的思想就是在高维空间中将文本和特征项使用向量进行表示,即将网络信息资源集合中的资源文本与资源文本中所包含的特征项,通过权值 W 运算形式化表述为高维空间的一个个向量,同时每个维分别与资源集中所包含的每个特征项形成一一对应的关系。在资源文本表示之前必须构造一个评价函数来表示特征项的权重,常见的计算方法有 TF、TFIDF 等。VSM 无需考虑文本中特征项出现的顺序,其认定特征项对文本类别的影响是相互独立的,所以将每个文本看成是一系列无序特征项的集合。VSM 将非结构化和半结构化文本运用向量进行表示,有效地实现了数学理论应用与文本自动分类技术的衔接。

（4）资源描述构架（Resource Description Framework，RDF）③是 W3C 提出用来描述资源及其之间关系的语言规范标准;是一种描述有关 Web 资源的格式化语句集合及其相互间关系的模型,是实现语义网的关键技术之一。RDF 主体就是由资源（Resource）、属性（Property）和陈述（Statement）三者构成的数据模型,其中资源就代表能被 RDF 描述和规范、具有 URI 的资源;属性则代表资源的概念、特征、特性或关系,陈述则是用三元组（主语,谓语,宾语）的形式来表示 Web 上的资源。

（5）对象交换模型（Object Exchange Model，OEM）④是由美国斯坦福大学与

①　刘波. 网络信息资源分类组织研究[D]. 大连:辽宁师范大学,2008.

②　庞剑锋,卜东波. 基于向量空间模型的文本自动分类系统的研究与实现[J]. 计算机应用研究,2001(9):52-55.

③　Graham Klyne, Jeremy J Carroll. Resource description framework (RDF): concepts and abstract syntax. [EB/OL][2009-02-10]. http://www.w3.org/TR/2004/REC—rdf—concepts—20040210/,W3C Recommendation.

④　Y. Papakonstantiou, H. Garacia-Molina, J. Widom. Object Exchange AcrossHeterogeneous Information Source. In Proceeding of Eleventh IntemationalConference on Data Engineering. 1995.

IBMAlmaden 研究中心提出的一种典型的半结构化数据模型。其大致的原理就是把整个网络信息资源看做是一个采用边上带有标号的有向图,借助此结构对网络信息资源中的信息进行映射,其中每个对象采用顶点表示,并用唯一的标志符表示。这种模型只对连接标记进行了考虑,并未结合 Web 标记所蕴含的语义信息。

　　3)网络信息资源分类

　　"即是从计算机技术、通信技术、多媒体技术相互融合而形成的网络上可查找到的资源"。按人类信息交流的方式,网络信息资源可分为:

　　(1)非正式出版信息。指流动性、随意性较强的,信息量大、信息质量难以保证和控制的动态性信息。如电子邮件、专题讨论小组和论坛、电子会议、电子布告板新闻等工具上的信息。

　　(2)半正式出版信息。又称"灰色"信息。指受到一定产权保护但没有纳入正式出版信息系统中的信息。如各种学术团体和教育机构、企业和商业部门、国际组织和政府机构、行业协会等单位介绍宣传自己或其产品的描述性信息。

　　(3)正式出版信息。指受到一定的产权保护,信息质量可靠,利用率较高的知识性、分析性信息,用户一般可通过万维网查询到。如各种网络数据库、联机杂志和电子杂志、电子图书、电子报纸等。

　　为了更加方便读者的使用,可以直接按照学科对信息资源进行标引。例如上海交通大学图书馆的新书通报就是利用图书本身具有的分类标引,按照学科进行聚类后再呈现给读者,以便于读者可以根据自身的喜好直接看到近期的新书列表。如图 2-10 所示。

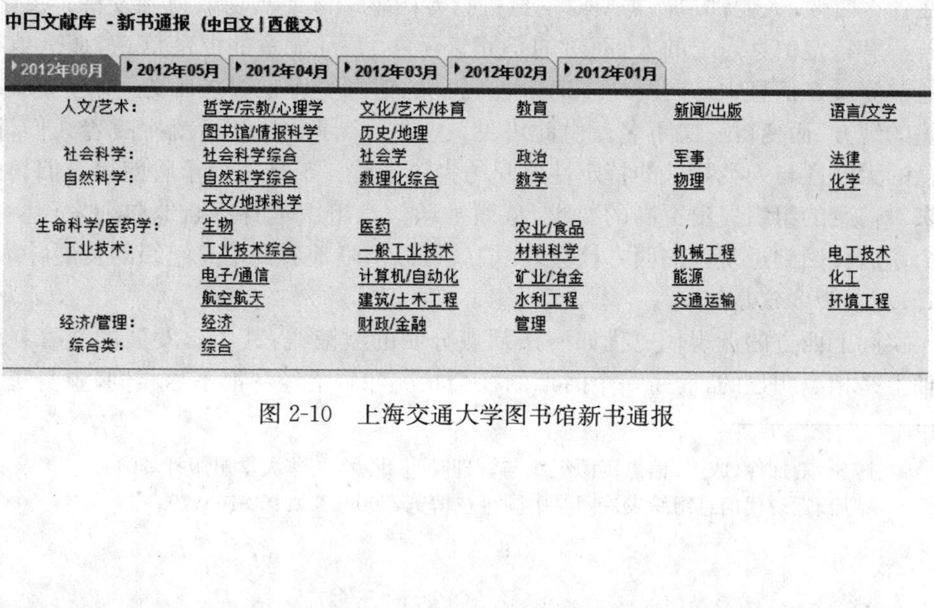

图 2-10　上海交通大学图书馆新书通报

2.4　信息资源的组织与揭示

信息资源组织(Information Resources Organization,IRO)包括两层含义,一是信息资源内容本身的组织(简称信息资源内容组织),二是开发、利用信息资源的人力组织(简称信息资源人力组织)①。其中,信息资源内容组织是指利用一定的科学规则和方法,对信息资源的内容特征进行的规范化和有序化,实现无序信息流向有序信息流的转换,从而保证用户对信息的有效获取和利用,以及信息的有效流通和组合。而信息资源人力组织则是指通过建立和健全与现代化的信息资源业务管理相适应的组织机构,来实现信息资源的开发、利用、管理和控制。信息组织的目的就是将分散的信息组织成一个有序的、有具体目标的体系。

2.4.1　信息资源组织的发展史

在人们掌握到信息组织的本质以前,"信息组织"也历经了相当长时间的历史演变和发展。而西方社会和科学的近现代史,就好像信息组织进化的"活化石"一般,清晰展现了信息组织的发展脉络②。

2.4.1.1　发展原动力

通过对现代信息科学的研究,我们不难发现信息组织的主要对象是信息。信息这一概念在人类社会以及人类思维活动中普遍存在。从微观方面讲,及时准确地获取信息可以帮助人们减少或者消除系统的不确定性,为管理和决策提供依据;而在宏观方面,信息是活跃的生产力要素、推动社会经济发展的强大资源。所以无论在什么时候,人们都迫切需要对信息进行专门整理以使其功效得到发挥。反之,倘若具有特定信息需求的人,面对的是冗繁无序、杂乱无章的混乱信息,那么他很可能被淹没在信息中。同时许多时效性明显的信息资源也可能因为"没有被放在正确的地方"而变得一文不名。由此可见,这样一个矛盾从开始就挑战着人们,即信息的无序性与人类需求的特定性之间的尖锐矛盾。正是这个矛盾使得人们长久以来对信息的组织提出更高的要求,从而推动信息组织本身不断地向前发展。把这个矛盾放回到近现代的西方社会,我们就可以清晰地看到信息组织的发展脉络。

2.4.1.2　西方信息组织

实际上西方的近现代史犹如一条拐点分明的波浪线:其历史发展的波峰在时间轴上是相当明显的,而每一个时期的社会状况和政治经济都不尽相同,置身于当

---

① 陈庄,刘加伶,成卫.信息资源组织与管理[M].北京:清华大学出版社.2011.
② 黎旭.近现代信息组织发展[J].中国科技博览,2009(35):162-163,79.

时大环境下的信息组织自然也是受到不同因素的影响,具有各自的特点①。

1) 欧洲中世纪时期

14 世纪以前的欧洲,被称为"黑暗的中世纪"。基督教教义建立了一套严格的等级制度,加之在中世纪初期,印刷术尚未发明,文化的传播主要靠手抄的书籍。这种原始方式,极大限制了书的数量。因此信息这个概念在当时还远未萌芽,当时人们的见识和对知识的需求也很少。

2) 欧洲文艺复兴时期

14 世纪末,欧洲进入了"文艺复兴"时代,并且德国人古登堡于 15 世纪中期发明了铅活字印刷机,使世界范围内印刷术的发展有了一次质的飞跃。古登堡在1440～1455 年间开始研制金属活字,制造出了第一台铅活字印刷机。欧洲在铅活字发明前,手抄图书只有几万册,而 1450～1500 年的 50 年间,欧洲印版书已达 3.5万种,印刷品数量猛增到 900 万册。随着印刷术的推广应用,印刷图书大量出版,图书馆的藏书以空前的速度增加,给图书馆书籍的摆放和书目的编制带来了困难。为了解决这个问题,人们开始进行标注和分类方法的探索。一些新的概念诞生了,著者索引、主要款目、附加款目等。1494 年,德国人约翰・特里泰姆编撰《教会稿本目录》,把作家作品按照年代分别集中,并且附上了作者的教名索引。1548 年英国的约翰・贝尔撰写《英国描述性手抄本目录》,依年代排列作者姓名,目录所附《教会索引》可以看做是单位名称索引之滥觞。1550 年意大利 A・F・东尼著《东尼文库》(目录)按著者教名、书中篇名、内容主题等编制,代表了多种途径检索索引的出现。1605 年鲍德利编成《鲍德利图书馆目录》,明确提出基本著录的概念,提出以著者为标目的基本著录编目规则和图书分类"四分法"。

这个时期的书籍和图书馆都获得了巨大的发展,直接推动了索引的产生及其在文献分类中的运用,使得文献分类的方法得到了进化。但是由于信息载体形式单一地集中在书籍上,并且书籍数量的增长只需要一定规模的图书馆即可容纳而不至于对人类有限的信息接受能力提出挑战,因此这个时期的信息组织只是局限于对图书进行分类组织,而没有扩展到更深层次的"信息"本身。不过图书和分类的矛盾依然很明确地体现了信息与需求之间的矛盾,图书分类法的发展也正是信息组织向前发展的脉络。

3) 工业革命时期

工业革命时期(18 世纪后期到 19 世纪前期)社会经济的发展带动了西方学术的蓬勃发展。许多新兴学科的诞生使得人们的知识结构和思维结构发生了巨大的变化。新学科的产生和技术的发展在图书分类法中得到了反映,细菌学、人类学、

---

① 罗丽丽. 西方目录学史:发展历程与基本文献[J]. 情报资料工作,2002(6):31-35.

社会学等学科新概念类目开始出现。随着学科的不断分化,知识记录的不断增多,大型图书馆藏书急剧增加。分类法在数量巨大的新知识新学科面前遭遇了瓶颈,那么如何更好地用发展的眼光来设计改进分类法,使其为以后可能遇到的困难留有余地? 另外,读者除了对分类的族性检索要求外,还开始关注对具体主题的特性检索等。

在1808～1829年之间,德国图书馆学家施雷廷格出版了2卷本的《图书馆学综合性试用教科书》[①],首次提出了"图书馆学"这个专门名词,成为图书馆学史上全面探讨图书馆目录编制原理的第一人。英国图书馆学家、大英博物馆馆长潘尼兹(Paniz),对图书馆的多个方面进行了改革,包括馆藏建设、编目规则和读者借阅服务等。他认为从服务读者的立场来说,目录的设计不应该只是告诉读者某一特定的书是否在该图书馆内,也应该反映图书馆内有哪些相同的版本。这种思想充分反映在潘尼兹与同事制订的《大英博物馆印本图书著录规则》,即1841年出版的《91条著录规则》中,这本著作是西方近现代第一部完整、系统的编目规则,对图书目录编著的发展具有深远的影响。1856年英国克里斯塔多罗(Crestadoro)的《图书馆编目技术》提出应用文献题名中的"词"作为字顺标题系统中表达内容主题的标题,成为标题法的先导。在这部书中,他提出了"主词"(即关键词)这一概念,并介绍了用轮排方法编制曼彻斯特公共图书馆目录书名语词索引的步骤。1876年,美国图书馆学家卡特(Carter)编制的《印刷本字典式目录规则》问世,标志着现代主题法原则的确立,他创造性地建立了三合一(作者、书名、主题)的字典式目录的理论体系。同年,美国图书馆学家、教育家杜威(M. Dewey)编制了《杜威十进分类法》(DDC)。这部分类法建立了结构完备、等级分明的分类体系和主题索引,体现了当时信息组织的最高水平,他在书中倡导图书馆用品设备标准化、在版编目、流动书车以及储存图书馆等,对图书馆事业的发展做出了卓越贡献。1895年,在卡特的《印刷本字典式目录条例》的理论原则指导下出版的现代标题法的第一部标题表——《美国图书馆协会标题表》以及其后的《美国国会图书馆标题表》,成为主题分类法的杰出代表。在19世纪后10年,主题目录也在美国公共图书馆获得了广泛应用。

工业革命以给信息组织带来众多难题的方式使其获得了巨大的推动力,知识、学科的演变发展直接带来了文献分类法的革新,期间西方编目学界的大师频出,推出了众多的编目条例和规则,并在对前人条例不断地批判和继承中逐渐确立统一的编目原则,完善了编目条例,使文献编目逐步走向成熟化、标准化、国际化。

---

① 陈耀盛. 经验科学时期的中西目录活动和目录学[J]. 图书与情报,1997(3):20-26.

2.4.1.3　近现代信息组织

近代是一个信息产品逐渐丰富的时期,也是信息需求多样化、查检需求精准化的时期,图书馆等信息机构开始面向社会公众开展信息服务,用户的需求成为信息组织关注的问题。信息组织的活动除围绕着图书文献的保存开展外,开始注重根据社会需要提供信息服务,开始重视对信息外在特征和内容特征的全面描述和揭示,并为用户提供更多的信息检索点。其次,体系分类法得到了确立。随着科学的发展,学科的分化逐步展开,形成了以学术发展为基础的文献分类体系,其内容涵盖了反映社会生活和科学技术发展各个领域,类表结构也不断更新,出现了一批具有独特结构的、能够供不同专业及不同规模图书馆进行藏书分类的分类法。伴随着信息组织理论的进步,信息组织的技术方法也在前进,分类法与主题法的编制技术也不断趋于科学和完善,使得近现代信息组织水平达到了新的高度。

第二次世界大战以后,以计算机和通信技术为中心的现代信息技术发展迅速,对人类社会经济活动产生了深远而广泛的影响,并将数据组织和处理活动推向一个全新的发展时期——现代信息组织时期。计算机信息组织的时代开始,其发展的主要阶段有[①]:

1) 计算机产生后的早期阶段

在 20 世纪 40 年代诞生之初,计算机只用于科学与工程计算,不能用于信息组织,因为当时的计算机只能处理数字,还不能用于处理信息组织中的主要对象——字母和符号,并且用户必须自行管理辅助存储器上的信息,按照物理地址安排信息,组织信息的输入输出,还要记住信息在存储介质上的分布情况,繁琐复杂、易于出错、可靠性差。当时也没有操作系统,没有文件的概念,信息的组织方式必须由程序员自行设计,更没有管理信息的软件,信息得不到保存。到了 20 世纪 50 年代初,对计算机信息组织具有决定意义的两大技术取得突破性进展:发明了字符发生器(Character Generator),使计算机具有能显示、存储与处理字母及各种符号的能力,成功地将高速磁带机用于计算机作存储器,解决了信息不能储存的问题,但是磁带只能顺序读写,速度也慢,不是理想的存储设备。1956 年,IBM 公司和 Remington Rand 公司先后实验成功磁盘存储器方案,推出了商用磁盘系统。磁盘不但转速快、容量大,还可以随机读写,为信息处理提供了更加理想的大容量、快速存储设备。有了这些硬件的支持,计算机信息组织和处理便日益发展起来。

2) 文件管理系统阶段

早期的信息组织和处理软件只有文件管理(file management)这种形式,文件

---

① 华炳,黄奇.计算机信息组织发展演变[J].科技情报开发与经济,2010(9):95-97.

是指经过编码处理的可用计算机管理的信息和程序[①]。而信息是面向程序的,一个程序对应一些信息。当时的应用程序编写者必须对所用文件的逻辑结构及物理结构(文件中包含字段的个数,每个字段的信息类型,采用何种存储结构,比如用链表等)有清楚的了解。操作系统只提供了打开、关闭、读、写等几个低级的文件操作命令,而文件的查询,修改等处理都必须在应用程序中通过编程实现。因为文件之间是孤立的、无联系的,每个文件又是面向特定应用的,所以应用程序之间的不同信息仍要各自建立自己的文件,因无法实施信息的共享,就会造成信息较大的冗余度和信息的不一致性。由于文件的信息独立性很差,编写应用程序就会对信息有很强的依赖性,所以在打开文件读取信息时,必须要将文件记录中不同字段的值与程序变量对应。但是随着应用环境和需求的变化,修改文件的信息和结构是不可避免的事情,这样就必须在应用程序中进行相应的修改,而频繁修改应用程序较为麻烦。对 COBOL 这种常用的程序语言来说,编程人员必须在信息部的文件节(DATADIVISION,FILESECTION)中详细说明文件中各信息项的格式、类型和长度,在设备部的输入-输出节(ENVIRON-MENTDIVISION, INPUT-OUTPUTSECTION)中还要通过 SELECT 语句和 ASSIGN 语句把文件和具体设备联系起来,并使用 ORGANIZATION 语句和 ACCESSMODE 语句严格规定文件的组织方式和存取方式。根据这些具体规定,编程人员再在过程部(PROCEDUREDIVISION)中用一系列命令语句导航,才能使系统完成预期的数据处理任务。而应用程序与数据的存取方式密切相关这种状况,给程序的编制和维护都造成了很大的麻烦。

文件管理系统 FMS(File Management System)是应用程序和文件之间的接口。FMS 的出现使得计算机不仅可用于科学计算和工程,而且还大量用于信息组织和处理:在硬件方面,外存储器有了磁盘、磁鼓等直接存取的存储设备;在软件方面,操作系统中已经有了专门的文件系统;在处理方式上,不仅有了文件批处理,而且能够联机实时处理。这个时期信息管理的特点:一是数据需要长期保存在外存。由于计算机经常对文件进行各种操作,为了反复操作时方便,数据需要长期保留;二是数据和程序之间有了一定的独立性;三是文件形式的多样化;四是信息的存取基本上以记录为单位。

文件管理系统中的数据和程序虽然有了一定的独立性,但还不是很充分,文件仍然要对应于程序,而数据还是面向应用的。要想对现有的数据再增加新的应用是很困难的,系统不容易扩充,一旦改变数据的逻辑结构,应用程序也得进行相应的修改;并且由于各个文件之间是孤立的,还不能反映现实世界事物之间的内在联

---

① 　成兆珠. 谈 CNMARC 格式著录中计算机文件的处理方法[J]. 大学图书情报学刊,2005
(3):10-15.

系,而各个不同应用程序之间也不能共享相同的数据,从而会造成数据冗余度大,并容易产生数据的不一致性。

这些缺点在较大规模的系统中尤为突出,以美国的阿波罗登月计划为例。阿波罗飞船由约200万个零部件组成,它们分散在世界各地制造生产。为了掌握计划进度及协调进展,阿波罗计划的主要合约者Rockwell公司曾研制、开发了一个基于磁带的零部件生产计算机管理系统,系统共用了18盘磁带,虽然可以工作,但效率极低,18盘磁带中60%是冗余数据,维护十分困难。这个系统的状况曾一度成为实现阿波罗计划的重大障碍之一。

针对上述问题,各国学者、计算机公司、计算机用户以及计算机学术团体纷纷开展研究,为改革信息组织和处理系统进行探索与试验。其目标主要就是突破文件系统分散管理的弱点,实现对数据的集中控制和统一管理。于是在20世纪60年代中期出现了一种全新的高效的信息组织和处理技术——数据库技术。

3) 数据库管理阶段

1969年,Rockwell公司与IBM公司合作,在当时新推出的IBM 360系列上研制成功了世界上最早的数据库管理系统之一,即IMS(Information Management System),为保证阿波罗飞船顺利登月做出了巨大贡献。IMS是基于层次模型的,其优点是:数据结构比较简单,操作也比较简单;对于实体间的联系是固定的、且适用于预先定义好的应用系统;层次模型提供了良好的完整性支持。但是由于层次模型受文件系统影响比较大,故其缺陷也很明显:模型受限制多,物理成分复杂,不适用于表示非层次性的联系;对插入和删除操作的限制比较多;查询子女节点必须通过双亲节点[①]。

几乎在同时,一个叫巴赫曼的工程师在通用电气公司主持设计与实现了网状的数据库管理系统IDS(Integrated Data System)。网状模型明显优于层次模型,它具有良好的性能和很高的存储效率,但是其数据结构比较复杂,不利于用户的掌握,且其数据模式与系统的实现均不理想。

网状数据库和层次数据库已经很好地解决了数据的集中和共享问题,但是在数据独立性和抽象级别上仍有很大欠缺。用户在对这两种数据库进行存取时,仍然需要明确数据的存储结构,指出存取路径。1970年,IBM的研究员E. F. Codd博士在刊物(Communication of the ACM)上发表了一篇名为"A Relational Model of Data for Large Shared Data Banks"的论文,提出了关系模型的概念,奠定了关系模型的理论基础。关系数据模型概念单一,它是建立在严格的数学概念的基础上

---

① 数据库发展历史[EB/OL][2009-02-25]. http://www.miel68.com/othed2004-09/37973.htm.

的,其实体和实体间联系均以"关系(表)"表示,对数据的检索结果也是"关系",数据结构简单、清晰,用户易懂易用。由于其存取路径对用户透明,数据独立性强且有更好的安全保密性,从而大大简化了程序员的工作。但是它的查询效率不如非关系模型高,数据类型表达能力也比较差。从下一代应用软件的发展角度来看,关系数据库的根本缺陷在于缺乏直接构造与这些应用有关的信息的类型表达能力,并且关系模型的环境应变能力也较差,在要求系统频繁改变的环境下,关系系统的成本高且修改难。

基于传统的关系数据库系统数据模型简单,无法满足新的计算机应用,特别是非事务处理领域对数据库支撑要求的需要。20 世纪 90 年代初开始出现了一些商品化的面向对象数据库的管理系统,著名的如 Object Store、O2、ONTOS 等。面向对象数据库系统能有效地表达客观世界和有效地查询信息,可维护性好,并且能很好地解决"阻抗不匹配"问题,即解决了应用程序语言与数据库管理系统对数据类型支持的不一致问题。经过多年的开发研究,面向对象数据库的当前状况是:人们对面向对象数据库的核心概念逐步取得了共识,标准化的工作正在有序进行;随着核心技术逐步被解决,外围工具正在开发,面向对象数据库系统正在走向实用阶段。

综上所述,与文件系统相比,数据库系统有几个方面的特点:一是向用户提供高级的接口;二是向用户提供非过程化的数据库语言(即 SQL 语言);三是查询的处理和优化;四是并发控制;五是数据的完整性约束。但是由于数据库技术的语义描述能力差,其数据和信息大多通过技术文档表示,很难实现语义信息的持久性和传递性。而信息交换和信息共享都是基于语义进行的,在异构应用数据交换时,不利于计算机基于语义自动进行正确信息的检索与应用。

4) Web 的发展对信息组织提出了新的要求

随着 Internet 的飞速发展,Web 的出现和快速发展改变了人们习惯的处理方式。Web 是目前互联网上最重要的上层应用,它一方面作为信息的载体,以丰富的表现形式将信息及时呈现;另一方面还提供各种检索和查询服务,使人们能方便获取所需信息。但是到了 20 世纪 90 年代中期,随着 Web 信息量的急剧膨胀,人们缺乏自动处理 Web 海量信息的有效技术。因而人类面临一个尴尬的境地:我们创建了 Web 这个庞大的信息知识库,却无法有效利用它。因此,对 Web 信息进行有效的组织和处理成为了研究界和企业界人士一直关注的热点领域。比如,人们已经在 Web 数据的抽取、Web 模型与查询语言以及 Deep Web 数据集成等方面都做了许多的研究工作①。

---

①   Web 数据管理未来发展趋势探讨[EB/OL]. [2009-02-28]. http://idke.ruc.edu.cn/reports/report2007fFechnology%20seminar%20reports/Web%20data%20management.pdf.

　　Web 的出现也给数据库技术提出了必须面对的重要问题,即如何有效地存储和管理 Web 上的数据(文档),使其既能被高效地操作和维护,又能在 Internet 平台上方便地表示和交换。

　　Internet 中的信息组织和处理问题从深度和广度两方面对数据库技术提出了挑战:从深度上讲,在 Internet 环境中一些对信息组织和处理的假设不再成立,数据库研究者需要重新考虑在新环境下改进传统技术;从广度上讲,新问题的出现需要我们寻求创新性的技术突破。

　　当前,我们面临的一些典型问题有:一是将现有数据库中数据转换成适于 Internet 和 Web 的形式,工作量很大。当今虽然出现了 CGI,Scripts,Server API,Java 等许多技术,并且已在实际应用中取得了很大的成就,但其仍没从根本上得到解决;二是传统数据库中的数据以二进制码的形式存储,并且不同的数据库系统有其专有的格式,这既带来了数据表示上的困难,更是进行数据交换的一大障碍。而随着 Internet 的发展,数据交换的能力已成为新的应用系统的一个至关重要的要求。

　　5) 语义本体

　　人们希望能消除异构数据库数据交换和数据分享时的数据冲突和异常,进行信息的集成。而异构数据库信息集成的重点与难点是解决语义的异构[①]。2001 年万维网创始人 Tim Berners-Lee 正式提出了语义网的概念,并且随着 XML 技术的逐渐成熟,本体技术被许多学者所关注。他们认为本体能够明确表示一定领域的概念和概念之间的关系,利用这一特点本体的数据集成能够很好地解决上述异构数据库的问题。

　　本体(Ontology)是共享概念模型的形式化规范说明,通过概念之间的关系来描述概念的语义。本体的提出主要是减少或消除领域概念及术语间的混乱,解决知识共享和重用的问题,避免重复开发,节省投资。综合本体以上的定义和特点,采用本体来进行信息语义的集成具有以下的优点:

　　① 提供丰富的预先定义的词汇,为数据源提供独立的概念视图;

　　② 表示的知识能支持所有相关数据源的转换;

　　③ 支持数据的一致性管理和数据不一致性识别;

　　④ 通过提供共享的术语,有助于语义的集成表示。

　　本体的引入,为解决知识系统中知识共享与重用提供了一条新的思路,对未来信息组织和发展起到了重大的作用。用本体进行信息模型的语义建模和知识推理

　　① 吴玲丽,余建桥,孙荣荣.一种基于 Ontology 的异构数据库语义集成方法[J].计算机系统应用,2008(3):11-16.

能增强系统的灵活性、扩展性和重用性。但是目前本体大都由领域专家手工编辑而成,存在工程复杂、过分依赖专家、构建速度慢等缺点。

2.4.2　信息资源组织的标准与规则

信息资源的组织目前有很多标准,现在世界上通行的文献著录标准主要有国际图书馆联合会(IFLA)编写的《国际标准书目著录》(International Standard Bibliographic Description,ISBD),在北美和英国通行的《英美编目条例第二版》(Anglo-American Cataloging Rules:2,AACR2)[①]。所谓文献信息的著录是按照一定的规则对文献信息的外表特征和内容特征加以简单明确的表述,用于实体信息资源编目的描述性元数据主要有 ISBD、GB3792、AACR2、中国文献编目规则等[②],用于实体信息资源编目的结构性元数据主要有机读目录的框架格式和机读目录的执行格式。下面简单介绍一下部分相关的标准规则和应用。

2.4.2.1　ISBD

ISBD 的著录规则简单来说,每种资料的描述大致可以分为 8 个部分[③],如表 2-1 所示:

表 2-1　ISBD 的著录规则

资源的描述内容	示　例
title and statement of responsibility(题目和责任者)	author,editor,artist
edition(版本)	
material-(or type of resource-) specific information(内容的范围)	the scale of a map or the numbering of a periodical
publication and distribution(出版和发行)	
physical description(物理形态)	number of pages in a book or number of CDs in the same jewel case
series(丛书信息)	
notes(附注)	
standard number(标准编号)	ISBN,ISSN

2.4.2.2　AACR2 和 RDA

AACR2(Anglo-American Cata-loging Rules,2nd edition)是《英美编目条例》

① 王松林. 资源组织[M]. 北京:国家图书馆出版社,2011.
② 王松林. 信息资源编目[M]. 北京:北京图书馆出版社,2005.
③ 顾犇. 国际标准书目著录(统一版)[M]. 北京:北京图书馆出版社,2007.

的第二版,此编目规则已经使用了 30 多年,①由于计算机技术和网络技术的发展,给图书馆工作带来了深刻变化,对传统的编目理论和编目规则形成巨大挑战。为了适应新的编目环境的需要,英美编目规则 AACR2 从 2004 年起进行了全面的修订,并于次年更名为资源描述与检索(Resource Description and Access,RDA),RDA 的目标是走出图书馆界,走出英语世界。经过数年的努力,RDA 网络版终于在 2010 年 6 月发布。RDA 基于英美编目规则,遵循国际编目原则声明,以 FRBR、FRAD 为理论基础,体现了国际编目界的最新进展,目的是成为世界性的资源描述与检索的内容标准。

　　RDA 包括导言和 10 个部分的指南和使用说明,它们按照 FRBR、FRAD 模型定义的实体、属性和关系来组织,还有几个附录。每个部分的各章集中支持特定用户任务——查找、识别、选择、获取的元素。导言简单介绍 RDA 的目的和范围、主要特点以及和其他资源著录与检索标准的关系。它阐明 RDA 的基本原则,并简要介绍作为 RDA 基本框架的概念模型。导言还介绍 RDA 的结构,列出其核心元素,解释用于表现使用说明和示例的惯例;涉及语言和改编本时,RDA 使用说明和惯例如何调整以适应不同的环境(如某机构的主要使用对象所用的语言不是英语)。

2.4.2.3　MARC

　　机读编目格式标准(MAchine-Readable Cataloging,MARC),是一种图书管理的通讯格式标准,用于让图书馆或出版商之间作目录信息交换用途。MARC 标准源于美国国会图书馆 1970 年代开发的目录格式。虽然说是标准,但其实 MARC 是各国的机读编目格式标准的一个大集合,每个国家依然有自己的格式标准②。

　　机读目录格式是发展历史最悠久、最成熟的元数据格式。它是一种为描述、储存、交换、处理及检索信息资源而精密设计的标准。MARC 格式的益处、信息资源的集中和公共检索的保证,成为利用编目组织网络资源方式的主要原因。具体而言,可将图书馆以 MARC 格式对因特网资源进行编目的原因归纳为标准的通讯格式、适用于各种著录级别的简洁的记录结构、灵活的显示格式、多种检索点、完整的书目著录、各类信息资源在图书馆目录中的集成、得到保证的公共检索,由此看出,MARC 是一种质量很高的元数据格式。

2.4.2.4　DC

　　DC 元数据即"都柏林核心(Dublin Core)元数据",由 OCLC 首倡于 1994 年,因创始地在美国俄亥俄(Ohio)首府都柏林而得名。其维护机构为 DCMI(Dublin

---

　　①　吴跃. AACR2 与 RDA 的联系及在图书著录部分的区别[J]. 大学图书馆学报. 2010(4):77-83.

　　②　MARC[EB/OL]. [2012-02-28]. http://baike.baidu.com/view/554512.htm.

Core Metadata Initiative)。DC 元数据规范最基本的内容是包含 15 个元素的元数据元素集合,用以描述资源对象的语义信息,目前已成为 IETF RFC2413、ISO15836、CEN/CWA13874、Z39.85、澳大利亚、丹麦、芬兰、英国等国际、国家标准①。这 15 个元素是:

① 题名 Title。

② 创建者 Creator。

③ 日期 Date。

④ 主题 Subject。

⑤ 出版者 Publisher。

⑥ 类型 Type。

⑦ 描述 Description。

⑧ 其他责任者 Contributor。

⑨ 格式 Format。

⑩ 来源 Source。

⑪ 权限 Rights。

⑫ 标志符 Identifier。

⑬ 语种 Language。

⑭ 关联 Relation。

⑮ 覆盖范围 Coverage。

目前 DC 元数据已包括由一系列扩展元素、元素修饰词、编码体系修饰词、抽象模型、应用纲要等规范组成的标准体系,成为一般性资源描述、特别是互联网语义信息描述(Semantic Web)的基础性规范。这套体系还在不断地发展、完善中。

DC 有简单 DC 和复杂 DC 之分。简单 DC 指的是 DC 的 15 个核心元素如题名、主题等。与复杂的 MARC 格式相比,DC 只有 15 个基本元素,较为简单,而且根据 DC 的可选择原则,可以简化著录项目,只要确保最低限度的 7 个元素(题名、出版者、格式、类型、标志符、日期和主题)就可以了。复杂 DC 是在简单 DC 的基础上引进修饰词的概念,如体系修饰词(SCHEME)、语种修饰词(LANC)、子元素修饰词(SubElement),进一步明确元数据的特性。特别是通过体系修饰词,把 MARC 的优点和各种已有的分类法、主题词表等控制语言吸收进去。

2.4.2.5　Web 信息组织—XML 与 RDF

在进行网络信息组织时,应遵循选择性原则、多维揭示原则、非线性组织原则、标准化原则、完备性原则等。应同时使用几种数据库技术,故必须解决好异种数据

---

① 　DC 元数据[EB/OL].[2012-02-28]. http://baike.baidu.com/view/1246142.htm.

库之间的接口问题,要使对象服务器能够无缝完成查询指令的接收和对数据库的访问与检索操作。纵观 Web 发展的历史和现状,可以看出,到目前为止,Web 上的数据格式主要有 3 类:HTML、XML 和随着语义网技术而产生的诸如 RDF、OWL 等文档。从 HTML 到 XML,再到语义网技术,Web 上的数据正经历着从无序到有序,从非结构化和半结构化到结构化,再到具有语义结构的变化轨迹[①]。

网络信息资源的大多数信息的展现形式都是依靠 HTML 标记语言来进行描述,本身结构语法所具备的信息含义表述能力很弱,其更多的是侧重于对信息表现形式的解析。为了更好满足计算机对网络信息资源识别的迫切需求,一种面向语义的标记语言 XML 诞生了,它是由 W3C 发布的一种新标准,可以采用简单开放扩展的方式对结构化数据进行描述,其从标准通用标记语言(Standard Generalized Markup Language,SGML)的基础上发展而形成的,其融合了 SGML 强大灵活的可扩展表述能力及 HTML 的简单易用特性,它实际上就是一种元语言(即定义标记语言上的语言),XML 对网络信息资源的描述形式、程度都不受任何限制(即 XML 结构中所有的标记都可由用户自行定义),支持嵌套结构。网络信息资源通过 XML 进行表示,一定程度地提高了网络信息资源的透明度,促使标引自动化更加精确,从而使得相关的分类过程变得更加便捷和高效。XML 是以文本的形式进行存储,在传输、处理等性能方面都表现良好。另外通过 XML 对网络信息资源的语义描述,其也使得资源间的关联关系得到了有效的支撑,变得更加清晰。

目前国际上广泛采用 XML 对数字化信息资源进行组织,并被广泛使用在数据交换领域,有优异的跨平台、跨语言等特性。通过 XML 可将数字文献、目次信息及其标引信息有机地组织在一起,以便于读者使用及系统之间交换数据。所以全面支持 XML 是信息资源数字化建设与应用软件系统必须考虑的问题。

可扩展标记语言(Extensible Markup Language,XML)与 HTML 一样,都是 SGML[②]。XML 是 Internet 环境中跨平台的,依赖于内容的技术,是当前处理结构化文档信息的有力工具。可扩展标记语言 XML 是一种简单的数据存储语言,使用一系列简单的标记描述数据,而这些标记可以用方便的方式建立,虽然 XML 比二进制数据要占用更多的空间,但 XML 极其简单易于掌握和使用。资源描述框架(Resource Description Framework,RDF)是一种用于描述 Web 资源的标记语言。RDF 是一个处理元数据的 XML 应用,所谓元数据,就是"描述数据的数据"或者"描述信息的信息"。也许这样解释元数据有些令人难以理解,举个简单的例子,

①　夏立新,方志,唐艺. 基于 XML 的信息组织探讨[J]. 科技进步与对策,2006(2):96-100.
②　张晓林. 基于 XML 的信息组织与处理:XML 技术体系[J]. 情报科学,2001(8):965-983.

书的内容是书的数据,而作者的名字、出版社的地址或版权信息就是书的元数据。数据和元数据的划分不是绝对的,有些数据既可以作为数据处理,也可以作为元数据处理,例如可以将作者的名字作为数据而不是元数据处理。RDF 使用 XML 语法和 RDF Schema(RDFS)来将元数据描述成为数据模型。

RDF/XML 是建立在 XML 语法基础上用于表示 RDF 图关系模型的语法规则,RDF 和 XML 都能对 Web 上的信息进行相应的描述,其不同之处在于:RDF 数据体现的是概念层次上的关系,而 XML 数据则体现的是元素层次上的关系。RDF/XML 一般的表现形式如图 2-11 所示。

```
<?xml version="1.0"?>
<rdf:RDF xmlns:rdf="http://www.w3.org/1999/02/22-rdf-syntax-ns#"
         xmlns:ebook="http://www.lib.sjtu.edu.cn/schema/">
  <rdf:Description about="http://www.lib.sjtu.edu.cn/ebook/22034">
    <ebook:title>信息资源组织与管理</ebook:title>
    <ebook:author>陈庄</ebook:authoe>
  </rdf:Description>
</rdf:RDF>
```

图 2-11　RDF/XML 描述

通过以上定义形式不难发现,它是利用了 XML 所具备的规范语法特性作为基础,然后将 RDF 形成的标准化结构与其进行了有机的融合,为基于语义的资源交互建立了明确的关联。

2.4.2.6　FRBR

书目记录的功能需求(Functional Requirements of Bibliographic Records,FRBR),是 IFLA 于 1998 年出版的一份研究报告,对书目记录描述的对象在整个生命周期过程中不同阶段的不同实体类型进行了详细的分析,为这些资源的描述、定位提供了完整的思考框架[①]。

1997 年在哥本哈根召开的 IFLA 编目委员会上,FRBR 研究小组提出 FRBR 的基本理念,包括 4 个方面:

(1) 书目记录所涵盖的文献范围,包括资料、媒体、格式及信息记录模式;

(2) 书目记录针对不同种类的使用者,包括读者、图书馆员、出版商等;

(3) 书目记录考虑图书馆馆内与馆外的各种使用需要;

(4) FRBR 研究方法使用实体关系(E-R)模型。

FRBR 应用"实体—关系"模型(E-R Model)来构建概念框架,为探讨书目记录的结构和关系提供了一个新视角。对沿袭了一个多世纪的编目理论提出了挑战,

① 王松林. FRBR 与编目工作思考. 国家图书馆学刊,2007(2):85-87.

在编目界引起了强烈反响。FRBR 的书目模型包括实体、属性、实体间关系、实体及其属性与用户任务的映射关系以及基于 FRBR 模型的国家级书目记录的基本需求。

FRBR 将书目记录涉及的实体分成三组，第一组是通过智慧和艺术创作的产品，包括作品（work，一种特有的智慧和艺术的创作，抽象的实体）、内容表达（expression，通过数字、音乐、声音、图像、动作或这些形式的组合对智慧或艺术作品的实现）、载体表现（manifestation，通过物理介质实体化内容表达的实体）和单件（item，载体表现的实例或个体）；第二组是对智慧和艺术创作产品负责任的个人和团体，这些个人和团体与第一组中的实体间存在着各种角色关系；第三组实体是产品的主题内容，包括概念、实物、事件、地点、第一组和第二组实体本身等[①]。

国内对 FRBR 结构的研究都是基于 FRBR 报告文本的，通常都将 FRBR 内容结构归纳为三组四层结构[②]。FRBR 借鉴 E-R 模型，把图书馆编目所涉及的实体分为 3 组：第一组实体包含书目记录中描述或指定的知识作品或艺术创作；第二组实体是指对知识及艺术创作负责的个人和团体；第三组实体是指代表对著作有关的概念、对象、事件、地点。

FRBR 每一组实体都有自己的属性，实体之间相互区别又相互联系。FRBR 模型的每一部分即实体、属性、关系都与编目对象连接，形成一个网状的多层次描述资源的框架，以满足用户不同的检索需求。根据这三组实体，FRBR 确立了目录使用者的 4 项任务：发现实体、识别实体、选择实体和获取实体。相应的书目记录就必须具备发现、识别、选择、获取四项功能。

2.4.3　信息组织的标准化与互操作的协调

为了便于用户获取有效信息，进行信息共享，数字图书馆在进行信息组织时就要有一个统一的标准并且拥有各种标准的信息相互转换的规则，以使组织起来的信息在各数据库、各网络平台之间自由流动。标准化是数字图书馆信息组织的关键，但是目前还没有相应的信息资源数字化制作标准。目前可行的措施是采用国际标准的数据格式，至少是开放的标准，如文本（纯文本、SGNL、XML、HTML、PDF），图片（TIFF、JPEG、GIF），图像（JPEG、JPEG2000），声音（MPEG、AC3、MP3），视频（MPEG）等。同时，国家有关部门组织信息产业界、图书情报界和国内软件开发商参与讨论制定电子书刊标准、各种元数据标准、多媒体信息等标准，尽

---

① 吴江. FRBR 在网络书目控制的实现构想. 数字图书馆论坛，2007(4)：37-40.

② Functional Requirements for Bibliographic Records ［EB/OL］. ［2012-11-30］. http：// www. ifla. org/files/assets/cataloguing/frbr/frbr_zh. pdf.

快实现数字化信息资源的标准化建设,以便在统一的协议下,开展分布式海量信息资源建设与检索应用。不同来源的信息资源,还可以通过支持一些协议(比如Z39.50协议等),从而实现互相通信。

2.4.4　信息资源的揭示方法

利用图书馆对文献资源组织完整的方法、著录标准和网络技术,去揭示图书馆中实体资源和虚拟资源。下面介绍一些方法[①]:

2.4.4.1　各种资源库与馆藏书目系统间的链接

建立实体资源与各种虚拟资源之间的连接,弥补实体资源揭示的单一性,多角度揭示馆藏资源。

(1)光盘、磁带信息与图书、期刊相互联系。

现在有许多图书、期刊带有学习、演示和语音等光盘、磁带,图书馆为避免借阅过程中的麻烦,对此类图书、期刊不外借或只借图书不借光盘、磁带,光盘、磁带只允许在馆内阅览,这给读者学习和研究造成很大不便。随书光盘的处理方法:将随书光盘压制成文件拷贝到网络磁盘上,将光盘的信息,如光盘名称,索书号、内容、关键词等集合起来建立光盘索引库,把该书刊的 URL 也放到光盘索引库里,同时在该种书刊的 MARC 记录中添加 856 字段,指明光盘文件的存放位置的 URL。这样读者在馆藏书目中查找到图书后,点击其电子资源的链接就可将电子资源下载到本地使用。而在光盘索引库中查找到光盘文件的同时,点击该种书刊信息的链接也能得知该种图书的在馆情况。随书磁带的查询方法:建立磁带索引数据库,同样在磁带索引数据库中设立书刊的 URL 字段,检索后点击相应图书信息链接,读者可以查询到该磁带是否配备相应的图书以及图书现状。由于磁带转换花费时间长,对磁带进行数字化,只在该种图书的 MARC 记录的字段中标明该书带有磁带和磁带的存放地点。建立光盘库和磁带库,并与馆藏书目系统链接,大大方便了读者使用,也减少了此类特殊资源的借阅、查询等问题。

以上的处理方法,都需要馆员做大量重复且费时的工作。目前也可以与随书光盘数据库商进行合作,图书馆方只需要提供已到馆的含有随书光盘的书目列表给他们,然后由他们直接提供光盘和磁带的内容。有两种提供方式:一是读者直接访问随书光盘数据库商的网站来获取资源,这种方式需要网络条件较好,否则会影响读者的下载速度;二是随书光盘数据库商将信息推送到图书馆的本地服务器,这种方式读者应用时速度较快,但是图书馆需要购买大量的存储设备,并且需要投入

---

① 宋志红.高校图书馆文献信息资源揭示方法集合[J].图书馆论坛.2006,26(4):198-200.

一定的人力进行维护。近期有一些组织希望建立一个地区或者一个城市共同使用的随书光盘存储服务器,这样既可以保证下载速度,又可以减少购买和维护成本,但是这种方式也存在一些版权问题需要解决。

(2) 书评与图书信息互连。

目前,有许多书评网站(如豆瓣)拥有大量的读者所写的读后感,图书馆可以将其收集起来,建立书评库,同时将书评库与馆藏书目系统链接(MARC 记录处理同上),可为读者选择图书时提供更多参考的信息。更好的方式是利用 Mashup 技术,将社会网络平台的书评及相关信息融合至图书馆服务平台,达到即时显示最新书评的效果。

(3) 电子图书、电子期刊与书刊信息互连。

把电子图书与书刊信息互相链接,在读者要想借阅的图书、期刊借出时,可以提供相应的电子图书或电子期刊阅览。电子书的整合有三种途径:

① 第一种是在图书的 MARC 记录中加入 856 字段。标明电子图书所在的URL 地址。读者可以在检索到某一种图书后,直接点击指定的链接,阅读全文。

② 第二种是要各电子图书厂商与图书馆检索系统集成商共同协作完成。用户在馆藏书目(OPAC)系统中检索定位到某一本图书时,OPAC 在后台将对应的参数传递给各电子图书数据库,在电子图书数据库中查找对应的电子图书。检索结果分库显示,读者可以直接点击,阅读该书的电子全文。北方工业大学图书馆和北京第二外国语学院图书馆使用第一种方法:首都医科大学图书馆用的是第二种,读者检索一次就可得到既有印刷型图书又有电子型图书的结果。

③ 第三种是 SFX[①] 超链接技术,使信息之间形成一个单链纽带关系,为图书馆链接到各类电子资源提供了一种基于标准的方法。SFX 可以为读者提供上下文敏感链接,可直接连接到全文和其他图书馆定义的资源,包括联机公共查询目录(OPAC)的本地馆藏、文献传递供应商、相关网络资源和服务、本地信息资料库以及其他服务。SFX 技术的出现改变了这种重复投入、体系交错、不可控制的局面,图书馆员的介入起到了帮助用户获得更合适链接的作用。

期刊的 MARC 目录修改与图书相同。数据库生产商 EBSCO 和 ISI 可支持许多不同的馆藏目录系统,他们通过 ISSN 号或期刊名称进行匹配链接,解决了数据库与馆藏目录系统的无缝链接。例如 ISI 用户只需点击数据库的文献记录中的"holding"按钮,就可找到该文献所在期刊的馆藏地点;北京第二外国语学院图书馆 EBSCO 用户可以在检索后看到"二外图书馆有纸本期刊"的标志;上海交通大学图书馆电子资源检索系统使用 SFX 提供全文链接服务。

---

① Ex Libris. SFX. [2012-05-17]. http://www.exlibrisgroup.com/category/SFXOverview.

2.4.4.2　建立网上学科分类导航

图书、期刊和电子资源实体分类常常因编目员的理解不同或没有理解书中所讲的主要内容,或因为更换新的编目员,容易导致分类混乱。由于各馆逐步建立了本馆编目细则,使得编目员有章可循,此类问题逐渐减少。在实际工作中,常常有读者没有明确的目的,就径直到书库中(盲目地)寻找图书,他们经常反映图书放的位置不集中,不便于查找。事实上,由于《中图法》规定将旅游心理的图书放到R590类,那么在图书B84类(心理学)架上就找不到旅游心理学这类书;同样还有"生物化学"放入"生物科学",不放入"化学";"教育心理学"放入"教育学",而不放入"心理学"等,所以产生了许多在实体分类中很难解决的问题。要解决这样的问题,必须通过网上分类导航,解决由于实体资源的形式限制了一种图书多个分类的摆放问题。这样读者就可以从分类导航进入心理学,在心理学方面能找到教育心理学、旅游心理学、犯罪心理学等文献资源。同样在旅游类目下,也可以找到旅游心理学方面的书刊信息和电子资源。图书馆工作要以读者为中心,提供多方位服务,分类导航的指导思想是尽可能按照科学的标准分类,但也应从网络的角度考虑到读者阅读习惯,根据需要建立文献资源分类,将文献按学科分类组织。把同一学科的图书、期刊、电子资源等(在网上)放置在一起,让读者进入该学科后,可尽情地享用图书、期刊、电子资源,而不是简单地将其按图书、期刊、电子资源再分类。例如进入学科导航的心理学,可找到关于心理学方面的图书、期刊和电子资源。

2.4.4.3　重视期刊著录问题

期刊在长期的出版发行过程中,为适应时代变化和读者需求或者因办刊单位名称的改变,刊名、责任者、出版周期等会发生变化,给读者利用期刊带来一定的难度。建议对于数字文献的揭示简化传统编目中繁琐条目,汲取传统编目对文献揭示的详细和完整经验,给读者一个简单明确的检索结果。例如读者检索期刊后,只显示其馆藏总结信息给读者。

2.4.4.4　建立统一检索平台

由中国高等教育文献保障系统(CALIS)发布的一个学术搜索引擎——e读,能在海量信息中实现高质量的检索。截至2011年,它集成高校所有资源,整合600多家图书馆的丰富馆藏,200多万种图书,3 600多万篇外文期刊论文和70万篇中外文学位论文,还将提供古籍、拓片等特色资源。2011年9月新增中外文图书免费在线阅读,其中中文图书36万册,外文图书3 293册。e读使读者在海量的图书馆资源中通过一站式检索,查找所需文献;它是在尊重知识产权的基础上,为高校师生提供全文学术资源。

上海图书馆的数字资源服务平台,整合了上海图书馆的几十个数据库资源,为用户提供了一个统一检索资源整合平台。统一检索平台大大方便了读者获取信息,但目前由于异构检索平台费用较高,中小图书馆只能望台兴叹。

2.4.4.5　非图书馆机构挑战图书馆服务

如清华同方知网技术有限公司的知识网络服务平台(KNS5.0),通过文献之间、知识元之间、分类导航之间的交叉链接,构建起节点丰富、交织纵横的知识网络系统。文献之间的链接包括引证文献、参考文献、同类文献等,知识元链接包括作者、机构、刊名、关键词、相关作者群、相关研究机构、相关关键词等,还可方便查看其他相关类别下的文献。其中的概念关系词典包括了各学科专业词汇,以及词和词之间含各种关系(同义、缩略语、译名、上下位等)。它的检索智能扩展功能可以提高查准查全率,便于发现新知识。

2.4.4.6　建立可控词表

2005 年的美国国家标准 Z39.19 最新版,从方便用户使用的角度推出了适合虚拟资源检索的工具——可控词表。建立可控词表的目的是:为用户、作者、索引制作者提供自然语言检索;提供统一的用语;提供词语之间的语义关系;在导航系统中提供清晰的层次,帮助用户定位所要检索的内容;作为搜索助手帮助定位内容。

(1) 可控词表包括可选词单、同义词环、等级分类表、叙词表。

(2) 可选词单(pick list)是根据某种需求而设定的有限词汇的集合。它将资源根据不同角度划分成较小的集合,可帮助用户缩小查找范围。在网页上常见,有语种选择(中文、英文、日文等)、地区选择(北京、上海、南京等)、文件格式选择(sound、image、text 等)。

(3) 同义词环(Synonym Rings)是意义相同词的集合。它常与搜索引擎一起使用,扩大检索范围。读者只要使用了同义词环中的任意一个词,就可找到这类资源。如"电话"、"手机"、"大哥大"、"小灵通";又如"海外留学归国学生"、"海龟(归)"、"海带(待)"、"归国人员"、"海藻(找)"等。

(4) 等级分类表(taxonomy)也称知识分类表。它揭示词之间的等级关系——上位概念和下位概念的词之间的关系。如生物分类学将生物按门、纲、目、科、属、种来排列。网站常用这种原理对概念或主题进行层层划分,揭示其等级关系。

(5) 叙词表(thesaurus)是对词汇(同义、近义、多义)进行控制。从自然语言中抽取经过规范化处理的名词术语的集合。它可以根据检索需要自由地扩大或缩小检索范围,进行多维性、多途径检索。

2.4.5　网络信息资源的揭示

对网络信息资源揭示的必要性进行探讨,全面总结网络信息资源揭示的现状,进一步探讨其优化措施,是信息管理科学研究的一个重要课题。

2.4.5.1　网络信息资源揭示与描述的必要性

（1）目录的作用与用户检索行为的分析。

目录在我国有着悠久的历史，最早的"目"是指篇卷的名称，"录"是关于一书的内容梗概、作者生平事迹、校勘经过、评价等简要文字的说明，又称叙录或书录。通过目录能够提纲挈领地对资料进行整理和加以适当的描述，揭示与报道关于原始文献的基本特征信息，为读者提供准确辨认某一特定文献的条件，确定文献取舍依据的信息。通过分析用户对各种信息资源的检索过程与行为，可以得出：用户无论是通过书本式目录、纸质卡片目录、机读目录，还是通过搜索引擎查寻资料时，都必须经过两个阶段。一是依据所描述的信息，判别和决定取舍；二是查寻原始文献。因此，在网络环境下，为用户提供辨识资料的信息，对网络资源进行适当揭示与描述仍是十分必要的。

（2）对搜索引擎工作方式的分析。

搜索引擎的工作方式，并非是"需求发生时直接处理原始资料"的方式，它主要由两部分组成：一是自动上网收集网页的系统；二是利用全文检索的技术将所收集的网页进行自动断字词，然后把所取得的字词建立成类似索引数据库的系统。因此当用户输入关键词检索时，搜索引擎直接查寻已建好的索引数据库，再来比对字词。由于搜索引擎很少对检索结果进行明确的揭示与描述，很难判断大量的命中信息资源中有多少是与用户所需主题相匹配的，因而人们越来越认识到有必要对网络资源进行适当描述与揭示。

2.4.5.2　以机读目录格式揭示网络信息资源

（1）采用 MARC 揭示。

MARC 是用于描述、存储、交换、控制和检索的一套机读书目数据的标准，许多图书馆界人士主张以 MARC 格式来描述网络信息资源[①]。Vianne T. Sha 提出的理由是：

① MARC 具有标准的信息交换格式。

② 适用不同的描述层次。

③ 弹性的呈现格式。

④ 多种检索点。

⑤ 完整的书目描述。

⑥ 能够将不同的资源整合在一个目录中，便于读者从一个目录检索不同的信息资源。

⑦ 图书馆有义务对网络资源进行编目，以便读者到图书馆检索、利用网络

---

①　张俊略. 论网络信息资源的组织[J]. 图书情报知识，1998(2)：32-35.

资源。

（2）MARC 格式的修改。

对 MARC 格式进行修改，主要有如下一些：

采用 5XX 字段。为了提高对网络资源格式的标志能力并满足用户的检索需求，采用 5XX 字段记录网络信息资源的格式。如用 500、520 字段分别记录一般附注和摘要附注，用 516 字段反映计算机文件类型或数据注释，用 538 字段指定所需的特定程序或程序的类型等。

采用 856 字段。它是网络信息资源编目所特有的字段——"电子定位与存取"字段，专门用于记载网络信息资源定位与存取方式。

2.4.5.3　以元数据方式揭示网络信息资源

以元数据（Metadata）方式揭示网络信息资源，就是利用 Metadata 标准描述网上一次信息的特征，对其内容进行压缩，使网上一次信息进入二次信息，实现对网上一次信息的控制，从而在逻辑上有序化和优化网络信息资源。

元数据是应电子资源成为主流及管理与检索网络信息的需求而兴起的。其最常见的定义是关于数据的数据（data about data），至今还没有完全统一的定义。人们从不同角度给出了不同的理解。如元数据是关于数据的数据，它是指任何用于发现、描述和定位网络电子资源的数据。元数据是关于数据的数据，存在于电子信息环境中，用于描述资源的属性，呈现其关系、支持资源发现、管理与有效利用。元数据通常被定义为数据之数据，它包含用于描述信息对象的内容和位置的数据元素集。元数据究其本义和功能，就是描述文献信息资源的著录数据，也可说是电子目录。L. Dempsey 和 R. Heery 认为元数据是描述资料属性的数据，用来支持如指示储存位置、资源寻找、文件记录、评价、选择等功能，更为正式的定义是：元数据是关于资源的数据，有助于其潜在用户事先了解其状态与特征。吴政叡认为元数据是用来揭示各类型电子文件（或资源）的内容和其他特征，以协助对资料的处理和检索，其典型的作业环境是电脑网络的作业环境。显而易见，在元数据用于描述信息资源这一点上已达成共识。就其本义和功能而言，可以说它就是电子目录（Electronic Catalogue）。

DC 是寻求一套简洁有弹性，而且非专业图书馆人员也容易掌握和使用的信息资源著录格式，以提高网络信息资源的开发利用率。DC 比较全面地概括了网络信息资源的主要特征，既避免了搜索引擎著录过于简单而导致检索效率严重下降的弊端，也避免了 MARC 的过于专业化和复杂化。在搜索引擎中的应用，在页面文件中嵌入关于该页面的元数据信息，是保证网络信息发掘和组织的有效措施。

2.4.5.4 应用与借鉴目录学方法

网络文献揭示一般应当遵循文献提示的基本原则：一是要正确处理好揭示文献外形特征和内容特征之间的关系，以揭示文献的内容为主；二是要重视揭示文献的变化情况及其社会影响，使读者获得有关文献的全面信息；三是要正确处理好揭示文献内容的广度和深度的关系，重视揭示文献内容之间的联系。对于网络文献，要采用超文本链接方式揭示资源之间的联系，使文献揭示向广度和深度发展。

文献揭示的深化，目的在于避免读者检索没有价值的资料，同时避免有用资料的漏检，这就必须力求准确揭示文献的主题以及与主题有关的基本思想和事实。由于计算机技术、网络技术、通讯技术、数据库技术及超文本技术在信息检索与组织中的广泛应用，大大改善了文献检索环境。对于网络文献，除要求能够提供篇名、著者、主题词、分类号等检索点以外，还应提供文摘，甚至全文中的每个词都要成为检索词，从化学反应式、时间等文献的内部特征到文献的语种、出版社、出版日期等外部特征都可成为检索单元。网络信息检索不仅要能提供文本检索，还要能够提供声音、图像、图表等非文本检索，这就必须揭示这方面的特征以提供检索标志。此外，还应建立功能强大的检索系统，为用户多途径检索、提高检索效率提供便利。

2.4.6 信息资源的整合

（1）文献资源集成类型。

文献资源的集成从原理上可以分为三种类型[①]：

① 物理集成：将资源的内容物理上整合到一起。比如全文数据库，有些论文中也将元数据仓库认为是物理集成。

② 逻辑集成：数据是分散存储的，将不同来源的数据通过逻辑对应关系或链接关系逻辑上集成为一个有机整体。如跨库检索系统就是典型的逻辑集成方式，Web39.50、CrossRef、OpenURL、唯一标志符机制、超文本链接、通过知识组织体系技术等都是实现的信息资源的逻辑集成。

③ 物理集成和逻辑集成结合：元数据仓库是典型的物理集成和逻辑集成的结合，还有WebService模式的集成、搜索引擎、馆藏总目录、联合目录、知识库等。

（2）文献资源集成揭示模式分析。

① 集成目录：集成目录是集成各种类型文献的一种有效方法。目前国内外大多数图书馆都将电子资源、纸本资源集成到一个目录体系下。OCLC在研究FRBR结构在目录组织中的应用，国外一些主要的图书馆集成系统也在尝试实现

① 宋文，傅红梅. 文献资源集成揭示的模式与应用[J]. 图书馆论坛. 2008,28(1):73-76.

FRBR 化的记录显示,如 Innovative 公司的 M-llennium[①] 系统。中科院国家科学图书馆建立的集成期刊目录就是将纸本期刊和电子期刊集成到一个目录体系下提供服务。

② 知识库和 OpenURL:知识库存储了资源对象的元数据信息、资源对象的关系、链接规则、服务规则和用户推理的相关信息,OpenURL 是不同系统之间传递元数据信息的一种标准。知识库和 OpenURL 结合,通过服务解析器,实现来源资源与目标资源的、针对特定用户的情景敏感的链接。

③ 唯一标志符和 CrossRef:唯一标志符是因特网上用来唯一标志对象的机制,通过唯一标志符机制,可以实现因特网数字对象之间的互操作。DOI 是美国出版协会建立的用于标志数字对象的唯一标志符系统,CrossRef 是商业性的 DOI 登记注册系统。CrossRef 系统与本地的知识库和解析服务系统结合,通过 DOI 和 OpenURL 传递数字对象元数据信息,达到资源之间更加广泛、顺畅和高效的互联和集成。

④ 元数据仓库:元数据仓库是将各种资源对象元数据集中到一个仓储系统,提供用户对所有资源的集成检索,通过检索结果引用到分布式的资源对象。这种资源集成服务方式可以大大提高资源的检索效率和资源被用户发现程度。

⑤ 跨库检索系统:跨库检索系统实现集成的方式与元数据仓储方式相反,所有数据都分布在不同的应用系统中,在用户提交检索请求后,系统自动向各应用系统提交检索请求。再将结果集中进行查重、合并和排序,以统一的界面提交用户。这种方式的缺点是系统响应速度慢。

⑥ 知识组织体系:通过知识组织体系,从知识概念的关系出发实现资源的集成揭示是当前数字图书馆的又一个研究热点。中科院文献情报中心前瞻性研究课题"知识组织体系技术及其应用机制"作了一些实践性探索,建立了集成知识组织体系和知识导航系统,对分布式资源进行学科体系导航。

⑦ WebService 模式:WebService 是基于万维网的分布式计算和服务集成技术。数字图书馆可以将 WebService 标准和技术用于文献信息资源的集成服务。在这样一个技术体系下,各种资源和资源服务系统可以是分布式的,其核心是建立基于 UDDI 标准的注册登记系统,提供资源和服务的发现机制和集成服务机制。

以上阐述了文献信息资源集成的多种模式,实际设计文献资源集成揭示系统时,并不是选择一种集成模式,大多数情况下是多种集成模式同时使用,各种模式相互补充发挥作用。比如跨库检索系统与 WebService 可以结合,跨库检索系统、WebService 系统又可以与知识组织体系结合使用,知识库与集成目录可以相结

---

① Millennium 2005 Preview:FRBR support. INN-Touch,2004(1):9.

合,知识库技术与 CrossRef 和 DOI 结合等。究竟如何设计集成揭示系统,需要根据资源状况,需求状况和技术应用水平,甚至是时间、人力、经费等因素进行综合考虑。

2.5　信息资源的检索与利用

2.5.1　信息检索与利用的概述

信息检索(Information Retrieval)又称情报检索,萌芽于图书馆的参考咨询工作,20 世纪 50 年代才成为专用术语。随着信息爆炸(information explosion)和计算机技术为核心的信息技术的迅速发展,信息检索的概念与类型都在发生新的变化[1]。

信息检索作为一门新兴的边缘性交叉学科,仅有几十年的发展历史,随着信息技术的不断发展变化,它的概念也在不断地发展变化着。研究者们从各自的研究角度给出了不同的定义,如《图书馆学百科全书》上对信息检索的解释是"知识的有序化识别和查找的过程。广义的情报检索包括情报的存储与检索,而狭义的情报检索仅指后者。"上海交通大学信息检索专家王永成教授认为,信息检索就是"可以从任意角度,从存储的多种形式的信息中高速准确地查找,并可以按照任意要求的信息形式和组织方式输出,也可仅输出人们所需要的一切相关的计算机活动。"因此可以说社会进步的过程就是一个知识不断的生产—流通—再生产循环往复的过程。

信息检索的目的是迅速从一个有序的、有具体目标的信息体系中搜寻满足用户需求的信息。获取学术信息的最终目的是通过对所得信息的整理、分析、归纳和总结,根据自己学习、研究过程中的思考和思路,将各种信息进行重组,创造出新的知识和信息,从而达到信息激活和增值的目的。为了全面、有效地利用现有知识和信息,在学习、科学研究和生活过程中,信息检索的时间比例逐渐增高。信息检索的关键是信息利用,按照不同标准,将信息检索分为各种类型。

(1)按存储与检索对象即按检索内容划分,信息检索可以分为:文献检索、数据检索、事实检索。以上三种信息检索类型的主要区别在于:数据检索和事实检索是要检索出包含在文献中的信息本身,而文献检索则检索出包含所需要信息的文献即可。

(2)按存储的载体和实现查找的技术手段为标准划分:手工检索、机械检索、

---

① 邹广严,王红兵.信息检索与利用[M].北京:科学出版社.2011.

计算机检索。其中现在发展比较迅速的计算机检索是"网络信息检索",也即网络信息搜索,是指互联网用户在网络终端,通过特定的网络搜索工具或是通过浏览的方式,查找并获取信息的行为。

(3) 按检索途径划分:直接检索、间接检索。

(4) 按组织方式:全文检索、超文本检索、超媒体检索。

2.5.2　信息检索的原理

检索过程则是按照同样的主题词表(或分类表)及组配原则分析课题,形成检索提问标志,根据检索系统所提供的检索途径,从文献信息集合中查获与检索提问标志相符的信息特征标志的过程。因此只有了解文献信息处理人员如何把文献信息存入检索系统,才能懂得如何从检索系统中检索所需信息。

这里,匹配的相似性标准一般是通过把信息集合和需求集合预先进行某种形式化的加工和表示来提供的。对于文本而言,最主要、最常用的匹配标准是由某个或若干个词汇表达的"主题"、"关键词"、分类号等。也就是说,存储与检索所依据的规则必须一致,标引者与检索者必须遵守相同的标引规则。这样,无论什么样的标引者,对同一篇文献的标引结果一致,不论是谁来检索,都能查到这篇文献。

概括地说,检索的基本原理就是对信息集合与需求集合的匹配和选择。通过对大量的、分散无序的文献信息进行搜集、加工、组织、存储,建立各种各样的检索系统,并通过一定的方法和手段使存储与检索这两个过程所采用的特征标志达到一致,以便有效地获得和利用信息资源。其中存储是为了检索,而检索又必须先进行存储。

检索时将用户需求集合中的检索标志提交到检索系统中,与信息检索系统中存储的信息特征标志进行逐一比对,两者完全一致或基本一致时,即为检索命中信息,可按用户要求从检索系统中输出。为了在信息集合与需求集合之间建立起联系和沟通,以便能从信息集合中快速获取用户所需要的信息和知识,信息检索提供了一种"匹配"机制,这种机制的主要功能在于能快速把需求集合与信息集合依据某种相似性标准进行比较和判断,进而选择出符合用户需求的信息。

这种"匹配"和"选择"机制的实现,在很大程度上依赖于信息检索系统所采用的信息检索模型的优劣。信息检索的模型,就是运用数学的语言和工具,对信息检索系统中的信息及其处理过程加以翻译和抽象,表述为某种数学公式,再经过演绎、推断、解释和实际检验,反过来指导信息检索实践。

最简单的信息检索模型是单项检索模型。它将文献集合中的每一篇文献用一个或多个主题词标引,提问式由单个主题词构成。系统对提问的响应是检中或不检中。匹配标准是若提问式中的主题词属于某文献标引词集合中的成员,则该文献为检中;反之,为不检中。此模型由于检索过程简单,较为人们熟知且广泛使用。但此种模型的检索效果往往不好,尤其当文献集合很大时,检中的文献很大部分是无用的文献。

1957 年,Y. Bar-Hillel 最先探讨了布尔逻辑应用于计算机检索的可能性,十年后,布尔逻辑模型正式被大型文献检索系统所采用,并逐渐成为各种大型联机检索系统、甚至是网络搜索引擎的典型、标准检索模式。为弥补布尔逻辑模型的不足,随之也出现了向量空间模型、概率检索模型、模糊集合模型、扩展布尔逻辑模型、相关反馈模型等。

目前,商用信息检索系统主要以布尔模糊逻辑加向量空间模型为主,辅以部分自然语言处理。自然语言理解在信息检索中应用,将大大提高信息检索的精度和相关性。文本检索中常用布尔模型,向量空间、相关反馈模型常被用在多媒体检索、搜索引擎、自动分类、智能检索、数据挖掘等技术中。

2.5.3　信息检索与利用的方法和技术

信息检索的方法有多种,分别使用于不用的检索目的和检索要求。归纳起来,常用的信息检索方法有常规检索法、回溯检索法、循环检索法[①]。

(1) 常规检索法,又称常用检索法、工具检索法。它是以主题、分类、作者等为检索点,利用检索工具获得信息的方法。根据检索方式,常规检索法又分为直接检索法和间接检索法;根据检索需求,常规检索法又分为顺查法、倒查法和抽查法。

① 直接检索法:直接利用参考工具书进行信息检索的方法。如利用字典、词典、手册、年鉴、图录、百科全书等进行检索。这种方法多用于查找一些内容概念较稳定较成熟有定论可依的指示性问题的答案。可用于解决事实性的检索和数据性的检索。

② 间接检索法:利用检索工具间接检索信息资源的方法。

③ 顺查法:根据检索课题的起始年代,利用选定的检索工具按照从旧到新、由远及近、由过去到现在顺时序逐年查找,直至满足要求为止的查检方法。这种方法费力、费时,工作量大,多在缺少评述文献的情况下采取此法。可用于事实性检索。

④ 倒查法:与顺查法相反。这种方法多用于新课题、新观点、新理论、新技术的检索,检索的重点在近期信息上,只需查到基本满足需要时为止。此法查出的信息新颖,但查全率不高。

⑤ 抽查法:利用检索工具进行重点抽取检索的方法。针对某学科的发展重点和发展阶段,拟出一定时间范围,进行逐年检索的一种方法。此法检索效率较高,

---

① 　叶继元. 信息检索导论[M]. 北京:电子工业出版社,2010.

但漏检的可能性大,检索人员必须熟悉学科的发展特点。

(2) 回溯检索法,又称追溯法、引文法和引证法。它是一种跟踪查找的方法,即以文献后面所附的参考文献为线索,逐一追溯查找相关文献的方法。在没有检索工具或检索工具不齐全的情况下,利用此法能够获取一些所需要的文献资料,但往往查全率不高,回溯年代越远,所获取的文献越陈旧。这类检索工具著名的有美国的《科学引文索引》、《社会科学引文索引》和《艺术和人文科学索引》,中国的有《中国科学引文索引》和《中国社会科学引文索引》。

(3) 循环检索法,又称交替法、综合法和分段法。在检索时,循环检索法先利用检索工具从分类、主题、责任者、题名等入手,查出一批文献,然后再选择出与检索课题针对性较强的文献,再按文献后所附的参考文献回溯查找,不断扩大检索线索,分期分段地交替进行,循环下去,直到满意为止。

在实际检索中,采用哪种检索方法最合适,应根据检索条件、检索要求和检索背景等因素确定。自动化处理技术包括聚类分析、自动摘要、信息可视化、信息过滤、信息提取、机器翻译、人机交互等。检索常用技术有布尔检索、截词检索、限制检索、全文位置检索、加权检索、多媒体检索。信息检索中的应用研究有话题检测与跟踪,信息过滤,垃圾邮件过滤,对抗式信息检索,企业搜索,数字图书馆,跨语言检索,基于内容的多媒体检索,基因信息检索等。信息检索中的一些关键技术如下所示:

① 信息抽取:无结构信息的结构化处理。

② 文本分类与聚类:按照文本内容的相似度,将文本集合分成若干类,为高效的信息检索提供支持分类。

③ 自动文摘:从信息源中去除冗余信息,提取能够准确、全面反映信息源内容的摘要。

④ 分布式信息检索。

⑤ Web 信息检索:网络数据获取、数据抽取、网页排序、链接分析、检索结果评估。

随着 Web2.0 的广泛应用,信息推送技术、RSS 订阅、Mashup、Ajax 等方便读者应用信息资源的技术也越来越普遍。

(1) Mashup。

Mashup 是糅合,是当今网络上新出现的一种网络现象,将两种以上使用公共或者私有数据库的 Web 应用,加在一起,形成一个整合应用[1]。一般使用源应用的 API 接口,或者是一些 RSS 输出作为内容源,并且不管合并的 Web 应用的是何种

----

[1]　Mashup [EO/BL]. [2012-6-11]. http://baike.baidu.com/view/241257.htm.

技术。Mashup 获得极大的欢迎,主要是由于 Mashup 不需要很高的编程技能,只需要熟悉 API 和网络服务工作方式就能进行开发,所以很快成为一个流行的网络现象。很多公司为此提供开放接口,以吸引这个群体,如 Yahoo、Google 等。

Mashup 不仅仅是发展得很快,更大的一个优势是开发人员不再需要通过某人才可以发布一个新 API 到网上。以前你必须要通过微软才可以发布一个新的 API 加入到 Windows,这种情况同样出现在 Macintosh。另外,尽管你也许可以添加一个 API 直接到 Linux,因为它是开源的,但是对大多数开发者来说并不具备这样的权利。另外,你在发布了一个 API 到网上之后,不需要再通过谁去批准它,它会自动对所有开发者有效。越来越多的开发者加入到开发 Mashup 的 API 中,越来越多的 Mashup 出现在网上,越来越多的网络用户去使用这些新的 Mashup 应用程序。比如地图 Mashup、视频和图像 Mashup、搜索和购物 Mashup、新闻 Mashup、微博 Mashup 等。

(2) Ajax。

Ajax 即异步 JavaScript 和 XML(Asynchronous JavaScript and XML),Ajax 并非缩写词,而是由 Jesse James Gaiiett 创造的名词,是指一种创建交互式网页应用的网页开发技术[1]。Web 应用的交互如 Flickr,Backpack 和 Google 在这方面已经有质的飞跃。这个术语源自描述从基于 Web 的应用到基于数据的应用的转换。在基于数据的应用中,用户需求的数据如联系人列表,可以从独立于实际网页的服务端取得并且可以被动态地写入网页中,给缓慢的 Web 应用体验着色使之像桌面应用一样。

Ajax 的核心是 JavaScript 对象 XmlHttpRequest。该对象在 IE5 中首次引入,它是一种支持异步请求的技术。简而言之,XmlHttpRequest 使您可以使用 JavaScript 向服务器提出请求并处理响应,而不阻塞用户。

2.5.4 学科信息检索

针对各个不同的学科,有专业的学术型数据库检索系统以及相关网络资源,便于读者从获取信息的学科角度出发,检索与该学科相关的信息与知识。比如数学信息检索:美国数学会将其著名的评论期刊《Mathematical Reviews》及检索期刊《Current Mathematical Publication》制作成网络电子版数据库 MathSciNet,提供从 1940 年至今 61 年全部数据的检索,内容包括数学及数学在统计学、工程学、物理学、经济学、生物学、运筹学、计算机科学中的应用等文献信息[2]。又如建筑艺术

---

[1] 百度百科. AJAX [EO/BL]. [2012-6-11]. http://baike.baidu.com/view/1641.htm.
[2] http://www.ama.org.

信息检索：中国建筑艺术网①，该网站作为"中国建筑艺术及文化发展"系列促进活动的传播平台，依托于"中国建筑艺术奖"及《中国建筑艺术年鉴》，力争发挥其背景优势，起到运行良好的建筑艺术、建筑文化专业化讨论平台作用。

　　因此对于文献的检索，掌握各学科特有的学术型数据库和相关网络资源对于学科馆员和读者来说是非常重要的。然而面对大量以"孤岛"形式存在并迅速增长的电子资源，每个读者必须掌握并记住那么多的专业学术型数据库还是有相当难度，因此为了帮助读者更方便地利用电子资源，许多图书馆做了各个数据库的资源整合，让读者通过一站式检索得到自己需要的内容。例如"上海交通大学学术信息资源检索系统②"将电子资源的导航与检索、馆藏书刊目录查询、馆际互借和文献传递、虚拟参考咨询、参考文献引用以及网络搜索引擎等扩展服务有机地整合在一起如图 2-12 所示。通过一个检索系统，读者可以远程访问、无缝获取所需信息和服务，更有效地利用图书馆提供和揭示的信息资源。该检索系统对上海交通大学读者可利用的电子资源进行整体性揭示（包括购买的资源、自建的资源、网上免费

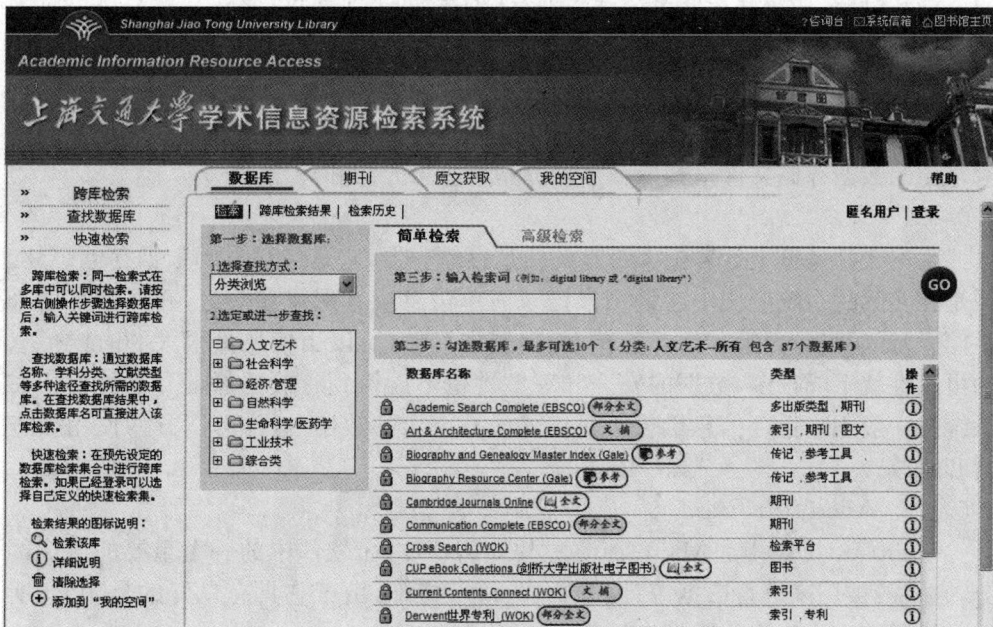

图 2-12　上海交通大学学术信息资源检索系统

①　http://www.aaart.com.cn.
②　http://aira.lib.sjtu.edu.cn/.

资源等）；实现针对分布异构电子资源的整合检索和获取目标信息的无缝链接；并能够为注册用户提供多种个性化服务（包括：个人借还书信息、RSS 服务定制、个人电子书架、我的数据库、我的电子期刊、个人检索历史、定制 Alert 服务——即系统定期把最新检索结果发送到用户邮箱等）。在该网站上提供了以学科为聚类方式的检索接口。

2.6 数据存储技术

数据存储是广义信息组织的组成部分，是有组织的信息的一种表现形式，是一种异时的信息利用。数据存储本身是一种信息组织过程，是面向未来的信息组织，但它不同于单纯的信息组织，更多地顾及信道容量的有效利用和存储信息的存取效率等因素，相当于一般意义上的信息组织在信息传递过程中的延伸。本节从技术的角度对数据存储的技术进行介绍，对数据存储技术的特点和优缺点进行详细的分析和对比，从数据存储系统和数据存储方式两个方面进行介绍。

2.6.1 数据存储系统

数据存储系统泛指可以进行数据存储的文件格式或是应用系统。这里我们针对常用的数据存储文件格式以及数据库系统进行介绍和对比。

2.6.1.1 文本文件

文本文件是每个计算机都带有的信息存储容器，它是最常见的数据存储工具。但是在实际的系统应用中它只用来记录简单信息或者配置参数等，并不常常用来存储大量的数据，因为其格式简单，编辑器也简单，所以当信息量很大的时候信息的可读性就下降很多，数据的安全和完整性也不能得到有效的保证。这种格式在系统中一般用来保存信息量较小对格式没有要求的数据，这样可以方便使用者查看和修改。

2.6.1.2 Microsoft Excel

Microsoft Excel 是 Microsoft 公司 OFFICE 办公软件中的一个重要的组成部分，它一般被用来进行数据统计、分析、处理等操作，由于它具有良好的易用性，所以也被很多人用来作为数据存储使用。

Excel 是以单元格为最小存储单位来进行数据存储的。它的工作表由阿拉伯数字表示的行和由英文字母表示的列组成，行和列交叉组成多个单元格。其中，行标题使用阿拉伯数字 1～65 536 表示，共有 65 536 行，列标题使用英文字母 A～IV 表示，共有 256 列。65 536 行和 256 列共组成 16 777 216 个单元格。这就限定了

Excel 单表的最大存储能力。在 Excel 2007 中增加到了 1 048 576 行 16 384 列①。

　　从上面的数据我们不难看出虽然相比于文本文件的方式,Excel 带有很好的易用性,但是,Excel 的最大可存储数据量还是比较小的,只能说是一个桌面数据库,可以用来进行一些轻量级的数据存储。但是从应用角度来讲,所有基于 Excel 的数据查询操作都会导致全部数据的传递,这样的结果就是不仅服务器疲于奔命,网络带宽的占用很高,而且客户机的负担也非常大;所以当数据量比较大,对性能的要求比较高的时候 Excel 显然并不是一个好的数据存储的选择,相对于存储来讲 Excel 对于数据的分析、统计、分组、联查却十分在行,Excel 里面集成了大量的分析功能,比如数据透析图,Excel 的在数据分析上的表现要远强于数据存储方面。

2.6.1.3　Microsoft Access

　　Microsoft Access 同样是 Microsoft 公司 OFFICE 办公软件中的一个重要的组成部分,它是微软公司推出的基于 Windows 的桌面关系数据库管理系统(Relational Database Management System,RDBMS)。它提供了多种对象来建立数据库系统,其中包括了表、查询、窗体、报表、页、宏、模块等 7 种;还提供了包括多种向导、生成器、模板,把数据存储、数据查询、界面设计、报表生成等一系列的操作规范化;使得使用者可以很方便地建立带有全部功能的数据库管理系统。在使用的过程中,用户免去了编写大量代码的麻烦,就可以完成大部分数据管理的任务,把用户从繁琐的编码任务中解放出来。Microsoft Access 还具有对其他数据库的数据进行修改和管理的功能,它可以通过连接的方式访问需要进行数据修改和管理的数据库,对其进行操作。它还可以完成一些简单的开发工具,支持部分 OOP 技术,但不完整。正是因为它功能全面,所以很多人不但用来作为轻量级的数据管理程序,还用来开发简单的应用软件。

　　Microsoft Access 的版本发展是依托于 Office 的版本,目前可用的最新版是 Microsoft Office Access 2010,其他还有 Microsoft Office Access 2007,Microsoft Office Access 2003,Microsoft Office Access 2000 等版本,目前还可以获得技术支持和产品维护的是 2010、2007、2003 版本。其他更早期的版本 Microsoft 已经不再提供技术支持。

　　1) Access 的优点

　　① 存储方式简单,易于维护管理。Access 具有丰富的管理对象,例如表、查询、报表和窗体等,这些对象都存储在数据库文件中,用户通过这些对象可以实现对数据库的管理。

---

　　①　Excel 规范与限制[EB/OL]. [2012-05-18]. http://office.microsoft.com/zh-cn/excel-help/HP010073849.aspx.

② 面向对象。Access 不但是一个数据库工具,同时它还是一个开发工具,而且具有面向对象的特性,它可以将数据库中的各种功能对象化,将数据库的各种功能封装在各种对象中,使得开发的过程更加清晰简洁。

③ 界面友好、易操作。Access 是一个可视化的数据库工具,它的界面风格和操作习惯与 Windows 完全一致,这样用户在使用过程中就不需要改变习惯。在 Access 中用户可以通过简单的鼠标操作就可以实现生成对象并应用对象,非常直观方便。在 Access 中系统还提供了表生成器、查询生成器、报表设计器以及数据库向导、表向导、查询向导、窗体向导、报表向导等工具,使得操作简便,容易使用和掌握。

④ 集成环境、处理多种数据信息。Access 基于 Office 系列软件,与 Office 的其他组件具有良好的数据兼容性,该环境中集成的各种向导和生成器工具,极大地提高了开发人员的工作效率,使得建立数据库、创建表、设计用户界面、设计数据查询、报表打印等可以方便有序地进行。

⑤ Access 支持 ODBC。ODBC 在数据库的开发和应用中扮演着重要角色,各种开发工具和数据库的交互都需要通过 ODBC 实现,通过对 ODBC 的支持 Access 的应用范围被大大扩张。

⑥ 支持广泛,易于扩展,弹性较大。能够通过链接表的方式来打开 EXCEL 文件、格式化文本文件等,这样就可以利用数据库的高效率对其中的数据进行查询、处理。还可以通过以 Access 作为前台客户端,以 SQL Server 作为后台数据库的方式(如 ADP)开发大型数据库应用系统。

2) ACCESS 的不足

ACCESS 是小型数据库,既然是小型就有它的局限性(下面关于性能方面的缺点仅指用 Access 作为数据库的情况下,不包括用 Access 作为客户端前台,用 SQL Server 作为后台数据库的情况)。

① 性能随着数据量增加而下降。如果数据库过大,一般百兆以上(纯数据,不包括窗体、报表等客户端对象),Access 的性能就会变差。

② 并发用户少。理论上的 255 个并发用户,在实际使用中却无法实现,仅仅 20 个用户通过网络同时使用 Access 数据库时就常常会遇到严重的性能问题以及数据被损坏的问题[1],这是决定 Access 只能用来做轻量级应用的一个主要原因。

③ 数据量影响性能。单表百万级的数据量将会使 Access 陷入一个性能很差的境地。

---

① 将 Access 2002 数据库迁移到 SQL Server [EB/OL]. [2012-05-18]. http：// www. microsoft. com/china/msdn/library/data/sqlserver/sqlbackend. mspx?mfr＝true.

Access 优点和不足是同样鲜明的,所以 Access 的使用定位一直是一个方便易用的小型软件,但这并不影响其使用范围的增加。

2.6.1.4　Visual FoxPro

Visual FoxPro 简称 VFP,是 Microsoft 公司推出的数据库开发软件,用它来开发数据库,既简单又方便。目前最新版为 Visual FoxPro 9.0,而在学校教学和教育部门考证中还依然沿用经典版的 Visual FoxPro 6.0。在桌面型数据库应用中,处理速度极快,是日常工作中的得力助手。

1) Visual FoxPro 的优点

① 完全以数据为中心是它最大的优点。从字段、表级有效性规则、触发器、参照完整性到缓冲、事物、远程 SPT,作为一个桌面型数据库包含了许多服务器级数据库的特性。

② 基于对象的开发方式,具有面向对象的基本功能,又有非常好的继承和扩展能力,具备可视化编程能力。

③ 宏命令(&)可以完成非常灵活的系统功能。

④ 基于 COM、COM+的中间件、数据库事件、Web Service。

2) Visual FoxPro 的不足

① 对开发人员的要求变高。最早的 FoxPro 适合初学者,但是变成了 VFP 后功能的全面和灵活牺牲的是简单易用。

② 数据库的安全性差。尤其是其索引和备注文件很容易被损坏。

③ 简陋的交互界面。

2.6.1.5　XML 数据库

XML 的目的是存储数据,它本身并不提供数据分析查询等操作。XML 数据库则是一种支持对 XML 格式文档进行存储和查询等操作的数据管理系统。开发人员可以通过这个数据管理系统实现对 XML 文档中数据的查询以及按照指定格式进行序列化。

目前有三种类型的 XML 数据库:

(1) XMLEnabledDatabase(XEDB),即能处理 XML 的数据库。

XEDB 的特点是在原有的数据库系统上扩充对 XML 数据的处理功能,使之能更好地提供适应 XML 数据存储和查询的功能。一般采用在数据库系统上增加一个应用层,用来实现 XML 的映射,这个映射层可以由第三方或者数据库供应商提供。映射层主要完成对 XML 数据的具体存储和检索操作,通过映射层处理后的数据结构和 XML 元数据可能会与原始的 XML 数据结构和元数据有不同,并且检索结果的表现形式不一定是原始的 XML 形式。XEDB 的基本存储单位与具体的实现紧密相关。

(2) NativeXMLDatabase(NXD)，即纯 XML 数据库。

其特点是以自然的方式处理 XML 数据，以 XML 文档作为基本的逻辑存储单位，也就是说不对原始的 XML 文档进行更改，基于原始数据的存储和查询特点专门设计适用的数据模型和处理方法。

(3) HybridXMLDatabase(HXD)，即混合 XML 数据库。

HXD 是通过 XML 和其他的访问接口对 XML 文档进行管理和操作，根据具体应用的不同，可以分别视为 XEDB 或者 NXD。eXcelon Information Server 以及 Ozone 都可以看做是 HXD 数据库。

与传统数据库相比，XML 数据库具有其明显优势：

(1) 对半结构化的数据进行管理和维护是 XML 数据库的一个显著特点，传统的关系数据库则对这类数据无法进行有效的管理。最好的半结构化数据的例子就是网页内容。

(2) 提供对标签和路径的操作。在传统数据库中用户只能通过查询语言对数据的值进行操作，但是却不能对数据名称进行操作，XML 数据库则不但提供了对标签名称的操作甚至还可以对路径进行操作。

(3) 当数据本身具有层次特征时，由于 XML 数据格式能够清晰表达数据的层次特征，因此 XML 数据库便于对层次化的数据进行操作。XML 数据库适合管理复杂数据结构的数据集，如果已经以 XML 格式存储信息，则 XML 数据库利于文档存储和检索；可以用方便实用的方式检索文档，并能够提供高质量的全文搜索引擎。另外 XML 数据库能够存储和查询异种的文档结构，提供对异种信息存取的支持。

2.6.1.6　MySQL

MySQL 开发者为瑞典 MySQL AB 公司[①]，是一种关联数据库管理系统，基于提升访问速度和提高灵活性的考虑，MySQL 将数据保存在不同的表中，而不是将所有数据放在一个大仓库内。MySQL 采用的是访问数据库的最常用标准化语言 SQL"结构化查询语言"。MySQL 软件采用了 GPL[②]（GNU 通用公共许可证）。由于其体积小、速度快、总体拥有成本低，尤其是开放源码这一特点，所以很多使用者出于成本的考虑而选择了 MySQL 作为其应用系统的数据库。

MySQL 的设计初衷就是作为一个大型数据库而开发的，它更注重提升数据的访问速度，在实际的应用中，它已经有很多用于高要求的生产环境。发展到目前的

---

① 杨涛,等. 深入理解 MySQL[M]. 人民邮电出版社,2010.

② MySQL Licensing Policy [EB/OL]. [2012-05-18]. http：// www. mysql. com/about/ legal/licensing/index. html.

版本为止 MySQL 已能提供丰富和有用的功能。它的所有版本都秉承具有良好的连通性、速度和安全性的特点,这使 MySQL 十分适合于访问 Internet 上的数据库。

MySQL 的主要特性:

1) 内部构件和可移植性

① 采用 C 和 C^{++} 编写,通过了不同编译器的测试。

② 可运行平台众多,并可以免费使用和移植。

③ 提供了多种 API 接口,例如 C、C^{++}、Eiffel、Java、Perl、PHP、Python、Ruby 等。

④ 核心的完全多线程,使多 CPU 的服务器真正发挥性能。

⑤ 为适用事务性和不适用事务性的业务分别提供了存储引擎。

⑥ "B 树"磁盘表(MyISAM)和索引压缩为它提供了极快的响应速度。

⑦ 允许增加新的存储引擎,而且过程相对简单。

⑧ 极快的基于线程的内存分配系统。

⑨ 通过使用优化的"单扫描多连接",能实现极快的连接。

⑩ 存储器中的哈希表用做临时表。

⑪ SQL 函数是使用高度优化的类库实现的,运行很快。通常,在完成查询初始化后,不存在存储器分配。

⑫ 采用 Purify(商业内存溢出检测器)以及 GPL 工具 Valgrind(http://developer.kde.org/~sewardj/)测试了 MySQL 代码。

⑬ 服务器可作为单独程序运行在客户端/服务器联网环境下。它也可作为库提供,可嵌入(链接)到独立的应用程序中。这类应用程序可单独使用,也能在网络环境下使用。

2) 列类型

① 众多列类型:带符号/无符号整数,1、2、3、4、8 字节长,FLOAT,DOUBLE,CHAR,VARCHAR,TEXT,BLOB,DATE,TIME,DATETIME,TIMESTAMP,YEAR,SET,ENUM,以及 OpenGIS 空间类型。

② 定长和可变长度记录。

3) 语句和函数

① 以标准 SQL 为基础,在 SELECT 和查询的 WHERE 子句中,提供完整的操作符和函数支持;支持聚合函数(COUNT(),COUNT(DISTINCT...),AVG(),STD(),SUM(),MAX(),MIN() 和 GROUP_CONCAT());支持 SQL GROUP BY 和 ORDER BY 子句;支持 LEFT OUTER JOIN 和 RIGHT OUTER JOIN;支持表别名和列别名。

② 可以采用 SHOW 命令检索关于数据库、数据库引擎、表和索引的信息。采用 EXPLAIN 命令确定优化器处理查询的方式。

③ 函数名与表名或列名允许相同。

④ 可以将不同数据库的表混合在相同的查询中。

4) 安全

十分灵活和安全的权限和密码系统,允许基于主机的验证。以加密的形式传输密码可以最大限度保证密码的安全。

5) 可伸缩性和限制

① 处理大型数据库:并没有最大记录数的限制,只有单表文件最大限制。在 3.22 版本中单表最大为 4GB。在 3.23 版本中使用了 MyISAM 存储引擎,最大表尺寸增加到了 65 536TB(2 567-1 字节)。所以实际使用中最大限制不是 MySql 决定的,而是由操作系统的文件大小限制决定的。

② 单表最高 64 条索引。每条索引最多可包含 16 个列或列元素。最大索引宽度为 1 000 字节。

6) 连接性

① TCP/IP 协议的链接方式适用于所有平台。在 Windows 系列系统中还支持使用命名管道进行连接。在 Unix 系统中,可以采用 Unix 域套接字文件建立连接。

② 新版本中支持通过共享内存建立连接。服务器通过"—shared-memory"选项实现,客户端通过"—protocol＝memory"选项实现。

③ Connector/ODBC 接口和 Connector/J 接口分别为使用 ODBC 和 JDBC 连接的客户端程序提供了 MySQL 支持。

7) 本地化

① 服务器可使用多种语言向客户端提供错误消息。

② 支持大量的字符集,包括 latin1(cp1252)、german、big5、ujis 等。

③ 所有数据均以设置的指定字符集保存。

8) 客户端和工具

① Mysqlcheck 客户端上可以实现对 SQL 语句的支持,可用于检查、优化和修复表。

② myisamchk 是一种很快的命令行实用工具,可用于在 MyISAM 表上执行这类操作。

作为一个定位在免费基础上的数据库,MySQL 与其他大型商业数据库相比有其明显的不足,比如规模小,功能受限等,但是这些不足却并不影响它的受欢迎程度。成本对于个人和小规模企业来说是一个至关重要的影响因素,而且 MySQL 是开源软件,在个性化修改和维护上有不可比拟的优势,目前流行的 LAMP 架构也促进了 MySQL 的推广,通过这个架构使用者不花一分钱就可以建立一个应用系统。

2.6.1.7 PostgreSQL

PostgreSQL 是以加州大学伯克利分校计算机系开发的 POSTGRES4.2 版本为基础的对象关系型数据库管理系统。除了支持大部分的 SQL,PostgreSQL 还提供了复杂查询、外键、触发器、视图、事务完整性、多版本并发控制等许多其他现代特性。PostgreSQL 还可以通过接口对其实现扩展,比如增加新的数据类型、函数、操作符、聚集函数、索引方法、过程语言。因为 PostgreSQL 是免费软件,它的授权许可证允许任何人以任何目的免费使用、修改和分发该软件。

1) PostgreSQL 的优点

PostgreSQL 中包含了几乎是目前世界上最丰富的数据类型的支持,甚至 IP 类型和几何类型等一些数据类型连商业数据库都没有提供支持。从功能上来说 PostgreSQL 可以说是一个全能型的自由软件数据库,它提供了事务、子查询、多版本并行控制系统、数据完整性检查等特性。对于自由软件来说开发队伍对于软件的质量是非常重要的,PostgreSQL 拥有一支由分布在世界各地的黑客组成的非常活跃的开发队伍,在他们的努力下,PostgreSQL 的质量日益提高。

从架构上来说,PostgreSQL 是采用的比较经典的 C/S(client/server)结构,也就是一个客户端对应一个服务器端守护进程的模式,这个守护进程分析客户端来的查询请求,生成规划树,进行数据检索并最终把结果格式化输出后返回给客户端。PostgreSQL 提供了一个统一的 C 语言接口,基于这个接口完成了 ODBC,JDBC,Python,Perl,Tcl,C/C^{++},ESQL 等各种平台的接口,正是因为 PostgreSQL 对接口的支持完善,几乎支持所有类型的数据库客户端接口,所以开发起来也得心应手。这一点也可以说是 PostgreSQL 一大优点。

2) PostgreSQL 的不足

PostgreSQL 从 Postgres 转变过来的时候几乎继承了 Ingres,Postgres,Postgres95 的所有问题。因为最初它的出现是为了服务于数据库研究,所以在稳定性和性能等方面都没有得到重视,直到 PostgreSQL 项目确立后,稳定性和性能才得到了根本的改善。目前版本的 PostgreSQL 已经可以胜任任何中上规模范围内的应用业务。PostgreSQL 服务于研究的目的并不是只给它带来了缺点,同样也有好处:大概因为各大学的软硬件环境差异太大的缘故,它是目前支持平台最多的数据库管理系统的一种,所支持的平台多达十几种,包括不同的系统,不同的硬件体系。至今,它仍然保持着支持平台最多的数据库管理系统的称号。

其次,基于一个高端数据库管理系统的出发点考量,PostgreSQL 在数据库集群,更优良的管理工具和更加自动化的系统优化功能等提高数据库性能的机制方面还是有所不足。

2.6.1.8　DB2

DB2 是 IBM 公司研制的一种关系型数据库系统。它可以提供跨平台的应用。系统具有很好的可扩展性和伸缩性,支持大型机在单用户环境中也可以得到很好的应用。它主要应用于大型的应用系统,对海量的数据处理和存储有很强的承载能力。它提供了高层次的数据利用性、完整性、安全性、可恢复性,以及小规模到大规模应用程序的执行能力,具有与平台无关的基本功能和 SQL 命令。它的查询优化器非常强大,其外部连接改善了查询的性能,可以完成多任务的并行查询。它具有很好的网络支持能力,每一个子系统都可以承载十几万的用户,并发上千个活动线程,通过数据分级技术可以使存储在大型机上的数据很容易地下载到局域网中的数据库服务器上,这样就可以使客户端通过局域网服务器快速地访问大型机的数据,对大型分布式应用系统非常适用。

DB2 数据库的开发接口也很丰富,可以通过 ODBC 接口,JDBC 接口,或者 CORBA 接口代理被任何的应用程序访问。

1) DB2 的优点

① DB2 的性能无疑是它最大的优点。

② DB2 的优化器相当强悍,对于大部分复杂查询可以有效地将其重写为最优语句。

③ DB2 9 的版本中有了大幅度的创新,增加了 XML 模型,通过模型不仅支持了 XML 类型的数据,一些用关系模型难以解决的问题也可以使用 XML 模型得以解决。DB2 9 对 XML 的支持与经典的关系数据模型相比所具有的优势是不可忽略的。

2) DB2 的不足

① 技术要求较高。在一些应用中 DB2 中锁等待现象经常出现,这与 DB2 的设计框架有关,内存锁在提升系统效率的同时也对系统开发的技术要求提高了很多。如果用户对于优化方面做得不足,那 DB2 会容易出现锁等待现象。

② 操作复杂,其实这也可以归结在第一个缺点里面,也可以认为是对技术要求较高,不过这个是对普通用户而言,对于所有数据库系统的高可用性带来的就是每一个实现都比较复杂,这样才能做到通用。

2.6.1.9　Microsoft SQL Server

MS SQL 是指微软的 SQL Server 数据库服务器,它是一个数据库平台,提供数据库从服务器到终端的完整解决方案,其中数据库服务器部分,是一个关系数据库管理系统,用于建立、使用和维护数据库。

(1) MS SQL 的市场占有率已经证明了它是一个成功的商业数据库。它应用得广泛正是来源于它的诸多优点:

① 易用性。完善的集成环境,友好的交互界面,灵活的操作给 MS SQL 带来

了诸多的忠实用户。

② 良好的集成性。与其他服务器软件都可以容易地完成数据交互,具有完善的开发接口。

③ 强大的数据管理和分析功能。集成了作业调度、查询分析器、事件探查器、数据库维护向导、数据库备份、数据库还原等工具,为数据管理、数据分析带来了强大的助力。

④ 在 2005 版中提供了自身支持存储和查询 XML 文件。

⑤ 新的安全模式,将用户和对象分开,提供 fine-grainAccess 存取、并允许对数据存取进行更大的控制。另外,所有系统表格将作为视图得到实施,对数据库系统对象进行了更大限度的控制。

⑥ Transact-SQL 的增强性能。包括处理错误、递归查询功能、关系运算符 PIVOT,APPLY,ROW_NUMBER 和其他数据列排行功能等。

⑦ SQL 服务中将为大型、营业范围内的应用软件,提供一个分布式的、异步应用框架。

(2) SQL Server 的优点众多,但是 Microsoft SQL Server 和其他数据库产品相比也存在着以下劣势:

① 开放性。只能运行在微软的 Windows 平台,没有丝毫的开放性可言。

② 性能稳定性。SQLServer 当用户连接多时性能会变得很差,并且不够稳定。

2.6.1.10　Oracle

Oracle 是当今最具代表性的企业级主选数据库之一,它几乎包括了所有的数据库技术。它既非纯的面向对象的数据库也非纯的关系数据库,它是两者的结合,因此叫做"对象关系数据库"。Oracle 主要有以下特点:

(1) 对象/关系模型。Oracle 使用了对象/关系模型,这种方式既保证了对传统关系模型的支持,又可以提供对对象机制的支持。在这种模型下,一些工具生成的诸如文本、视频和空间对象等类型都可以纳入管理,而且不对处理传统的表结构信息产生影响。这种模型下客户现有的系统与软件都可以得到保留而无需基于 Oracle 重新开发,保护了客户的投资。

(2) 动态可伸缩性。动态可伸缩性是一个大型商业数据库和数据仓库必备的特性,只有这样才能应对逐渐增加的海量数据。Oracle 引入了连接存储池和多路复用机制,并采用了高级网络技术,提高共享池和连接管理器来提高系统的可扩性,使得系统的容量可以不断增长,并能支持 10 万级的用户并发访问量,每个表可以容纳 1 000 列,能满足目前数据库及数据仓库应用的需要。

(3) 系统的可用性和易用性。通过灵活的数据分区功能,Oracle 可以将一个大型表或者一个索引易于管理的小块划分为一个分区,为了提高系统操作能力及数据可用性的要求还可以根据数据的取值分区。通过对位图索引、查询、排序、连接和一般索引扫描等操作引入并行处理,提高了单个查询的并行度。

（4）系统的可管理性和数据安全功能。Oracle 提供了一个易用的图形界面,来实现对 Oracle 系统环境的管理,这就大大提高了数据库管理员的工作效率。从数据安全方面,提供了自动备份和恢复功能为数据提供有力的保障。

（5）对多平台的支持与开放性。Oracle 可以运行于 SUN Solarise、Sequent Dynix/PTX、Intel NT、HP UX、DEC UNIX、IBM AIX 等目前所有主流平台上。Oracle 的异构服务为与其他数据源以及使用 SQL 和 PL/SQL 的服务进行通信提供了必要的基础设施。

2.6.1.11　主流关系型数据库属性对比

这部分主要对前面提到的 5 种关系型数据库（MySQL、PostgreSQL、DB2、Microsoft SQL Server、Oracle）的一些特点进行直观对比（如表 2-2,2-3,2-4,2-5 所示）。

表 2-2　操作系统支持对比情况

	MySQL	PostgreSQL	DB2	MS SQL	Oracle
Windows	是	是	是	是	是
Mac OS X	是	是	否	否	是
Linux	是	是	是	否	是
BSD	是	是	否	否	否
UNIX	是	是	是	否	是
z/OS	否	否	是	否	是

表 2-3　基本功能对比情况

	MySQL	PostgreSQL	DB2	MS SQL	Oracle
ACID	是	是	是	是	是
关联完整性	是	是	是	是	是
数据库事务	是	是	是	是	是
Unicode	是	是	是	是	是
临时表	是	是	是	是	是
物化视图	否	否	是	是	是

表 2-4　数据表分区对比情况

	MySQL	PostgreSQL	DB2	MS SQL	Oracle
Range	是	是	是	是	是
Hash	是	是	是	否	是
混合	是	是	是	否	是
List	是	是	是	否	是

表 2-5　其他对象对比情况

	MySQL	PostgreSQL	DB2	MS SQL	Oracle
数据域	否	是	否	是	是
游标	是	是	是	是	是
触发器	是	是	是	是	是
函数	是	是	是	是	是
存储过程	是	是	是	是	是
外部调用	是	是	是	是	是

2.6.2　存储方式

数据库技术是从软件层面实现对数据的管理和维护,而承载数据库的物理存储同样是不可忽视的重要部分。存储方式的不同带来的性能与成本的区别也是一个应用成败的关键因素。目前存储方式有 DAS、NAS 以及 SAN 三种架构。下面分别对这三种架构进行介绍。

2.6.2.1　DAS

直接附加存储(Direct Attached Storage,DAS),这种方式就是将设备直接连接在总线上,与普通 PC 的存储架构是一样的。这种存储方式决定了数据的 IO 读写和存储管理都需要服务器主机来完成,所有的数据维护和管理操作都需要占用服务器资源。在数据备份操作上这种资源占用尤其明显,可能需要占用服务器资源的 20%~30%,所以这种存储架构的备份操作一般不会选择工作时间进行,而是选择深夜进行以免影响正常的业务运行。直连式存储的数据量越大,备份和恢复的时间就越长,对服务器硬件的依赖性和影响就越大。

DAS 存储方式主要适用以下环境:

(1) 小型网络。一般这种网络数据量比较小,也不会很复杂,这样对服务器的影响就比较小,这种方式也很经济,适合小型网络的用户。

（2）地理位置分散的网络。这种网络对于采用 SAN 或者 NAS 来说显得非常困难，虽然总体网络规模较大，但是各个分支机构分别采用 DAS 方式构建服务器，这样就可以降低成本。

（3）特殊应用服务器。在一些特殊应用服务器上，如微软的集群服务器或某些数据库使用的原始分区，均要求存储设备直接连接到应用服务器。

2.6.2.2　NAS

网络附加存储方式（Network Attached Storage，NAS）则全面改进了以前低效的 DAS 存储方式。它改变了存储是服务器附属的角色，将存储设置为一个独立的网络节点在网络中存在，这样所有的网络用户都可以直接访问存储。独立的存储服务器也保证了访问的效率，并解放了应用服务器，使得存储不再占用应用服务器的资源。

NAS 设备内置优化的独立存储操作系统，可以有效、紧密地释放系统总线资源，全力支持 I/O 存储，设备中直接提供硬盘 Raid 功能、冗余电源盒风扇以及冗余控制器，不但如此设备中还集成了备份软件，这样就可以实现 NAS 自动备份数据，无需服务器操作，这些功能不但解放了服务器还保证了 NAS 的稳定应用。NAS 设备还可以跨平台地实现不同系统平台下的文件共享应用，而且它的设备安装调试、使用和管理与传统的服务器和 DAS 设备相比更加简单，这就使得 NAS 设备的管理和维护费用非常的低廉。通过设置独立的 IP 地址就可以将 NAS 设备连接在网络中，无论是主干网的交换机还是局域网的 HUB 通过简单的设置就可以在网络中使用 NAS 设备，而且 NAS 设备还支持即插即用，这就保证了存储在进行扩容时应用系统并不需要停止，保证了业务系统数据的安全和稳定。

1) NAS 的优点

① 真正的即插即用。由于 NAS 是作为一个独立的网络节点存在于网络中，所以可以将它看做一个独立的应用，该应用与用户平台无关，实现了真正的即插即用。

② 存储部署简单。专用的操作系统决定了它的专业性，内置的工具也保证了系统的管理和设置都很简单，面向用户的设计也保证了软件的易用性。这些都决定了它无需更高的要求就可以胜任部署和管理工作。

③ 存储设备位置非常灵活。

④ 管理容易且成本低。

2) NAS 的不足

① 存储性能较低。

② 可靠度不高。

2.6.2.3　SAN

存储方式（Storage Area Network，SAN）。SAN 存储方式创造了存储的网络化。在网络化的今天,SAN 显然是顺应历史潮流的趋势。SAN 的支撑技术是光纤通道(FC Fibre Channel)技术。它是 ANSI 为网络和通道 I/O 接口建立的一个标准集成。FC 技术支持 HIPPI、IPI、SCSI、IP、ATM 等多种高级协议,其最大特性是将网络和设备的通信协议与传输物理介质隔离开,这样多种协议可在同一个物理连接上同时传送。

连接 SAN 网络存储设备与服务器的光纤通道可以保证即使在海量数据存储的时候,设备对于 LAN 带宽的占用也几乎为零,这种服务器与 SAN 存储设备之间的高速传输通道也保证了服务器可以随时、顺利地访问到 SAN 上的任何一个存储设备,这样就为数据的可用性提供了保证。SAN 数据存储网络在对性能和可靠性要求比较高的应用中,使得数据的存储、备份等活动都无需占用 LAN 的带宽减轻了网络的负载,这样就可以保证网络中的业务应用正常流畅运行,同时光纤传输通道提供的高速数据传输率也使得数据备份等活动无需太长时间。

SAN 方式简化了管理和集中控制,这对于全部存储设备都集中在信息中心,是非常有现实意义的。将存储和业务应用服务器分离开来,这样就可以针对存储系统进行统一的备份以及灾难恢复等解决方案,还可以针对存储系统设计 7×24 小时不间断的系统可用性。这样就更好地保证了存储系统的稳定和安全。SAN 的优点如下:

① 网络部署容易。

② 高速存储性能。因为 SAN 采用了光纤通道技术,所以它具有更高的存储带宽,存储性能明显提高。SAN 的光纤通道使用全双工串行通信原理传输数据,传输速率高达 1 062.5 Mb/s。

③ 良好的扩展能力。由于 SAN 采用了网络结构,扩展能力更强。光纤接口提供了 10 公里的连接距离,这使得实现物理上分离,不在本地机房的存储变得非常容易。

无论是数据存储系统还是存储方式都是多种多样的,每一种都有其优点和缺点,在选择的过程中,性能最好的或者价格最高的规模最大的并不一定是最好的选择,合适的才是最好的。客观地分析自己的应用需求,找到适用于自己的数据存储系统和存储方式,可以让使用和管理都得心应手,同时也能更好地控制成本。

2.7　信息安全技术

2.7.1　信息安全概述

信息作为一种资源,它的普遍性、共享性、增值性、可处理性和多效用性,使其对于人类具有特别重要的意义,它是社会发展的重要战略资源。国际上围绕信息的获取、使用和控制的斗争越来越激烈,信息安全成为维护国家安全和社会稳定的一个焦点,各国都给予极大的关注和投入。信息安全的实质就是要保护信息系统或信息网络中的信息资源免受各种类型的威胁、干扰和破坏,即保证信息的安全性。信息安全是指信息网络的硬件、软件及其系统中的数据受到保护,不因偶然的或者恶意的原因而遭到破坏、更改、泄露,系统连续可靠正常地运行,信息服务不中断;以实现信息的完整性、可用性、保密性和可靠性[①]。信息安全是任何国家、政府、部门、行业都必须十分重视的问题,是一个不容忽视的国家安全战略。但是,对于不同的部门和行业来说,其对信息安全的要求和重点却是有区别的。信息安全主要包括五方面的内容,即需保证信息的保密性、真实性、完整性、未授权拷贝和所寄生系统的安全性。信息安全已成为信息科学的热点课题,并形成了一门涉及计算机科学、网络技术、通信技术、密码技术、信息安全技术、应用数学、数论、信息论等多种学科的综合性学科。

在网络信息技术高速发展的今天,网络信息安全已成为亟待解决、影响国家大局和长远利益的重大关键问题,它不但是发挥信息革命带来的高效率、高效益的有力保证,而且是抵御信息侵略的重要屏障,信息安全保障能力是 21 世纪综合国力、经济竞争实力和生存能力的重要组成部分,是世纪之交世界各国都在奋力攀登的制高点。网络信息安全问题全方位地影响各国的政治、军事、经济、文化、社会生活的各个方面,即各国的政府机关、国家安全部门、银行、证券、通信领域等,如果解决不好将使国家处于信息战和高度经济金融风险的威胁之中。网络信息安全的根本目的就是使内部信息不受外部威胁,因此信息通常要加密。为保障网络信息安全,要求有信息源认证、访问控制,不能有非法软件驻留,不能有非法操作。

网络信息安全包括的范围很大,大到国家军事政治等机密安全,小到如防范商业企业机密泄露、防范青少年对不良信息的浏览、个人信息的泄露等。网络环境下的信息安全体系是保证信息安全的关键,包括计算机安全操作系统、各种安全协议、安全机制(数字签名、信息认证、数据加密等),直至安全系统,其中任何一个安全漏洞便可以威胁全局安全。网络信息安全服务至少应该包括支持信息网络安全服务的基本理论,以及基于新一代信息网络体系结构的网络安全服务体系结构。

随着网络化和数据化进程的不断发展,我国在各方面的信息量急剧增加,并要求大容量、高效率地传输这些信息。为了适应这一形势,通信技术发生了前所未有的爆炸性发展。目前,除有线通信外,短波、超短波、微波、卫星等无线电通信也正

---

　　① 陆宝华,王晓宇.信息安全等级保护技术基础培训教程[M].北京:电子工业出版社.2010.

在被越来越广泛地应用。因此为了保障信息资源的安全传输，必须建立固定与移动、远距离与近距离、空中与地面相结合的立体信息资源保护网。

各行各业的信息安全都是一个循环往复的过程，如图 2-13 所示，包含了标准规范、风险评估、设置安全基线、制订方案、实施准备、实时监控、策略调整。这些过程形成了一个循环，只有不断地循环往复才能逐步完善信息安全。

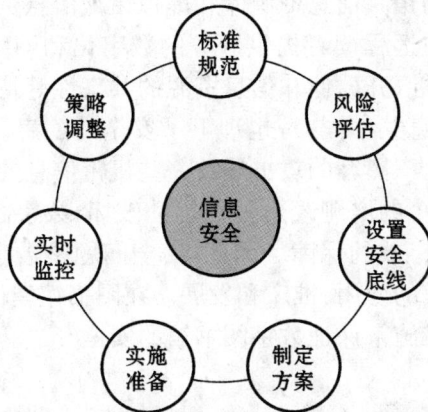

图 2-13　信息安全的循环图

（1）标准规范：在设计网络安全性的时候，要以国际或者所在国家的通用标准作为主要参考，这些标准和规则是衡量网络安全性的重要指标，也是指导网络安全设计的主要参考依据。

（2）风险评估：确定在计算机系统和网络中每一种资源缺失造成的预期损失是信息安全实践的起点。风险评估不仅为哪些资源需要被保护提供了决策基础，整个风险评估过程还帮助参与者更好地理解他们正在试图保护的是什么和为什么要保护。

（3）设置安全底线：根据风险评估的结果，结合要被保护的系统的自身情况，设置的网络安全最低线，要求系统时间运转在这个底线之上。

（4）制订方案：为了确保系统保持在安全底线以上，制定相应的安全策略，并根据安全策略选择相应的安全技术，如防火墙、入侵检测、PKI 等作为保障和支持，最后确定相应的安全产品和工具。

（5）实施准备：为了确保安全方案能够得到准确无误地实施，要在正式实施之前，对策略涉及的相关人员进行培训，使得他们理解自己的每次操作都可能对整个系统的安全造成影响，从而积极主动地配合安全策略的实施。

（6）实时监控：对整个实施过程进行监控，评估实施过程是否按照预定的方向和进程在进行，是否达到了预期的效果，并对结果进行有效的分析。

（7）策略调整：结合监控所得到的分析结果，对策略进行相应的调整，从而保证策略得到有效的运行。

对于图书馆而言，数字图书馆是运用计算机技术、网络技术、通信技术、数据库技术和多媒体技术等多种信息技术及其设备，对不同类型、不同载体、不同形式的各种文献信息资源进行搜集、选择和规范化处理，使之以数字化的方式和多媒体的形式存储，建立分布式的馆藏信息资源库和虚拟馆藏信息资源库，以网络为基础进行信息传递，为本地区或远程读者提供服务的数字化和网络化的信息系统。由于计算机网络分布的广域性、开放性和信息资源的共享性等特点，在给人们提供高效率、高效益、高质量的信息共享同时，也埋下了安全的隐患。比如虚假信息的发布导致网络信息资源的失真，黑客的攻击导致一些机密信息的泄露，不法人员对数据库信息的窃取、盗用、非法的增删改及种种扰乱破坏，数字图书馆信息服务的权益保护及监督问题得不到有效的保障。因此，安全问题是数字图书馆的核心问题之一，它关系到数字图书馆的使用、推广和发展。在图书馆建设与发展中我们要采用全面、有效的安全防护措施来保证数字图书馆的安全。

2.7.2　信息资源安全性

2.7.2.1　信息资源安全性分析

信息资源安全风险和信息化应用情况密切相关，和采用的信息技术也密切相关，信息系统面临的主要风险存在于以下几个方面[①]：

（1）自然环境及不可抗拒因素：如地震、水灾、火灾、海啸、风暴以及社会动荡或战争等，这些因素的发生有很大不可预知和不可抗拒性，对于信息系统实体的危害是巨大的，而且这种危害目前是人力所无法抗拒的。

（2）计算机软件和硬件系统因素：机房设施和计算机实体的安全，包括硬件系统性能配置不当，网络通信线路故障，还有操作系统、网络操作系统等系统支持软件设计不良，软件缺乏安全控制功能，防止非法入侵的措施不足可能会导致数据被非法删改、复制与窃取，从而造成数据损失和泄密；系统容错性能差，造成数据错误和数据库质量不合格等。

（3）人为及管理因素：可以分为有意和无意两种，是威胁信息安全最重要的一个因素。工作人员的素质、职业道德和责任心是其中最重要的因素；然而法律、法规是否健全也是避免"有意为之"的一个重要因素。

（4）电磁干扰因素：信息和数据传送过程中会产生电磁干扰，尤其是无线传输，外界很容易检测到，可能造成信息泄露；同时，外界的电磁波也会对数据产生干

---

① 孙自发.信息资源管理安全性研究[J].中国信息界.2010(4)：45-46.

扰,从而影响系统的正常运行。

2.7.2.2　环境与设备安全

目前环境安全主要指场地安全。场地安全是指机房选择的场所安全,比如温度、湿度的控制,照明条件,抗电磁场干扰的能力,接地、供电、建筑结构条件等。

机房内设备的布置、供电、电缆、设备维护、机房外的一些设备等都需要考虑其安全控制。比如供电安全就需要考虑如果停电,需要配备何种型号的 UPS 以及对 UPS 的定期检查,以确保其电量充足。

2.7.2.3　网络安全

网络安全就是利用技术和管理手段为计算机网络系统建立安全的保护。避免因为偶然或恶意的行为造成计算机的硬件、软件和用户数据被破坏、更改及泄露,使系统可以正常运行。数字图书馆本身就是一个局域网,同时又是广域网和因特网的一个组成部分。计算机网络具有不稳定性,随时都有可能遭受来自各方面的袭击和破坏,有些甚至是毁灭性的。因此,计算机网络的安全直接关系着数字图书馆的安全。网络不安全的主要因素如下:

(1) 认识不足,重视不够,措施不力。忽视国家的有关标准,在防雷、防水、防震、防电磁干扰和防泄密等方面存在安全隐患,权限策略、安全策略的制定和实施存在漏洞。

(2) 网络自身并不安全。网络是一个开放式系统,通过 TCP/IP 为国际互联网提供的通信标准,都可以与 Internet 相连,与网络中任何一台计算机进行信息交流。网络环境下的图书馆,不受时间与空间的限制,可以随时随地利用周围的计算机网络查询信息数据。因特网的共享性和开放性使外部的恶意用户能够轻易地非法接入网络,使网络信息处于危险之中。

(3) 技术落后存在安全漏洞。我国信息技术和信息产业的发展与技术先进国家存在差距。信息安全技术产品大多数是进口的,而引进设备中的核心芯片技术都掌握在他人手中,这给技术相对落后的国家留下了隐患,尤其是操作系统的安全漏洞是导致网络入侵的重要因素。

(4) 网络安全的另一大隐患是计算机病毒。计算机病毒是一种人为制造的,且在计算机运行中对计算机信息或系统产生作用的程序,具有传染性、隐蔽性、激发性、复制性、破坏性等特点,在严重情况下,将使计算机无法启动,甚至使整个网络系统处于瘫痪状态。

(5) 黑客攻击。黑客又称为蓄意破坏者。黑客原来是指热衷于从事计算机程序设计者,现指那些利用高科技手段入侵网络系统后为所欲为的人。他们精通计算机和网络的机理,通过窃取口令和密码找出网络及系统中的漏洞,控制对方机器,篡改文件和数据,窃取情报,扰乱和破坏系统。由于缺乏针对网络犯罪卓有成效的反击和跟踪手段,因此黑客的攻击不仅具有破坏力,而且具有很强的隐蔽性。

2.7.2.4　数据信息安全

数据和信息是数字图书馆的生命,准确而完整的数据库是图书馆自动化管理正常开展的保证。因网络安全问题导致数据丢失或信息被盗将使图书馆损失惨重,而针对数据库系统安全的攻击更可能会殃及公共网络。随着网络环境的不断发展和完善,图书馆数字化信息服务已成为当代图书馆的主要功能。作为存贮数字化信息产品的数据库,已成为图书馆日常事务工作及提供信息服务的基础及核心。没有数据或数据不准确、不完整,图书馆自动化服务、数字图书馆就无从谈起。因此数据库的安全问题变得尤为突出。影响图书馆数据库安全的主要因素如下:

(1) 偶然地、无意地侵犯或破坏,如水灾、雷击等导致的硬件损坏,进而导致数据的损坏和丢失;

(2) 硬件或软件的故障和错误,可能导致数据丢失或数据更新不一致,从而使数据处于不可用状态;

(3) 人为的失误。如不正确的共享、访问操作,或者操作人员直接的错误输入、应用系统的错误使用等;

(4) 蓄意的侵犯或敌意的攻击,如授权用户可能蓄意破坏数据,从而使数据库中的部分数据丢失或数据更新不一致;

(5) 病毒的侵害。病毒可以通过自我复制,永久地通常是不可恢复地破坏计算机软、硬件系统及数据库。

以上几个因素均是图书馆数据库的安全隐患,直接影响数据库中数据的完整性、可靠性及可用性,数据库的不稳定性和易受攻击性已成为我国图书馆界在数据库安全保护方面的难点。

2.7.2.5　软件安全

软件是一系列按照特定顺序组织的计算机数据和指令的集合。一般来讲软件被划分为编程语言、系统软件、应用软件和介于这两者之间的中间件。软件并不只是包括可以在计算机(这里的计算机是指广义的计算机)上运行的电脑程序,与这些电脑程序相关的文档一般也被认为是软件的一部分。简单地说软件就是程序加文档的集合体。软件是用户与硬件之间的接口界面,用户主要是通过软件与计算机进行交流。

软件安全(Software Security,也可译为"软件保护")包含两层含义:一是软件在受到恶意攻击的情形下依然能够继续正常运行;二是确保软件是在授权范围内合法使用。

软件出现安全故障的主要原因是软件存在漏洞。任何软件,无论看起来是多么安全,其中都可能隐藏漏洞。软件安全的目的是尽可能消除软件漏洞,以确保软件在恶意攻击下仍然正常运行。软件安全漏洞分为两种：设计漏洞和实现漏洞。

目前存在着软件安全问题加剧的趋势，比如互联性（计算机与 Internet 互联），复杂性（代码行数增加、网络式、分布式），可扩展性（通过接受更新或者扩展件使得系统升级）等。

杀毒和防毒软件包含病毒防御与清除、反间谍软件、反垃圾邮件、防火墙等功能，而且不但杀毒迅速、精准，体积也非常轻巧即占用硬盘空间小。保护软件中的智力成果、知识产权不被非法使用，包括篡改及盗用等。研究的内容主要包括防止软件盗版、软件逆向工程、授权加密以及非法篡改等。采用的技术包括软件水印（静态水印及动态水印）、访问控制保护、代码混淆（源代码级别的混淆，目标代码级别的混淆等）、存储的保护、防篡改技术、授权加密技术以及虚拟机保护技术等。

2.7.3　信息安全保障措施

在信息资源受到攻击时，技术安全措施才会起到一定的作用，是一种被动的保护方式，也是现在信息资源保护中最重要的一种措施。通常信息资源的安全保障应做到以下几个方面[①]：

（1）加强管理，提高安全意识。

信息安全工作涉及面广，任务艰巨。黄菊同志在全国信息安全保障工作会议上指出："随着世界科学技术的迅猛发展和信息技术的广泛应用，我国国民经济和社会信息化建设进程全面加快，网络与信息系统的基础性、全局性作用日益增强，迫切要求加强信息安全保障工作。要从促进经济发展、维护社会稳定、保障国家安全、加强精神文明建设的高度，充分认识进一步加强信息安全保障工作的极端重要性，增强做好这项工作的紧迫感、责任感和自觉性。"因此，必须加强管理，进一步建立健全信息安全管理体制，建立数字图书馆信息资源的安全管理机构，包括安全审查机构、安全决策机构、安全管理和领导机构等。

（2）完善和加强数字图书馆计算机系统的安全管理功能。

首先，应加强对数字图书馆用户的权限管理，在应用之前设定系统的权限管理模式，设置对文件、目录、打印机和其他系统资源的访问权限，加强口令滚轮，设置其有效期，根据需要经常更改口令等。其次，应加强对计算机的监控能力，确保审计系统充分发挥作用。

（3）建立健全各项规章制度。

建立与制定各项规章制度是做好数字图书馆信息资源安全的基本保障。如信息安全领导责任制度、信息安全部门工作责任制度、信息安全负责制度、网络管理

---

①　徐莉. 浅谈数字图书馆信息资源安全[J]. 图书馆学刊. 2005(2)：47-49.

人员工作责任制度、网络安全委员会职责、图书馆子系统管理员及安全员职责等，以此来明确主管领导，落实责任部门，具体到人，同时各部门还要加强协调配合，相互支持，形成合力，把安全工作做细做好。

　　（4）加大投入，提高网络安全性。

　　要提高网络信息安全水平，必须有较好的安全技术为支撑。为实现这一目的，必须加大对网络安全技术的投入。数字图书馆信息资源安全是一项动态的、整体的系统工程。从技术上来说，数字图书馆网络安全包括安全的操作系统、防病毒、防火墙、入侵检测、网络监控、通信加密、安全扫描等，网络信息安全技术由加密、数字签名、认证、审计、日志、网络监测及安全性分析技术等多个安全组件组成，一个单独的组件是无法确保图书馆网络的安全性的。

　　基于传统边界式防火墙固有的局限性，高校图书馆应考虑架构新型的防火墙——"分布式防火墙"系统来保障馆内局域网的正常运行。分布式防火墙不是单一的产品，而是一个完整的系统。主要负责对网络边界、各子网和网路内部各节点之间的安全防护。分布式防火墙可以实现主机驻留、嵌入操作系统内核以及服务器托管等，真正可以在网络的任何交界和节点处设置屏障。

　　（5）采取切实措施，确保数据库安全。

　　强化对图书馆数据库安全保护的认识，开发人员在开发图书馆系统时，要充分认识数据库安全的重要性，要选择一个安全可靠性高的数据库管理系统，充分利用其安全机制；要选择高效而且可靠性高的操作系统，通过系统及应用软件的安全保护机制来加强数据库的安全保护。在应用软件的设计上应充分考虑系统及数据库的安全保护，适当考虑应用数据加密技术来保护数据库。数据库加密技术可作为系统中所能做到的数据库安全控制的最后一道防线。

　　但是，多数图书馆自动化管理系统仅在设置使用权限和口令、操作日志及源程序的加密方面做得较完善，而在数据库的加密方面却考虑较少。图书馆系统维护人员和操作人员更应提高对数据库的安全保护意识。

　　① 数据库的安全保护意识。在选购图书馆自动化系统时，不仅要注重系统软件的功能特点及操作的便捷性，更要注重数据库的安全保护措施，以及灾难发生后系统及数据库的恢复功能，以使数据能最大限度地保护图书馆的数据财产。

　　② 图书馆数据库外围的安全保护措施。在硬件设备的选用上要注重硬件的稳定性、可靠性。数据库最终是存贮在计算机的硬盘中，如果硬盘或电源等硬件设备不稳定，亦会直接导致数据库的不安全，因此在系统硬件设备的选购中要注重数据的保护问题。

　　③ 重视数据的备份工作。要绝对保证系统数据库不被破坏是比较困难的，作为数据库安全保护的最后一道防线，数据库的备份工作是必不可少的。系统维护

人员必须在日常维护中要注意做好数据备份工作以保证系统崩溃后的数据恢复。

④ 采取有效的防病毒措施。日益增多的计算机病毒,给图书馆数据库的安全性造成了很大的威胁。由于网络环境为病毒传播提供了有效的途径,使得病毒对数据的侵害更是防不胜防,因此要更好地预防病毒。首先要在服务器及工作站上安装防火墙或有效的防病毒、杀病毒软件,并不断升级,定期自动地对病毒进行检查。工作人员要强化自我保护意识,尤其是上网浏览时不要随便下载内容不能肯定的软件,在收电子邮件时也不要打开不熟悉的信件,尤其是邮件中的附件。最后,可在各工作站上安装硬盘保护卡,使得硬盘的每次更新不能长久驻留,每次关机后,硬盘就会恢复到原始状态,从而有效地防范病毒侵犯。

⑤ 完善各项安全制度。由于图书馆数据库的安全性问题涉及许多方面,如自然灾害或合法用户滥用权限等,从技术上是无法控制的问题,就必须通过组织或制度来解决。因此要更好地保护图书馆数据库的安全性还应当制订或完善一系列相配套的规章制度并严格实施,包括机房管理制度、设备的环境保护(防火、防潮、防雷等)、数据备份制度、防病毒制度、系统操作制度以及相关责任人的责任制度等。

⑥ 加强制度和法律建设。数字图书馆是一个超大规模容量的信息系统,随着信息内容的持续增加,其信息安全问题将日显重要。相应的管理手段在此中的作用不容忽视,法律法规将成为重要且有效的管理手段。这是因为:一是信息安全技术的发展与完善,需要在法律的框架内实行;二是与更新发展较快的技术措施相比,法律制度由于是以成熟技术为依据制定的,故能为数字图书馆平稳发展提供良好的、相对较为稳定的法律环境和法律指导。采用法律手段保护自己、维护信息安全是信息安全保障的主要非技术措施之一。我国近几年颁布了《计算机信息系统安全保护条例》、《计算机信息网络国际联网安全保护管理办法》、《关于维护互联网安全的决定》、《互联网信息服务管理办法》、《计算机病毒防治管理办法》等法规,以及《刑法》中对计算机犯罪的惩治条款(第 285、286、287 条),都将为数字图书馆的信息安全提供良好的法律运行环境。因此,在维护数字图书馆信息安全时要树立法制观念、法律意识,熟知熟用这些法规条例将有助于研发符合法律要求并受法律保护的信息安全技术,有助于用法律武器维护信息安全,有助于规范约束数字资源使用者的行为和震慑惩治信息安全破坏者。但目前,随着数字图书馆的兴起,针对数字图书馆信息资源的计算机犯罪、黑客攻击、计算机病毒等案件不断出现。这在一定程度上是由于相关法律、法规不健全,制裁不力造成的。安全技术与安全管理是数字图书馆安全的基础,而法律法规使数字图书馆所采用的安全技术和安全管理的法律化,是技术与管理的保障。它反映了高科技立法的特征,有利于数字图书馆的管理人员和用户认真地、自觉地执行安全措施,并提高这方面的管理水平,增强安全防范意识。

　　从文献中了解一个社会的内幕,早已是司空见惯的事情。在 20 世纪后 50 年中,从社会所属计算机中了解一个社会的内幕,正变得越来越容易。不管是机构还是个人,正把日益繁多的事情托付给计算机来完成,敏感信息正经过脆弱的通信线路在计算机系统之间传送,专用信息在计算机内存储或在计算机之间传送,电子银行业务使财务账目可通过通信线路查阅,执法部门从计算机中了解罪犯的前科,医生们用计算机管理病历,所有这一切,最重要的问题是不能在对非法(非授权)获取(访问)不加防范的条件下传输信息。传输信息的方式很多,有局域计算机网、互联网和分布式数据库,有蜂窝式无线、分组交换式无线、卫星电视会议、电子邮件及其他各种传输技术。信息在存储、处理和交换过程中,都存在泄密或被截收、窃听、篡改和伪造的可能性。不难看出,单一的保密措施已很难保证通信和信息的安全,必须综合应用各种保密措施,即通过技术的、管理的、行政的手段,实现信源、信号、信息三个环节的保护,借以达到秘密信息安全的目的。因此,一个好的安全策略就显得尤为重要,对于一个公司而言,其安全策略可以如图 2-14 所示进行部署。

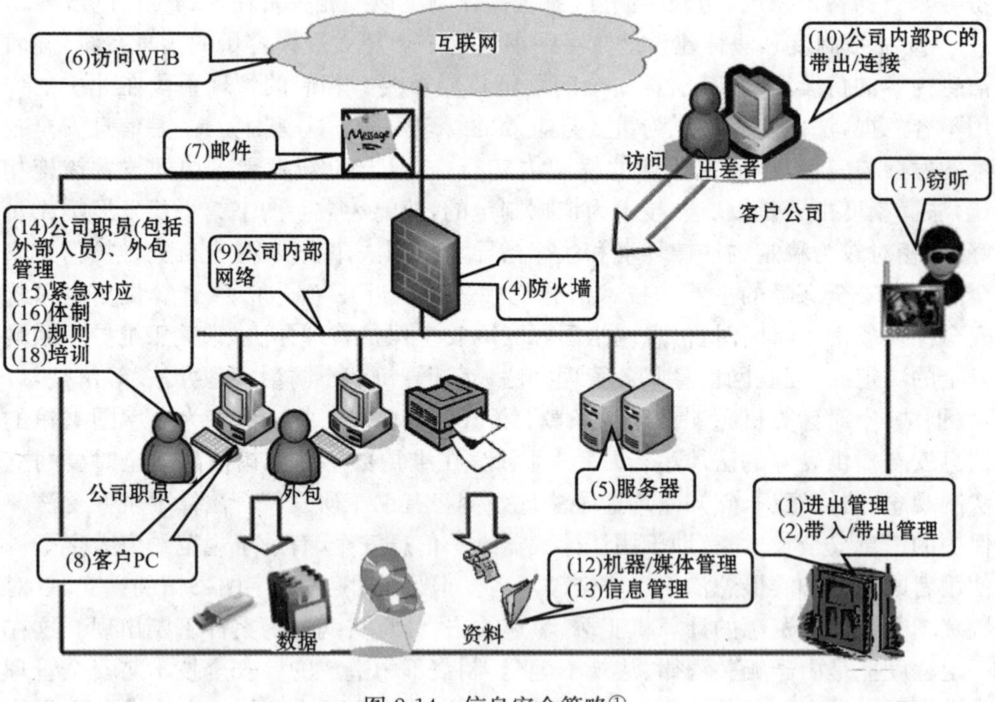

图 2-14　信息安全策略①

---

① 信息安全[BO/EL]. [2012-5-12]. http://baike.baidu.com/view/17249.htm.

　　数字图书馆安全是一个复杂的系统工程,涉及技术水平、各类人员、管理制度、法律调整等诸多方面。在互联网飞速发展的今天,我们要通过各种渠道很好地解决安全问题。在大力发展网络安全技术的同时,还应不断完善一系列网络安全法律法规政策,并且还要不断地加强人们的网络安全意识教育和网络道德教育,从宏观和微观的角度来约束网络行为。如果我们使网络安全得到最大限度的保护,把各种不安全因素控制在最小的范围之内,就能保障数字图书馆安全运行和健康发展。

第 3 章 学科化服务技术应用手段

如今,学科化服务过程中需要充分利用计算机和网络技术,以适应读者的信息资源获取需求,而随着技术的飞速发展,特别是 Web2.0 时代以来,读者开始较大程度地改变了传统的信息资源获取方式,从而采用例如 RSS、IM、Tag、RFID 等各种技术手段来享受信息技术带来的资源发现与获取的便利性。

本章将以学科化信息推送、学科化信息标注标引、物联网技术以及 IM 技术为主线,阐述如何应用读者常用的应用技术手段来开展和实现学科化信息服务。

3.1 学科化信息推送服务

信息推送(Push Technology)是通过一定的技术标准或协议,在互联网上通过定期传送用户需要的信息来减少信息过载的一项新技术。推送技术通过自动传送信息给用户,来减少用于网络上搜索的时间。它是根据用户对信息的需求,有针对性和目的性地搜索、过滤信息,将用户所需信息主动、定期地送达用户,帮助用户高效率地发掘有价值的信息,突出信息的主动服务,即改"人找信息"为"信息找人"。

信息定制和信息推送技术类似于传统邮递服务中的"订阅"机制,其基本工作流程是:

(1)建立用户需求数据库。用户在系统中完成注册,表述自己的信息需求;系统经过统计分析后,便保存一个有效的用户需求数据。

(2)建立信息库。信息库负责搜集相关信息,并对信息进行分类整理,依据一定的国际或国内标准而建立的个性化的信息标准,使大量信息遵循这个标准进入信息库。

(3)推送服务器的信息推送。推送服务器根据已建立的用户和信息的对应关系,根据用户的需求设定用户接收各种信息的最佳时间和方式等,在适当的时间将适当的信息主动推送到用户的网络环境中。

信息定制和信息推送技术在学科化信息方面的应用将是推动学科化服务的关键技术之一。如今,用户越来越习惯通过网络方式得到图书馆的信息服务,能否为用户提供信息定制和信息推送服务是制约图书馆事业发展的一个因素。在当前信息技术和网络技术快速进步的形势下,用户更加需要个性化、一站式、主动性的服务,图书馆应当利用计算机网络技术多渠道地提供学科信息推送服务①。

3.1.1　利用 RSS 推送学科信息

3.1.1.1　了解 RSS

（1）什么是 RSS?

RSS 是一个缩写的英文术语,被认为有几个不同的源头,并被不同的技术团体做不同的解释。它可以是以下三种概念之一的缩写:

① Rich Site Summary(丰富站点摘要)。

② RDF Site Summary(RDF 站点摘要)。

③ Really Simple Syndication(真正简易聚合)。

它是一种基于 XML 的网站内容交换和聚合标准,起源于网景通讯公司(Netscape)的推送技术,是目前使用最广泛的 XML 应用,也是 Web2.0 的代表性技术之一。作为一个 XML 的应用标准,其遵循 W3C 的 RDF 标准。RSS 技术最核心的概念就是聚合,被称为"推"技术。同时,RSS 是一种可扩充的、轻量级的、多用途的元数据描述和内容聚合格式。提供人性化、方便快捷的人机交互界面。基于 RSS 的信息推送技术模型见图 3-1 所示。

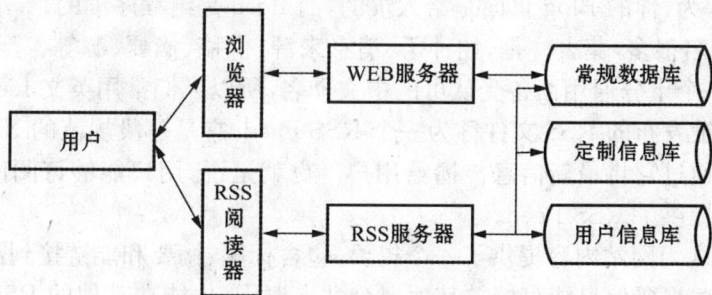

图 3-1　RSS 的信息推送技术模型

所有的 RSS 文件都遵循 XML 1.0 规范,该规范发布在 W3C(全球信息网联盟)网站上。

（2）什么是 XML②?

XML(Extensible Markup Language)即可扩展标记语言,它与 HTML 一样,都是标准通用标记语言(Standard Generalized Markup Language,SGML)。XML

---

① 于金海,郭军成. 基于 RSS 的图书馆网络信息推送服务[J]. 科技情报开发与经济,2007(29):38-39.

② 百度百科. XML [EB/OL]. [2010-08-06]. http://baike.baidu.com/view/63.htm.

是 Internet 环境中跨平台的、依赖于内容的技术,是当前处理结构化文档信息的有力工具。

XML 从 1996 年开始有其雏形,并向 W3C 提案,在 1998 年 2 月发布为 W3C 的标准(XML1.0)。XML 的前身是 SGML,是自 IBM 从 20 世纪 60 年代就开始发展的 GML(Generalized Markup Language)标准化后的名称。扩展标记语言 XML 是一种简单的数据存储语言,使用一系列简单的标记描述数据,而这些标记可以用方便的方式建立,XML 与其他数据表现形式最大的不同是它极其简单。

XML 与 HTML 的设计区别是 XML 是用来存储数据的,重在数据本身。而 HTML 是用来定义数据的,重在数据的显示模式。XML 的简单使其易于在任何应用程序中读写数据,这使 XML 很快成为数据交换的唯一公共语言。

XML 是世界上发展最快的技术之一。它的主要目的是使用文本以结构化的方式来表示数据。在某些方面,XML 文件也类似于数据库,提供数据的结构化视图。

(3) 什么是 Feed[①]?

Feed,本意是"料、饲养、(新闻的)广播等",RSS 订阅的过程中会用到的 Feed,便是在这个意义上进行引申,表示这是用来接收该信息来源更新的接口;Feed 就是为满足希望以某种形式持续得到自己更新的需求而提供的格式标准的信息出口,可以理解为,你的 Blog 页面是给人读的,而 Feed 是给程序读的。

Feed 译名很多,莫衷一是,如种子、消息来源、供稿、摘要、源等。至 2008 年年底,还没有一个十分通用而备受认可的中文译名,所以人们常用英文 feed 来称呼。

每一个被发布的 RSS 文件称为一个 RSS Feed,它是一段规范的 XML 格式的数据。网站通过它将最新信息传播给用户。也就是说,用户能够订阅网站的先决条件是网站提供了 RSS Feed。

RSSFeed 为网站内容提供了一个提要,包含标题、摘要和能链接到源内容的入口项等。这些提要信息能直接被其他聚合站点调用,也能在其他的 RSS 终端和服务中被阅读。

Feed 传播给用户的内容种类通常是 HTML(网页内容)或通往网页的链接。除了网页之外,feed 内容也可以是通往其他数字多媒体的链接。供用户订阅的内容若是音频或视频等多媒体信息,则称为播客(podcast)。

常用的 Feed 格式有 RSS、Atom 两种。由于 RSS 是较早通行的格式,一些网站虽然提供了两种格式,但只称为 RSS。

3.1.1.2　RSS 的版本

RSS 的版本之多,以至于提供信息服务方在系统设计之前就需要考虑选用哪

---

① 百度百科. Feed [EB/OL]. [2010-08-06]. http://baike.baidu.com/view/566694.htm.

个版本的 RSS 提供服务。截止到 2012 年,RSS 共有八种版本,分化为 RSS 0.9x/2.0 和 RSS 1.0 两个阵营,主要的版本有 0.91、0.92、1.0、2.0。RSS1.0 由 W3C 联合小组维护,受到标准化组织推崇;RSS2.0 由哈佛大学维护,其在实际互联网应用中占主导地位。RSS 版本的演变过程如图 3-2 所示[①]。

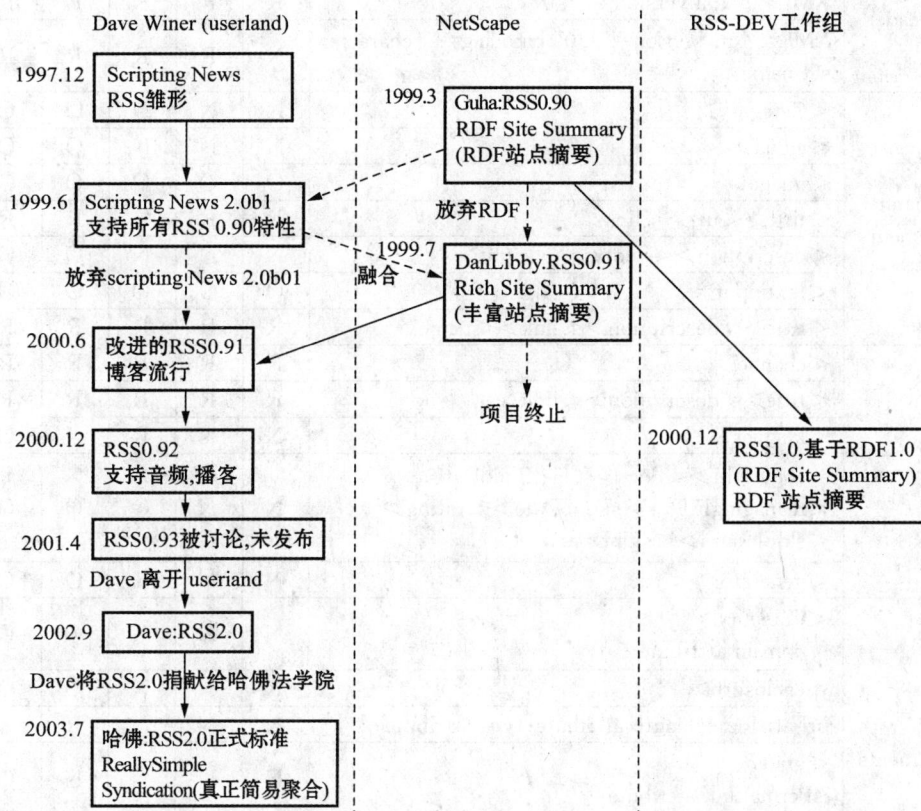

图 3-2 RSS 版本演变

不同版本的 RSS 在元素集方面的详尽比较如表 3-1 所示。

表 3-1 不同版本 RSS 元素比较

特　性		0.90	1.0	0.91	0.92	2.0
File Header	DOCTYPE	N	N	R	N	N
	RDF xmlns = " http: // my. netscape. com/RDF/simple/0. 9/"	R	N	N	N	N

---

① 秦鸿. RSS 技术在图书馆中的应用[M]. 上海:上海交通大学出版社,2010.

（续表）

特　性		0.90	1.0	0.91	0.92	2.0
File Header	RDF xmlns="http://purl.org/RSS/1.0/	N	R	N	N	N
	RSS <RSS version="{version number}">	N	N	R	R	R
	XML <?xml version="1.0"?>	R	R	R	R	R
	XML<?xml version="1.0" encoding="{character set name}"?>	N	R	R	R	R
Channel elements	<Category>	N	N	N	O	O
	<cloud>	N	N	N	O	O
	<image>	O	O	O	O	O
	<title><url><link>	R	R	R	R	R
	<description><width><height>	N	N	N	O	O
	<textinput>	O	O	O	O	O
	<title><description><link><name>	R	R	R	R	R
Channel	<channel>	R	R	R	R	R
	<title><description><link>	R	R	R	R	R
	<language>	N	N	R	X	O
	<copyright><docs><lastBuildDate><managingEditor><pubDate><rating><skipHours><skipDays>	N	N	O	O	O
	<generator><ttl>	N	N	N	N	O
Item elements	<Category> domain attribute	N	N	N	N	O
	<enclosure>	N	N	N	O	O
	url attribute;length attribute;type attribute	N	N	N	R	R
	<guid> isPermaLink attribute	N	N	N	N	O
	<source>	N	N	O	O	O
	url attribute	N	N	N	R	R
Item	<item>	R	R	R	R	R
	<title>	R	R	R	X	R+
	<description>	N	O	O	O	R+
	<link>	R	R	R	X	O
	<author><comments><pubDate>	N	N	N	N	O

注：N表示不支持；R表示需要；O表示可选；X表示不再需要。Item中的R+表示至少一个元素应该被表示。

随着 RSS 的发展，各版本的应用有明显的趋向性。在国外重要的 RSS 站点索引网站 syndic8. com 中，我们可以看到截至 2012 年 5 月 RSS 各版本的应用情况如

图 3-3 所示[①]。该站点共索引 RSS Feed 数目 69 万余个,其中 RSS2.0 和 RSS0.91 占的比例超过 90%,而 RSS1.0 只占了 5.9%。

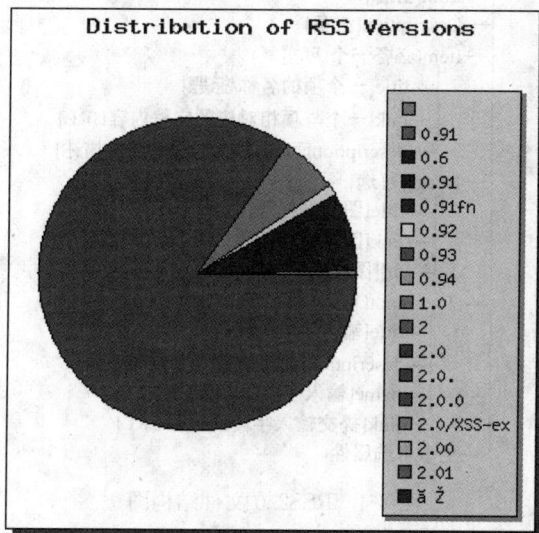

图 3-3　syndic8.com 网站统计的 RSS 版本应用情况

　　由于历史原因,RSS 的各版本存在分歧,其中 RSS0.9x/2.0 得到广泛应用,RSS 1.0 没有成为标准化组织的真正标准,因此大部分情况下使用 RSS 2.0 会是一个更好的选择,对于一些基本的站点同步,也可以选用 RSS 0.91。

　　目前常用的 RSS 版本是 2.0,一个 RSS 文件又称为一个 RSS Feed,其实质是一系列数字资源的元数据。RSS 文件由一个 channel 元素及其子元素组成。除了频道内容本身之外,channel 还以项 items、image 的形式包含表示频道元数据的元素,比如 title、link 和 description[②③]。项通常是频道的主要部分,包含的内容经常变化。其结构如图 3-4 所示[④]。

---

　　① Site Statistics —RSS. Syndic8. com〔EB/OL〕.〔2012-05-16〕. http:∥www. syndic8. com/stats. php?Section＝rss.

　　② 陈凌晖. 基于 RSS 技术的信息门户个性化信息服务理念与实现[J]. 现代图书情报技术. 2007,146(1):33-36.

　　③ RODRIGO O. RSS utilities:a tutorial〔EB/OL〕.〔2011-12-12〕. http:∥java. sun. com/developer/technicalArticles/javaserverpages/rss_utilities/.

　　④ 黄继征. RSS 技术在图书馆信息推送服务中的应用[J]. 大学图书情报学刊,2006(5):36-42.

```
Channel[可重复]
  ——Title[必备]
  ——Link[必备]
  ——Description[必备]
  ——Item[必备一个,可重复]
          ——title[一个项的名称/标题]
          ——link[一个与项相对应的完整内容URL]
          ——description[可选,对一个项的简单描述]
  ——Image[可选]
          ——title[图片的标题]
          ——link[图片源的URL]
          ——url[图片的URL]
  —— Text input[可选]
          ——title[输入字段的标题]
          ——description[简短的输入字段的说明]
          ——name[输入字段的名称]
          ——link[提交输入字段的目标URL]
  ——更多可选属性
```

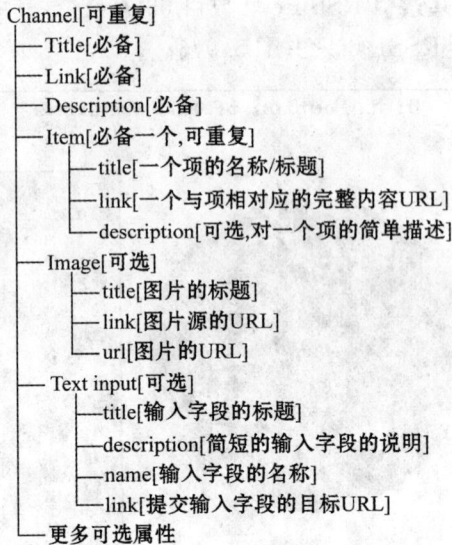

图 3-4   RSS2.0 文件结构图

RSS2.0 代码样例如下:

```
<!-- XML 版本和字符集 -->
<?xml version="1.0"?>
<!-- RSS 版本 -->
<rss version="2.0">
<!-- 以下为频道信息及新闻列表 -->
<channel>
<!-- 频道总体信息:开始 -->
<!-- 频道标题 -->
<title>Subject News</title>
<!-- 频道链接的总地址 -->
<link>http://blog.lib.sjtu.edu.cn/</link>
<!-- 频道描述文字 -->
<description>UMSJTU Joint Institute Blog</description>
<!-- 频道使用的语言(zh-cn 表示简体中文) -->
<language>en-us</language>
<!-- 频道发布的时间 -->
```

```
<pubDate>Tue,8 Jun 2010 09:00:00 GMT</pubDate>
<!-- 频道最后更新的时间--
<lastBuildDate>Tue, 8 Jun 2010 10:00:00 GMT</lastBuildDate>
<docs>http://blog.lib.sjtu.edu.cn/umji/rss</docs>
<!-- 频道生成器 -->
<generator>PJblog Editor 2.0</generator>
<managingEditor>editor@example.com</managingEditor>
<webMaster>webmaster@example.com</webMaster>
<ttl>5</ttl>
<!-- 频道总体信息:结束 -->
<!-- 每条 RSS 新闻信息都包含在 item 节点中, -->
<item>
<!-- 新闻标题 -->
<title>TOP 25 Hottest Articles in SCOPUS ANALYSIS</title>
<!-- 新闻链接地址 -->
<link>http://blog.lib.sjtu.edu.cn/umji/article.asp?id=52</link>
<!-- 新闻内容简要描述 -->
<description>Tumor Self-Seeding by Circulating Cancer Cells · Article.</description>
<!-- 新闻发布时间 -->
<pubDate>Tue, 01 Jun 2010 09:00:00 GMT</pubDate>
<!-- 新闻目录 -->
<category>News</category>
<!-- 新闻作者 -->
<author>Angela</author>
<guid>http://blog.lib.sjtu.edu.cn/umji/default.asp?cateID=54</guid>
</item>
</channel>
</rss>
```

3.1.1.3　RSS 阅读器

有了 RSS 服务,需要通过 RSS 阅读器来接受信息。RSS 阅读器(RSS Reader)是一种软件或者说是一个程序,通过它,可以自由读取 RSS 和 Atom 两种规范格式的文件。RSS 阅读器国内外有多种品牌,由不同的人或公司开发,按使用方式大致可以分为三种：离线阅读器、在线阅读器和附加阅读器。

1）离线阅读器

离线 RSS 阅读器属于一种客户端阅读器，也称为桌面 RSS 阅读器或专用 RSS 阅读器，是一种在客户端安装相应软件，然后再进行 RSS 阅读的方式。使用离线 RSS 阅读的优点是稳定，直接与服务器上的数据同步。缺点是在不同计算机上使用，需要在每一台计算机上进行重复配置，使用不方便；同时，它需要占一定的系统资源，速度可能会较慢。

根据操作系统来分，离线阅读器可分为 Windows 系统版、Liunx 系统版和 Mac 系统版。针对每个系统都有一些知名的离线阅读器。

（1）Windows 系统。

① FeedDemon(http：// www. feeddemon. com/)美国著名 RSS 软件开发商 NewsGator 的 for Windows 版本的 RSS 阅读器，是国外最受欢迎的 RSS 阅读工具之一。

② RSSReader(http：// www. rssreader. com)。

③ SharpReader(http：// www. sharpreader. net)。

④ Awasu(http：// www. awasu. com)。

⑤ Snarfer(http：// www. snarfware. com)。

⑥ RSS Bandit(http：// rssbandit. org)。

⑦ 周博通(http：// www. potu. com)。周博通是国内比较流行的专用阅读器，内置新浪网、新华网、天极网、计世网等数百个 RSS 新闻源。它的界面友好，分类清晰，操作简便。支持右键订阅；支持将所有频道导出为一个 OPML 文件，以便与他人共享频道资源；支持频道合烧，即将多个 Blog 或者新闻频道合并成一个频道。

⑧ 新浪点点通(http：// www. sina. com. cn/allnews/ddt/)。新浪自己开发的一款软件，其中内置了新浪所有的 RSS 频道。

有些 RSS 阅读器需要在. NET Framework 工作环境中运行，如果在安装 RSS 阅读器的过程中有提示，就需要先安装 Microsoft . NET Framework，可以通过 Windows update 自动获取。

（2）Liunx 系统。

① Liferea(http：// liferea. sourceforge. net)。

② Akregator(http：// akregator. kde. org)。

③ RSSOwl(http：// www. rssowl. org)。

（3）Mac 系统。

NetNewsWire(http：// www. newsgator. com/individuals/netnewswire)是 NewsGator 出品的基于 Mac 的免费桌面软件，清爽、简约风格的界面，Feed 同步，网站缩略图，

支持 AppleScript,快速刷新 Feed。其独特功能是智能列表,需要 Mac OS X 10.4
以上版本的支持。

Vienna(http://www.vienna-rss.org)有着友好的界面,智能文件夹和内置的
网页浏览功能。Vienna 独有的功能是它可以更加频繁地刷新 Feed(自动刷新间隔
最小可以设置为 5 分钟),这个功能可以让你更快地阅读到最新的 Feed 文章——
不过这也会占用更多的带宽。

2) 在线阅读器

在线 RSS 阅读器,也称为 Web RSS 阅读器、浏览器 RSS 阅读器,它是使用一
个专门的服务网站进行在线 RSS 阅读,使用时相当于登录一个网页,而不需要用
户安装客户端程序。

它的优势是不消耗客户端资源,速度一般较快,对于在不同地点阅读可以不必进
行多次配置,保持阅读内容连贯、同步。其缺点是有时会出现更新不同步的情形,
不同订阅信息到达同一阅读器时间可能不同;网站可能出现故障或关闭,致使用户
积累的 RSS 订阅资源受损。因此,使用在线 RSS 阅读器宜选择较为可靠的产品。

(1) Google Reader(http://www.google.com/reader)。

这是 Google 实验室的著名在线 RSS 阅读器,用起来很方便,支持 SSL 访问,
速度快。其中 Trends(趋势)功能可以分析用户所订阅 feed 的详细更新情况,比如
更新频率,更新时段;还包括用户的阅读习惯分析,对每个所订阅 feed 的阅读频
率,阅读时段,文章阅读率与阅读停留时间等,从而有助于 RSS 频道的筛选,同时
也可以选择通过 Google$^+$ 自动与您的朋友、圈子或所有人分享条目。

(2) Voyage(http://rssvoyage.com)。

第一款 3D 界面的 Flash 在线 RSS 浏览器,界面十分漂亮,犹如星空一般。其
特色在于所有的 RSS 项目都在多个图层上以 3D"星云"形式呈现,由近至远从清晰
到模糊,很有信息流的感觉。点击标题时对应的项目将会渐进放大到第一个图层,
而具体内容也会缓慢展开。不支持 OPML 文件导入,对中文的支持不好,可以说
是一个比较炫的概念性阅读器。

(3) Feeds 2.0(http://www.feeds2.com)。

新型 Feed 阅读器,其特点在于个性化,Feeds 2.0 带有跟踪搜索功能,随着阅
读的时间,会逐渐了解阅读者的兴趣,会自动地为用户提供其最喜欢的内容,属于
智能化阅读器的一种。

3) 附加阅读器

附加 RSS 阅读器是指使用内嵌在软件中运行的 RSS 应用程序来进行 RSS 阅
读。一类附加阅读器是使用浏览器自带的 RSS 阅读功能,如 IE7 以上版本、
FireFox、Maxthon(傲游)等,这些浏览器还提供了 Feed 自动发现功能(即当页面

有 RSS Feed 时,浏览器会自动提示)。另一类附加阅读器是利用邮件收发程序进行 RSS 阅读,如 Foxmail6.0 以上版本、Outlook2007 以上版本。

3.1.1.4　RSS 学科信息推送服务

RSS 在图书馆行业中的应用已如火如荼,特别在学科化信息服务方面,它可以发挥信息过滤、信息搜集、信息推送和交流四个方面的作用。信息聚合和信息推送是两大基本功能,细分来说,这些功能在图书馆中可以表现在以下四个方面[①]:

(1) 收集学科信息。在 RSS 应用中,当用户在提供 RSS 输出的界面提交自己感兴趣的主题后,提供 RSS 输出的各个网站中与需求有关的信息都被"抓"到用户面前,并依据一定的标准进行排列。这样,用户无需分别打开各网站进行搜索,也不用费力地去记忆众多的网址,RSS 可以自动地把有关信息"抓"到一起供用户参考使用。

(2) 推送学科信息。主动信息服务的提供是在信息推送技术的应用下完成的。推送技术的核心是建立一个信息代理机制,由它把网上的信息用推送(Push)的方式送到用户面前。用户无需连接到资源所在的网站,RSS 就可以把其所聚合的大量相关的学科最新信息主动提供给用户,以满足用户的需求。

(3) 整合学科信息。在 RSS 对信息有效集成的基础上,用户只需要通过一次检索(即第一次使用时提出具体的请求),在今后的查询中不必再次发出请求就可检索相关网站所提供的全部信息,并经过过滤机制为用户提供结果集。这一方面避免了用户在网上漫无边际地寻找,可以节省宝贵的时间和上网费用;另一方面因无需查看整个网站,从而减少无用信息在网络中的传输。

(4) 信息共享社区。在 RSS 应用中,对同一主题的问题,有关专家可以发表自己的评论和见解,同时还可以与其他专家进行讨论交流,这一点在博客(Blog)中有所表现(很多 Blog 提供了 RSS 信息查阅方式)。这与 BBS 方式和 Chat 方式存在着共性,在这种条件下,参与讨论的人与人之间的知识在某种程度上实现了共享。

基于 RSS 的即时性、个性化、集成性和易获性的特点,RSS 服务可以为科研人员在科研过程中提供大量相关的学科信息,服务方向主要为学科信息聚合、新书通报、专业期刊目次、学科资源导航等方面。

(1) 学科信息聚合。

学科信息聚合是依托 RSS 的聚合信息的特点,将专业学术网站、学术信息导航、学术研究博客等信息资源整合,并推送给用户以供参考学习。一方面使用户能及时了解到学科的最新发展动态,另一方面也减少用户盲目查找学科信息所花的

---

① 姜瑞其. RSS 在图书馆自助式数字参考咨询服务中的应用[J]. 情报理论与实践,2006(1):78-80.

时间和精力。

　　美国马里兰州 Bethesda 市的国家健康协会的国家癌症研究所图书馆,研制了一个叫做 LION(Library Online)的数据库,收集了大量的癌症研究相关领域的互联网上的 RSS feed,并实现了和本馆自动化集成系统的连接和集成,在局域网上向读者提供这些 RSS feeds,允许读者检索、浏览、显示和保存[①]。

　　目前,大部分针对学科的专业网站都有"最新消息"或"新闻通告"等栏目,在该栏目中发布的内容就有针对该学科所提供的最新服务、最新会议情况、最新数据库信息、最新通知等时效性较强的信息。通常只有用户访问该图书馆网站才能够知道这些信息,而如今越来越多的网站系统都为这个栏目提供了 RSS 服务,读者只需要通过 RSS 阅读器即可自动下载最新学科信息。除了利用 RSS 阅读器之外,还可以利用 RSS 的开放性将不同 RSS 源聚合在一个平台上。国内图书馆善于利用开源的 RSS 聚合软件构建学科聚合。以图情专业为例,国内较为著名的有两个学科聚合网站:

　　① 厦门大学图书馆(http://wiki.xmulib.org/rss/)。

　　厦门大学的图林网志聚合(如图 3-5 所示)在我国图书馆界较有影响,截止到 2012 年 5 月份,累积聚合了 4 万多条信息以及 141 个源,利用图书馆各个 RSS 信

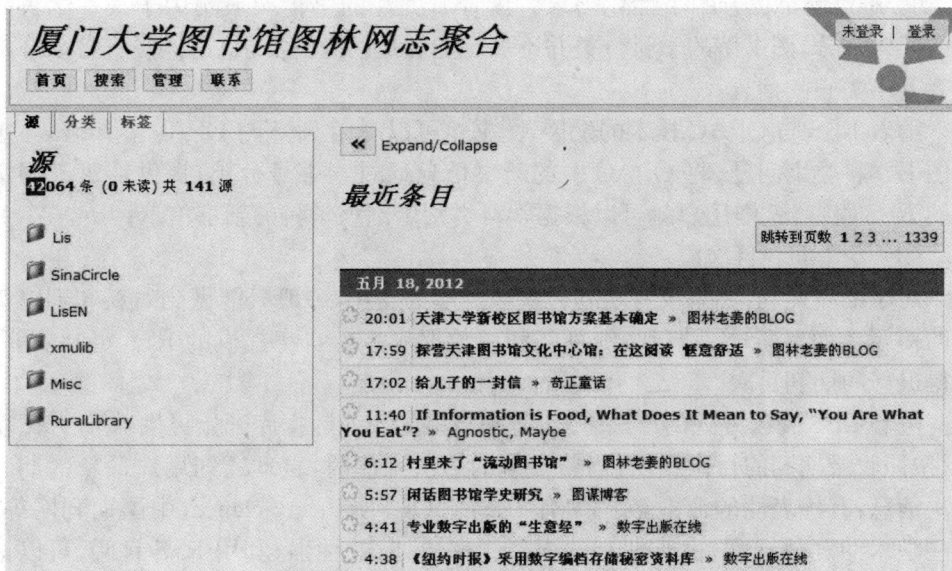

图 3-5　厦门大学图书馆图林网志聚合

---

　　① Zeki Celikbas. What is RSS and how can it serve libraries?. http://eprints.rclis.org/archive/00002531/01/RSS_and_libraries_EN3.pdf.

息源将不同网络平台的学科信息聚合在一个平台上,它也是目前我国图书馆界规模最大的图书馆学科聚合平台。

② 上海大学图书馆(http://202.120.122.230/tuqing)。

上海大学图书馆利用开源软件实现了专业博客网志的聚合,目前提供图书情报、宗教等学科的网志聚合。

(2) 新书通报服务。

新书通报是图书馆的传统工作,让读者能够及时了解图书馆的最新图书动态,寻找自己所需要的图书,同时也为一些专业书籍寻找特定读者,它在读者的阅读活动中起着重要的宣传导读作用。新书通报工作直接影响着读者对图书和图书馆的利用程度和感受。

大多数图书馆通过自己网站发布新书通报,使读者足不出户,只要登录图书馆的网站就能获得图书馆新上架书籍的信息,页面的发布方式是目前新书通报的主要方式。这种方式主要有两个方面的不足[①]:

① 服务缺乏主动性和互动性。读者若需要获取新书信息就必须登录图书馆的新书通报页面,查找相关学科的新书上架情况。

② 难以满足读者的个性化需求。读者所关注的书籍一般集中于某一学科领域的某一部分,图书馆的学科分类并不一定能满足读者的需求,这样必将带来许多读者并不关心的信息。

随着 RSS 与 OPAC 技术的发展,图书馆可以利用 RSS 与 OPAC 相结合,考虑到图书学科类别问题,将 OPAC 中的新书信息通过索书号分类,提供针对不同学科的 RSS 服务,这样用户就可以根据学科类别定制该学科的新书信息。

(3) 专业期刊目次服务。

对于纸质期刊,如果没有期刊目次数据库的支持,一般只能做到对新刊到馆情况的揭示。而对于电子期刊,则可以利用数据库平台自身提供的 RSS 定制功能,获得最新的期刊目次。

随着 RSS 阅读方式的逐渐普及,越来越多的商业数据库开始提供 RSS 订阅功能,按照收录期刊的目次提供,当新一期的目次入库时,自动通知用户最新的期刊目次信息,有代表性的商业数据库有 IEEE、IOP、Nature、Science、中国期刊网等。这些学术期刊数据库,由于期刊的更新频率快、时效性强,利用 RSS 订阅,可以让用户及时掌握新刊的到馆情况,取得当期期刊目次。电子期刊平台的 RSS 定制功能,一般有按刊名定制、按关键词定制和按检索式定制等三种方式。

通过这种方式跟踪期刊目次,可以同时获得多个期刊针对学科的有用信息,长

---

① 孙翌. IM 技术在图书馆中的应用[M]. 上海:上海交通大学出版社,2010.

期保持与学术前沿的同步。例如上海交通大学图书馆建立了期刊目次订阅平台①,如图3-6所示。

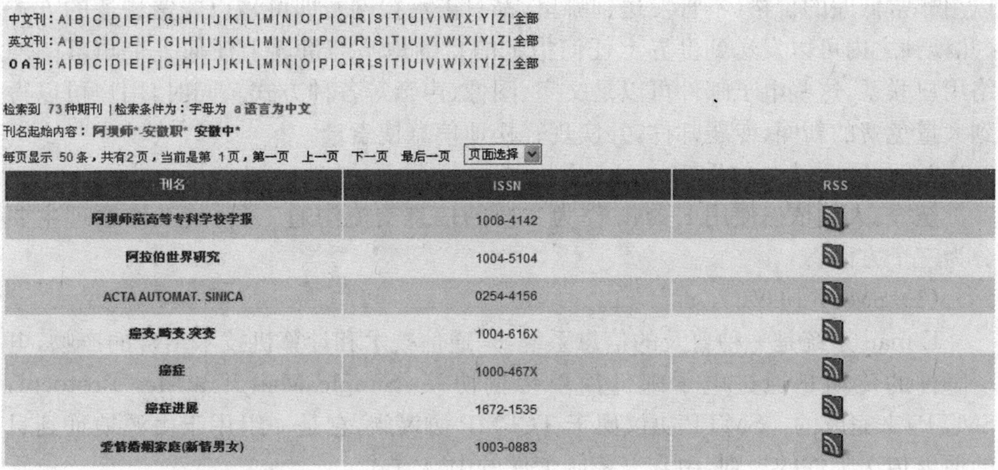
中文刊：A|B|C|D|E|F|G|H|I|J|K|L|M|N|O|P|Q|R|S|T|U|V|W|X|Y|Z|全部
英文刊：A|B|C|D|E|F|G|H|I|J|K|L|M|N|O|P|Q|R|S|T|U|V|W|X|Y|Z|全部
OA刊：A|B|C|D|E|F|G|H|I|J|K|L|M|N|O|P|Q|R|S|T|U|V|W|X|Y|Z|全部

检索到 73种期刊 |检索条件为：字母为 a语言为中文
刊名起始内容：阿坝师*-安徽职* 安徽中*
每页显示 50条，共有2页，当前是第 1页，第一页 上一页 下一页 最后一页 页面选择

刊名	ISSN	RSS
阿坝师范高等专科学校学报	1008-4142	
阿拉伯世界研究	1004-5104	
ACTA AUTOMAT. SINICA	0254-4156	
癌变.畸变.突变	1004-616X	
癌症	1000-467X	
癌症进展	1672-1535	
爱情婚姻家庭(新情男女)	1003-0883	

图3-6　上海交通大学图书馆期刊目次订阅

(4) 学术资源导航。

学科导航服务已经成为当前图书馆最重要的服务形式之一。目前很多图书馆网站正在建设类似于"学科导航系统"的平台,试图收集和整理因特网上的各种学术性资源,平台的展示方式有学科博客、学科研究社区、学科资源门户等,如中国科学院国家科学图书馆开发了一个基于RSS的科技新闻聚合服务系统(http://scinews.clas.ac.cn);美国国家癌症研究院(National Cancer Institute,NCI)②的图书馆员搜集因特网上的RSS Feeds资源所开发的数据库,其信息源极为丰富,包括有新闻、健康、乳腺癌新闻、癌症新闻、纽约时代周刊、路透社健康在线等。这些平台都聚合大量的学科资源,按照学科或研究方向给出分类RSS定制服务。

3.1.2　利用E-mail定制学科信息

3.1.2.1　什么是E-mail

E-mail(电子邮件,英文称作electronic mail,简称E-mail,标志为@,也被大家

① 上海交通大学图书馆.期刊目次订阅.[EB/OL].[2012-04-16]. http://ersa.lib.sjtu.edu.cn/custom/html/list_by_alph.asp?alph=a&lan=cn.

② National Cancer Institute News—The New York Times [EB/OL]. [2010-08-16]. http://topics.nytimes.com/topics/reference/timestopics/organizations/n/national_cancer_institute/index.html?inline=nyt-org%rss=1/.

昵称为"伊妹儿")又称电子信箱、电子邮政等,它是一种用电子手段提供信息交换的通信方式,是 Internet 应用最广的服务之一。通过网络的电子邮件系统,用户可以用非常低廉的价格(不管发送到哪里,都只需承担网费即可),以非常快速的方式(几秒钟之内可以发送到世界上任何指定的目的地),与世界上任何一个角落的网络用户联系,这些电子邮件可以是文字、图像、声音等各种方式。同时,用户可以得到大量免费的新闻、专题邮件,并实现轻松地信息搜索。

3.1.2.2 E-mail 工作原理①

至今,人们依然使用 E-mail 作为主要的信息交流沟通工具,其工作原理主要分为三个方面:

(1) SMTP 协议。

E-mail 系统是一种普及的信息系统,是通信技术和计算机技术结合的产物,电子邮件的传输是通过电子邮件简单传输协议(Simple Mail Transfer Protocol,SMTP)来完成的。SMTP 协议属于 TCP/IP 协议族,它是一组用于由源地址到目的地址传送邮件的规则,由它来控制信件的中转方式。

(2) 电子邮筒。

E-mail 的基本原理是在通信网上设立"电子邮筒",它实际上是一个计算机系统。系统的硬件是一个高性能、大容量的计算机。硬盘作为信箱的存储介质,在硬盘上为用户分一定的存储空间作为用户的"信箱",每位用户都有属于自己的一个电子信箱。存储空间包含存放所收信件、编辑信件以及信件存档三部分空间,用户使用口令开启自己的信箱,并进行发信、读信、编辑、转发、存档等各种操作,所有的功能由软件实现。

(3) 信箱中交换邮件。

用户首先开启自己的信箱,然后通过键入命令的方式将需要发送的邮件发到对方的信箱中。邮件在信箱之间进行传递和交换,也可以与另一个邮件系统进行传递和交换。收方在取信时,使用特定账号从信箱提取。

电子邮件的工作过程遵循客户—服务器模式。每份电子邮件的发送都要涉及发送方与接收方,发送方构成客户端,而接收方构成服务器端,服务器端含有众多用户的电子信箱。发送方通过邮件客户程序,将编辑好的电子邮件向邮件服务器(SMTP 服务器)发送。邮件服务器识别接收者的地址,并向管理该地址的邮件服务器(POP3 服务器)发送消息。邮件服务器将消息存放在接收者的电子信箱内,并告知接收者有新邮件到来。接收者通过邮件客户程序连接到服务器后,就会看

---

① 百度百科.电子邮件.[EB/OL].[2012-5-18]. http://baike.baidu.com/view/4178.htm.

到服务器的通知,进而打开自己的电子信箱来查收邮件。

通常 Internet 上的个人用户不能直接接收电子邮件,而是通过申请互联网服务提供商(Internet Service Provider,ISP)主机的一个 E-mail,由 ISP 主机负责电子邮件的接收。一旦有用户的电子邮件到来,ISP 主机就将邮件移到用户的电子信箱内,并通知用户有新邮件。因此,当用户发送一封电子邮件给另一个客户时,电子邮件首先从用户计算机发送到 ISP 主机,再到 Internet,再到收件人的 ISP 主机,最后到收件人的个人计算机。

ISP 主机起着"邮局"的作用,管理着众多用户的电子信箱。每个用户的电子信箱实际上就是用户所申请的账号名。每个用户的电子邮件信箱都要占用 ISP 主机一定容量的硬盘空间,由于这一空间是有限的,因此用户要定期查收和删除电子信箱中的邮件,以便腾出空间来接收新的邮件。

3.1.2.3　E-mail 学科信息定制

与 RSS 订阅一样,E-mail 可以具备各种信息资源的定制。通过 SMTP 协议,图书馆可以设计与开发出类似 RSS 订阅的 E-mail 定制系统,当有新的学科信息资源可访问时,系统将通过 E-mail 自动地发送给用户。例如在上海交通大学图书馆期刊目次订阅平台上,读者除了可以通过 RSS 订阅外,还可以使用 E-mail 订阅期刊目次(如图 3-7 所示),当读者订阅的期刊有目次更新的时候,系统会发送 E-mail 告知读者。

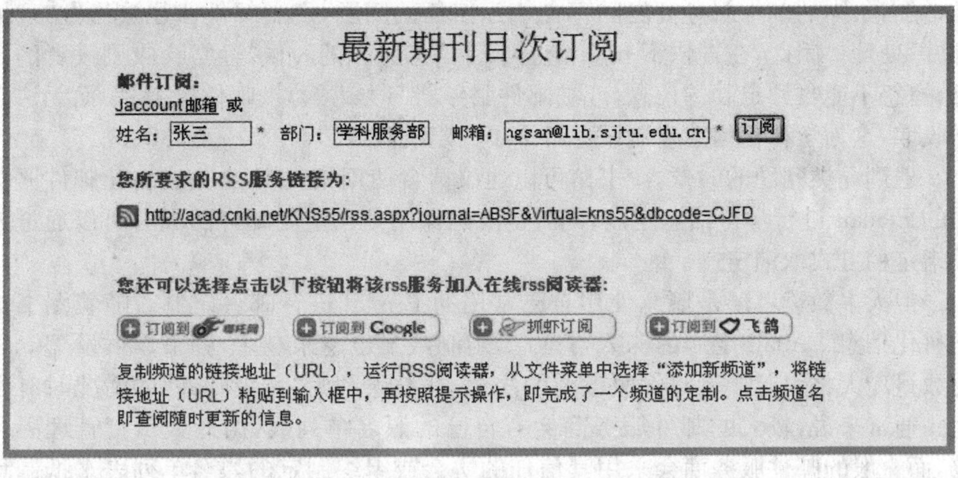

图 3-7　上海交通大学图书馆 E-mail 定制期刊目次

理论上,只要图书馆能获取学科的信息资源均可进行 E-mail 推送。例如图书馆的学科信息刊物、学科相关的活动等。

例如上海交通大学图书馆的学科信息导报,每个月定期发布,读者对此导报感兴趣但需时刻关注网站是否发布了新的导报，这确实较为麻烦，因此使用 E-mail 定制推送将是非常方便和快捷的功能，如图 3-8 所示。

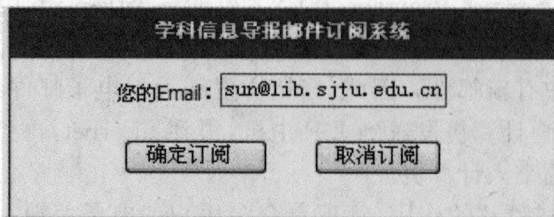

图 3-8　上海交通大学图书馆学科信息导报邮件订阅

3.1.2.4　E-mail 定制相关问题

通过 E-mail 的工作原理可以了解到，E-mail 的发送与接收都是通过 ISP 的邮件服务器来实现的。E-mail 学科信息定制为用户带来了便利，但是在推行 E-mail 定制服务的时候需要考虑以下一些问题：

（1）被当做"垃圾邮件"。

根据中国互联网协会反垃圾信息中心发布的"2011 年第三季度中国反垃圾邮件状况调查报告"[①]，中国网民平均每周收到垃圾邮件的数量为 14.9 封，垃圾邮件占比 33.7%，如此高的垃圾邮件比例势必需要让各大邮件服务商重视垃圾邮件的情况。图书馆希望读者订阅的学科信息能按时收到，但是随着垃圾邮件的矛盾日益增加，不同的邮件服务商之间存在相互信任的问题，定制邮件往往被当做"垃圾邮件"处理。因此，在提供 E-mail 定制学科信息服务的时候，经常会收到读者的抱怨，抱怨不能收到定制的信息，或被邮件服务器归类为"垃圾邮件"栏目中而无法正常收取，这为学科化信息定制服务带来了一定的障碍。

遇到此类问题的时候，图书馆可以建议读者使用校内 E-mail 或自建邮件服务器的 E-mail 进行学科信息定制，同时也要确保用户在定制邮件的同时可以通过系统指定的方式取消定制。

但大多数读者还是愿意使用自己常用的 E-mail 进行邮件定制。随着图书馆学科化信息 E-mail 定制的深入与推广，定制数量也越来越多，图书馆群发 E-mail 的数量庞大将引起读者邮件服务商的注意，并被误判为"垃圾邮件"的情况时有发生。通常来说，较大的邮件服务商会有自己的黑名单列表，由专人负责管理黑名单，而一般的邮件服务商会采用其信任的协会或组织制定的黑名单列表来抵制垃

---

① 中国互联网协会反垃圾信息中心. 2011 年第三季度中国反垃圾邮件状况调查报告[R]. http:// www. 12321. org. cn/pdf/2011_03. pdf.

圾邮件,国内较权威的是"中国反垃圾邮件联盟"(China Anti-Spam Alliance,CASA)[1]提供的反垃圾邮件列表。图书馆在收到退信或读者反映后,可根据国家工业和信息化部第 38 号令《互联网电子邮件服务管理办法》[2]和《中国互联网协会互联网公共电子邮件服务规范》[3]向对方邮件服务器申请为白名单用户。

(2) 避免超大容量 E-mail。

读者希望通过 E-mail 获取最新的学科信息,图书馆希望将读者需要的学科信息都提供给读者,但是受到邮件服务商的邮件大小限制,图书馆在群发邮件的时候应该注意邮件大小,特别是附件大小,定位准确的学科信息才是读者需要的。

(3) 采用个性化发送或密送方式。

图书馆在设计群发邮件系统的时候,可以采用邮件开发包(如 JavaMail)对定制学科信息的读者单独发送 E-mail,这是一种安全且稳妥的方式。

当然,也可以将定制服务的名单制作成群发邮件的列表,采用 Outlook、Foxmail等软件进行群发。但从安全角度来说,将电子邮件地址与没有必要知道的人分享,是一个坏做法。在未经允许的情况下,将电子邮件地址与陌生人分享也是不礼貌的。在发送电子邮件给多个人的时候,可以选择收件人(TO)或者抄送(CC)的方式,这样的情况下,所有收件人可以分享所有的电子邮件地址。如果没有明确确认电子邮件地址应该被所有收件人分享的时候,应该使用密送(BCC)的设置。这样的话,收件人不会知道还有其他接收者的存在。

3.2　学科化信息标引、标注

3.2.1　什么是 Tag

"Tag"的中文翻译为"标签"。它可以帮助用户组织和记忆其已经发布或收藏的各种信息资源,从标引的种类上讲,可以将其归为自由标引的一种,即不受主题词表等控制工具的限制,用户直接选择自己觉得贴切的自然语言来进行标注。在一个提供 Tag 功能的网站里,用户具体应用时(比如添加收藏、上传图片或者写日志等)Tag 栏里添加一个或几个 Tag 并保存,网站会自动将 Tag 显示在相应的页

---

① 中国反垃圾邮件联盟. [EB/OL]. [2012-05-19]. http://www.anti-spam.org.cn/.

② 国家工业和信息化部.《互联网电子邮件服务管理办法》. [EB/OL]. [2012-05-19]. http://www.miit.gov.cn/n11293472/n11294912/n11296542/12165060.html.

③ 中国互联网协会.《中国互联网协会互联网公共电子邮件服务规范》(试行). [EB/OL]. [2012-05-19]. http://www.isc.org.cn/hyzl/hyzl/listinfo-15604.html.

面上；但是显示的 Tag 字号可能有大有小，如果某个 Tag 被使用得越多，那么它的字号就会越大，颜色也将越深，也会越突出，该应用被称为"标签云"。

　　Tag 的起源与发展不得不谈到 Joshua Schachter（图 3-9 所示），他创建了全世界最大 Tag 网站——del. icio. us。

图 3-9　Joshua Schachter

　　（1）1998 年，美国人 Joshua Schachter 在保存链接的时候加上一个单词做备忘，这就是后来的标签（Tag）。

　　（2）2002 年，Joshua Schachter 建立了一个域名为 muxway. org 的 Web 数据库，来存放他的标签。

　　（3）2003 年，Joshua Schachter 重写了这个系统，这就是 del. icio. us。

　　在传统的信息资源组织中，资源揭示是通过用分类号、主题词等元数据对资源的描述来实现的。因此，揭示的程度取决于此类元数据的描述能力。传统的资源描述一般是由作者或资源组织者完成的。一方面，由于资源所能携带的标引词有限，不能完全涵盖资源的内容；另一方面，由于专业描述者的精力和能力有限，认知和理解能力不同，不能有效地发现并揭示资源中的一些隐含内容；再者，由于描述的过程受一定的规则的约束和限制，不能用多种表达方式来展示资源内容，如多种同义词或变形词的选择、语种的选择，因此在全面、深入地揭示资源的能力方面还存在一定的局限性[①]。

　　网络环境下，用户越来越多地绕过专业人员而直接参与检索过程，相同的用户需求表达出来的方式可能多种多样，使得传统资源组织的描述体系中有限的标引

────────────

①　常唯. 标签在数字学术资源内容解释中的作用研究[J]. 图书馆杂志. 2007：46-52.

词来应对如此多样的用户需求更加困难。用户行为是用户思想的体现,用户的标注行为反映了用户对资源的认识和使用的角度。标签是用户标注行为的结果,它反映了两个方面:一是用户对资源的认识和使用情况,包括希望从哪个角度来使用该资源,其中可能隐含着对资源内容的揭示;另一方面也是用户需求的一种表达,表明用户在某个方面渴望获得资源或资源中蕴含的知识。

　　网络上提供了大量的学习或教学的资源内容,用户与这些内容之间,存在两种不同的关系模式,如图 3-10 所示。

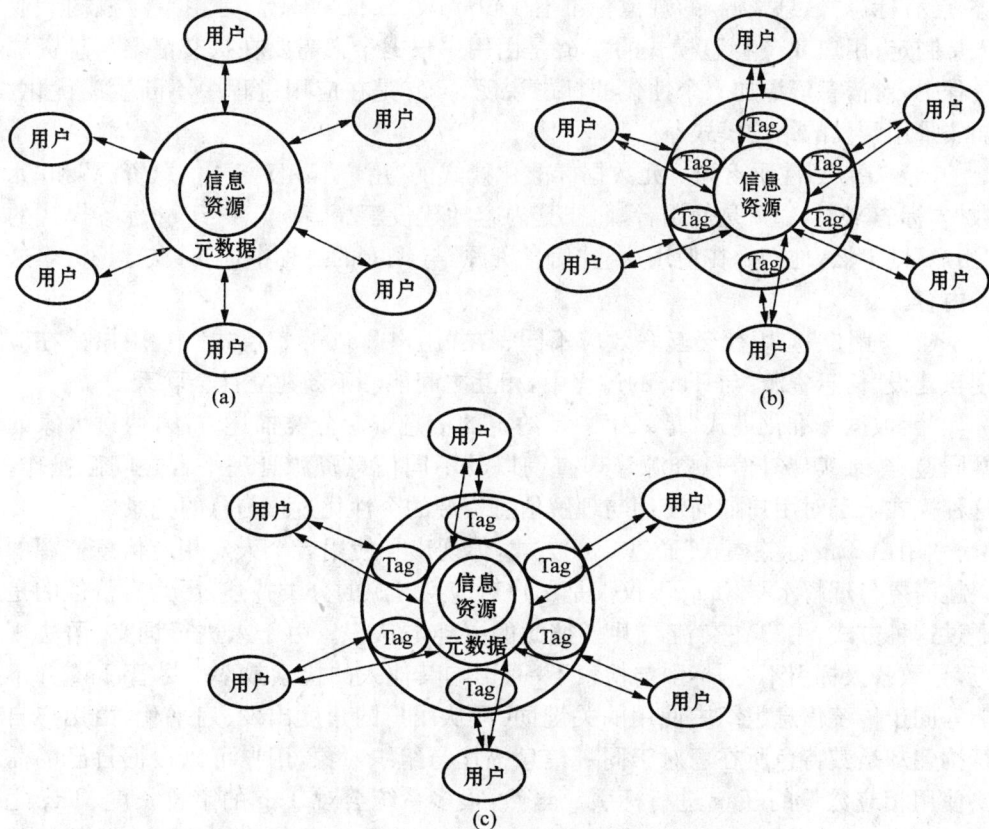

图 3-10　三种关系模式

(a) 元数据标准化模式;(b) 用户 Tag 标签模式;(c) Tag 与元数据混合模式

　　前两种模式都是从内向外包含三层,即"信息资源"、"元数据"/"Tag"、"用户"。"用户"对"信息资源"的检索查询,都要通过中间层"元数据"或"Tag"进行。"元数据"、"Tag"都是用来对"信息资源"进行描述和刻画,以便管理和方便用户查找使用。

元数据标准化模式与用户 Tag 标签模式不同之处是：

(1)"信息资源"的来源汇聚方式不同。元数据标准化模式的"信息资源"不是由用户所提交汇聚，如中国期刊网核心期刊库中数字资源不是由用户提交汇聚。用户 Tag 标签模式的"信息资源"由用户所提交汇聚，如 Del. icio. us 或 Flickr 中内容都是由使用者提交汇聚。

(2)"元数据"与"Tag"不同。元数据标准化模式的"元数据"通常是采用结构化、规范化或标准化的方式对"信息资源"进行标志，并且不是由使用者自己进行标志，已有标志"信息资源"的规范标准有 Dublin Core、LOM 等，是由专业机构专业人员制定；用户 Tag 标签模式的 Tag 是由用户根据个人需要在提交汇聚信息资源过程中，对信息资源加上个性化的标志说明，Tag 是在应用过程中不断生成优化，而非采用预设的结构模式。

(3)"用户"性质不同。元数据标准化模式的"用户"，相对于"信息资源"和"元数据"标志来说，都只是使用者，而非其内容的建设汇聚者。用户 Tag 标签模式的"用户"则不然，他们是在使用这些"信息资源"与 Tag 的过程中，同时在建设汇聚这些内容。

(4)"用户"应用社会互联效应不同。在"用户 Tag 标签模式"中，用户是在应用与建设"信息资源"与 Tag 的过程中，相互之间能够不断建立社会联系。

"元数据标准化模式"是采用一种约定的信息资源分类描述方法，通过大家的共同遵守，来实现对信息资源管理查询以及不同信息资源管理平台之间互操作。这种模式缺乏对用户如何使用与理解信息资源的个性化过程信息的记录。

"用户 Tag 标签模式"通过 Tag 方式，体现出了使用者个人对相应信息资源的兴趣需要与理解水平，Tag 不仅仅是用户对信息资源的分类描述，更为有价值的是通过这种方式，用户在交流与共享彼此的兴趣与认识。由于未进行词义、语法规范，导致各人标引不一，标引与检索不一，影响其他人的检索效率。尽管 Tag 并不能等同于传统信息组织中使用的关键词，但从用户的角度出发、扁平化、由用户自行构建却是其特色所在。对于同一信息描述与组织对象，用户可以根据自己的需要使用相应数量的 Tag 进行标引。当然，很多系统会对 Tag 的字符长度、Tag 之间的间隔规则、以两个单词或两个以上的单词作为一个 Tag 时应该注意的细节等问题作出具体规定。由于用户可以非常方便、灵活地对自身账户下的 Tag 进行增加、修改、删除等编辑管理操作，因此使用 Tag 可以方便管理自己的文章、图片、音乐和收藏等。在个人网络信息资源的组织与管理方面，Tag 已经成为一种时尚。

Tag 与元数据混合模式则综合了前两种模式，对于同样的信息资源既拥有规范的元数据标引又拥有用户个性化的 Tag 标引；这种模式也将成为图书馆信息资源为用户服务的一个方向。目前网络信息资源的应用越来越广泛，一些专业机构也开始对部分有价值的网络信息做规范的元数据标引,这样一来,对于某些网络信息资源就拥有了双重标引,增加用户检索信息后可以得到比较可靠的检索结果,同时用户也可以进行个性化的 Tag 标引。

3.2.1.1　Tag 的特点

Tag 可被用来组织个人网络信息资源,一旦不同的信息用户使用同样的 Tag 来描述、组织相关内容的信息资源,则可以将这些信息资源进行聚合;同样地,对于同一内容或者具有相关性的内容,相关用户用来描述、组织这些内容的 Tag 可以被汇聚。用户只要选取某一感兴趣的主题或者内容,该主题或内容的 Tag 都可以自动呈现给用户,从而使用户可以通过 Tag 找到志趣相投的朋友。

Tag 社会互联作用是用户对提交信息资源加上 Tag,通过 Tag 浏览、检索、查询、订阅等交流共享,促使不同用户建立社会联系,易于形成学习社群。例如在 http://del.icio.us/sociallearn 中通过 Tag 创建社群,根据 del.icio.us 提供的"your network"功能,不仅可以快速了解不同学习者提供的网址信息源,而且通过他们各自的 Tag 可以了解不同学习者对其提交共享网址信息源的需要与理解。在学科教学中这种"用户 Tag 标签模式"还有其特殊作用,可以更好地管理学习者,增进对学习者了解,促进学习者之间信息的分享与交流。

Tag 用户行为特征分析:Tag 包含用户如何使用信息资源、如何理解信息资源等信息。对于特定的用户群,逐渐形成"用户分类的元数据库",即 Tag 库,其中蕴含了丰富的用户使用信息资源的行为特征信息,这将会成为相关具体研究领域比较有价值的研究数据源。

通过"用户"与其使用"信息资源"的关系分析,提出"用户 Tag 标签模式"概念,并进一步说明这种模式学习资源建设的分布、共建、共享特点。其中 Tag 是对个人来说,其作用主要是分类与管理,但是从网络共享交流来说,Tag 也是由用户构建的一种形态的共享信息源。作为共享信息源,其性质类似在网站中书写的日志内容、在 SlideShare 上 PPT、在 Flickr 上共享图片,但是与日志、PPT、图片这些形态信息源不同,Tag 需要在与其他信息源组合基础上,才能表现与产生共享交流作用。

可以总结,Tag 与传统分类法的对比情况如表 3-2 所示。

表 3-2　Tag 与传统分类法的对比情况

	Tag 分类法	传统分类法
体系结构	平面结构	树状结构
制作人	大众	专业人员
分类成本	低	高

（续表）

	Tag 分类法	传统分类法
认知成本	低	高
更新周期	实时更新	长
时效性	及时	滞后
规范性	不规范	规范
排他性	不唯一	唯一
客观性	主观	客观
个性	体现个性	不体现个性

3.2.1.2　Tag 的应用

对于一个应用系统要增加某个功能，总是根据系统设计者对该功能理解来设计的。那么对于 del. icio. us 的 Tag 功能设计，就是根据 del. icio. us 设计者对 Tag 的理解，他们认为 Tag 就是一个词语，比如在 del. icio. us 系统中，Tag 就像用户的书签一样，可以帮助用户快速高效地描述、组织、浏览、查找自身所需的信息资源。以提供共享地址服务的 Del. icio. us 举例，在用户提交其收藏网址时，需要用户对其提交网址添加一些被称为 Tag 的标志。不同用户收藏提交同一网址时，采用的 Tag 标志并不一定完全相同。

以提供共享地址服务的 Del. icio. us 举例，在用户提交其收藏网址时，需要用户对其提交网址添加一些被称为 Tag 的标志。不同用户收藏提交同一网址时，采用的"Tag"标志并不一定完全相同。如网址 http：// del. icio. us/sociallearn，被 14 个用户收藏，这 14 个用户对同一站点"Tag"的标志列表如表 3-3 所示[①]。

表 3-3　Del. icio. us 示例

用户名	Tag（标签）	
kainat	system：unfiled	
namoto	共享	网络学习
kusodying	sociallearn	
namelu	xiuli 互联学习	
wangjunjie	study	

---

① 庄秀丽."Tag 标签"互联应用［EB/OL］.［2007-05-13］. http：// www. kmcenter. org/
html/zhuangxiuli/200705/13-4265. html.

（续表）

用户名	Tag（标签）	
srct114	system：unfiled	
goldred	xiuli	socialsoftware
zhangwei198302	system：unfiled	
jlsamstone	网络学习	
luhaiyan1015	xiuli 教学网站	
shapeare	system：unfiled	
gesang	网络学习	
ermao	xiuli	
xinyutianji	课程	第一节课
sociallearn	课程站点	sociallearn

以上例子中，用户"xinyutianji"所加的标志有两个，分别为"课程"、"第一节课"；用户"goldred"所加的标志也是两个，分别为"xiuli"、"socialsoftware"。用户由于知识水平和个性差异，对信息的理解有不同的侧重点和程度。不同的用户都是根据自己的需要与理解对其收藏网址加上了完全个性化的特征描述标志，即 Tag。

根据以上分析，Tag 是指用户根据需要对其提交内容的属性特征采用个性化的词汇短语进行特征描述。"Tag"可以作名词，即表示其具体所加的标志名称，如上表右边两列内容；"Tag"也可以作动词，表示加标志行为动作的发生，"Tag"作动词时，还可以用"Tagging"表示。

利用 Tag 可以将关注的相关信息资源使用个性化的分类方式进行分类保存，例如图 3-11 所示。

3.2.2　Tag 与学科化信息资源服务

应用 Tag 可以拓展学科化信息资源在服务中的个性化，将信息资源以大众的方式进行揭示，由于大多数读者并不了解图书馆传统的分类方式（如中国图书馆图书分类法、杜威十进制图书分类法等），因此 Tag 的分类方式有别于传统分类模式，更让读者适应。在学科化信息服务方面主要体现在信息资源的揭示与检索、个性化信息资源组织和信息热点与主动服务。

3.2.2.1　信息资源的揭示与检索

信息资源的揭示与检索主要表现在 OPAC 中的应用，读者在检索馆藏的同时,可以对馆藏进行标引和标注,并可了解其他人对该资源的认知情况,应用这种社群沟通方式从大众的角度来了解资源类别和内容。同时,通过标签检索也拓展了传统 OPAC 系统的检索途径,使得读者可以更多方式获取信息资源。Tag 的揭示与检索示例如图 3-12 所示。

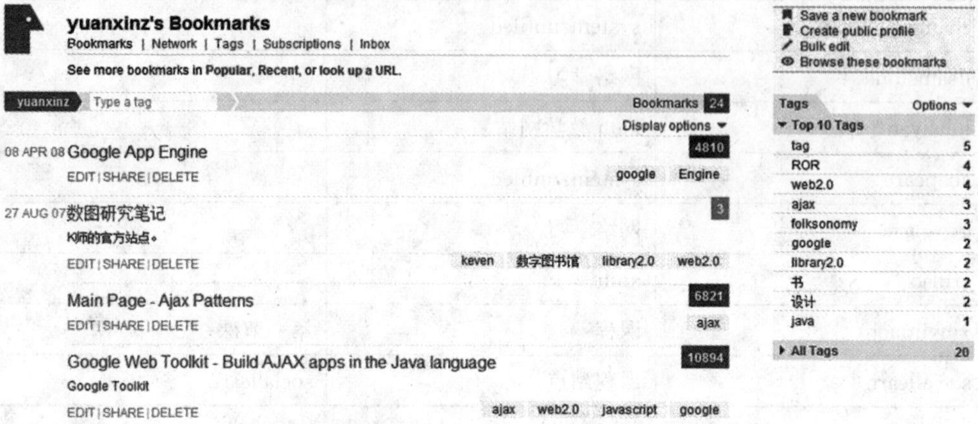

图 3-11　个性化资源标注演示

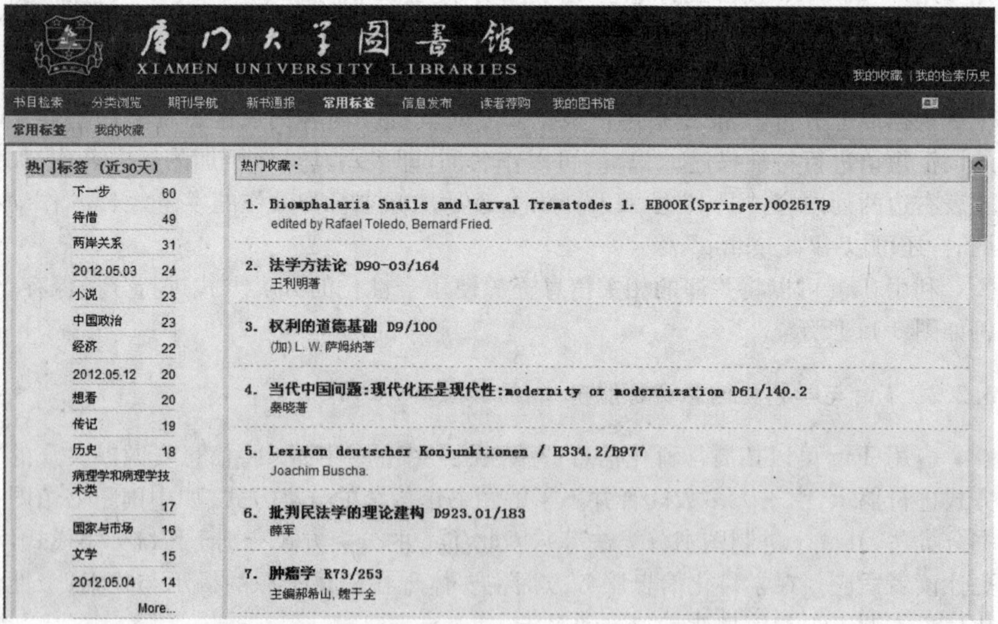

图 3-12　厦门大学图书馆 OPAC 中热门标签及收藏演示

3.2.2.2 个性化信息资源组织

Tag 的应用可以使得读者在组织信息资源的方式上变得更个性化(如图 3-13 所示),因此将具有以下几个特性:

(1) 读者可以对图书馆网站中的新闻、服务内容、数据库、帮助信息等加 Tag;

(2) 读者可以通过自己的 Tag 快速跳转到相关的页面;

(3) 全站 Tag 为读者提供一种新的网站浏览方式;

(4) Tag 检索为读者提供全站内容的查询功能。

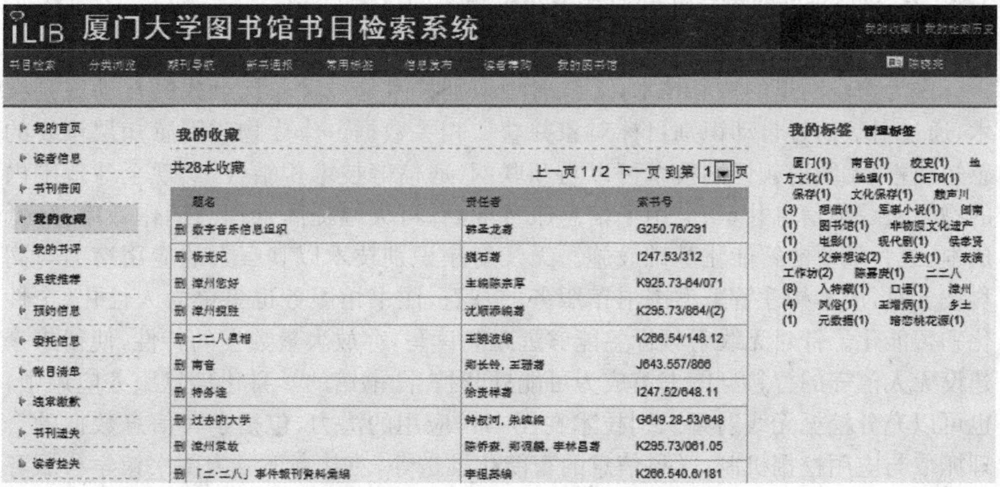

图 3-13 厦门大学图书馆个人资源组织演示界面

3.2.2.3 信息热点与主动服务

利用 Tag 库进行用户使用挖掘分析,将信息的热点进行用户群体的相关度分析,可以实现以下功能:

(1) 知晓近期读者最关注的图书。通过某段时间内用户标注最多的图书,形成图书热度排行;

(2) 发现近期读者最关注的主题。通过某段时间内标签标注次数、访问次数、访问用户数等,找出标签热度排行;例如用户 A 标注了一本书,用户 B 也标注了,就可以通过这本书建立一个用户 A 和用户 B 交流的联系。用户 A 和用户 B 都标注了若干本图书,之间有较大比例是重复的,以此算法就可以把用户 A 和用户 B 联系起来,可以形成读者聚类。

主动推送标签相关的图书给读者。把某本图书主动推送给用了相同标签的读者。例如用户 A 用了一个标签,用户 B 也用了,就可以通过这个标签建立一个用户 A 和用户 B 交流的联系。用户 A 和用户 B 都用了若干个标签,之间有较大比例是重复的,同样可以形成读者聚类。

3.3　物联网技术助力学科化信息服务

在国家"十二五"规划的指引下,借助科技飞速发展的力量,物联网技术已经成为国家科技发展方向和重点。国家中长期科技发展纲要确定了 11 个国民经济和社会发展重点领域和 68 项优先支持主题进行重点安排,其中就包含了"传感器网络及智能信息处理",即重点开发包括无线射频识别(Radio Frequency Identification,RFID)在内的智能化物联网技术,提供更方便、功能更强大的信息服务平台和环境[①]。

作为物联网里的核心技术,无线射频识别技术是一种非接触式的自动识别技术,通过射频信号自动识别目标对象并获取相关数据。作为物联网感知层重要的感知技术,无线射频识别技术可以与互联网、通信等技术相结合,实现全球范围内的物品跟踪与信息共享,应用于信息服务业后,可大幅提高管理与运作效率,降低成本,成为重要的智能化基础设施。无线射频识别技术以其巨大的应用潜力与高科技含量,成为构建智慧型图书馆服务的基石,图书馆服务也将更为人性化、个性化和智能化。针对无线射频标签能够远距离读写,存放大量数据的特性,使得未来建设无人值守的智慧型图书馆成为可能;同时在图书馆的学科化信息服务应用中,也可以充分挖掘无线射频识别技术在图书馆应用的潜力,包括学科信息数据的合理抓取与应用挖掘机制,学科信息的智能化推送等,使其真正成为图书馆学科服务的一个有力工具与有效手段。

3.3.1　什么是物联网

物联网(The Internet of Things)是全世界公认的继 PC、互联网、无线通信技术之后的世界信息产业再一次新的信息化浪潮。1999 年,在美国召开的移动计算和网络国际会议提出了依托于射频识别(RFID)的物联网概念雏形。2005 年 11 月 17 日在突尼斯举行的信息社会世界峰会上,国际电信联盟(ITU)发布的《ITU 互联网报告 2005:物联网》,正式提出了"物联网"的概念。

物联网是通过无线射频识别(RFID)装置、红外感应器、全球定位系统、激光扫描器等信息传感设备,按约定的协议,将任何物品与互联网相连接,进行信息交换和通信,以实现智能化识别、定位、跟踪、监控和管理的一种网络,是在互联网的基础之上延伸和扩展的一种网络。物联网的核心仍是互联网,它利用了产品电子代

---

① 中国政府门户网站. 国家中长期科学和技术发展规划纲要. [EB/OL]. [2012-04-16]. http://www.gov.cn/jrzg/2006-02/09/content_183787.htm,2006-02-09.

码(Electronic Product Code,EPC)编码、RFID 和无线通讯技术等,在全球范围内实现对物品的跟踪监控。物联网将信息化技术应用得更加全面,必将从根本上改变对物品的管理手段。

物联网的这种特性决定了它对于物品的良好管理与监控作用,因此在物流行业中率先引入了物联网技术,运用于超市商品的监控、货运集装箱的管理、高速公路 ETC 收费等场合。由于图书也是一种流动性较大的物品,所以图书馆也积极加入到了物联网技术的阵营之中,期待用这种新技术来提升图书管理的水平与效率。

3.3.1.1　无线射频识别技术

作为物联网技术中最核心最关键的技术,无线射频识别技术的英文名称是 RFID(Radio Frequency Identification),以下均以"RFID"简称替代。它是一种非接触式的自动识别技术,它通过射频信号自动识别目标对象并获取相关数据,识别工作无须人工干预,可工作于各种恶劣环境下。

RFID 的基本技术原理起源于二战时期,但由于成本较高,该技术并未很快在民用领域中得到推广应用。直到 20 世纪八九十年代,随着芯片和电子技术的提高和普及,欧洲开始率先将 RFID 技术应用到公路收费等民用领域。到 21 世纪初,RFID 迎来了一个崭新的发展时期,其大量应用于生产自动化、门禁、公路收费、停车场管理、身份识别、货物跟踪等民用领域中,其新的应用范围还在不断扩展、层出不穷。21 世纪初,RFID 已经开始在中国进行试探性的应用,并很快得到政府的大力支持。2006 年 6 月,中国发布了《中国 RFID 技术政策白皮书》,标志着 RFID 的发展已经提高到国家产业发展战略层面[1]。

RFID 技术在图书馆领域也已经有了广泛的应用,世界上最早在图书馆应用 RFID 技术的案例是 1998 年的新加坡国家图书馆,其在 Bukit Batok 社区图书馆率先使用高频 RFID 来改变传统借还书的服务模式,取得了一定的成效[2]。而在国内图书馆领域,最早引进 RFID 技术的是厦门集美大学诚毅学院图书馆,在 2006 年与厂商合作建设并推出了"RFID 智能馆藏管理系统",成为国内第一家建成具有完善功能模块并进入实用阶段的图书馆 RFID 综合管理系统[3]。

3.3.1.2　无线射频识别图书馆应用现状

图书馆 RFID 技术的引进初衷是为了代替传统的条形码技术。RFID 标签相

①　百度百科. RFID. [2011-05-16]. http://baike.baidu.com/view/26303.htm.

②　Sung Kuan. What Went Right & What Went Wrong with RFID—The National Singapore Library. [2009-02-18]. http://www.zlb.de/aktivitaeten/bd_neu/heftinhalte2006/Betorg080906.pdf.

③　刘白秋. 无线射频识别技术在国内图书馆中的首次应用实践[J]. 图书馆学研究,2007(4):10-12.

对条形码具有存储容量大,读取距离远,能多标签同时读写等显著优点。但从目前的应用现状来看条形码并不能被完全取代,一是由于现在的大部分图书管理系统依然使用条形码信息来与图书进行关联,因此 RFID 标签也必须先与条形码信息关联后才能投入使用;二是出于数据信息完整性与安全性的考虑,RFID 标签相对条形码是一种新技术,未经过长时间的考验,假如发生标签损坏或丢失的情况,那么在取消条形码的情况下图书就无法与图书管理系统关联,会造成比较严重的后果。

在这样的背景下图书馆引进 RFID 技术主要是出于如下几方面的考虑:

(1) 改进服务模式。RFID 实现的自助借还、自动分拣、智能盘点理架等服务能大幅度提升馆员的工作效率,虽然新技术的引进并不一定能节省人力,反而可能会增加大量的盘点理架等工作,但是馆员由传统借还书,图书分拣等环节节省出来的时间可以从事更多其他服务,例如参考咨询与学科服务,所以这是一种服务观念与模式的转变。

(2) 方便读者,增加人气。依靠馆内的自助设备或者公共图书馆的街区自助设备,读者可以更方便地借还图书,不需要再在人工借还台排起长龙;精确的图书定位系统,使得查找图书更为方便;新技术的引进带来人气的提升,从深圳图书馆的实例可以看到,引进 RFID 设备后到馆人数比原来增加了 6~8 倍,外借数量增加了 5~7 倍[①]。

(3) 深层次的学科服务应用。RFID 技术其实远不止目前所开展的这些基础应用,还有巨大的潜力有待挖掘,可以应用到学科化服务中去,如个性化学科书目推送,按照学科合理排架,学科图书位置的精确定位等。

据不完全统计,截止到 2012 年 2 月,国内已经有近 100 家高校与公共图书馆正式启用了 RFID 系统与设备,这一数字还在不断增加中。

虽然 RFID 技术在图书馆应用的势头相当迅猛,但当前图书馆界对 RFID 的应用与服务功能主要还是集中在基础服务上,如传统的图书自助借还、盘点理架、自动分拣等方面,缺少智能型、创新型的应用技术与服务模式。有些图书馆和厂商对于 RFID 的新型应用做了一些尝试,例如北京理工大学图书馆自主研发了基于 RFID 技术的全自动闭架书库、全自动光盘库等产品;深圳图书馆研发了智能书车,即一种具有车载计算机和固定文献分拣单元格的电力驱动小车,可实现本区域所有文献位置数据的查询和运送;国内一些 RFID 厂商正在研究装载大量 RFID 阅读器的智能书架,可实现馆藏文献的实时定位。但总体来说,这些 RFID 的创新应用

---

① 吴晞,甘琳. 迈向智能化图书馆——无线射频识别技术在图书馆的应用和创新[J]. 中国图书馆学报,2006,32(6):65-68.

与服务理念在如今的图书馆界依然属于凤毛麟角,已有的探索和实践还不够稳定和成熟,RFID 技术所具备的巨大潜在价值尚有待挖掘和开发。特别是在学科服务应用上,RFID 理应大有作为,将学科信息服务与智能设备结合起来,进行智能化的学科信息挖掘与推送,是未来一个较为光明的发展方向。

3.3.2　无线射频识别技术在学科服务中的应用

作为物联网技术中的核心关键点,无线射频识别技术在当前的图书馆界应用已经相当广泛,但目前不管国内还是国外,高校馆还是公共馆,都并未在学科服务上有任何深层次的应用,最多做一些个性化的数据统计,没有发挥 RFID 技术的潜在价值。作为一种技术手段,RFID 技术有着较高的先进性与智能性,仅仅用来满足图书馆的基础服务,相当于“杀鸡用牛刀”,只降低了图书馆的流通工作人员的负担,并未使图书馆的整体服务水准与理念得到进一步的提升,相对于整套 RFID 设备昂贵的成本及每年需追加的标签成本来讲,可谓得不偿失。

RFID 技术可以远程读取标签信息,进行智能识别,并进行相应的后台数据处理。在这个过程中我们可以获取读者的个人信息,并以他的学科作为服务主体对象,进行针对性的服务;对于图书,同样有学科分类作为依据,通过标签智能识别,在后台数据库进行处理与智能化推送。想象这样一幅画面:读者来到图书馆后,系统通过读者随身携带的 RFID 读者卡自动识别身份,将读者对应学科的新书信息或可能感兴趣的图书书目推送到他的手机,同时显示详细的查找路径。读者把要归还的图书随手放在还书机,图书就被自动扫描归还。来到预约书架前,放置读者预约书的书架自动亮灯进行提示,把书取走即自动办理了借阅手续。读者手持平板电脑输入学科图书信息,通过三维立体化的地图显示出图书的位置信息,系统自动计算出一条最优路径指引读者前往对应书架。大厅中有智能机器人进行各种图书馆学科咨询类问题的解答,传送带将分拣后的归还图书按照学科分类分送到图书馆的各个阅览室,阅览室中装载图书的智能书车自动导航行进,将学科类图书运送到各个书架。

这些构想并不是异想天开,基于 RFID 技术很多功能都能实现,利用它作为技术手段可以使图书馆的学科服务更好地服务于读者,给予他们更丰富的学科信息内容,获取信息更为方便快捷。

3.3.2.1　学科化信息揭示服务

高校馆中读者面临最多的问题就是学科类的图书难找,往往缺乏方向性,需要向学科馆员进行咨询。借助 RFID 技术,可以将学科化信息资源非常直观地揭示给读者,使读者寻找想要的学科类图书变得更容易。

以前读者要查询某本学科类书籍,需要在图书馆提供的查询机上查找,但是查询机毕竟不能随身携带，找书不是非常方便。图书馆可以提供一种便携式寻书仪，可以考虑设计成类似苹果 ipad 的平板掌上设备，基于成本考虑可采用开源的 android 系统，寻书仪与无线网络连接，通过 OPAC 系统查询书籍信息，然后通过 RFID 馆藏定位导航系统定位到具体的阅览室的某个书架的某一层。具体位置信息显示在寻书仪的地图系统中，同时图书馆可在各个主要位置设置 wifi 热点，寻书仪通过无线网络连接的热点 id 号在导航系统地图中标记相应坐标，即可确定自身位置，即起点（读者亦可自定义起点），地图系统如 GPS 一般自动给出一条直观的最优化路径。常规的 GPS 导航系统仅支持平面定位和路径指引，而馆藏定位导航系统则支持立体化多层建筑的定位和路径指引。寻书仪中可内嵌 RFID 阅读器，当走到书架附近阅读器读到找寻的学科图书标签信息时，寻书仪会自动给出文字或语音提示，同时在屏幕上显示该图书的一些学科关联信息，达到智能化信息揭示的目标。

当前 RFID 技术下学科类图书的定位方法，几乎所有国内 RFID 厂商所使用的都是 RFID 标签加层标的方式，即图书中粘贴的 RFID 标签与对应的层标标签相关联，一个层标标签对应多本图书标签信息，通过层标信息就可以定位所有放置在这一层的图书；这种定位方法相对传统索书号定位的优点是排架较为灵活，比如可以根据读者需求将某一类的学科热门书籍集中放在书架的同一层面上，而不必严格按照索书号的规定来排列书籍。但是这种方法仍然存在缺陷，那就是最大精度为书架的某一层，至于这一层中书籍是如何排列的，RFID 盘点设备也无法做出精确的判断，只能读取到书籍错架，书籍不在架等信息而已。这也导致了学科信息揭示中的一个遗憾，读者在查询机器上找到了想要的学科类书目，显示在架，但实际情况却是图书并不在架上。

为了更加科学与准确地定位学科书籍信息，智能书架这一新生事物孕育而生，如图 3-14 所示。智能书架的原理是在原有的书架上安装多个 RFID 阅读器，每个阅读器的扫描范围对应一层书架或一个单元格，采用轮询读取机制，每隔 5～10 秒扫架一次，这样任何取书或上书操作都会被系统记录下来，可随时掌握书架上学科类书籍的动向，改进了以往在人工盘点的时候才能获知图书是否在架的不足之处。

智能书架实现了在架学科图书的实时定位，但是对于不在架的学科类图书，要进行精确定位就相对困难一些，可以考虑在各个阅览室的书桌，门口等公共位置安放一定数量的大功率 RFID 阅读器；安装在书桌上的 RFID 阅读器定时扫描附近的图书信息，阅览室门口的 RFID 阅读器配合红外感应装置扫描进出阅览室的图书信息，这样学科类图书从离架到出阅览室门口都会全程监控，读者假如再携带图书进入其他阅览室那么该图书信息又会被记录下来，直到完成借书出馆操作，这样理论上在图书馆内图书的位置信息可被随时掌控，可在查询系统中清晰直观地揭示给读者。

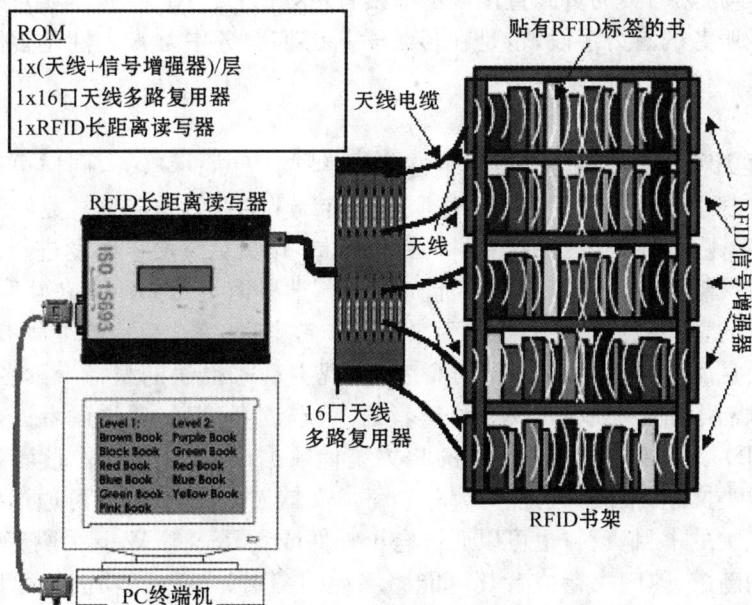

ROM
1x(天线+信号增强器)/层
1x16口天线多路复用器
1xRFID长距离读写器

REID长距离读写器

ISO 15693

Level 1:　　　Level 2:
Brown Book　Purple Book
Black Book　Green Book
Red Book　　Red Book
Blue Book　　Blue Book
Green Book　Yellow Book
Pink Book

PC终端机

天线电缆

天线

16口天线
多路复用器

贴有RFID标签的书

RFID信号增强器

RFID书架

图 3-14　智能书架结构图

　　掌握了如此详细的位置线索后,在定位导航系统中,可以看到更为准确的信息,读者在系统中检索某本学科类图书后,系统会将他指引到某个阅览室的某个书架的某一层,显示出该层所有图书的名称并进行立体实物建模呈现,这样读者对于图书的摆放位置一目了然,找书成为一件相对轻松的事情。对于不在架图书也不仅仅只显示不在架了,系统中会指出它在哪个书桌上,在什么时间段离开哪个阅览室,进入哪个阅览室,或者是否已被其他读者取走办理了借阅手续。

　　除了实体学科书籍的揭示,利用 RFID 技术还能够与其他学科服务平台相结合,将各种学科信息资源有效加以利用,展示给读者。由于互联网的高速发展,各种数字资源与多媒体形式层出不穷,图书馆的读者群体逐渐将关注的重点从纸本书籍转移至数字及多媒体资源上,各种学科及咨询服务也依托了一些个性化的学科服务平台,将信息快速而准确地传递到读者的终端,与传统学科咨询服务相比,无疑效率更高。读者使用内含 RFID 芯片的读者卡进馆,RFID 后台系统自动识别出读者身份,并在后台数据库中获知其学科分类信息、经常关注与借阅的学科类图书等(也可以把相关信息直接写在 RFID 芯片中),凭借获取到的学科分类信息,图书馆其他学科服务平台即能以接口方式与 RFID 后台系统互联并获知读者的学科分类及其他相关信息,通过各种不同的手段为读者提供个性化的学科服务,例如在网页上直接突出显示与该读者学科相关的学科资源信息或者该读者可能感兴趣的内容,将该学科热门类的资源直接揭示给读者,这无疑是 RFID 技术实现智能式学科信息揭示服务的有力手段,也是在传统学科咨询服务中融入人性化智能化的一种服务模式。

3.3.2.2　学科化信息推送服务

上文提到利用 RFID 技术实现个性化的学科信息揭示服务,同样可以利用该技术原理实现学科化信息的主动推送服务。传统学科咨询服务模式是"一问一答"的形式,读者碰到某些问题后找到学科咨询馆员,馆员负责对该问题进行解答。这种模式比较被动,而且效率不高,不能充分发挥学科馆员的作用。在互联网时代,各种个性化的学科服务平台与技术手段已经非常丰富,完全可以改变固有的模式,将学科化信息服务提升到一个新的高度,实现主动式推送的目标。读者进馆后,RFID 阅读器读取随身携带的 RFID 读者证,获取读者信息,通过读者证内的学科信息及 RFID 后台数据统计系统中的相关统计数据,可以获知某个读者近期借阅了哪些学科类文献,推测其可能对哪些学科类文献最感兴趣,据此可通过各种平台向其推送相关的书目资料;也可以通过电子邮件或者 RSS 等 Web 手段直接向其推荐该学科的新书、热门书籍或者其可能感兴趣的图书。该推送功能也可以考虑与高校图书馆现有的诸如 OPAC 等目录查询系统等相整合,在用户登录个人账户后即可看到根据他们的兴趣或者学科分类推荐给他们的书目信息与其他数字类的学科信息资源,对于还不太会检索学科信息资源的读者来说,既得到了极大的帮助,又真真切切感受到了图书馆所提供的主动式学科服务的温馨与快乐。

读者在图书馆找寻学科类图书的过程中,往往从书架取下一本图书时只能看到纸面上的信息,也就是图书的标题、作者及大致内容等,想看到更详细的信息必须去互联网上检索,在每个书架旁可以安放一个显示屏,智能书架侦测到书架上的取书动作后,读取所取图书的 RFID 标签,即可获得该书的详细信息,通过 RFID 后台数据库接口与图书管理系统数据库连接,定位到类似 Primo 等一站式检索网站中的相应图书信息,也可以链接到一些学科服务平台上,如学科电子期刊、数据库列表网站等,将这些网站提供的信息进行智能筛选与整合,在书架旁的显示屏上进行主动式推送,读者即可实时查看详细的书目信息、书评信息、目次信息、学科相关信息等,还可以推送与该书目相关的其他学科类书目与数字资源的信息,供读者选择。

对传统纸质书籍来讲,如何按学科来进行排架、上架等是一件比较繁重的工作,智能书车的发明很好地解决了这一问题,它可以按照预定的程序进行有条不紊、无差错的分类、上架等工作,将书籍准确无误地推送到各个书架。深圳图书馆已有智能书车的案例,如图 3-15 所示。该书车是一种具有车载计算机和固定文献分拣单元格的电力驱动小车,由 RFID 阅读器和计算机对文献和书架标志进行识别,准确确定并显示文献在书架的具体位置,实现本区域所有文献位置数据的查询和运送,使传统的书库运输车同时具备了文献上架、排架和自动寻址的功能[①]。

图 3-15　智能书车演示

这种书车具备了基本的图书推送功能,但功能还不够全面,对于高校图书馆来说,按照学科来进行书籍分类是未来一个基本的工作模式,假如将这种书车与机器人等智能技术相结合,智能书车将具备更强大的功能。书车可靠动力自动驱动与导航,使用内置的蓄电池提供电力,在电力不足的状态下可自动寻找插座进行自主充电。书车采集阅览室的地图自动设计最优化的行进路径,并可避开各种障碍物,可实现在某个阅览室中将书籍自动运送到指定书架的功能。整套系统中首先由RFID 分拣系统通过读取标签信息将书籍按照不同的学科进行分类,完成各个阅览室的书籍分配工作,智能书车装载好该阅览室的书籍后,车载的 RFID 阅读器读取装载书籍的 RFID 芯片,获取所有图书的架位信息,然后自动计算最佳路径,前行至阅览室内的各个书架旁停下,等候阅览室工作人员完成该书架的上架工作。显示屏突出显示书车上属于该书架的书籍,方便工作人员查看,在工作人员取完书籍或者在电脑系统中进行相应操作后,书车自动前行至下一个书架,等候工作人员下一步的操作与指示。在一个阅览室里可放置多个书车同时进行工作,单个书车负责某些特定学科的书架的书籍运送工作,可以为每辆书车安排最优化的路径,这样可以增强阅览室上架的工作效率。主动推送式的上架服务可为阅览室工作人员减

---

① 甘琳. RFID 技术在图书馆的创新应用. 图书馆论坛,2007,27(3):8-11.

轻不小的负担。

3.3.2.3 学科化信息统计服务

RFID 技术不仅拥有远程识读图书标签信息的功能,更为强大的是可以利用它的后台数据库所统计的数据信息大做文章。在定制数据库的时候应该考虑各种数据统计功能的需求,对图书的各种处理状态进行记录,从而可以实现对学科类图书的借阅历史进行分析的功能,确定学科类热门图书的种类,某个学科哪些书籍是最受青睐的,以此为依据可进行学科类书籍采购的趋势分析,以达到合理使用图书经费,购置有效文献,提高所采购学科类文献的利用率的目标。此外还可以统计出某些学科比较冷门的图书文献资源,从而可以据此开展书籍的剔旧工作。假如与系统采集与统计的读者信息相结合,还可以统计出某个学科的读者群体最喜爱借阅的是哪些学科的书籍。

图书馆所使用的图书管理系统本身也具备了借阅统计功能,但使用 RFID 的技术统计能衍生出不少特色服务,比如可以提供热门图书的扫架服务,读者只要手持阅读器对着书架一扫即可获知该书架上哪些学科类的书籍是最受欢迎、借阅次数最多的,该信息即来源于 RFID 后台的统计数据库;以此为依据可从每个书架中选取 5~10 本学科热门书,放置于每个阅览室新增的学科热门/推荐书架上,每月进行一次更新;该热门/推荐书架可采用智能书架的形式,书籍上架后 RFID 阅读器收集到相关的图书信息,与 OPAC 系统进行关联并定位,自动发布到 OPAC 系统的热门学科类图书推荐栏,供读者参考。通过对热门、冷门类图书资源的统计,可以规划出更合理的排架规则,将热门类的书籍置于读者最容易看到的位置,借以体现出图书馆人性化服务的一面。

利用 RFID 技术目前只能统计到学科类书籍的借阅信息,对于学科类书籍的阅览量尚无法进行统计,由于传统技术条件的限制,这个功能始终无法实现,现在由于 RFID 技术与机器人技术的出现与不断发展,未来可有两种思路进行解决。

(1) 使用智能书架进行阅览量统计:智能书架的 RFID 阅读器轮询读取机制可检测到学科类图书的取书操作,假如读者从书架上取下某本学科类书籍,系统会自动将读取到的图书信息记录并存放到后台数据库中,再排除掉该图书被借阅的情况,这样即可大致获知学科类图书的阅览量信息,某门学科哪些图书更容易被读者翻阅。

(2) 利用机器人技术设计一辆阅览信息智能统计车:图书馆必须要求学生在看完书籍后将图书留在桌面上,阅览信息智能统计车每天在空闲时段定时绕阅览室里的各个书桌行走一圈,依靠车上装载的大功率 RFID 阅读器,即可读取到书桌上放置的书籍信息,从而得到阅览室学科类书籍阅览量的统计数据。但这种情况下车载 RFID 阅读器的天线功率要做适当的调整,使读取范围正好覆盖到书桌,而不会误读到书架上的书籍。

由此所实现的学科类图书阅览信息的量化统计使得大量后续服务得以开展：例如可获知哪些学科类书籍或封面最受青睐，为今后的采购工作奠定基础；有了翔实的统计数据作参考，学科馆员今后在向读者推荐学科类图书时能够更有针对性与把握。

3.3.2.4　其他学科化信息服务

由于网上预约学科类图书更加方便，对于高校图书馆来说，每天必不可少都有大量的学科类图书预约请求，所以一般都设有专用的预约书架可供读者自取预约书籍，但寻找起来仍然不太方便。因此结合已有的 RFID 智能书架技术，未来可以实现更智能化的预约图书服务。

预约书架基于最新的 RFID 技术实现智能化的图书馆预约学科书籍借阅功能，在预约书架上铺设地毯形状的 RFID 天线，每一个 RFID 天线覆盖书架的一个单元格，读取距离需要仔细调整与控制，防止读取到邻近单元格的图书标签信息，每个单元格上安装一个不同颜色的 LED 显示灯。读者通过互联网查找并成功预约书籍后，RFID 后台数据库每天从图书管理系统自动抽取所有预约学科类图书的到书信息。当读者来到图书馆并进入预约书架区域后，必须先刷卡确认身份，刷卡后系统读取读者个人信息，与图书管理系统中的预约书籍及读者信息进行比对，然后在旁边设置的显示屏上返回相关信息，假如未找到匹配记录，系统会提示读者未找到预约书籍；假如有匹配记录，则显示屏上将显示出读者所预约的学科图书信息，包括标题、作者、出版社等可自定义的内容，同时放有学科预约书籍的单元格上的 LED 显示灯将自动闪烁以提示预约书籍所在的位置，读者取完书后再次刷卡即自动完成图书的借阅，假如读者取了非本人预约的书籍，则系统会提示非本人预约书并停止借阅过程。这种预约书架无疑加快了读者寻找所预约的学科类书籍的速度，提高了工作效率，凸显了"智慧"图书馆的特点。

3.4　即时通讯(IM)技术与学科化服务

3.4.1　什么是 IM

IM 是 Instant Messaging 的简称，中文翻译为即时通讯、即时通信或者实时传讯等，本书称之为即时通讯。它是以软件为工具，依靠互联网和移动通讯平台，通过多平台、多终端的通讯技术，以多种信息格式（文字、图片、声音、视频、文件等）来实现同平台或跨平台的高效率低成本的综合通讯沟通服务，交互式通讯方式如图3-16 所示。

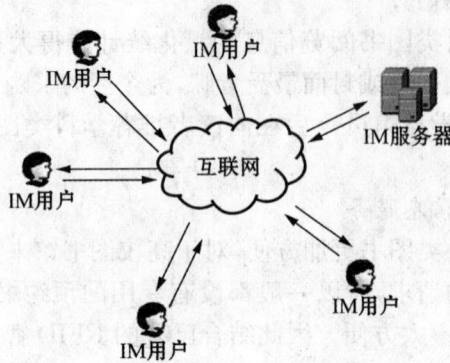

图 3-16　IM 交互式通讯图

也就是说,IM 是一种面向终端使用者的网络沟通服务工具,使用者可以通过安装了 IM 的客户端进行两人或多人之间的实时交流。交流内容包括文字、图片、语音、视频及文件的互相传递等。

IM 也是一个终端连接一个即时通讯网络的应用,它不同于 E-mail 是由于它提供实时的交流;也不同于网上聊天室只能与在线用户交流。若对方不在线,IM 可以给其留言,当对方再次上线时即可看到留言。大部分的即时通讯服务提供了在线技术(presence awareness)的特性,即显示联络人名单列表,联络人是否在线的状态标志,以及是否可以与联络人交流的标志。

目前,在网上受欢迎的 IM 包括 MSN Messenger、通讯 QQ、百度 Hi、AOL Instant Messenger、UcSTAR、Yahoo! Messenger、NET Messenger Service、Jabber、ICQ、飞信、Skype 等。这些服务有赖于许多技术手段的发展,使得实时交流成为可能。

3.4.1.1　IM 种类与应用

近几年 IM 发展迅猛,它的种类也纷繁复杂。我们可以从通讯手段、应用领域、通讯协议、客户端这四个不同的角度对它进行分类。

(1) 按照通讯手段(如表 3-4 所示)。

表 3-4　按照通讯手段分类

类　别	通讯手段	介　绍
网络 IM	互联网	此种交流方式也被大多数人接受,许多网民每天都会使用这个方式来进行即时交流
手机-网络 IM	互联网、手机	此种交流方式被一部分人接受,主要是使用文字短信进行交流;相信不久的将来会有更多的人使用这个方式进行交流,并且交流的内容也将变得多种多样

人们日常生活、工作中通常应用的即时通讯手段或通讯介质主要分为:手机

IM、网络 IM 和手机-网站 IM。本书主要以网络 IM 为主进行介绍。

（2）按照应用领域（如表 3-5 所示）。

随着互联网的普及，IM 也逐渐被大众所接受。它的应用领域也就变得越来越宽泛，可以分为个人 IM、企业 IM、商务 IM、专业 IM、泛 IM。

表 3-5　按照应用领域分类

类　别	介　绍	典型软件
个人 IM	主要是以个人用户应用为主，开放式的会员资料，以非营利为目的，方便个人之间聊天、交友、娱乐等。这类软件，以网站为辅、软件为主，免费使用为辅、增值收费为主	雅虎通、腾讯 QQ、MSN、百度 HI、网易 POPO、新浪 UC、移动飞信、盛大圈圈等
企业 IM	目前存在两种：一种是以企业内部局域网办公为主，建立员工交流平台；另一种是以即时通讯为基础，进行系统整合以便于企业内部工作人员的交流。这种软件一般仅限于企业的内部交流，一般是不能用这个 IM 软件和外部人交流的	腾讯 RTX、微软 LCS（前身 OCS）、IBM Sametime、通软联合 GoCom、点击科技 GKE、互联网办公室 IMO 等
商务 IM	这里的商务主要是指买卖关系，主要以个人和中小企业用户为主。其主要功能是实现交易双方便捷的跨地域商务交流，以低成本实现商务交流或工作交流	阿里旺旺、QQ（拍拍网）、MSN、Skype，企业平台网的聚友中国等
专业 IM	这是局限于某些行业或领域内部使用的 IM 软件，一般不被大众所知，主要是行业网站所推出的 IM 软件。专业 IM 软件，一般为用户购买或特定需求定制的软件，具有一些专业内部的特殊功能	螺丝通、盛大圈圈、奥博即时通讯等
泛 IM	一些软件或网页带有 IM 软件的基本功能，但以其他应用为主，IM 应用为辅	一些视频会议系统、MySpace 等

（3）按照通讯协议（如表 3-6 所示）。

IM 软件的种类繁多，它们所使用的通讯协议却不尽相同。下面就按照 IM 软件遵循的通讯协议对其进行分类。

表 3-6　按照应用协议分类

协　议	协议介绍	典型产品
可扩展消息处理现场协议（extensible messaging and presence protocol，XMPP）	可扩展消息出席协议，能够利用 XML 充分定制各项功能，使用灵活方便，部署简单快捷。较其他协议有功能完整，完善等先进性。XMPP 的扩展协议 Jingle 使得其支持语音和视频	GTalk、Jabber 等

（续表）

协　议	协议介绍	典型产品
针对即时消息和呈现业务的利用扩展的会话初始化协议（SIP for Instant Messaging and Presence Leveraging Extensions，SIMPLE）	SIMPLE 是 SIP 的扩展，它为 SIP 协议指定了一整套的架构和扩展方面的规范，用于支持 IM 和 Prensece。SIMPLE 通过 SIP 来传递状态信息和实现分布的信息表示	MSN 等
私有协议	这种协议有该企业内部掌握的专利技术，对外没有提供详细的介绍	QQ 等

（4）按照客户端（如表 3-7 所示）。

随着即时通讯技术的发展，人们对于客户端安装相应的 IM 软件觉得麻烦，希望在任何一台电脑即时可以使用，因此就产生了网页形式免安装的 IM。下面就按照客户端对 IM 进行分类。

表 3-7　按照客户端分类

客户端	客户端应用的介绍	典型产品
软件 IM	安装相应的 IM 软件，用户就可以使用 IM 和朋友交流	QQ、MSN、雅虎通等
网页 IM	将 IM 与网页相结合，使得用户在网页可以和其他的该 IM 用户进行交流	校内网（人人网）、QQ 与 MSN Messenger 等的网页版，Gmail 中的 Gtalk，及整合 IM 的 Meebo、Facebook、MySpace 等

学科化服务对象大多为师生，使用的多为个人即时通讯，也被称为消费者即时通讯（Consumer Instant Messaging，CIM）。近几年，随着中国互联网的发展，中国网络用户迅猛增加，IM 个人用户也飞速发展壮大，用户规模稳步提高。根据 iResearch 艾瑞咨询推出的网民连续用户行为研究系统 iUserTracker 最新数据显示，2012 年 3 月，腾讯 QQ 日均覆盖 2 亿人，网民到达率达 74.3％，稳居行业榜首；阿里旺旺日均覆盖 3 397 万人，网民到达率达 12.8％，位居第二；飞信日均覆盖 1 993 万人，网民到达率达 7.5％，位居第三。由此可见，中国的网络用户大多数都在使用 IM 软件，随着互联网进一步普及，人数还将以几何级数增长。

由表 3-8 可以看出，腾讯 QQ 的用户数最多，使用其开展学科化服务将覆盖大多数服务对象。值得注意的是，人人桌面和微博桌面这类微博性质的即时通讯软件占有率随着其流行程度的增长迅速占领了市场，目前大多数图书馆利用微博推广宣传，但鲜有学科化服务应用，跟随读者的应用习惯，图书馆应该探寻利用微博开展学科化服务。

表 3-8　2012 年 3 月即时通讯软件日均覆盖人数排名①

排名	软　件	日均覆盖人数	网民到达率
		万人	%
1	腾讯 QQ	19 768	74.3
2	阿里旺旺	3 397	12.8
3	飞信	1 993	7.5
4	MSN	846	3.2
5	歪歪	730	2.7
6	人人桌面	571	2.1
7	微博桌面	379	1.4
8	腾讯 RTX	313	1.2
9	腾讯 TM	252	0.9
10	Skype	202	0.8

注：网民到达率＝该软件日均覆盖人数/所有软件总日均覆盖人数。

3.4.1.2　IM 服务的优势与局限

（1）IM 服务的优势。

现如今越来越多的图书馆利用 IM 开展各项信息资源服务，越来越多的馆员喜爱利用 IM 作为工作的沟通与交流工具。与其他的服务方式如 E-mail、Web 表单提交及基于专业咨询软件的实时在线服务相比，IM 服务模式有着自身独特的优势。

① 拥有广泛的用户群。

IM 服务的目标用户包括 IM 用户及其潜在的未来用户群。随着互联网日益普及，IM 的用户规模也在快速增长，目前已经拥有了广泛的用户群。从表 3-8 可以看出，仅腾讯 QQ 的日均覆盖人数到达 1.9 亿，这些人群里面包括各行各业各年龄层，其中高校学生使用 IM 工具的人更是近乎 100%，这让高校图书馆更热衷于 IM 服务的推广。IM 工具已经越来越深入人心，应用范围已经从单纯的网络聊天工具变成工作生活不可缺少的信息交流方式。

② 操作简单、界面友好。

IM 一般都是由软件公司开发设计的，因此 IM 软件的应用各方面考虑的都较

---

① 艾瑞咨询. 艾瑞 iUserTracker：2012 年 3 月即时通讯软件行业数据[EB/OL]. [2012-04-30]. http://www.iresearch.com.cn/Report/View.aspx?Newsid＝170842.

为周全。常见的几种 IM 软件操作都容易掌握,好学易用,常用功能基本无需培训就会使用。图书馆利用 IM 开展服务无需进行专门的用户培训。IM 软件界面设计非常友好,富有个性化与人性化,有的甚至可以自定义新颖的面板、有趣的动态表情、灵活的快捷键设置和栩栩如生的聊天场景。IM 这些特点应用在图书馆服务中可以消除部分读者面谈时的拘谨和羞怯感,以及一些读者不愿意暴露身份等心理障碍,拉近图书馆与读者的距离,充分体现图书馆"以人为本"的人文关怀理念,也符合图书馆 2.0 的核心理念。

③ 功能丰富强大。

随着 IM 的迅猛发展,IM 的功能越来越多。IM 可实现与读者之间的文字、语音或视频交流;可进行文件(包括电子文献、图片或音频、视频资料等)的发送传递;可共享文件、传送短信、播放影音;还可实现 URL 推送等。即使用户离线,也可向其绑定的手机或 E-mail 发送、回复短信或邮件。图书馆应用 IM 能够解决 E-mail、BBS 服务的延迟性和不彻底性,实现常用服务模式达不到的效果。

④ 实时交互更为便捷。

IM 的实时交互性更为便捷,且符合了读者的网络行为习惯。用户只需运行 IM 程序,即可获得图书馆的 IM 服务。若需要联系图书馆的即时咨询馆员,只需在咨询馆员在线状态的时候向咨询馆员发出即时信息,咨询馆员即可收到,双方的交流从此开始,整个过程中几乎没有距离感与时间延迟感,且避免了读者每次咨询都需要填写用户信息的表格这个繁琐的过程。此外,IM 可以突破某些面对面交往的心理障碍,让读者与馆员都处于一种更为宽松的交流环境之中,双方不必遵循正式的咨询程序,简单的问候之后即可切入正题,咨询显得极为轻松、方便、快捷。

⑤ 无时间与空间的限制。

IM 服务打破了图书馆地理位置的限制,读者在任何地方都可以享受服务,节省了读者的宝贵时间和费用,这对于多分馆的高校和公共馆而言尤为重要。在图书馆开放时间之外,值班的馆员可以在任何地方上网查看读者的消息并及时解答读者的问题,当值班馆员不在线的状态下,图书馆可以利用 IM 机器人为读者进行 7×24 小时的智能服务,从而使读者随时随地享受到图书馆的信息资源服务,让其感到图书馆无处不在。无形中图书馆既延长了服务时间,又尽可能地吸引和挖掘了潜在的读者。

⑥ 服务成本低廉。

利用 IM 开展信息资源服务包括开发成本和人力成本,基本的 IM 服务开发简单,人力成本也较少,其他成本费用几乎没有。目前网上提供的 IM 软件任何人均可免费下载、安装,其绝大部分功能可免费使用,软件的运行环境没有特别要求。

图书馆和读者需要做的只是在本机上下载、安装相应的 IM 软件,通过它双方即可实现在线互动交流,这中间无需或只需极少的费用。图书馆不必考虑软件后续的维护、升级等诸多问题,可以说没有任何的经济负担及后顾之忧。从这一点来说,任何图书馆,不论其规模大小,实力如何,只要拥有基本的网络条件,均可开展 IM 服务。

(2) IM 服务的局限。

IM 服务虽然拥有众多优势,但是 IM 作为商业软件将它引入图书馆的服务依然存在一些客观的局限性,这些局限在规划与实施中应尽量避免。

① IM 工具种类繁多,难以统一。

目前 IM 工具种类繁多,读者会根据偏好和习惯选择使用不同的 IM 工具,然而大部分 IM 之间不能互联互通。对于图书馆提供 IM 服务来说,选择一种 IM 工具提供服务势必会分流使用其他 IM 工具的读者,若要兼顾所有的读者,需要建立不同类型的 IM 服务,同时需要分别管理和使用不同 IM 工具的账号,馆员在进行 IM 服务的时候就需要在不同的 IM 工具界面中频繁切换,确实比较麻烦。当然,也可以借助 Trillian、Pidgin、Meebo 等支持多种 IM 服务协议的第三方软件来实现同时登录多种 IM 账号,但它们依然是与相应 IM 的联系人进行通讯,并不能实现真正的互联互通,因此并不能根本性解决多 IM 账号的管理问题。

在国内,腾讯 QQ 和 MSN 能覆盖 90% 以上的读者,大部分图书馆在 IM 工具的选取上首选它们作为服务工具,以最大限度覆盖服务读者群。

② 运行稳定性不能保证。

因为 IM 工具是直接与 IM 运营商的服务器连接的,读者与图书馆的 IM 端之间的通讯都必须通过服务器,所以利用 IM 进行图书馆服务,它的运行稳定性取决于 IM 运营商的服务器和链接服务器的网络。例如 2006 年 12 月的台湾地区地震就使得地震附近海域的 9 条国际海底光缆被阻断,同样的事情在 2009 年 8 月再次发生,台风"莫拉克"再次让海底光缆中断,中国大部分地区无法登录 MSN 等服务器在国外的 IM 工具。若图书馆采用 MSN 进行 IM 服务,我们并不能保证此类事件不再发生,那么网络的障碍势必会影响利用 IM 开展服务的质量,图书馆必须考虑应急措施。

③ 个性化开发难以得到保障。

IM 之间不能互联互通的主要原因是各大 IM 运营商采用的是不同的通讯协议,这也给图书馆对 IM 服务进行个性化开发带来了难度。我们可以通过一些开源的或收费的组织或公司获取 IM 的开发框架,对其进行开发以适合自身的 IM 服务,但是当 IM 进行升级更新,不能保证通讯协议永远不变,这时无论是免费还是收费的框架都需要进行技术升级才能继续使用,这为 IM 服务带来了不可预测的不稳定性。

④ 安全隐患。

IM 的受欢迎程度和高普及率,使得安全攻击存在极大的发展空间和破坏能力。作为一种最大化沟通能力而存在的应用软件,其认证机制和保护手段是相对比较薄弱的,这很容易为恶意攻击所利用。从 QQ 木马病毒,再到前不久出现的 MSN 杀手病毒,针对 IM 工具传播的病毒技术越来越先进,手段越来越高明,其危害程度也越来越大。除此之外,攻击者还可以利用 IM 突破防火墙,对防火墙所保护的网络和计算机造成破坏。IM 在使用过程中面临着很多安全性问题,值得我们防范。

(3) IM 与传统咨询系统对比。

参考咨询工作是图书馆员与读者间的一种知识类型的信息转移的运动过程,它是以读者的需要为线索,以信息载体为纽带,由馆员向读者揭示信息、传递信息以及向读者指示检索方法并从存储信息中找出所需问题之结果的业务过程。参考咨询已经成为图书馆的一项基本业务,本质在于参考咨询馆员与读者的交互,寻求对读者在利用图书馆过程中所产生问题的解决。随着数字化、网络化环境的建立,这项业务不仅没有削弱,反而随着传统服务向数字化转变而逐步凸显出更加重要的地位,与读者交互的方式也随着信息技术发展呈现多样化趋势。

2005 年第 7/8 期《Online》杂志发表了一篇题为《Web-Based Chat VS. Instant Messaging》的文章,其结论认为,总体上 IM 应用于图书馆数字参考咨询的优势更多。以往图书馆大多采用专业的虚拟参考咨询软件系统进行服务,随着 IM 工具的发展,越来越多的图书馆渐渐开始利用这一灵活的、便捷的通讯工具进行参考咨询服务。在实践中,图书馆采用 IM 与采用专业的参考咨询软件开展咨询服务在许多方面是各有利弊的,其比较如表 3-9 所示。

表 3-9　图书馆专业的参考咨询软件系统与 IM 工具的比较①

总体功能	具体性能	图书馆专业虚拟咨询软件系统	IM 工具
软件性能	文字交流	有	有
	多语种文字交流	有	有
	音频交流	少量产品有	有
	视频交流	少量产品有	有
	保留/查看交流记录	有	有

---

① 潘卫,郑巧英. IM——实时虚拟参考咨询方式的再选择[J]. 现代图书情报技术,2006 (11):12-15.

（续表）

总体功能	具体性能	图书馆专业虚拟咨询软件系统	IM 工具
软件性能	立即发送 E-mail	有	有
	向手机等便携设备发信息	无	有
	创建聊天室	有	有
	页面推送	有	有
	同步浏览	大多有	个别有
	文件发送	有	有
	提问排队	有	有
	转送其他参考馆员解答问题	大多有	容易实现
	表单共享	大多有	无
	自动统计报告生成	有	基本无
	用户满意度调查问卷	有	无
	用户端平台要求	要求不高,可满足大多数用户使用	要求不高,可满足大多数用户使用
	用户界面个性化定制	有	有
	用户重复使用服务的方便性	较方便	更方便
	咨询员端平台要求	要求不高,可满足大多数使用	要求不高,可满足大多数使用
	咨询员界面个性化定制	有	有
	系统安全性	相对较好	相对问题较多
成本	软件成本	相对较高	无
	软件使用培训成本	相对较高	无
	年度维护/使用成本	相对较高	无
服务推广		用户对系统不够熟悉,相对困难	用户对软件使用非常熟悉,相对较容易
管理		由于是针对图书馆的服务定制开发的,管理相对较容易	管理功能相对较弱,管理较为麻烦
联合服务		比较容易	相对困难

　　从表 3-9 的比较可以看出,作为图书馆开展实时虚拟咨询的工具,在诸如文字交流、多语种文字交流、音视频交流、保留和查看交流记录、自动邮件发送交流等核心交流功能和对服务端、用户端的软硬件要求上,IM 与图书馆专业咨询系统相差无几,而从用户角度考虑的多数层面,如用户对软件的熟悉度、认可度、软件成本、

使用培训、服务推广等方面 IM 均占有一定的优势。

依靠网络、依靠资源共享开展深层次多渠道的参考咨询服务,为读者提供广、快、准的信息服务是图书馆发展的必然,利用 IM 工具进行参考咨询服务正是符合这个发展趋势。IM 工具在图书馆参考咨询服务的应用,主要体现在实时咨询、读者意见反馈、电子文献传递、学科化信息咨询和 FAQ 智能应答这四个方面。

3.4.2　IM 学科信息咨询服务

网络化、数字化技术的发展使读者需求不断发生变化,对图书馆信息服务要求也越来越高。一方面,通过网络获取学术信息已经逐步成为前沿科研人员的一种基本要求和行为习惯,并且他们希望这种获取服务的方式能直接"到桌面、进现场",能有机融入科研过程。另一方面,研究任务的复杂化发展,不但要求科研人员之间要实现跨越国家、地区、学科、领域界限的交流合作,而且希望科研信息服务者能从提供一般性文献服务转变为提供学科化信息服务,以帮助解决科研活动过程中遇到的实际问题。在这种需求下,许多研究型图书馆组建多学科的学科馆员队伍,推行学科馆员制度,用以加强学科化服务建设,提升图书馆科研方面的服务能力。因此,学科化信息服务被认为是以学科馆员的专业知识和图书情报知识为基础,针对用户在知识获取、知识选择、知识吸收、知识利用、知识创新的过程中的需求,对相关学科专业知识进行搜寻、组织、分析、重组,为教师和学生提供所需专业知识的服务。

图书馆在开展学科化信息服务时,需要选择采用何种方式与用户交流沟通,其中较为常用的就有 IM。利用 IM 可以实现实时的与用户交流,进行学科化信息服务,在表现形式上主要有两种方式:

(1) 嵌入用户环境。

图书馆面向学科领域和科研机构,组建一个个灵活的学科单元,将资源采集、加工、重组、开发、利用等工作融于每个学科单元之中,每个学科单元由若干名学科馆员负责,并将学科馆员的 IM 联系方式提供给用户。在用户与学科馆员建立联系之后,用户登录 IM 工具即可向学科馆员进行咨询,获取帮助。通过学科馆员专业化的知识重组,使信息服务由粗放型管理转向学科化、集约化管理,从而为用户提供更深入、更精细、更个性化的服务。

[案例 3-1]　宁波大学图书馆

宁波大学图书馆以馆藏资源为基础,将学科分为人文社科、工程技术、人文语言、生命科学等,每个学科由专门的学科馆员负责,并提供 QQ 或 MSN 的联系方式(如图 3-17 所示)。

核心工作，咨询学科	姓名	电话	E-mail	在线沟通
原文传递，人文社科	胡老师		ndwxcd AT nbu.edu.cn 或者 ndwxcd AT gmail.com	QQ留言
数字平台，人文社科	谢老师	87600×××		QQ留言
用户培训，一般问题	陈老师			QQ留言
数字资源，工程技术	但老师	87600×××		QQ留言 MSN
服务统筹，人文语言	豆老师		tsgxxb AT nbu.edu.cn 或者 tsgxxb AT gmail.com	QQ留言
特色资源，专题服务	凌老师	87600×××		QQ留言
信息推广，外联合作	聂老师			QQ留言
查新咨询，引证查询	赵老师			QQ留言
科技查新，生命科学	丁老师	87609×××		QQ留言
科技查新，工程技术	王老师			QQ留言
专题服务，工程技术	黎老师			QQ留言

图 3-17　宁波大学图书馆学科馆员 IM 联络页面①

（2）嵌入学科信息服务平台。

为了更好地发挥图书馆在网络环境下的作用，许多图书馆为学科化信息服务搭建了专门的服务平台。学科信息服务平台是联系用户和学科馆员的媒介，是学科知识服务系统的外在表现形式，它是两者得以联系的一个虚拟环境。学科信息服务用户通过服务平台享受服务，学科馆员通过这个平台向用户提供服务。学科化信息服务的各个组成部分均可在此平台上以醒目、有序、便捷的方式展现。在学科信息服务平台上，利用网页嵌入技术将 IM 嵌入至平台，加强了服务平台与用户的互动，改善了用户的服务体验。

［案例 3-2］　上海交通大学图书馆

上海交通大学图书馆从知识服务入手，以学科为基础，根据学校的院系分布建立了相应的学科博客服务平台，每个服务平台由多名学科馆员负责。学科博客服务平台集成了"即时交流"模块，该模块即为页面嵌入式 IM，它构建了学科馆员和相关学科科研人员的实时交流通道（如图 3-18 所示）。

［案例 3-3］　LibGuides 信息平台中的应用

LibGuides 是 SpringShare 公司在 2007 年推出的一个开源软件系统，是以软件即服务（Software-as-a-Service，Saas）的方式提供服务的，截至 2012 年 5 月，已有如哈佛大学、耶鲁大学等 3 000 多个图书馆应用它作为信息资源导航系统。大多数

---

① 　http://lib. nbu. edu. cn/service/zxzx. htm 宁波大学图书馆.

国外图书馆以定期付费的方式享受 LibGuides 的平台服务,根据各自情况自定义 LibGuides 系统作为图书馆的学科资源服务平台,该系统具有鲜明的 Lib2.0 特征,集 IM、Facebook、Twitter 及 Widgets 于一身,这使得基于 IM 的 LibGuides 交流更为便捷(如图 3-19 所示)。

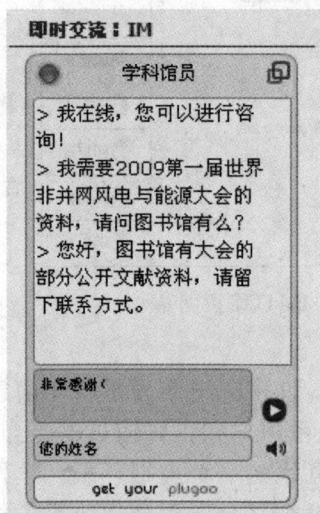

图 3-18　上海交通大学图书馆
学科博客平台"即时交流"模块①

图 3-19　华盛顿大学图书馆
LibGuides 平台 IM 即时交流模块②

　　在 LibGuides 上可以集成第三方 IM 嵌入式网页,目前它集成的 IM 通讯工具主要有 Meebo、Plugoo、AOL、Yahoo IM、MSN 等。用户进入相关学科的 LibGuides 界面后,在右侧可以看到此专业学科馆员的 IM 交流方式,使用界面上的聊天工具,即可与馆员进行实时交流,随时随地获得参考咨询服务,这有助于用户在需要帮助时获得馆员的帮助。如东肯塔基大学图书馆的 LibGuides 平台,除了为读者提供嵌入网页的 Meebo 的交流框之外,还为读者提供了 AIM、Gtalk、MSN、Yahoo! Messager 和 Twitter 等多种交流方式,读者可以选择自己习惯的交流方式与学科馆员进行实时交流。

①　http：// blog. lib. sjtu. edu. cn 上海交通大学图书馆学科博客平台.
②　http：// libguides. wustl. edu/cat. php?cid＝2107 Eastern Kentucky University LibGuides @EKU.

3.4.3　IM 学科信息智能推送服务

高校图书馆和研究型图书馆一直致力于科学研究的文献信息服务,其中针对学科的信息推送是服务的重要工作之一。学科服务作为图书馆一项重要的对外服务项目对馆员的要求很高,工作量也很大,需要即时的获取学科最新信息和动向,并将收集到的信息加以整理并发布到网络上。但是整理后的信息量依然很大,读者很难找到自己真正关心的信息,从而使得学科服务的效果并不明显。目前,许多图书馆利用 IM 工具进行学科化信息咨询服务,而由人工开展的学科化信息推送服务变得难以实现,主要基于两个方面的原因:

(1) 学科馆员无法针对大量不同学科的研究人员进行大批量的信息发送。这种重复性、单一性的工作由人工完成不仅需要耗费大量的时间,而且容易出错。

(2) 学科信息是针对整个学科的所有读者,由于读者数量众多,学科馆员也不可能针对每一个读者进行个性化信息的筛选,因此完全可以将它交给计算机去完成。

基于这些使用需求,我们可以将 IM 即时通讯工具引入创建 IM 智能机器人平台,作为分发平台。读者可以在平台上定制自己关注的学科内的细小分类,这样就保证了读者接收信息的质量又释放了学科馆员的基础工作量。IM 机器人可以根据读者定制的条件将学科馆员发布的最新信息进行筛选分级,并发送到读者的即时通讯工具上。应用 IM 机器人代替学科馆员发送学科化信息,它可以取代人的部分工作,可以将工作时间从 5×8 小时拓展到 7×24 小时。它是一种便于管理和维护并且低成本的解决方案,是基于人工智能技术的应用,可以针对服务对象以及业务类型的不同进行分类处理,对通讯的内容进行智能的分析,从中提取指令内容,并根据指令的内容获取服务对象需要的信息并予以回复。利用 IM 开展学科化信息推送服务,让更多读者定制学科信息,从而不受时间、空间、人员的限制。

人们对信息的实效性、个性化要求越来越高,图书馆作为信息资源中心,不应该再继续传统的被动式服务,等待读者上门,而应该转变为“以读者为中心”,及时主动地提供个性化内容的推送服务。主动推送的信息必须符合用户需求,收集用户行为数据进行分析,挖掘出用户的潜在需求,再相应地制定服务策略,提供个性化的信息推送服务。这样主动式的个性化推送服务也正是体现阮冈纳赞提出的“图书馆五法则”中“每本书有其读者”,“节省读者的时间”这两条原则。

IM 作为即时性的交流工具,具有实时性和个性化的特征,图书馆利用它作为个性化信息推送服务可以为读者获取信息带来极大的便利。由于 IM 信息内容只有读者登录才能看到,因此利用 IM 也保障了读者个性化信息的隐私。IM 作为即时通讯工具有信息提示功能,比其他推送方式其自身优势有:

（1）信息及时提醒。读者可以在第一时间获取新书信息，不需要像 RSS、E-mail 那样去人工收取方可获得。

（2）低成本费用。IM 的信息通讯不需要支付任何费用，而手机短信则是按照短信条数进行收费。若此项服务免费，读者订阅的新书信息过多或订阅的人数过多，图书馆势必需要支付一定的费用，对图书馆而言，随着服务的推广将是不小的负担；若需要读者支付短信费用，那么此项服务定制人数将大大减少。

因此利用 IM 机器人作为新书通报的推送工具，适合图书馆服务的推广和应用。

3.4.3.1　IM 智能机器人开发

［案例 3-4］　上海交通大学图书馆

上海交通大学图书馆在 2009 年初首次利用 MSN 推出了 OPAC 机器人服务[①]，而后陆续设计与开发了百科机器人、信息导航机器人、新书通报机器人等。利用 IM 进行推送服务开发需要了解 IM 的通讯协议，大多数 IM 均为开放通讯协议，而微软的 MSN 通讯协议是对外公开的[②]。目前有许多基于 MSN 通讯协议的第三方开源开发平台，利用这些开发平台可以很方便地搭建自己的 IM 机器人，但是这种应用平台的功能受到提供方的限制，稳定性得不到保障，为确保机器人的服务稳定性和可扩展性，建议直接利用 MSN 的公开通讯协议进行 IM 机器人开发。

1）学科信息推送服务模型

根据需求可以确定业务的主要流程：读者在系统中建立用户，基于该用户建立自己关注的学科以及学科下面的详细方向分类。并提交其常用的 IM 工具联系方式，将系统的 IM 机器人加为好友。学科馆员在管理后台将收集到的最新学科资讯进行分类并批量导入到平台数据库，IM 机器人每天定时从数据库中获取最新的学科资讯并根据读者定制的关注分类将信息发送到读者的 IM 即时通讯工具上，读者登录后即可看到最新的学科信息，并可以通过发送指令的方式向 IM 机器人请求其他学科的信息，IM 机器人根据请求的条件获取信息并发送到读者的 IM 即时通讯工具中。明确了业务流程，就可以形成如图 3-20 所示的学科信息推送服务模型。

系统建设主要分为两部分工作：

（1）IM 推送机器人的功能设计与开发。

---

①　上海交通大学图书馆. OPAC 机器人［EB/OL］.［2011-04-18］. http：// opac. lib. sjtu. edu. cn/F/?func＝file&file_name＝robot. html.

②　MSN Messenger Protocol［EB/OL］.［2012-05-23］. http：// www. hypothetic. org/docs/msn/index. php.

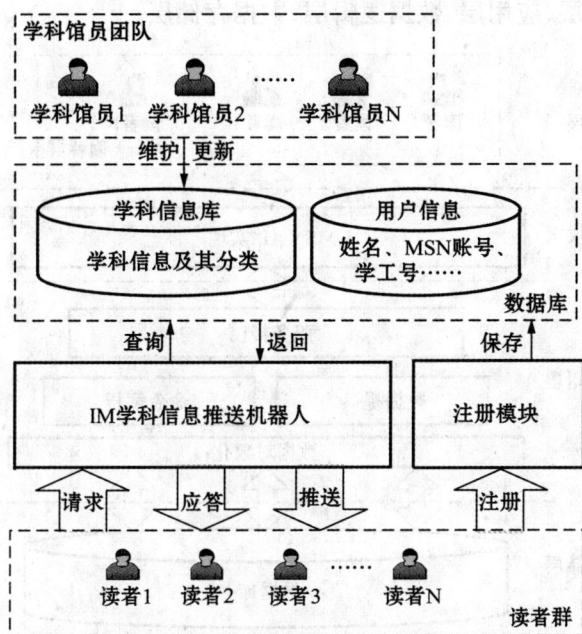

图 3-20　学科信息推送服务模型

　　IM 推送机器人具有多用户数并发、响应读者命令及时、7×24 小时服务等特点,根据其特点设计两部分主要功能,一个是定时推送,另一个是根据用户指令获取。

　　(2) 数据库的建设。

　　IM 推送机器人的推送内容取决于后台数据库的建设。数据库分为学科信息库和用户信息库。

　　① 学科信息库可以认为是 IM 推送机器人的知识库,学科信息库的信息数量与质量决定了 IM 推送机器人推送信息被他人认可的程度。为保证 IM 推送机器人的正常运行,需要学科馆员定时向平台数据库中导入最新的学科信息资讯。

　　② 用户信息库决定了 IM 推送机器人的个性化服务。读者只有在个人信息中填写了 IM 账号才能享受到 IM 推送机器人的推送服务;读者定制的学科类别决定了 IM 推送机器人推送信息的范围,也决定了推送的信息量,如果读者直接定制了一个学科大类作为其关注类别,那将会造成 IM 推送机器人将该学科所有最新信息推送到读者的 IM,由于数据量很大这样就会造成读者很难找到自己关注的信息。

　　2) 系统组织与结构

　　根据上面的总体方案,IM 推送机器人的系统结构就比较清晰了,如图 3-21 所示,主要包含表现层、应用层、数据逻辑层、数据存储层。

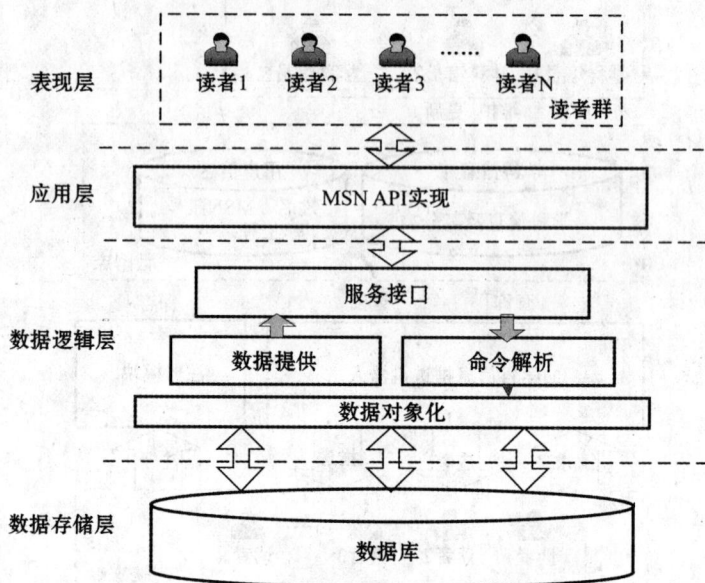

图 3-21　IM 推送机器人系统结构

（1）表现层。

平台可以为用户提供两种访问入口，即 IM 好友服务和嵌入式 IM 服务。

① IM 好友服务。图书馆在系统服务平台上提供 IM 推送机器人服务账号，用户只需在系统平台上注册并成功添加该账号为好友，即可享受 IM 推送机器人的个性化学科信息推送服务。这种方式由于 MSN 服务提供商的好友数量限制，当 IM 推送机器人的好友数量达到上限时，将无法继续添加读者为好友，为保证所有用户都能享受到个性化学科信息，系统中设计了好友上限提醒，IM 推送机器人好友即将达到上限时提醒管理员增加 IM 推送机器人账号的数量。这样既能保证每个读者都能享受到 IM 推送机器人的服务，又可以避免一次发布太多 IM 推送机器人出现资源闲置的状况。

② 嵌入式 IM 服务。嵌入式 IM 是将 IM 实时交流模块嵌入至网页，读者可以直接访问该页面，通过自己的 IM 账号登录或者匿名登录。这种模式无需添加 IM 推送机器人为好友就可以直接通过页面实现与 IM 推送机器人交流的目的。一方面避免了好友数量限制，一方面为没有 IM 账号的读者提供使用的途径。如果读者没有 IM 工具或者没有用账号登录而是采用匿名的方式访问 IM 推送机器人，IM 机器人将无法提供主动推送服务，读者只能通过发送指令的方式向 IM 推送机器人获取学科信息。

（2）应用层。

应用层是系统的业务核心模块，包含了与 Microsoft MSN Service 平台的通信和业务逻辑。应用层主要分为以下几个核心模块：通信模块、命令解析模块、身份识别模块、数据处理模块。

① 通信模块：根据 MSN 通信协议分析交互信息，实现与 MSN 服务器正常通信，响应服务器的各种事件处理，使 IM 客户端能够完成各种对应功能。例如接收读者 IM 工具发送过来的信息与命令，将信息或命令发送到指定读者的 IM 工具上。

② 命令解析模块：分析读者发送过来的信息，提取响应的命令内容，并进行解析，将不同的业务类型分别分配到不同的 IM 推送机器人实例上。并根据具体命令跳转到指定的事件处理功能代码。

③ 身份识别模块：由于 IM 推送机器人必须要根据 MSN 服务提供商的规定设置为允许任何人加为好友才能实现自动响应读者添加好友的动作，所以任何人都可以添加 IM 推送机器人为好友，但是不一定每一个 IM 推送机器人的好友都是需要服务的读者，所以需要 IM 推送机器人在响应请求的时候对好友进行验证，确定该好友是服务对象才可以进行后续的推送服务。除此之外还需要定时对好友的身份进行批量验证，删除不在服务范围的好友实现好友资源释放，真正需要该服务的读者能够享受到 IM 推送服务。

④ 数据处理模块：根据命令解析模块分析的指令，按照检索条件调用数据逻辑层的方法获取指定的数据信息，并将该信息通过数据逻辑层的对象或方法进行数据处理后提供给通信模块进行发送。

（3）数据逻辑层。

数据逻辑层是系统的数据处理平台。其主要功能是获取数据存储层中的数据并将数据进行对象化，提供给应用层。同时接受应用层的对象化数据，并将该数据存储到数据存储层，数据逻辑层主要包含了下面几个核心的数据对象。

① 学科资讯对象：该对象包含了一条学科资讯的内容信息以及该信息所属分类、生成日期、是否被推送、该信息的录入者等信息。

② 学科资讯列表对象：是许可资讯对象的一个集合，该对象是系统中主要应用的一个对象，因为在实际应用过程中一般都是推送一系列的资讯列表，只推送单一信息的情况很少见，所以该对象是系统中的主要应用对象。

③ 用户信息对象：该对象包含了一个用户的所有信息，包括用户名、学号、IM账号、关注的学科分类列表、创建日期、最后一次推送日期等。是系统中的身份识别对象。

（4）数据存储层。

IM 推送机器人的推送内容来源于后台丰富的数据信息，随着应用时间增加数据量也会不断增加。为保证系统将来的扩展性更好,需要一个合理的数据库结构。系统中的几个核心数据表分别为学科信息表(SubjectInfo)、用户信息表(UserInfo)和用户定制学科类别表(UserSubject)。

① SubjectInfo 表:存储学科信息数据,学科馆员定期将收集到的最新学科资讯导入到该表中,IM 推送机器人根据指定条件在系统中获取需要推送的学科资讯信息。

② UserInfo 表:包含读者的用户名、学号、IM 账号等读者个人信息。

③ UserSubject 表:保存了每一个读者定制的关注的学科列表,是系统中 IM 推送机器人推送信息的主要筛选根据。

3) 关键技术实现

MSN 的登录服务器是 messenger. hotmail. com,根据 MSN 的通讯协议通过 TCP 连接到服务器的 1863 端口,并发送登录验证消息给服务器,等待服务器给出回复后进行登录操作。

发送指令如 VER 1 MSNP9 MSNP8 CVR0\r\n,服务器返回指令如 VER 1 MSNP9 MSNP8 CVR0\r\n。其他相关指令不一一介绍。将这些指令根据功能分类封装为不同的方法提供应用调用。例如 Connect 方法,实现登录功能,Credentials 对象用来保存身份验证信息等。

(1) 登录。

```
messenger. Nameserver. SignedIn+=new EventHandler<EventArgs>(Nameserver
_SignedIn);
// 登录事件
messenger. Nameserver. SignedOff+=new EventHandler<SignedOffEventArgs>
(Nameserver_SignedOff);
// 退出事件
messenger. Credentials=new Credentials("opacone@hotmail. com","123123",
MsnProtocol. MSNP21);
// 身份验证信息
messenger. Connect();
// 登录方法
```

(2) 命令解析。

图书馆 IM 推送机器人之所以能自动地响应读者的命令要求,诸如获取指定学科资讯等功能主要是通过命令解析来实现。命令解释器就是完成对通过读者会话内容接收并提取读者命令进行语法检查、权限验证,以及验证通过后调用相应功能模块并返回对应结果,同时也对命令执行中的各类异常做出相关处理。命令解释器包括语法检查、身份验证、命令执行、返回处理、异常处理 5 个部分。

① 语法检查部分完成从读者发送内容中提取命令的功能。

② 身份验证部分完成读者身份的合法性验证,获取读者关注的学科列表,并确定读者身份类型,为将来的应用预留扩展。

③ 命令执行部分完成与具体处理函数的挂接。

④ 返回处理部分完成将处理结果返回读者。

⑤ 异常处理部分完成各种错误的友好提示。

```
try
    {
        string cmdparam=message. Text. Trim(). ToUpper();
        // 对命令进行解析
        int CMDID=GetCMD(out cmdparam);
        //进行用户身份验证,并确定用户类型,为今后扩展应用准备.
        int UserType=GetUserType();
        switch (CMDID)
        {
            case 0: //帮助命令处理部分
                {
                    string helpstr=GetHelp();
                    session. SendText(helpstr);
                    brea
                }
            ............
            case 2: //获取学科资讯命令处理部分
                {
                    int subjectpos=cmdparam. IndexOf("subject:");
                    string keyword=cmdparam. Substring(subjectpos+
8,cmdparam. Length- subjectpos-8);
                    string SubjectInfo=GetSubject(keyword);
                    break;
```

```
                    }
          ···········
          }
       }
```

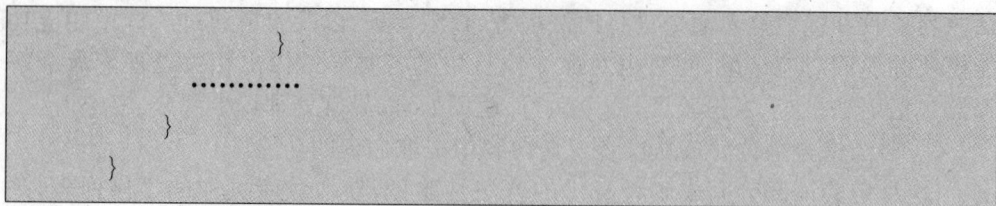

3.4.3.2　IM 智能机器人推送服务实践

学科信息推送是 IM 智能机器人推送服务的主要功能之一。通过系统命令解析模块后,推送有两种方式:一种是根据定制分类广播式推送,一种是根据读者指令个性化推送。两种方式来源不同,处理方式也有所不同。

(1)广播式推送:一般用在新闻和培训等推送服务上。业务流程相对比较简单,系统采用定时器出发推送函数,获取所有分类的定制读者列表,并按照分类顺序逐一将该分类的资讯信息发送到读者的 IM 工具上。

(2)个性化推送:用在学科信息深入定制上,读者可以根据关键字或学科类别获取。这种方式需要通过分词或分类模块,将读者的检索条件分解成最小的词和类别,利用分解的结果进行模糊检索,并将检索结果进行重复度匹配。获取最接近于检索条件的指定条数学科资讯信息反馈给读者。

［案例 3-5］　上海交通大学图书馆

新书通报功能为读者提供基于 IM 的学科和关键词新书通报功能,读者可以根据学科和关键词进行定制,当图书馆有此类书籍上架,IM 机器人会发送信息,提示读者有相关新书上架,并给出相应链接(如图 3-22 所示)。

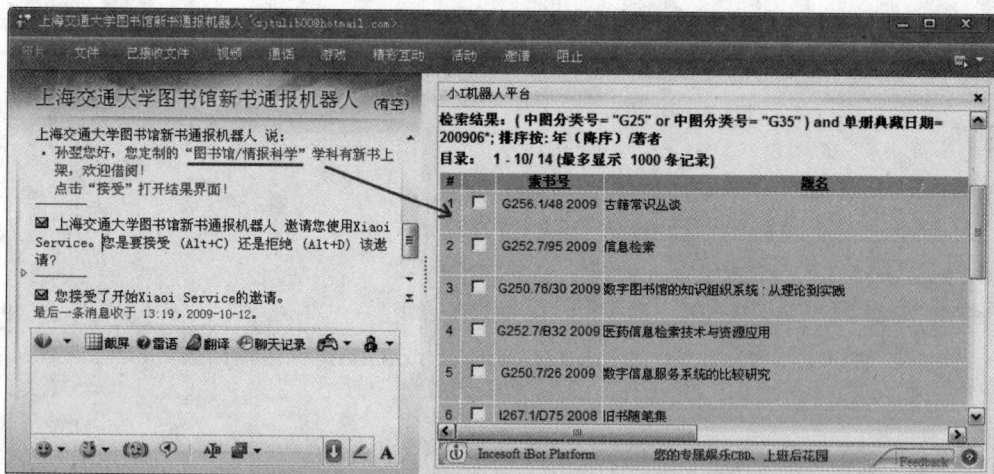

图 3-22　上海交通大学图书馆新书通报机器人服务演示

第 4 章　学科化服务平台建设

　　学科化服务平台即运用 Web2.0 等一定的信息技术手段,以基于网络的形式给用户提供学科化信息资源和学科化服务的一种媒介与系统平台。学科化服务平台是联系信息用户和学科馆员的纽带,是学科化服务系统的外在表现形式,是需求驱动的服务平台。在本章中主要介绍目前较为常见的几种学科化服务平台内容,包括学科博客平台、学科微博平台、学科维基平台、学术期刊导航平台、基于云的学科化服务平台、学科虚拟参考咨询平台、学科化教参服务平台。利用这些平台可以实现馆藏资源的揭示、学科导航资源链接、学科信息的发布、学科资源的组织管理、学科信息的推送等;实现馆员、用户在一起共同交流的目标;实现学科知识门户、网络资源揭示、知识挖掘、RSS 定制与推送、定题服务、学科导航等智能化服务;实现支持学科馆员的学科需求分析、学科化知识化信息选择与集成、个性化服务设计与管理等工作;以及实现及时跟踪用户的各种需求,迅速切换到与需求对应的个性化服务的用户信息环境中,顺利实现学科化服务目标。

　　本章还以实际案例作为分析手段,阐明平台建设可以以馆藏资源库、学科知识库、特色资源数据库、虚拟学科资源等为基础,以 Web2.0 的技术手段为辅助,与图书馆现有的系统资源库、个性化信息环境相连接,全面实现知识化、个性化、学科化、智能化的服务目标。

4.1　学科博客平台

　　博客作为目前 Web2.0 技术最具代表性的应用之一,已经成为人们在互联网络中进行信息交流共享的日常工具。

4.1.1　什么是博客

　　博客,又称为网络日志、部落格或部落阁等,是一种通常由个人管理、不定期张贴新文章的网站。博客上的文章一般根据发布的时间,以倒序方式由新到旧排列。许多博客专注在特定的课题上提供评论或新闻,其他则被作为比较个人化、私密化的网络日记。一个典型的博客可以结合文字、图像、其他博客或网站的链接、及其他与主题相关的媒体。能够让读者以互动的方式留下意见,是博客的重要组成要素。大部分的博客内容以文字为主,仍有一些博客专注在艺术、摄影、视频、音乐等其他主题上。博客是社会媒体网络的一部分①。

博客的英文名称为 Blog,最初的名称是 Weblog,由 Web 和 Log 两个单词组成,按字面意思理解就是"网络日志"或"网络日记"。Weblog 就是在网络上发布和阅读的流水记录,初期主要是一些程序员在网上发表和张贴的技术层面的思考心得与个人生活方面的休闲内容,后来则发展到信息共享、思想共享,为大众网络用户广为运用,并从美国扩展到全世界。

Blogger(或 Blogwriter)是指撰写 Blog 的人。Blogger 在很多时候也被翻译成为"博客",因而中文"博客"一词,代表两种意义:Blog(网志)和 Blogger(撰写网志的人)。

网上有一些关于博客的形象比喻和定义②:

① 博客概念主要体现在三个方面:频繁更新(Frequency)、简洁明了(Brevity)和个性化(Personality)。(Evan Williams 的解释)

② 博客是每周 7 天,每天 24 小时运转的言论网站,这种网站以其率真、野性、无保留、富于思想而奇怪的方式提供无拘无束的言论。(佩姬·努南的解释)

③ 博客是互联网上最新的发展潮流,是继 E-mail、BBS、ICQ 之后,出现的第四种网络交流方式。

④ 博客是用带着索引的文字进行对话的咖啡屋。(The WeBlog Handbook《博客手册》,Rebecca Blood 著)

⑤ 博客就是一个人未经编辑的声音(The unedited voice of a person)。(Dave Winer 的解释)

⑥ 博客是一个快捷易用的知识管理系统。(DylanTweney 的解释)

20 世纪末,博客作为一门新技术还鲜为人知,而今,已有越来越多的人参与其中。博客作为一种低技术门槛性的网络传播方式,迅速成为一种新型的互联网信息交流和共享工具,博客拓展和丰富了我们的生活方式、工作方式和学习方式。

4.1.1.1　博客的起源和发展

1997 年 12 月,美国人 Jorn Barger(见图 4-1)运行的"Robot Wisdom Weblog"第一次使用 Weblog 这个正式的名字。至今,在博客领域,他还是一位非常有影响力的人物。Jorn Barger 的贡献主要体现在形式上,他将 blog 的意义从接近航海日志那种无人称、客观化、机械式的写作,转换成较接近旅游日志的"有人称、有个性"的自由书写。

而目前最流行的词汇"blog",一般公认为是 Peter Merholz(见图 4-1)在 1999 年才

① 百度百科. 博客[EB/OL]. [2010-07-08]. http://baike. baidu. com/view/1509. htm.

② 方兴东,王俊秀. 博客—e 时代的盗火者[M]. 北京:中国方正出版社,2003:35-47.

命名的。Peter Merholz 由此将 blog 变成动词,后来更衍生出 blogging、blogger 或者 I blog、Blogsphere(博客世界)等的说法。

图 4-1　Jorn Barger(左)&Peter Merholz(右)

由 Matt Haughey 发起的社区博客网站 Metafilter 虽然被人广为批评,但是很长一段时间里,它的确是比其他博客网站更有意思的一个站点。

1999 年,是博客开始高速增长的一年,主要是由于 Blogger、Pita、Greymatter、Manila、Diaryland、Big Blog Tool 等众多博客发布免费软件的出现,而且它们往往还提供免费的服务器空间。有了这些技术支持,每个人都可以零成本地发布、更新和维护自己的博客网站。其中 Pyra 公司出品的 Blogger 是最流行和最有影响力的工具。

当时,Pyra 公司有着一支博客软件的"梦之队"。但是,这种成功并没有为公司带来利润,甚至由于财务压力,2001 年 1 月公司大裁员,并一口气裁到了极限:只留下一名正式员工 Evan Williams,他是创始人之一。梦之队也分崩离析,另一名创始人是新英格兰人 Meg Hourihan。不过,到 2003 年,Blogger.com 被 Google 购并,终于算是苦尽甘来。

2002 年 7 月,Blog 的中文名称"博客"由方兴东、王俊秀正式命名,同时起草了《博客宣言》。博客开始了其在中国的发展成长和崛起之路[1]。

博客发展的三个阶段:

(1) 第一阶段(20 世纪 90 年代中期到 90 年代末期):萌芽阶段,或者称为启蒙期。

这个阶段主要是一批 IT 技术迷、网站设计者和新闻爱好者,不自觉、无理论体系的个人自发行为,还没有形成一定的群体,也没有形成一种现象级的社会影响力。在悄悄的演变过程中,也有一些事件和人物起到了非常关键的启蒙与带头作用,为博客的革命做好铺垫。

---

① 　方兴东,王俊秀.博客—e 时代的盗火者[M].北京:中国方正出版社,2003:35-47.

（2）第二阶段（2000～2006年左右）：初级阶段，或者称为崛起期。

到2000年左右，博客开始成千上万涌现，并成为一个热门概念。在博客的发展史上，美国"9.11"事件是一个重要的时刻。正是这场恐怖袭击，使人们对于生命的脆弱、人与人沟通的重要、最及时最有效的传递方式，有了全新的认识。同时，各个专业领域的博客如"雨后春笋"般纷纷浮出水面，越来越成为该专业关注的焦点。除了美国，英国、匈牙利、德国等欧洲国家的博客也形成声势。亚洲，包括中国也开始感受到博客的脉动。

（3）第三阶段（2006年至今）：成长阶段，或者称为发展期。

2009年6月，中国互联网络信息中心（CNNIC）发布了《2008～2009博客市场及博客行为研究报告》。报告显示，截至2009年6月底，拥有个人博客或个人空间的用户规模已经达到1.81亿人，博客空间的规模已经超过三亿。2002年至2009年中国博客市场用户规模调查情况参见图4-2[①]。

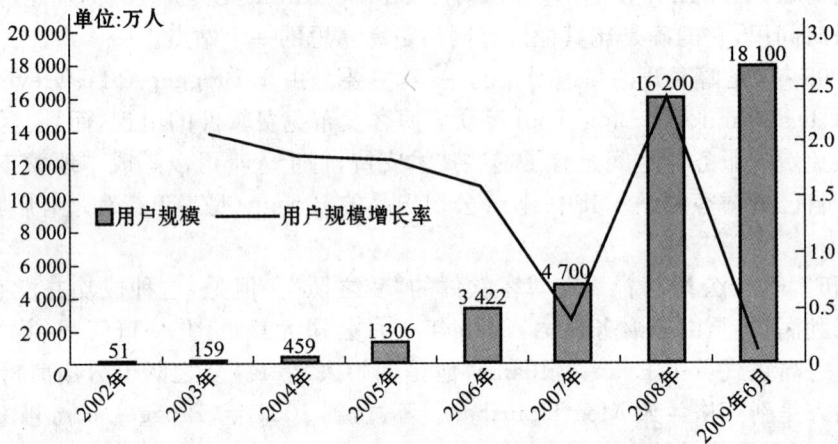

图4-2　2002～2009年中国博客市场用户规模

4.1.1.2　博客的分类

博客有许多不同的种类，我们可以从几种角度给博客进行分类。

从内容出发，博客大致可以分为三类：一类是以时效性的内容为主的博客，比如过滤各类新闻的博客；一类是以专业性的知识为主的博客，专注于某一特定领域，进行知识过滤和知识积累；一类是以个人交流为主的博客，比如用来记录个人生活的日记，或者有着共同兴趣的人形成的一个博客社区。当然，很多博客可能均

---

① 2002～2009年中国博客市场用户规模[EB/OL].[2009-10-10]. http://www.cnnic.cn/uploadfiles/pdf/2009/10/10/105733.pdf.

包含上述三类的成分,只不过比例不同,而且互相可以演变。

从博客运行的方式出发,也可以分为三类:一类是托管博客,无须自己注册域名、租用空间和编制网页,如由 www. blogger. com、www. bokee. com 等服务商提供这样的服务,属于"多快好省"的方式;一类是自建独立网站的博客,有自己的域名、空间和页面风格,需要使用者懂一定的建站技术;还有一类是附属博客,将自己的博客作为某一个网站的一部分,一个栏目、一个频道或者一个地址。三类博客之间也是可以互相演变,甚至可以兼具三者的特征。

从博主(作者)身份出发,可分为两类:一是个人博客,是个人持续性的日记或评论,它是最传统常见的网志。个人作者一般比较注重博客的内容,即使他们的博客从来没有被除了自己以外的人阅读过。其博客作为一种沟通宣泄方式,反映了作者的生活方式或艺术创作,抒发感情,引起人们的共鸣;二是公司博客,可用于公司内部,以增进联系、交流和文化沟通;或作为商业用途,以对外营销、品牌推广或公共关系等为目的。

此外,微博即微型博客(MicroBlog)的简称,作为继博客之后的新型信息平台,是目前全球广受欢迎的博客形式。作为一种新的交流传播方式,微博正在互联网上迅速发展。微博是一个基于用户关系的信息分享、传播以及获取平台[1]。微博的主要发展运用平台以手机用户为主,用户可以通过 Web、WAP 以及各种客户端组建个人社区。作者不需要撰写很复杂的文章,只需撰写 140 字左右的文字即可在网上更新与分享信息。关于微博,将在本章第二节进行详细阐述。

4.1.2　博客在学科化服务中的应用

博客作为互联网流行的信息交流技术工具,已经被各界广泛应用。博客是一个很不错的信息发布平台,注重个人思想的表达与用户之间的交流,其安装容易、操作简便,有丰富的模板和插件资源,在网络信息传播共享领域充分显示了其独特的功能。

相比社会上其他领域的博客,图书馆界的博客起步相对较晚。2003 年,以网名"闲来无空"为代表的国内第一批图书馆员开始撰写专业博客。此后,包括馆长在内的图书馆员、图书馆学专业师生,纷纷开设博客,用于传递学科信息、讨论专业问题,"实践着一种新的学科文化的生存方式与成长方式,新的理论探讨方式、新的交流方式和新的学习方式",形成了"一支不可能被任何本学科学者所忽视的学术力量"[2]。

---

① 百度百科. 微博[EB/OL]. [2012-05-27]. http://baike.baidu.com/view/1567099.htm.

② 博客 大 巴. 大 旗 底 下 [EB/OL]. [2009-09-08]. http:// dqdx. blogbus. com/logs/ 45622119. html.

目前图书馆界比较知名的博客有老槐博客、竹帛斋主、超平的博客、建中读书、编目精灵、游园惊梦、数图研究笔记、大旗底下等。

虽然在图书馆领域，博客已经有了几年的理论和技术上的普及推广，但是在图书馆服务的实践领域，建立起面向读者提供学科化信息服务的图书馆博客，始终未能形成潮流。目前，随着图书馆界个性化、学科化服务制度的深入开展，已有越来越多的图书馆开始建设并运用交互良好的博客平台来提供优质的学科服务。

4.1.2.1 学科博客简介

2006 年中科院国家科学图书馆建立了学科馆员制度，引领了图书馆界学科化服务的新浪潮，图书馆的服务模式开始由以资源为中心的被动服务转向注重以用户为中心的主动服务，为各院所提供个性化、学科化、知识化需求的信息服务。博客以其技术上优异的交互性和应用的广泛性引起学科馆员的关注，各图书馆开始创建学科博客系统，鼓励各学科馆员利用博客平台与院系师生展开互动交流，主动为用户提供基于学科的高水平、深层次的专业信息服务。

学科博客，是学科服务中的重要组成部分，是图书馆推出的一项面向学校师生的学科化信息导引和推送服务。它主要以某一特定学科的研究人员为主要服务对象，以学科馆员为核心，体现学科特色，对学科深入研究，并使用文献计量学分析方法做一些有益的学科统计、分析工作。除此之外，博客中也将包含一些学科常用资源的介绍和链接，多角度、深层次地揭示图书馆资源[①]。同时，学科博客也是信息的加工处理和传播的展示平台。学科馆员跟踪报道学科前沿动态，把所获得的信息资源加以选择、组织和评价并及时发布在博客平台，吸引相关的学科科研人员积极参与互动和沟通交流，答疑解惑，增强了图书馆员的专业素质，拓展了科研人员的信息获取途径，为学科馆员的深层次服务和科研实践提供了一个很好的展示舞台。

4.1.2.2 学科化服务博客平台构建

（1）学科博客的建立方式。

学科化服务博客平台的建立方式主要分以下三种：

一是建立托管博客，利用第三方博客平台建设学科博客。这种博客使用方式方便快捷，不用编制网页和维护系统，更无需任何硬件投入，只需申请注册、选择风格模版、建立分类和添加日志等简单操作即可提供服务。国内外很多综合性门户网站都提供这样的博客服务，如国内的新浪、网易、搜狐网站，专业博客网站如博客网（www. bokee. com）、企博网（www. bokee. net）、中国博客网（www. blogcn. com）等都提供博客空间的申请服务。清华大学图书馆为清华大学新闻传播学院

---

① 上海交通大学图书馆. 学科博客[EB/OL]. [2010-07-13]. http：// www. lib. sjtu. edu. cn/view. do?id＝1590.

师生制作的学科博客"如有来生,还学新闻,还上清华"就先后使用了"搜狐"、"新浪"提供的博客服务平台。

二是利用博客软件自我搭建学科博客平台。在互联网信息共享的现今,可以充分利用网上一些免费或者开源的博客软件,创建独立的学科博客网站。自己架设博客平台,需要投入一定的硬件和技术开发维护力量,如根据具体需求可以进行系统的二次开发,以体现各图书馆的学科建设特色。博客服务器可以选择采购专业服务器,也可以使用性能配置较高的个人计算机(建议采用性能比较稳定的商用机)。目前,大部分高校图书馆的学科博客平台多采用这种自建方式,例如上海大学图书馆和上海交通大学图书馆的学科博客系统都利用了开源的博客软件。

三是图书馆自行开发博客系统。这种方式需要有一支很强的计算机、网络技术专业研发队伍,大多数的图书馆均缺乏这样的技术开发力量,目前采用这种方式建立学科博客平台的图书馆还没有被发现。

(2) 博客平台软件的选择。

假如选择了第二种建站方式,那么就需要选择合适的开源博客软件。博客软件是指用来创建和维护博客内容的管理系统软件。博客软件的种类很多,且大都是以免费的或开源的程序方式提供给用户使用。目前博客系统软件采用的编程语言主要有 ASP、ASP. net、PHP、CGI、JSP 等,后台数据库通常采用一些小型数据库如 MySQL、Access、SqlServer 等,通常以 Apache、IIS 等 Web 服务器软件作为网络发布平台。

目前一些常用的博客工具软件包括[①]:

① B2evolution:博客写作软件,为博客兴起初期的博客工具 B2 的新版本。

② 博客 lines:提供免费的在线博客管理与阅读服务。

③ Bo-blog:同时支持简、繁体中文的博客系统,基于 PHP+MYSQL 技术。

④ Collablog:博客系统软件(PHP+MySQL),支持 utf8、微格式、多用户。

⑤ Drivel:LiveJournal 客户端的 GNU/Linux 版本,使用 GNOME/Gtk+2.0 技术。

⑥ ex 博客:博客写作软件。

⑦ F2blog:以 utf-8 编码编写,语言有中文简繁体及英文。

⑧ LifeType:以 PHP 及 MySQL 制作的博客写作软件,原名 pLog。

⑨ MovableType:博客写作软件。

⑩ Nirvana:一个多用户博客程序,使用 ASP 开发。

---

① 维基百科. 博客[EB/OL]. [2010-07-08]. http:∥ zh. wikipedia. org/zh-cn/％E5％8D％9A％E5％AE％A2.

⑪ Nooto：一个多用户博客程序，使用 Ruby on Rails 开发。

⑫ Nucleus CMS：博客写作软件。

⑬ Performancing：Mozilla Firefox 的插件，方便用户在本地写作。

⑭ PJ 博客：同时支持简繁体中文的博客系统，功能相当完整多元化。

⑮ Semagic：LiveJournal 客户端的 Windows 版本。

⑯ Tatter Tools：博客写作软件（PHP＋MySQL）。

⑰ Textcube：博客写作软件（PHP＋MySQL）。

⑱ WordPress：开源的博客写作软件，有着相当多的插件资源，可以方便地扩展自身功能（PHP＋MySQL）。WordPress 软件的使用人气相当高。

（3）博客的基本功能模块。

博客软件系统种类繁多，其设计模板和风格各有千秋，但一些统一的特点有别于其他网站，它支持多用户，有完善的后台管理机制，大多包含下列基本功能模块：

① 文章（也称日志或帖子）的管理：文章的增加、删除及修改功能是系统最基础的功能。文章通常按照时间顺序逆向排列，即最新发表的文章显示在页面最上方位置。每篇文章都有相应的 url 地址，点击此地址可以查看详细内容及留言情况并发表评论。

② 标签（Tags）系统：标签区别于以前的对文章的分类管理方式，以前一篇文章只能属于一个"分类"，而 Tags 属于一个多元化的分类工具，一篇文章可以被指派多个标签而拥有多个分类，便于信息的整理和查找。在博客系统中每篇文章都有它所对应的标签，而且点击标签可以浏览访问该标签所拥有的全部文章。

③ 标签云图：有些博客系统提供了标签云图，标签云图中标签字体的大小是根据标签被标注的次数多少而决定的，被标注的次数越多标签的字体就越大。透过标签云图的字体大小可以得知某标签的被关注度。

④ 分类功能：软件提供用户对文章的分类管理，功能根据博客的建设内容由博主自定。博客可设定一个或多个类别，一般所有类别会显示在博客页面的导航栏中，且一篇文章只属于一个类别。读者点击某个类别，就可以阅读此类别下的所有文章。如将文章分为学科资讯、学术资源、个人感悟等主题。

⑤ 用户留言和评论系统：博客允许用户自由发表留言、对某篇文章发表评议，但是后台可以控制是否开启游客留言功能。这是博客与读者交流的主要方式，是博客的一个重要功能。对某项日志或帖子的回复评论活跃度，直接表达了读者的关注度和共鸣性。目前多数博客的日志评论采用了 Ajax 技术，读者对日志做出评论之后，无需重载界面即可看到自己的评论。

⑥ RSS 网络聚合功能：使用户不必登录博客网页，仅通过博客平台的 RSS 订阅功能，并在客户端借助于所安装的 RSS 的阅读器（例如 RSSReader、SharpReader、

FeedDemon 等），即可获得最新的日志内容。读者点击博客页面上的 rss、xml 或 atom 的小图标，就可以快速地实现订阅服务，从而便捷地阅读博客的更新内容。

⑦ 检索功能：一般博客软件都设有搜索框，并提供多种检索途径，使读者可以快速寻找到所关注的主题。例如提供日志内容、标题、评论、发表时间等关键词的检索，使读者可以轻易地访问到任何一篇文章。

⑧ 日历：几乎所有博客平台都有日历显示功能，翻阅日历就是按日期查阅文章。而且日历上的每一个日期都可以是一个超链接（前提是该日期有过日志记录），点击它系统就显示出此日期发表的文章。

⑨ 存档功能：实现按日期的日志归档功能，根据博客发表的频率，一般按年、月进行博客文章的存档。

⑩ 访问统计功能：这是评判博客平台使用情况的根本依据，通过日志数量、访客数量、订阅数量、评论数量等统计信息，有助于获取博客的使用统计信息。

⑪ 模板选择：选择不同模板会有不同的页面设计效果，一般在大框架固定的前提下，可以调整和修改一些细节使之更具个性化，建设各具风格的网站页面形象。

⑫ 用户管理功能：主要包括博客系统用户注册、登录验证、密码找回、角色权限分配、参数配置等内容。

上海交通大学图书馆利用 PJBlog 软件搭建的学科信息服务博客平台界面如图 4-3 所示。

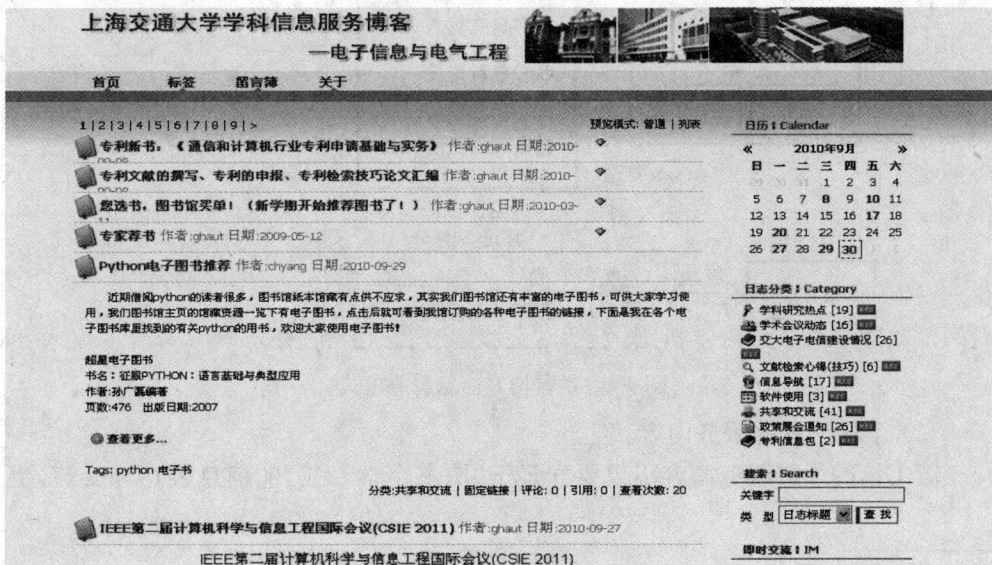

图 4-3　上海交通大学图书馆电子信息与电气工程博客

4.1.2.3　学科化博客服务应用

将博客应用到图书馆学科服务领域,可以增强读者与馆员的深度交流,畅通图书馆员与读者之间的沟通渠道,使图书馆的学科服务工作更加贴近读者。学科博客可以提供一个网络化、专业化的学习和信息交流平台,为读者提供高质量的人性化服务。

(1) 学科博客的服务模式。

学科博客是新的网络环境下新型的学科服务方式,拓展了学科馆员的服务模式,应用学科博客建立学科信息交流平台,拉近了图书馆与学校师生读者之间的距离。

已建立学科馆员制度的图书馆,基本都根据学校院系学科设置情况配备了具有相对应的学科专业背景的学科馆员团队提供服务支持。多个服务团队,可以开设多个不同的学科博客,通常学科馆员利用博客平台提供信息服务的模式如图 4-4 所示[①]。

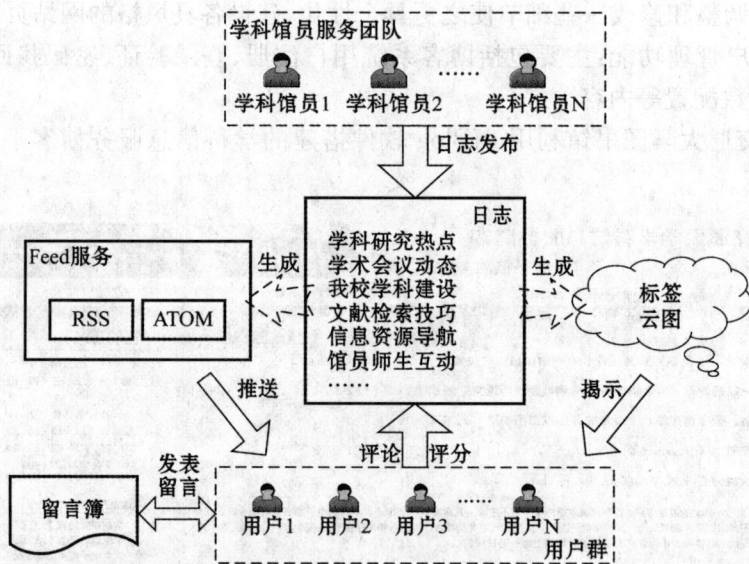

图 4-4　学科博客信息服务模式

(2) 学科博客的服务内容。

图书馆的学科服务博客不仅要立足于"图书馆学专业"的信息表达和交流,更

---

①　孙翌,郭晶. 基于博客的高校图书馆学科化知识服务平台实证研究[J]. 图书与情报, 2009(5):105-107.

应注重于满足读者用户的专业学科信息需求,以平等的、互动的、个性化的创新思维去构建能体现本馆特色的服务内容,形成一个以学科馆员为主导、科研师生积极参与的学科化服务知识共享网络。

（3）学科信息分类导航。

学科博客可以作为信息的导航台和知识的过滤器,博主通过发表日志的形式发布该专业最新相关信息。根据各学科建设内容特色不同,可以按照学科研究热点、学术会议动态、学校学科建设、文献检索技巧、信息资源导航、馆员师生互动等栏目进行日志分类导航。

学科信息导航是学科馆员从某个领域的专业视角出发,把每天产生的大量相关信息进行整理和遴选,找出相关学科的讨论热点、发展状况,形成一种专业的、有深度的信息,并分类提供给对此领域信息有兴趣的师生浏览和使用。通过学科信息导航博客,不仅可以提高信息导航的针对性,而且能使图书馆员的信息知识和才能得以充分发挥和施展,实现隐性知识的显性化和传递[1]。

（4）读者在线咨询及交流。

学科博客为学科馆员与读者之间的交互提供了良好的平台,通过此共享平台可以加强图书馆与读者之间的双向联系。学科馆员利用博客开展相关的参考咨询服务,及时倾听读者的呼声,采纳读者的合理化建议,使图书馆的文献信息服务工作更具有针对性。读者则可借助博客,按照自己的理解方式与馆员沟通想法,表达个人心得、读书经验、信息需求以及对图书馆员的评价和建议。通过这种双方信息沟通,锻炼和提高了学科馆员的专业素质,增强了科研人员的信息素养,从而使学科服务投入到提供优质服务的良性循环。

（5）读者信息需求分析。

博客作为一种便捷的沟通方式,比起常见的异步式服务增加了与用户的交互性,与实时服务相比又增加了信息的严肃性。学科博客既兼顾了信息的严肃性又增加了与用户的互动性,同时又可方便地对用户咨询记录进行统计与整理,便于建立咨询记录库进行读者信息需求分析。博客可以对每篇日志提供打分功能,通过读者对日志的打分情况可以分析日志的关注度、认可度等信息。通过博客系统收集的各方面用户信息需求数据,综合分析并获取读者对本学科研究方向的兴趣所在等内容,从而采取有针对性的服务措施去满足用户需求。

（6）学科化知识推送服务。

学科博客平台提供的 RSS 信息推送服务,通过固定频道向用户发送聚合信

① 钟文娟.个性化服务——博客在图书馆学科化服务中的应用[J].科技情报开发与经济.2009,19(28):6-7.

息,增加了用户获取各类信息的便捷度。利用博客的网络信息组织与管理、知识积累与过滤功能,学科馆员可以为读者收集、组织、整理相关信息资源,然后通过推送的方式将用户所关注内容直接送达用户端,并且在推送过程中同时获取读者的反馈,不断提高信息服务的针对性。

(7) 用户信息素养教育。

用户信息素养教育一直是高校图书馆学科服务的重点内容之一,目前多数图书馆依靠文献检索课来开展这项工作。利用学科博客来发布相关的用户信息素养的基本要求和培训教程课件等内容是对用户信息素养教育尚未规范和体系化的有益补充和探索。学科馆员在博客平台上对用户进行系统的信息素养教育,加强用户的信息意识、信息能力、信息道德的素养培训,积极鼓励用户开展互动学习和实践,帮助用户掌握信息检索及学术资源利用的基本方法和技能,使学科化服务更加灵活和深入。

4.1.2.4 案例分析

清华大学图书馆的学科博客是基于搜狐网的博客平台建设的,创建于2007年。该博客面向的学科服务群体是新闻传播专业。虽然清华大学图书馆新版的学科博客平台已经搬迁到了新浪微博,旧版不再更新,但是旧版的平台学科建设内容更为丰富,因此我们就以旧版的搜狐博客平台来做介绍。

如图4-5所示为清华大学图书馆新闻传播学学科博客的主界面,网页的左侧是日志分类,友情链接,以及留言板和统计功能。网页的右侧是日志界面,也就是博客的主体内容,学科馆员通过日志发布学科信息资源,向用户推送学科服务信息。清华大学图书馆新闻传播学学科博客日志内容主要分为以下几类[①]:

① 最新消息:向读者提供图书馆最新的讯息,包括图书馆新开办服务、引进数据库使用或试用、开放时间变更、读者培训讲座以及图书馆开办的各种学术活动等。

② 每周新书:以表单的形式介绍每周到馆的学科专业新书,包括索书号信息,方便读者查找图书。

③ 新书简介:学科馆员对每周到馆的学科专业新书进行深入的介绍与揭示,一般包括书封、馆藏信息、作者简介、目录等信息。

④ 书目导读:学科馆员对新闻传播学科相应领域的专业书籍提供书目清单,进行推送服务,指导读者阅读相关的书籍。

⑤ 学科资源:这部分的内容主要是学科馆员对新闻传播学科相关的学科信息资源进行收集、筛选、整理等开发工作,为用户提供学科信息资源导航,搜集网络信

---

① 张秋,韩丽风.清华大学图书馆学科博客探索实践及理性思考[J].图书情报工作,2009, 53(15):88-91.

息资源,为院系师生提供快捷方便的网络学术信息查询服务;对馆藏学科文献进行全面系统的分析、对比、归纳,形成学科文献的评介、综述等,并指导用户充分利用馆藏学科资源;学科馆员为数据库建立专门的引导页面,在充分了解数据库的特点和接收用户反馈的基础上,编写数据库的使用指南,在网上解答用户的咨询。

⑥ 学者观点:转载一些新闻传播学学科领域知名学者与专家的观点,作为学科服务的参考依据。

⑦ 快速问答:提供参考咨询服务,通过快速问答方式归纳整理读者利用图书馆过程中的常规性和普遍性问题,对读者利用图书馆、检索文献资料、选择文献以及阅读内容、阅读方法等进行帮助指导。

⑧ 馆员心声:对学科馆员在学科服务和学科博客制作过程中的想法进行报道,增进读者对学科馆员工作的了解和理解。

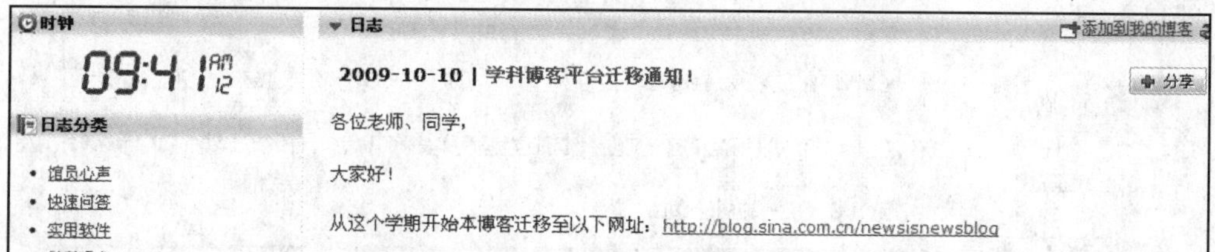

图 4-5 清华大学图书馆新闻传播学学科博客

如图 4-6 所示,点击首页的日志标题即可进入日志正文,获取日志的详细信息,页面的左侧是学科馆员的个人信息和最新发表的日志文章。网页右侧底部有评论选项,在用户登录搜狐博客平台后即可对该日志进行评论。

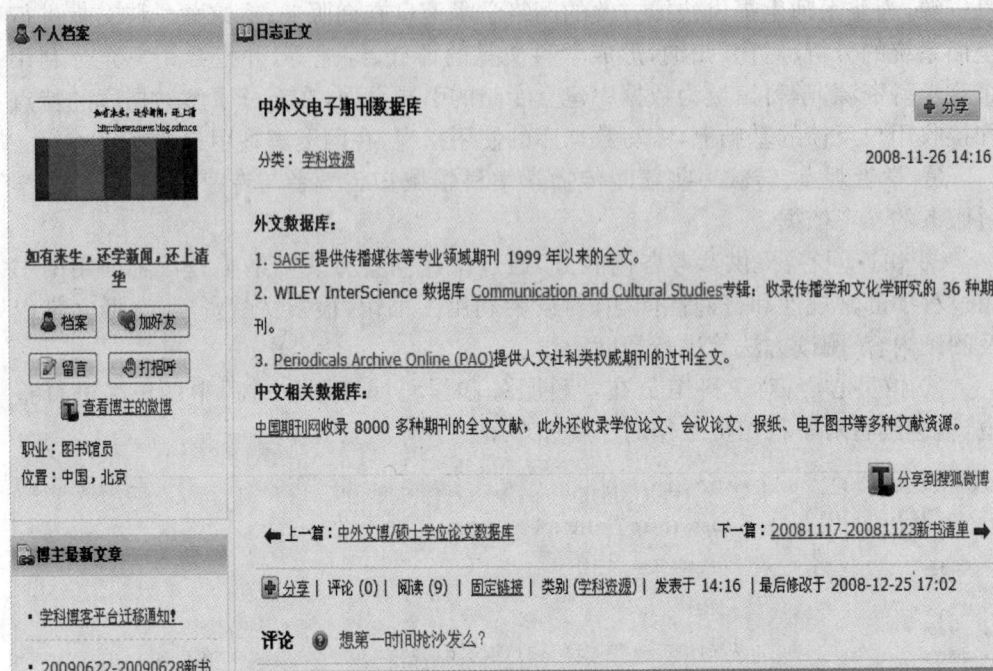

图 4-6　日志正文演示

　　博客首页有"给我留言"的选项,这是用户与学科馆员间的交流平台,通过用户留言可以加强图书馆与用户之间的双向联系。学科馆员可以通过留言采纳用户的合理化建议,使学科信息服务工作更有针对性;用户也可以借助留言表达个人心得、读书经验、学科信息需求以及对图书馆员的评价和建议等。

　　图书馆运用搜狐,新浪等第三方平台搭建学科博客的优点是省力,不需要做太多的开发工作,并且网页界面已经是模块化设计,只需要按照模块分类向上堆放资源即可。缺点是个性化的内容不够,不能按照自己的意志来修改网页界面,Web 2.0 的新技术运用的不多,例如 RSS 订阅,标签云功能等。

4.2　微博与学科化信息服务

4.2.1　什么是微博

　　微博客(英文名称为 microblogging 或 microblog;又称微型博客;中国台湾地区称微网志;中国大陆和香港地区通称微博)是一种允许用户及时更新简短文本(通常少于 140 字)并可以公开发布的微型博客形式。它允许任何人阅读或者只能由用户选择的群组阅读。随着发展,这些讯息可以被很多方式传送,包括短信、即时讯息软件、电子邮件或网页。一些微博客也可以发布多媒体,如图片或影音剪辑和出版。当今世界上微博客的代表性网站是 Twitter,这个词甚至已经成为了微博客的代名词[①]。

微博客与传统的博客不同,其文件(例如文本、音频或者录影)容量常较传统的博客小,往往只能发送寥寥数语,但由于使用的方便性、发送消息的快捷方便,很多人还是偏好于使用它,而舍弃了传统的博客。曾几何时,博客在全世界风靡一时,不管是平民百姓还是高官名人,都会利用第三方平台开通自己的博客,在上面撰写并发布日志。但随着 IT 业新技术的层出不穷,流行风向标也与时尚界一样转变得很快,使用更方便、传播与转载更迅捷的微博逐渐取代了传统博客的地位,任何人都可以通过微博很方便的发布消息,即使只是短短几个字或者一张图片而已,而不需要像博客一样长篇大论,这大概就是 IT 领域返朴归真,趋于人性化的趋势吧。

4.2.1.1　微博的起源

微博作为一种新兴后博客时代的知识交流工具,诞生于美国旧金山,它的鼻祖是埃文·威廉姆斯。建设的初衷是一种非正式的迷你型博客,是一种新型的 Web2.0 应用,是一种可以即时发布消息的类似博客的系统。注册用户可以通过 Web、手机(短信、WAP)、IM 软件(GTalk、MSN、QQ、Skype)和外部 API 接口等多种途径发布消息,消息长度一般在 200 个字符(100 个汉字)以内,即用一句话来描述用户当前的状态(比如正在做什么、现在的心情等),发布内容可在网站公开或直接发送到用户所在的私有组。注册用户被称为"跟随者"或"朋友",他们可以在线阅读微博客帖子、或要求即时发送信息。微博客产生后,有人用"洪水猛兽"来形容,表明其信息记录短小精悍、高度灵活和及时性,使得它在大众信息交流媒体中快速流行开来。

Twitter(http://twitter.com,被译为喋喋不休、叽叽喳喳)是世界上最早提供微博客服务的网站。2006 年由 Twitter 前首席执行官杰克·多尔西(Jack Dorsey)发明,后来在联合创始人埃文·威廉姆斯(Evan Williams)的推广下,取得了广泛的流行与应用,几乎成了微博客的代名词,现在被认为是 Facebook、谷歌的主要竞争对手。Twitter 提供在线社交网络服务,允许用户建立个人账户,发布少于 140 个字符的简短信息,使注册追随者们知道他们目前的状况。用户可以在任何时间、以任何方式发表任何信息,分享给希望获知这些信息的人;并在第一时间、任一方

① 维基百科. 微博客. [EB/OL]. [2012-02-14]. http://zh.wikipedia.org/wiki/%E5%BE%AE%E5%8D%9A.

式获知所关注的人或事的最新进展,发挥了与公众即时沟通的媒体平台作用①。据统计,2008 年 Twitter 用户访问量急增 752%,2008 年 12 月,Twitter 月独立用户访问人数已达到 443 万。

4.2.1.2　微博的特点

（1）信息传播发散化、形式多样。

纵观全球各大网站,他们提供的微博风格基本类似,每位博主既是各种信息的发布者,同时又是各种信息的受用者,只要对感兴趣的人点击"加关注",你的圈、群就将扩大;微博最早是为了方便手机发布而构思的,发展到现在已呈现出多元化的态势:博主既可以通过手机信息、彩信、WAP 浏览器发布,也能利用个人电脑上的 Web 浏览器发布,还有即时通讯工具（如 QQ、MSN、Gtalk 等）发布,更可利用开放的 API 接口发布,发布形式多种多样。由于撰写与发布的便捷性,移动设备,主要是手机,已经成为了微博发布的主流应用平台。

（2）内容发布即时性强。

微博用户可以将身边的各种各样新鲜事和思想火花在第一时间发布到互联网上,其他博主可以查看、评论并转发微博内容,这意味着一则突发新闻事件会在几分钟内以几何级的扩张速度传遍世界。微博所体现出的即时性、真实性、快捷性超过了其他任何传统媒体。诸如,第一个转发杰克逊住进洛杉矶加州大学医院的是 Twitter;第一个在世界转发"汶川地震"消息的也是 Twitter。还有,2009 年 1 月奥巴马总统就职;2010 年 5 月我国上海举办的盛况空前的世博会;2011 年 3 月 11 日日本九级大地震,以及随之而来的海啸、核泄漏等,首发地都是热及网络的"微博"。

（3）信息语义交互性广。

与博客面对面的交互方式不同,微博采用背对脸的跟随方式,传统博客的形式是观看博客的人对该博文进行评论,是一对一的方式;而微博则好比群体小组讨论的功能,就如同在电脑前面画图,路过的人从背后看你怎么精雕细画,而使用者并不需要主动和背后的人交流,可以是化名的也可是匿名的,可以跟随博主,也可以被跟随,跟随的人越多越密集,则获取的信息量越大,这种跟随是一种单向的跟随,只要着迷就可以跟随对方,讨论任何一个话题,如电子书、数字化生存、社会老龄化、大学生就业、通货膨胀等,它可以点对点,也可以一点对多点。

（4）信息内容繁杂。

微博篇幅短小但内容繁杂,可以是一句话、一个字段、甚至是一个字,任何想法都可以"广播"发表,有没有理论逻辑都无关紧要。内容的"浓缩"、随意性导致了微

---

① 　孙宇. Micro-blogging 图书馆个性化服务新平台[J]. 图书馆工作与研究,2010（2）:33-36.

博首次传播必将是不成体系的"碎片化文本",这种繁杂的信息可以被永久地存储下来,传播者与受众之间完全凭这种闲言碎语而结成沟通平台,这种鲜活的杂文谚语式的微博内容,极大地提升了 Web 表达的真实性[①]。

（5）信息发布方便快捷。

使用传统的博客系统完成一篇 Blog,需要写标题,要排版。标题有字数要求,排版要保持条理清晰、段落有序,还要选择类别以方便推荐给该类别的用户,有的还需要用户自定义 Tag、写摘要等。而微博客只需要在一个框里发布有字数限制的一段话或上传一张图片、一段视频即可。相对于博客的长篇大论、冗长而难以组织,微博客内容简短且形式轻松;相对于 E-Mail 来说,微博客在观看、分享上面更为直观方便。

4.2.2　国内外知名微博站点简介

（1）Twitter（推特）。

作为世界上最早最有名的微博客站点,一般提到微博首先想到的必然是 Twitter,国内翻译为"推特"。关于其名字 Twitter 的来历,Twitter 是一种鸟叫声,创始人认为鸟叫是短、平、快的,符合网站的内涵,因此选择了 Twitter 为网站名称。

作为微博客代表的 Twitter 和它的前辈博客从开始就有着很深的渊源。2006年,正是全球博客托管服务公司 OBVIUS 的创始人推出了 Twitter 服务。Twitter 在面世后的近一年时间内并未引起网络用户和市场的关注,直到 2007 年年初在美国德州的偏南音乐节上第一次博得公众的眼球。在这次音乐节上,主办方具有创意地将 Twitter 连接在演唱会旁边的大显示屏上,所有与会者可以通过手机登录 Twitter 即时发布自己的感受和想法。这次演唱会迅速吸引了年轻人的注意和兴趣,也是在这次演唱会后,Twitter 由在 ALEXA 排名 1 000 名开外的不知名小网站,迅速迈进前 650 名[②]。

用户可以在 Twitter 上发布文本信息,每次不得超过 140 个字。用户可以在别人后面跟帖,别人也可以跟帖,这有点类似于 Facebook 的状态更新服务,但不同点在于 twitter 的这个功能对所有人都是开放的。大多数 Twitter 用户页面像是简单的文本博客,但聚合起来,就有了力量。与用户数达数亿的 Facebook 相较,Twitter

① 林菲,朴咏男."微博"理念下图书馆读者的信息素养教育探析[J].长春师范学院学报（自然科学版）,2011,30(3):172-174.
② 百度百科.Twitter.[EB/OL].[2012-05-20].http://baike.baidu.com/view/843376.htm.

差距还比较大,但它却与 Facebook 的运作模式截然不同。Twitter 降低了网络交流的门槛,它的运营模式是现有博客网站合理发展的下一步,也是微博客的初始阶段。网民认为,键入 140 个字并发送到网络上更为便捷,因此 Twitter 实现了信息的流程化,如图 4-7 所示。

图 4-7　Twitter 用户界面

（2）Plurk(噗浪)。

噗浪(Plurk),也是一个微网志社群网站,网站创设于 2008 年 5 月 12 日。服务类似 Twitter,但其最大的特色就是在一条时间轴上显示了自己与好友的所有消息。同时,和 Twitter 的@回复不同的是,在 Plurk 中,对某一条消息的回复都是属于该条消息,而不是独立的。

噗浪限制发文字数为 140 个字,但汉字和英文字母都计为 1 个字,因此通常中文用户可以发布更多内容。根据 Alexa 的统计,截至 2011 年 8 月 22 日,噗浪总浏览数前三名是中国台湾(40.8%)、印度(12.6%)、美国(9.1%),后面排名则是印度尼西亚、菲律宾、中国香港、巴基斯坦、俄罗斯、英国、德国。噗浪发源于美加地区,但使用者多以当地华人社群居多,尤其是中国台湾地区[①]。

---

① 维基百科. Plurk. [EB/OL]. [2012-04-21]. http://zh.wikipedia.org/wiki/Plurk.

(3) Google Plus(Google$^+$)。

Google Plus 其实最早是应对 Facebook 的挑战而创立的一个产品,或者说一个社交网站,但经过一段时间的发展,它表现出来的特性功能感觉是 Facebook 与 Twitter 的结合体,很好地吸收了目前主流社交网站的优点,同时有所创新。有庞大的 Gmail 与 Google 用户群作为坚实后盾,现在虽然用户数量不多,但假以时日一定是个不可忽视的新生力量。

Google Plus 被谈论最多的功能就是圈子,这个功能可以让用户很好地管理关注的人和分享的话题。利用圈子功能,用户可以发送状态更新至特定的群组。比如说,用户可以创建一个喜欢音乐的朋友圈子,那么他就可以只在这个圈子内分享他刚创作的音乐录影带。Facebook 和 Twitter 也提供选择性分享的功能,但它们的功能有限。用户可以阻止 Facebook 上某个群组的更新,但真的要实现却很费时间。对于 Twitter 来说,用户要么将自己的个人资料完全公开,要么就完全私密,除此之外就没有其他的选择[①]。与 Twitter 一样,Google Plus 也有追随者(followers)的概念。

(4) 新浪微博。

新浪微博是中国国内最大的微博客站点之一,其学习与借鉴了国外 Twitter 等社交网站的经验。它是由新浪网推出的微博服务,目前在全球使用最多的微博客的两家提供商就是 Twitter 和新浪微博。新浪微博采用了与新浪博客一样的推广策略,即邀请明星和名人加入开设微型博客,并对他们进行实名认证,认证后的用户在用户名后会加上一个字母"V",以示与普通用户的区别,同时也可避免冒充名人微博的行为,但微博功能和普通用户是相同的。

新浪微博用户可以通过网页、WAP 页面和手机短信、彩信发布 140 字以内的消息或上传图片,此外还可通过 API 用第三方软件或插件发布信息,这点与一般的微博客站点类似。新浪微博的功能包括:发布功能;转发功能:用户可以把自己喜欢的内容一键转发到自己的微博,转发时还可以加上自己的评论;关注功能:用户可以对自己喜欢的用户进行关注,成为这个用户的关注者(即"粉丝");评论功能:用户可以对任何一条微博进行评论;搜索功能;私信功能[②]。目前国内的高校与公共图书馆所开通的微博服务基本都是基于新浪微博平台。如图 4-8 所示即为

---

① Google$^+$就是冲着 Facebook 去的,细看 Google 的社交网络.[EB/OL].[2011-06-29]. http://www.guao.hk/posts/googles-facebook-competitor-the-google-social-network-finally-arrives. html.

② 百度百科.新浪微博.[EB/OL].[2012-05-05]. http://baike.baidu.com/view/2762127. htm.

新浪微博的用户发布界面。

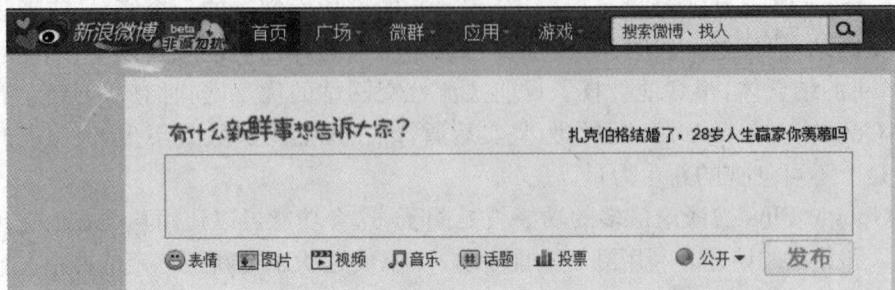

图 4-8　新浪微博用户发布界面

（5）腾讯微博。

腾讯微博是国内另一个比较大的微博客站点，其发展的潜在用户为规模庞大的 QQ 聊天软件用户，所以其实力也不容小觑。

它是腾讯公司于 2010 年 4 月 1 日推出的一项微博客服务，微博用户可以通过网页、短信、手机程序、QQ 等方式发布最长 140 字的广播。早期腾讯微博只对 QQ 用户开放注册，即腾讯微博上的每个账号都对应一个 QQ 号码，但 QQ 用户的微博账号并非自动注册，需登录微博首页注册。其实早在 2007 年腾讯就已经开发了类似于微博的滔滔网站（taotao.com），但由于营运问题，腾讯在 2010 年 1 月 26 日宣布关闭滔滔网站，并将原滔滔网站的内容整合到 QQ 空间①。现在所主推的腾讯微博服务可谓是新瓶装旧酒。

4.2.3　学科化服务在微博中的应用

4.2.3.1　图书馆微博服务

由于微博平台追求的是人气与使用者人数，所以图书馆一般使用第三方专业微博提供商来搭建自己的微博服务平台，使用第三方开源软件来建站也不是不可以，但稳定性、人气等均无法与成熟的微博平台相提并论。

作为微博客的起源点，美国也是最早在图书馆上应用微博服务的国家之一。目前国外许多图书馆都已开始使用 Twitter 服务，并在各类型图书馆中均产生了良好的效果。美国的佐治亚州图书馆利用 Twitter 来搭建交流平台，便于网络用户及时了解图书馆的活动和消息②。美国全国高校图书馆利用基于 Web 的信息资

---

① 维基百科. 腾讯微博. [EB/OL]. [2012-04-07]. http：// zh. wikipedia. org/wiki/%E8%85%BE%E8%AE%AF%E5%BE%AE%E5%8D%9A.

② Geogia Library News Now on Twitter[J]. Georgia Library Quarterly. 2009,46(4):24.

源提高大学生信息素养,从指导如何使用 Google,到通过 Facebook 和 Twitter 提供信息,它们还努力帮助学生们克服一种错误想法,即互联网上没有的就是不存在的①。英国图书馆也正在利用"Twitter 小型博客"作为一种联络用户和同事及图书业的网络。据估计,英国 40 多家图书馆和图书馆服务机构,包括曼彻斯特、爱丁堡、威斯敏斯特和利兹都在使用 Twitter。很多图书馆也在计划加入。2009 年 6 月,在"图书馆信息展"(Library Information Show)上,Twitter 是众人关注的热点。Phil Bradley 特别强调,它在帮助图书馆管理人员更有效地对外沟通和推广他们服务的潜能②。

美国国会图书馆于 2010 年 4 月 14 日宣布将收藏美国社交网络及微博服务网站 Twitter 上的所有历史记录③。这一举动无疑给图书馆界带来了极大的震动,足见微博的社会影响力。仅 LIBSUCCESS 上的统计就列举了 148 家世界各地在 Twitter 上安家的图书馆官方微博,而且是图书馆在 Twitter 上不错的实践代表,如美国的耶鲁大学科学图书馆、加拿大的瑞尔森大学图书馆和档案馆、英国的布鲁内尔大学图书馆、韩国的延世大学图书馆等④。很多世界各地的图书馆馆员都开设了自己的微博,如巴西馆员的 Brazilian librarians on Twitter-BSF、只在 Twitter 的鸣叫的图书馆目录等。"Librarians Who Twitter"则是图书馆馆员在 Twitter 上的一个小组(或称微群)。图书馆不仅利用 Twitte 进行简单的服务告知,而且还用于馆员之间的交流。图书馆的微博服务也在不断地创新、实践,如"just tweet it"可提供图书馆目录的最新订阅。Twitter 上的"Follow a Library Project"("关注一个图书馆计划")旨在在世界范围内让人们意识到他们可以在 Twitter 上关注他们喜欢的图书馆。他们鼓励 Twitter 的使用者在 2010 年 10 月 1 日(这一天被宣布为"follow a library on twitter day")在 Twitter 上使用"♯followalibrary"这个标签,来推荐自己最喜欢的图书馆⑤。国外图书馆界由于较早地接触微博,以及国外图书馆学者对图书馆微博服务应用的探索热情,很多国外图书馆走在了微博技术应用的前列,值得国内图书馆界学习与借鉴。

① Google、Facebook、Twitter 时代. 高校图书馆依然蓬勃发展[J]. 现代情报技术,2009(5):96.
② Twitter 在英国图书馆渐成流行[J]. 出版参考,2009(19):42.
③ 美国会图书馆将收藏 Twitter 上所有历史记录[EB/OL]. [2011-02-16]. http://tech.163.com/10/0415/16/64AU9URG000915BF.html.
④ Twitter[EB/OL]. [2011-02-16]. http://www.libsuccess.org/index.php?title=Twitter.
⑤ 在 Twitter 上关注图书馆,兼及其他—[新知][EB/OL]. [2011-02-16]http://nalsicat.blogbus.com/tag/Twitter/.

　　尽管国内的微博起步晚于国外,但国内图书馆微博的发展劲头也很足。仅以国内用户数最多的新浪微博为例,以"图书馆"为名称的微博有数百家,其中既有实体图书馆的官方微博,又有以"图书馆"称谓的虚拟组织。在新浪微博落户的实体图书馆的官方微博中,不仅有许多公共图书馆,还有很多高校图书馆,有越来越多的图书馆在新浪微博安家落户。尽管国内图书馆对微博的应用起步不早,但却已经吸引了大批的粉丝驻足,举几个例子作为说明:杭州图书馆的官方微博的粉丝已达1万人,经过之前"杭图允许乞丐拾荒者入馆"事件的沸沸腾腾的炒作,粉丝数急剧攀升;作为一直是网络技术应用先锋的高校图书馆代表,厦门大学的官方微博"厦大图书馆"受到了7 800多个粉丝的关注;清华大学图书馆的粉丝数也已超过1万(数据来自2012年5月20日新浪微博)。此外,致力于"以图书为载体,以教育为内容,立足乡村,连接城市,推广国民阅读,促进乡村教育革新"的民间教育公益组织"立人图书馆"、分布在中国各城市的社区公益民间图书馆的"荒岛图书馆"在新浪微博上也拥有很高的人气。在新浪微博的平台上各种形态的"图书馆"都绽放着各自的流光溢彩,溢了微博,还有很多图书馆建立了相关的微群,如同博客群一样,微群为微博者提供了一个更为深入、互动的交往平台。在新浪网上已有25家图书馆微群,其中不仅有清华大学图书馆、国家图书馆、荒岛图书馆等各种形态图书馆的微群,还有"图书馆人之家"、"图书馆一家亲"等图书馆学者建立的各种交流微群,新浪"图林博客圈"的创建者程焕文开通了"图林微群",使得图书馆学人在微群上也占有重要的一席之地[①]。

　　从实际效果来看,微博这个新型应用平台在图书馆与用户、馆员与图书馆、馆员与用户之间架起了更新颖、更方便快捷的即时交流平台。不仅用户喜欢这种服务方式,越来越多的馆员也逐渐接受了这种新型的服务平台。但目前,海内外的图书馆微客平台服务大多还停留在简单的通知公告服务阶段。一个主要原因是微博的本身特性所限,即文本最多只支持140字的容量,没办法提供更多更丰富的信息量;另一个原因是图书馆的一些服务内容信息量比较大,很难用简单的一条微博表述清楚,所以大部分都采用超链接链接至其他平台的方式来为用户提供各种服务。但是微博既然受到图书馆的广泛欢迎,也有其独到之处,一是消息传送速度快,用户可能不会经常登录图书馆的网站,但是打开微博就能看到图书馆的服务信息,非常方便;二是转发方便,通过微博海量用户的随手转发,一条条服务信息在电光火石间便可传遍五湖四海,这对图书馆的服务宣传无疑是个极大的利好;三是可以收到用户的评论,从评论中可以看到用户对图书馆的了解程度,以及用户之间对图书馆的交流和探讨。从目前的应用现状来看,各个高校图书馆微博还需要多加

①　司姣姣. 微博在图书馆中的应用[J]. 数字图书馆论坛,2011,(3):39-43.

深学科化服务进程,才能给广大用户提供更丰富多彩的服务内容。

4.2.3.2　学科化服务微博平台

作为一种新兴的网络流行工具,微博平台的社会人气比图书馆的任何其他服务平台都要强大,因此完全适合也能胜任图书馆学科化服务的要求。高校图书馆要利用微博平台深化推行自己的学科服务,首先应该想清楚哪些学科服务的模式可以使用微博来进行推广,由于微博的字数限制,信息内容力求短小精悍,这对学科服务的开展提出了更高的要求,如何利用有限的文字将内容表述的完整与明确;其次是如何充分有效地利用微博的特点与优势,例如传播速度快、转发人气高,利用它将最需要师生了解的学科服务信息推广与宣传开去;最后是可以作为馆员与读者沟通的一座桥梁,利用微博平台,学科馆员可以很方便地与读者之间进行学术沟通与交流,进行参考咨询等服务。

微博本身带有强烈的 Web 2.0 特征,拥有例如 RSS 信息聚合、SNS 社交网络、标签 Tag 等特征技术,通过微博平台可以实现多种多样的学科服务内容,实现 Lib 2.0 的目标。

(1) 学科信息资源发布与推送。

当前图书馆的微博应用,主要就是信息发布的工具与平台,图书馆在日常工作中经常要发布各种信息,如通知、新闻、新书通报、催还通知等。目前图书馆大多通过网站主页的形式发布信息,这样做的弊端是经常会有读者错过一些信息。现在有了微博这个工具,图书馆可以建立公共的微博客账户,将图书馆的动态信息发布到读者圈子里。读者关注图书馆的微博客账户后便可即时了解到图书馆发布的动态信息,读者也可以将自己感兴趣的内容与学科馆员即时沟通,是一种完全开放的交流方式[①]。

图书馆有不少学科信息资源的发布与推送平台,发布如学科类新书通报、学科类的数字资源、学科新闻、学术会议、学科期刊摘录等信息。现在图书馆完全可以通过微博客平台来向读者主动推送各类的学科服务类信息,在微博上关注了图书馆的读者只要登录就可以看到,相比于图书馆众多的学科服务类平台,读者登录微博的频次与偏好显然更有优势,这样无疑可以大大提高学科信息资源的推广效率,同时这些信息通过转发可以迅速遍布有相同兴趣爱好的小组与群,甚至读者之间也发生互动,因为他们也可能把信息转发给其他好友。

学科馆员主题微博客也是微博客应用于图书馆的一种重要形式,学科馆员开设自己的个人微博客,发布自己所负责学科的信息资源,相较统一式的发送模式更为专业,馆员信息推送服务对于某个专业领域来讲更专业、深入、精辟。图书馆应

---

① 杨亮.浅议微博客与图书馆的发展[J].中国科技信息,2010(10):202-203.

鼓励学科馆员建立自己的微博客。通过微博学科馆员利用文字、多媒体等方式,将导读报告、自己日常的导读服务工作感悟、心得、设计、导读课件等上传发表,在第一时间向自己的关注者进行学科信息推送服务,对院系师生进行常见疑难问题解答、传授图书馆利用法、新书快荐、网上导航等服务,提高用户利用图书馆查找学科资源的能力。

(2) 学科参考咨询服务。

传统情况下,读者遇到学科类问题想要询问某个馆员,一种方式是直接电话或者 E-mail 联系对应馆员;另一种方式是登录相应的学科咨询平台上进行询问。但是学科馆员未必能够 24 小时在线,不一定能及时回答读者的问题。学科化服务微博开展学科参考咨询服务后,虽然也不能确保 24 小时全天候的问题解答,但效率会提高很多。因为微博对于读者来说是更乐于接受的事物,发送问题方便快捷,不需要掌握任何的专业知识与学习任何攻略;对于馆员来说同样如此,没有了其他学科服务平台繁琐的操作制约,回答问题方便快捷。微博与传统平台不一样,也许馆员在休息的间歇随手拿起手机登录微博,就可解答几条读者的疑问。对于学科馆员来说,还可以预先将一些常见的学科类问题整理出来,用简明的语言进行解释,用户提出的问题如属此类,则可即时回复。此外,也可充分利用微博的特性,发动图书馆的用户来互相解答疑问,既能解决学科馆员不能及时回复的问题,又充分利用了社会资源,为读者提供信息服务①。

微博客通过与手机的无缝结合,使读者的咨询时间和地点几乎不受任何限制,他们在遇到问题时可以随时随地向图书馆发问。而与传统的即时通讯工具不一样,就算不在上班时段,读者与学科馆员间也可以随时沟通交流。有些学科类参考咨询问题比较复杂,例如寻找某类学科的特定信息资源,读者通过微博发送问题后,学科馆员可能需要花一定的时间去寻找答案,这时就可以充分发挥微博的特点,一个读者提问后,所有关注的人(即粉丝)都可以看到这个问题,通过大量转发群策群力共同来解决这一问题,包括其他读者,这也是微博与其他学科服务平台不同的地方。

(3) 学科资源荐购。

图书馆每年都会采购大量的资源,包括图书与数字资源,图书馆采访人员购书时面对种类繁多、内容复杂的资源,在选购时难免会存在仅凭主观推测和个人兴趣爱好来选择的现象,造成真正需要的学科类资源严重不足。为解决这一问题,很多图书馆都采取了资源荐购的策略,即通过学科馆员或读者的推荐来进行采购,对应有各种资源荐购的方式,如电话荐购、邮件荐购、留言板荐购等,有的图书馆还有专

---

① 　陈丽纳. 微博客(Micro-blog)在图书馆中的应用研究[J]. 四川图书馆学报,2010(4):32-36.

门的资源荐购系统。虽然对于读者的荐购采访人员会尽量及时地回复,但在接受荐购后,由于图书馆的采购流程长,从发订到图书上架一般需要至少一个月的时间,而读者一般需求都比较急,加上对图书馆的采访流程不明白,因此容易产生误解,使得系统在实际应用中效果一般,利用率也低。

通过使用微博,可以将新书列表、电子资源列表等直接发送到微博客上,只要读者关注了图书馆资源荐购相关的微博,就能第一时间了解到图书馆的资源采购情况。学科馆员可以牵头来进行学科资源购买的意向征集,通过微博的转发大量读者都可以看到并根据需求提出自己的建议,对于学科资源的准确购买显然有很大的帮助,因为学科服务是服务于院系,院系教授及学生的阅读喜好有很大的参考价值。

(4) 学术交流。

学科馆员可以通过微博自由地与读者、院系的教授们进行无障碍的沟通与交流,通过添加关注成为粉丝,教授、师生之间的学术交流信息都可以被广泛传播与共享,学科馆员就能够通过点点滴滴的信息敏锐地捕捉到院系师生们的需求与关注方向、重点,可以为学科服务做好更充分的准备。

图书馆的不少学术交流会议也采用了微博的方式来进行直播,如 2010 数字图书馆前沿问题高级研讨班、上海市图书馆学会 2011 学术年会等,在会议进行的同时利用微博平台进行信息发布与学术交流,针对大会的议题及报告者的报告主题,在场及不在场的学科馆员们都通过网络进行了热烈的探讨,这对于促进学术研讨、深化交流起到了很好的作用。

(5) 学科知识库。

微博上粉丝可以扎堆,同时还有图书馆主题群,将有相同问题的读者都聚集到一起。图书馆完全可以利用微博建立一个学科知识库,既方便馆员对重复问题的解答,又能在交流中形成头脑风暴、集思广益。每个读者的周围都联系着不同的知识库,在整个微博的空间中形成一个大的知识群体,随着读者群的扩大,知识群体也在不断地扩散。此外,图书馆还可以将研究的课题以及业务中的问题发布到微博中,让学生读者以及学校科研人员积极参与、共同研讨。

知识提取、知识共享和知识应用,可将馆员的隐性知识转化为显性知识。经过知识收集和知识提取后,学科馆员获得知识上的提高,及时捕捉在此基础上产生的瞬间即逝的灵感,并通过短小精悍的馆员微博客发布,完成从隐性到显性的知识转化。微博关注者可以对信息内容进行评论和引用,好像开网上会议,所有人都可以各抒己见,读者也可以把自己在阅读过程中的心得体会上传到微博客上来分享,形成广泛的知识库共享。

(6) 信息素养教育。

微博可以作为学科服务中的信息素养教育的一个补充平台,现在信息素养教育由学科馆员现场授课为主,但由于人数限制或时间冲突,无法满足所有师生的需求。因此可以将信息素养教育的课程做成视频或者 PPT 的形式,通过超链接形式发布到微博上,供广大师生下载学习,是个很好的补充手段。如此将信息素养教育融入到师生的日常学习实践中去,随时随地学习并得到快速的反馈,从而有效促进信息素养教育的良性发展。

4.2.3.3　案例分析

厦门大学图书馆是国内比较早开设微博的图书馆之一,他们在新浪微博上开设了账号,名称就取了"厦大图书馆"这个简称,目前已有近 8 000 名"粉丝",如图 4-9 所示。

图 4-9　厦门大学图书馆微博

读者点击"加关注"按钮即可将"厦大图书馆"加为粉丝,那么厦大图书馆所发布的所有新闻通知、学科信息、学科资源推荐等信息在读者登录微博时都能看到,非常方便。

从厦大图书馆的微博使用情况来看,主要应用还是集中在学科信息资源推送上,如图 4-10 所示,利用信息发布的方式向读者推荐了学科数据库、电子期刊等最

图 4-10　微博学科服务

新的学科信息资源,还有专门针对某个院系的活动通知等,通过读者与馆员间的大量转发可以传遍整个服务群体,比传统的图书馆主页通知或其他平台的新闻通知效率要高得多,无疑是针对学科服务的一个比较好的应用平台工具。

4.3　学科维基平台

4.3.1　什么是维基

维基是 Wiki 音译词语,Wiki 一词来源于夏威夷语的"weekee weekee",原意为"快点快点"。它其实是一种基于超文本的新技术。这种超文本系统支持面向社群的协作式写作,同时也包括一组支持这种写作的辅助工具。

维基应用的独特优势在于其是廉价的、可扩展的和易于维护的。它不需要大规模的软件部署,就可以很好地与已有的网络基础设施连接。它使用了简化的语法,能快速创建、存取、更改超文本页面,并使系统得到不断增长。

下面简要介绍一下维基的发展及其使用意义。

4.3.1.1　维基的起源和发展

维基(Wiki)[①]的概念始于 1995 年,当时在普渡大学计算中心(Purdue University Computing Center,PUCC)工作的沃德·坎宁安建立了一个叫波特兰模式知识库(Portland Pattern Repository)的工具,其目的是方便社群的交流,他也因此提出了维基这一概念。从 1996 年至 2000 年,波特兰模式知识库得到不断的发展,维基的概念也得到丰富和传播,网上又出现了许多类似的网站和软件系统,其中最有名的就是维基百科(维基 pedia,http://www.wikipedia.org/)。维基百科是一个语言、内容开放的网络百科全书计划。英文的"Wikipedia"是"Wiki"(一种可供协作的网络技术)和"encyclopedia"(百科全书)结合而成的混成词。其中文名称"维基百科"是经过投票讨论后所决定的,"维基"两字除了音译之外,"维"字意思为系物的大绳,也做"网"的解释,可以引申为互联网,"基"是事物的根本,或是建筑物的底部。"维基百科"合起来可引申为互联网中装载人类基础知识的百科全书。在维基百科的条目内有许多链接,可引导使用者前往有关的页面,并获得更进一步的信息。

维基百科由来自全世界的志愿者协同写作。自 2001 年 1 月 15 日英文维基百科成立以来,维基百科不断地快速成长,已经成为互联网上最大的资料来源网站之一,而以热门度来说,则成为世界第六大的网站,在 2008 年吸引了超过 6.84 亿的访客,目前在 272 种的独立语言版本中,共有 6 万名以上的使用者贡献了超过 1 000 万

---

① 维基百科. wiki. [EB/OL]. [2012-05-27]. http://zh.wikipedia.org/zh-cn/Wiki.

篇条目。每天有数十万的访客作出数十万次的编辑,并创建数千篇新条目以让维基百科的内容变得更完整。

得益于维基百科全书的成功,在 2003～2004 年之后,出现了大量的维基引擎。以下是维基发展的大事记:

① 1995 年 3 月 25 日:第一个维基网站开始运行;

② 2001 年 1 月:世界上最大的维基系统维基百科全书开始运行;

③ 2002 年 10 月,维基百科中文版开始运行;

④ 2003 年 8 月,网络天书(http://www.cnic.org)的前身百科全书开始运行,2004 年 8 月正式改版为网络天书。这是中国的第一个维客网站,2005 年推出中文维基链和"天书通讯"子站;

⑤ 2005 年 3 月 12 日:中文维基专题网站天下维客建立,在中文维基社区的技术资料积累方面作出了突出贡献;

⑥ 2005 年,国内出现众多维基维客站点,维基技术得到空前关注。

4.3.1.2　维基的意义与特点

维基平台是一种"支持面向社区的协作式写作的超文本系统"。作为一种多人协作式写作的超文本系统,维基支持面向社群的协作式写作,同时也包括一组支持这种写作的辅助工具。用户可以在 Web 的基础上对维基文本进行浏览、创建、更改,而且创建、更改、发布的代价远比 HTML 格式的文本小;同时维基系统还支持面向社群的协作式写作,为协作式写作提供必要帮助。最后,维基的写作者自然构成了一个社群,维基系统为这个社群提供简单的交流平台。与其他超文本系统相比,维基有使用方便及开放的特点,所以维基平台可以帮助用户在一个社群内共享多个领域的知识。

维基通过文本数据库或者关系数据库实现版本控制,因此可以随时找回以前的数据并对比。版本控制多人协作成为可能,既可以保护内容不会丢失,又可以让任何信息被任何人修改和删除,但是最后剩下的是最好的参与者,因为系统会清除垃圾文字,最终剩下的也是最有意义的内容。

维基是任何人都可以编辑的网页,在每个正常显示的页面下方都有一个"编辑"按钮,点击这个按钮即可编辑页面。维基体现出"人之初,性本善"的哲学思想,认为不会有人故意破坏维基网站,大家编辑网页是为了共同的爱好。因此,免不了有很多好奇者无意中更改了维基网站的内容。为了维护网站的正确性,维基在技术上和运行规则上做了一些规范,既做到了向大众公开的原则,又尽量降低了众多参与者带来的风险。比如维基将保留网页每一次变动的数据,即使参与者将整个页面删掉,管理者也能很方便地从记录中恢复最正确的页面;在更新一个页面的时候用户可以在描述栏中写上更新内容的依据或与管理员的对话等,这样管理员就能知道用户更新页面的情况。

维基是一个开放的系统,其写作者自然构成了一个社群,维基系统为网络社群提供了简单的交流工具。与其他超文本系统相比,维基有使用简便且开放的优点,所以维基系统可以帮助人们在一个社群内共享某个领域的知识。

Blog 是继 E-mail、BBS、ICQ 之后出现的第四种网络交流方式,是网络时代的个人"读者文摘",是以超级链接为武器的网络日记,代表着新的生活方式和新的工作方式,更代表着新的学习方式。具体说来,博客(Blogger)这个概念可解释为使用特定的软件,在网络上出版、发表和张贴个人文章的人。

论坛是 BBS 的中文名称。公告牌服务(Bulletin Board Service,BBS)是互联网上的一种电子信息服务系统。它提供一块公共电子白板,每个用户都可以在上面书写,可发布信息或提出看法。参与 BBS 的人处于一个平等的位置与其他人进行任何问题的探讨。BBS 站往往是由一些志同道合的爱好者建立,对所有人都免费开放。而且,由于 BBS 的参与人众多,因此各方面的话题都不乏热心者。

基于它们的概念及一些显而易见的特点,它们之间的一些区别主要如表 4-1 所示:

表 4-1 Wiki 与 Blog、BBS 的区别

项目 ＼ 类别	Wiki	Blog	BBS
功能	浏览、编辑、查看历史版本、讨论、关注	作为教师和学生的档案袋;作为教学辅助管理的工具;反思性学习;个人的知识管理	有发帖,回帖,管理帖子,讨论组,上传/下载附件;主要是思想交流
应用特点	有明确的主题;浏览、编辑一体化,可使讨论的主题不断深入;强调协作性;结构性强,讨论结果直观可见	关注个人思想交流;更易营造个人网络学习环境、终身学习	创建简单;自主管理;便捷易懂;个性风格;功能强大;交朋识友
主题	Wiki 站点一般都有着一个严格的共同关注,Wiki 的主题一般是明确的坚定的。Wiki 站点的内容要求高度相关性。其确定的主旨,任何写作者和参与者都应当严肃地遵从。Wiki 的协作是针对同一主题作外延式和内涵式的扩展,将同一个问题谈得很充分很深入	Blog 是一种无主题变奏,一般来说是少数人(大多数情况下是一个人)的关注的蔓延。一般的 Blog 站点都会有一个主题,凡是这个主旨往往都是很松散的,而且一般不会去刻意地控制内容的相关性	论坛一般是由一个人先提出一个问题,大家根据这个问题发表自己的看法,注重的是思想交流,但是在这过程中参与者都是畅所欲言,漫无边际,没有所谓的正确答案,主旨非常的松懈,甚至离题跑题,不会有人刻意地控制内容的相关性

（续表）

类别 项目	Wiki	Blog	BBS
交流	Wiki 非常适合于做一种"All about something"的站点。个性化在这里不是最重要的,信息的完整性和充分性以及权威性才是真正的目标。Wiki 由于其技术实现和含义的交织和复杂性,如果你漫无主题地去发挥,最终连建立者自己都会很快的迷失	Blog 注重的是个人的思想(不管多么不成熟,多么匪夷所思),个性化是 Blog 的最重要特色。Blog 注重交流,一般是小范围的交流,通过访问者对一些或者一篇 Blog 文章的评论和交互	论坛注重的是思想交流,参与者都比较得多,大家创建简单更新的时间也非常得快,这让论坛的个性化很强
协作功能	Wiki 使用最多也最合适的就是去共同进行文档的写作或者文章/书籍的写作。特别是技术相关的(尤以程序开发相关的)FAQ,更多地也是更合适地以 Wiki 来展现	Blog 也有协作的意思,但是协作一般是指多人维护,而维护者之间可能着力于完全不同的内容。这种协作对内容而言是比较松散的。任何人,任何主体的站点,你都可以以 Blog 方式展示,都有它的生机和活力	论坛最大的作用是进行思想交流,可以结交朋友

通俗地说,维基是给大家看的,Blog 主要是给熟悉的人观看,而 BBS 主要是给某些特殊的团体分享,比如说大学校园学生团体或有共同兴趣的团体。

4.3.2 维基的构建和实施

近年来,出现了许多制作维基的工具。这些工具大多是开源软件,对于个人使用者而言,是免费的,而且可以根据自己的需要对其进行修改,以适合不同场合的需要。从技术上说,对于维基的拥有者,这些工具使得架设一个维基网站就像在桌面上安装应用程序一样简单,而对于维基的使用者来说,只要了解一点维基的使用规则和简单语法,就可以用维基进行协同工作。目前国内主流的维基程序多使用 PHP＋MySQL 构架服务空间,最流行的主要维基引擎如表 4-2 所示。

有些维基的实现不需要数据库,直接以文件方式存储数据,但是大部分的维基还是使用数据库保存数据,并且都使用基于维基的界面处理编辑任务。除了产生 HTML 格式的文档外,目前也有许多维基工具可以用 RSS 对数据进行组织。这使得使用者可以通过个人新闻聚合器在任意时刻征订、退订或者管理任何特定的资源。

表 4-2　国内主要开源维基软件

软　件	基本特点
Mediawiki	最大的开源维基引擎,被维基百科全书及大量站点广泛采用。功能比较完善,支持多语种,后台功能稍弱,运行速度不快。持续更新中。支持中文,在国内使用最多
MoinMoin	基于 Python 语言的维基引擎,具有模块化设计及较好的灵活性。支持中文,国内有一些使用
PhpWiki	以流行的 PHP 语言写成,前身为 UseModWiki 并扩展了很多特性
TikiWiki	无所不包的内容管理系统,以及维基功能
WakkaWiki	评价不错的维基,有一系列延伸版本。其中 CooCooWakka 支持中文

对比图书馆的常规 Web 服务,使用维基平台有以下一些优点:

(1) 有效组织知识。

维基内容具有关联性。将文本搜索限制在维基中,能够发现维基中与所有主题相关的讨论。因为一个词具有多种含义而导致搜索结果不正确的可能性降低。维基具有统一的像百科全书一样的结构。对于每一个遇到的链接,人们往往能够在链接的终端找到被链接的术语的解释。可以查找出知识的贡献者。使用者能够方便地区分谁对于特定的条目具有相关的知识。

(2) 吸引更多的参与者。

维基社区的吸引能力主要依赖于三个事实:可见性、对用户友好、使访问者感觉到变化的连续性。

可见性。可见性意味着维基网站容易被别人找到,网站中的内容容易被别人获取。既可以通过别人的链接找到内容,也可以根据搜索引擎查到相关的内容。

用户友好。如果访问者在浏览的时候,不能迅速了解网站能够提供给他们什么内容,他不会在该网站逗留很长时间。用户友好反映了一个网站的内容和结构是不是容易被理解。

变化的连续性。访问者不仅需要发现内容的价值,而且要观察到内容的变化和进展,这种变化和进展是连续统一的,围绕着共同的主题展开。

(3) 社区凝聚力的增强。

在维基社区中,每个人都是编辑,缺少一个中心的控制,内容的设定依赖于社区成员间的相互作用。每个成员都相信在构建一个共同背景的过程中,协同工作能够比单独工作受益更多。可能的好处有以下这些:获得个人在其他地方不能获得的知识,与社区的其他成员建立个人间的联系,深入了解不同学科对同一问题的不同解释等。

同时,维基社区是可渗透的,它允许成员随意进入。如果参与者与知识体的发展有利害关系的话,他就会在网站中逗留并且参与维护和发展维基的内容。除此之外,一个好的维基的实现首先要使成员遵守共同的规则,对于规则之外的破坏行为进行共同的过滤,共同保证"内容的干净"。同时,社区在协同过程中要考虑到知识的整体性,对于不同意见的陈述需要有宽容度,一些争议的内容由社区成员共同决定。对于主要内容的决策,可以由成员中的几个人来完成,这使得社区可以对某些不受欢迎行为的反应具有弹性。

(4) 新知识的构建。

在维基中,每个页面描述一个主题或概念,并且给这个概念起一个名字,参与者能够容易地收集和链接已存在的知识片断。名字在描述一个复杂的思想时非常有用。当然,名字或符号的威力是任何扩展的人类语言的通用特征,但是维基超链接的结构用一种自然的和容易的方法实现了这点。

用维基中早已存在的概念构建新的知识,通过参考那些已经命名的概念来简单地说明一个新的概念,这是产生新的思想的简单而又有效的方法。人们假如要理解新的概念,只要查找一下修改或者引用的相关的概念。用这种方法,新的思想以及相伴随的名字就可以产生,并且社区的知识会得益于这种行为而不断进化。当然,新知识的构建需要所有成员养成一个习惯。如果有新的思想产生时,尽可能地在原有知识的基础上构建。这不仅是对别人成果的尊重,也可以减少维基中知识的冗余,使得社区内的知识更结构化。

4.3.3　利用维基构建学科化服务交流平台

图书馆是大量信息的获取中心,拥有丰富的信息资源储备,为知识交流与共享提供了物质基础,任何馆员或读者都可以创建、发布、利用信息,同时也可以利用馆藏资源获取详尽、准确的信息,便于更好地交流探讨。图书馆聚集了多学科背景的学科馆员及相关技术专家,他们所积累的丰富知识和经验,可以对相关问题予以补充和完善,从而完成围绕某一主题的知识共建。

在 Web2.0 新的网络环境下,传统的信息交流模式发生了巨大的变化,强调传播的对等信息交互,维基正像网络状态下的头脑风暴,成为一种交流共享模式。图书馆在开展学科化服务工作中,可以利用维基交互协作平台,促进学科馆员间的沟通交流,学科馆员、读者间的知识传递,读者之间的思想碰撞、知识分享,充分发挥维基的团队化协作及社区化服务的优势。

4.3.3.1 "馆员-馆员"维基

图书馆架设"馆员-馆员"的维基虚拟社群,使学科馆员们或所有馆员们聚集在这样一种共同的环境下,讨论工作中需要协同解决的问题,挖掘馆员潜能,使馆员的隐性知识显性化,指导实践。维基社群可细化为多个分社区,设立各个主题的交流社区,探讨解决工作中出现的问题,协同完成本职工作。所有人员,可进入给予意见和看法。设立交流社区,协同解决跨领域、跨业务范围的项目课题。同时可以进行业务心得交流,会议发布,各项议案修订等[1]。

馆员维基平台的交流模型如图 4-11 所示:

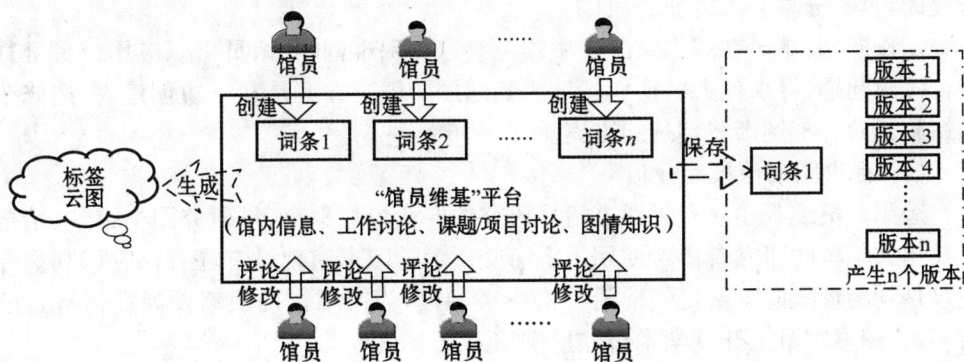

图 4-11　馆员维基平台的交流模型

国内率先将维基应用于图书馆馆员交流的是厦门大学图书馆,将维基建成集媒体库、知识库、即时通讯、馆员网志中心、馆务信息等功能为一体的业务交流、分享、文件存档平台。使用馆员维基的还有英格兰 Antioch 学院图书馆员工培训支持的维基、Oregont 图书馆创建的 Library Instruction Wiki、Connecticut 图书馆员维基等。

上海交通大学图书馆在 2005 年建立了维基版"馆员的百科"[2]。它包括图书馆信息交流、课题/项目/调研研究区、工作讨论区及图情知识分享区等功能:

(1) 图书馆信息交流。

利用馆员维基平台进行图书馆内部信息的交流,如图情新讯、服务模式、日常通知告示等。由于这些内容分别属于图书馆内部不同部门管理,传统做法是各部门撰写相关内容,通知并提交信息部门通过 Mail 方式发送给馆员。由于不是直接维护,往往出现信息不及时,格式不一致,内容来回修改和消耗人力资源等现象。馆员维基作为开放性的信息库,改变了这种方式。各部门可以随时修订本部门相关的内容,从而提高了工作效率,减少了协同工作人员的重复工作。

(2) 会议、课题、工作问题的讨论。

会议:应用馆员维基作为会议讨论平台。由于上海交通大学图书馆拥有多个

---

① 王博,刘青华. 基于 WIKI 的图书馆网络交流平台建设[J]. 图书馆学研究,2006(11):19-21.
② 上海交通大学图书馆. 馆员维基. [EB/OL]. [2010-10-12]. http://wiki.lib.sjtu.edu.cn.

不同的分馆,地域的不同往往成为会后讨论的障碍,通过维基平台可以开展会议后的讨论,这种形式突破了时间和空间的障碍,利于会议的延续性。

课题:应用馆员维基平台作为课题研究共创、分享信息的一个网络平台,以研究的课题为主,让每一位成员都能及时快速地分享小组成员获取的信息和研究进展,产生思想激荡,碰撞出火花,寻找到研究的突破口和创新点。同时,倡导了一种开放的,具有分享心态的研究氛围。

工作问题:馆员在图书馆工作中难免会遇到困难,此时馆员可以应用馆员维基平台提出问题,寻求他人的协作帮助。其问题的解决方案是在一边创建、一边修改的螺旋式阶梯上逐渐得到最终方案。

(3) 提供图书情报专业信息。

运用馆员维基建立提供图书情报研究的专业信息平台,供研究图书馆学、情报学及相关学科的研究者参考使用。上海交通大学图书馆现设有《图情新讯》刊物专栏以月刊的形式向馆员提供前沿性的参考导读,为图书馆的战略发展提供有益的借鉴,为图书馆员工开展学术研究提供切入点。

4.3.3.2 "馆员-读者"维基

构建"馆员-读者"的维基,馆员、读者在维基平台上协同写作,读者将发现的问题张贴出来,馆员利用自身的知识储备或搜集、查找资料对问题进行解答。其他读者或馆员又可以在此基础上补充完善,最终使充分确切的条目不断累积。维基所积累的知识库,提供了宝贵资源,供他人参考学习。还可以创建若干学科门户,针对某一学科再分解为与之相关的下位类,各分支聚合成该学科的维基页面。例如一个计算机学科门户"IT百科全书"再分解为软件、硬件、网络、数码、电信等分支。读者根据自身兴趣和专业进入到相关门户内进行学习交流。图书馆的学科馆员和资深专家学者发挥学科背景优势,对相关问题予以解答,不断完善该学科门户的资源建设。

维基打破了时间、空间限制,馆员、用户可直接通过此平台进行交流沟通,完善图书馆服务组织。读者可提出在图书馆利用中所遇问题、对图书馆服务发表意见,馆员对读者问题予以及时解答,发现图书馆工作中存在的问题并予以改善,根据读者的需要合理地构建图书馆,这有利于体现"以人为本"的服务理念,彰显"用户至上"的图书馆原则,提高图书馆服务质量。

维基这种方式与图书馆现有的 FAQ、BBS、Blog 等交流工具相比,有其自身的优势和特点,它有着共同关注点,内容主旨高度相关。针对同一主题,馆员读者共同探讨,多向交流,而非自上而下授予知识,知识是互动、协商的结果。它可以作为图书馆开展参考咨询服务的一种有效交流工具。正如 Robert Godwin-Jones 所说,可以将其想象成一个实践社区(community of practice),从中获得一种群体性的应用性知识。

美国哈德斯菲尔德大学电子资源 Wiki(Electronic Resources Wiki at the University of Huddersfield)帮助用户使用图书馆及该校计算机中心提供的数据库、电子期刊、电子书,有用户提问、评论和编辑界面。一方面让图书馆及时了解用户使用电子资源的需求及问题,及时改善工作中的不足;另一方面告知用户如何高效使用图书馆电子资源,提高信息素养。

4.3.3.3　"读者-读者"维基

构建"读者-读者"维基,从读者的角度参考问题,由读者充分考虑发展需要,组织建设资源,使资源建设和运用有机结合。形成以共同兴趣和爱好为前提的交流园地,充分发挥参与人的能动性和创造性,畅所欲言,各抒己见,发表观点,在不断的思想碰撞中产生灵感,获取新知。亦可将其链接到图书馆主页上,为读者提供快速登录的通道。维基的这种开放性、协作性,为资源的完善和共建提供了方便,也为知识的交流和分享提供了平台。

4.3.4　维基在其他学科化服务中的应用

维基应用在图书馆的学科化服务中,一方面可以改善图书馆学科服务的工作方式,如优化学科服务管理流程、加强各学科合作、发挥集体智慧等(如采用维基技术作为馆内和馆员之间的日常交流工具)。另一方面满足了用户平等、自由地利用图书馆资源、积极参与图书馆事务的愿望;在学科资源建设方面,用户也可以参与学科资源建设、应用集成、开源软件的应用等。

4.3.4.1　构建学科化服务知识库

以往图书馆资源通过导航和超链接方式将相关资源组织在一起,然后再从中获取所需主题的相关信息。图书馆可以构建基于维基的相关主题资源库,选定具体主题,搜集、整理、优化相关资源,以飨读者。通过图书馆员和读者的共同创作完成优化某一主题的建设,不断生成许多个主题资源库,最终构建成整个图书馆的知识库系统。

通过不断提高效率和优化服务。维基打破时间、空间限制,馆员、读者可直接通过这个共创书写平台,提出问题,发表意见,寻求解决问题的最佳方案,省去了许多不必要的精力和时间。搭建馆员与读者沟通的快速通道,塑造馆员在读者心目中的知识导航员的形象,提升馆员在读者心目中的地位。激发图书馆员的工作热情和实施"以用户为中心"的服务理念。

同济大学图书馆推出了基于维基平台的图书馆百事通网站①,它是一本为读者解答关于图书馆种种疑问的"宝典"。在这里,读者们可以查询图书馆各种资源

---

①　同济大学图书馆百事通.[EB/OL].[2010-01-10]. http://wiki.lib.tongji.edu.cn.

的使用方法,更好地利用图书馆丰富的资源。也可以畅所欲言,提出疑问,发表对图书馆的改进意见(如图 4-12 所示)。

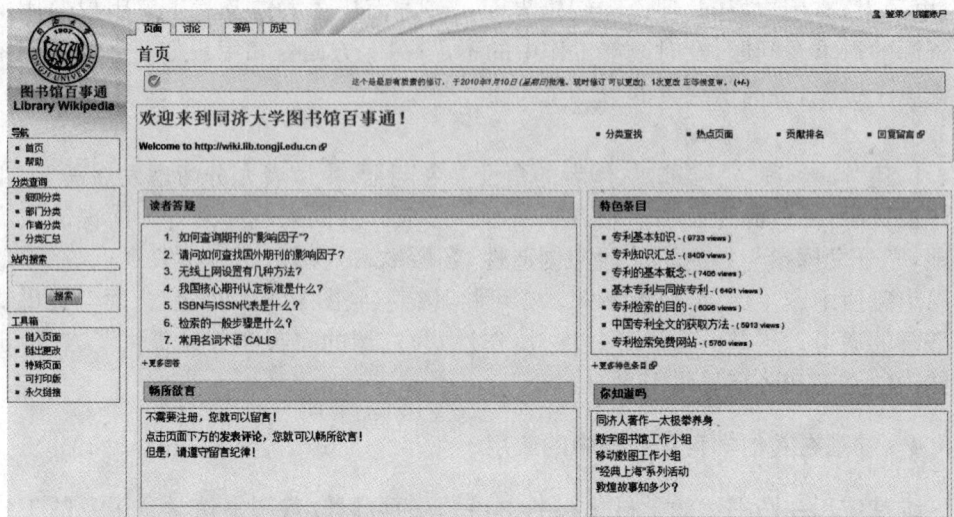

图 4-12　同济大学图书馆百事通网站首页

4.3.4.2　实现学科化服务参考咨询

维基技术可以实现对在线 FAQ 信息的动态维护、信息用户意见反馈或者是留言板服务[1]。2005 年,美国巴特勒大学图书馆设立了"参考 Wiki",鼓励馆员、教师、职员、学生对该馆各类参考资源(订购数据库、图书及网站)进行评论及提供应用说明。圣约瑟公共图书馆也设立了专题指南维基,帮助用户了解专题信息、寻找图书馆资源、发现阅读的乐趣,用户可以进行反馈、提出想法与建议。维基打破了时间、空间限制,图书馆员、读者可直接通过这个共创书写平台,提出问题、发表意见,寻求解决问题的最佳方案,省去了许多不必要的精力和时间。

美国俄亥俄大学图书馆(The Ohio University Libraries)的 BizWiki[2] 就是一个维基版的主题指南,它覆盖了所有馆藏资源(包括纸本和电子资源)中的商业参考书、数据库、网站和其他研究资料,用于支持商业研究人员找到最适合的资源。同时,BizWiki 的主页上还嵌入了即时聊天工具,用于提供虚拟参考咨询,方便读者随时与学科馆员进行学术交流或咨询(如图 4-13 所示)。

---

[1]　刘佳音. 应用 Web2.0 核心技术的图书馆信息服务创新[J]. 图书馆学研究. 2008(3): 98-101.

[2]　The Ohio University Libraries Biz Wiki. [EB/OL]. [2012-05-28]. http：// www. library. ohiou. edu/subjects/bizwiki/index. php/Main_Page.

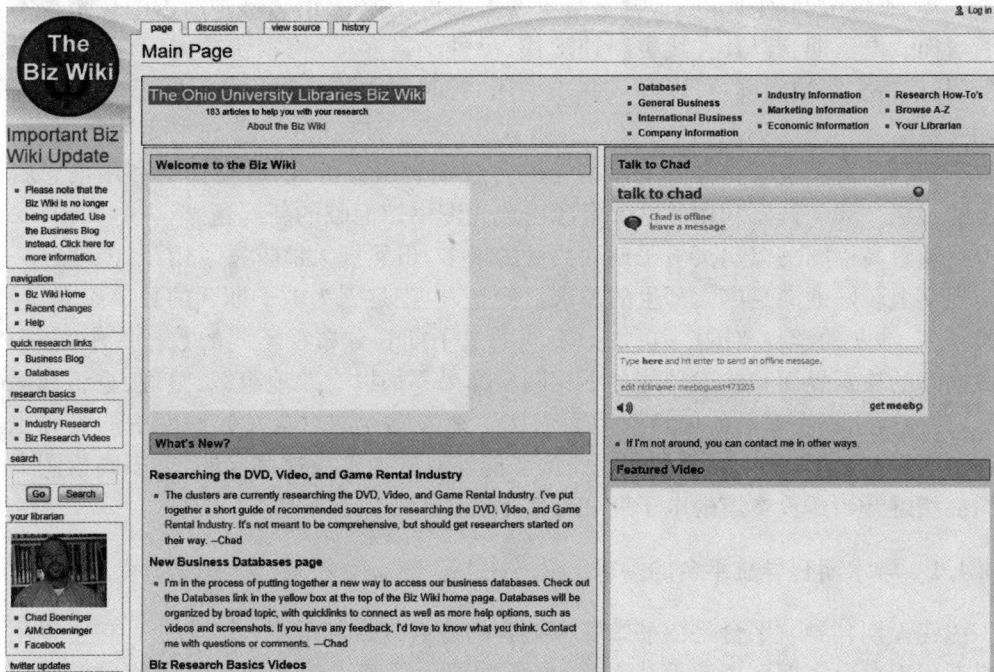

图 4-13　俄亥俄大学图书馆 Biz Wiki

4.4　学术期刊导航平台

　　学术信息资源作为高等教育系统中的关键性资源受到了前所未有的关注。近年来,日益发达的网络空间使得高校图书馆学术信息资源数量大幅度增长,一方面为学科教学和科研提供了许多具有参考价值的学术信息,但同时大量未分类的、以"孤岛"形式存在的信息资源,也给用户的利用带来了困惑和不便。用户希望图书馆能够提供信息查找的统一界面、提供学科知识的导航、提供文献之间的关联、提供多数据库的整合检索和获取目标信息的一站式服务。在这种环境下,高校图书馆致力于利用自己的信息加工优势,使这些庞大的杂乱无章的学科信息有序化,使物理上分散分布的信息资源通过网络从逻辑上链接起来,创建一个集成化的信息服务环境,从而使用户真正享受到高效、便捷、可靠的信息服务。

　　当前作为学术信息资源重要组成部分的学术期刊主要是以电子期刊的形式展现的。电子期刊可以被称为电子出版物,也被称为电子杂志或者数字期刊,广义上来说任何以电子形式存在的期刊都可以被称为电子期刊,具体来说是指以数字形式存储在电子媒介上,可以通过计算机、手机、电子阅读器等电子设备获取的连续出版物。

自 20 世纪 90 年代以来,电子期刊飞速发展,在图书馆馆藏中所占的比重也不断增加。电子期刊以其在线更新速度快、品种丰富多样,检索快捷方便,价格相对低廉、支持多终端阅读,可以多人共享使用、省时省力等优势,受到了用户的青睐。如今电子期刊正逐步走进人们的生活,成为广大用户获取信息的主要途径之一。电子期刊的普及也必将会改变图书馆的传统期刊服务方式,改变读者利用信息资源的习惯。如何开发利用好这一资源已成为图书馆面临的新问题。

随着高校图书馆购买电子期刊数量的增多,虽然极大地丰富了馆藏,能够在一定程度上较好地满足广大师生的需求。但是,也正是因为电子期刊的数量庞大、种类繁多、涉及的学科范围广,再加上不同的电子期刊分布在不同的数据库中,各个数据库的检索界面和检索功能各不相同。如果不加以有效地组织、整理、重组和揭示,会使得用户在繁杂的信息资源面前产生迷失感。同时全文数据库中的资源也存在着无法全面、深入揭示的问题。为了能够有效地解决这些问题,许多高校图书馆都相继开始建设本馆的电子期刊导航系统。

4.4.1　学术期刊导航平台的需求

建设期刊导航平台是图书馆资源整合的有效方式和重要内容之一。它使得用户不用面对众多期刊资源无从下手,也不用再为了某一篇文章在不同的数据库中反复检索,而是只要通过这样一个统一的平台就可以查询并获取所需的期刊文献资源。此外用户还能够通过系统了解各数据库中收录资源的详细情况。学术期刊导航平台的建立可以说是为用户提供了一个统一、方便、快捷的期刊文献查询及全文浏览途径。具体来说,建设学术期刊导航平台的必要性主要体现在:

(1) 信息资源导航是时代发展的客观需求。

当今社会正在经历着一场信息化革命,因特网的迅速壮大是这场革命的主要推动力量之一。随着网络规模越来越大,信息越来越多,有价值的信息获取变得越来越困难,用户很容易产生信息迷航,从而大大降低了信息资源的使用价值,降低了工作效率,造成了大量的信息资源浪费,迫使用户支付昂贵的费用去有针对性地获取有效的、有序的、专业化的信息资源。因此,为有效解决用户信息迷航问题,建设信息资源导航平台成为时代发展的必然。

(2) 电子资源建设是图书馆自身发展的主观需求。

信息网络技术的迅猛发展,新的文献载体不断涌现,如视听文献、缩微文献、电子文献和各种网络信息等,使得图书馆的馆藏文献的载体形式发生了重大的变化。特别是由于网络化的实现,用户可在网上检索、利用本馆未收藏的大量信息资源,这也促使传统的藏书建设观念发生了巨大的变化,向着信息建设的方向发展。如何利用 Internet 这个目前世界上最大的信息资源网促进图书馆本身的建设和发展,将全球网络环境下信息资源以更为专业化、学术化的方式组织起来,促进信息服务单位与科研人员之间的信息交流,具有重要的研究价值和应用意义。

电子信息资源品种之多、数量之大,是任何一家图书馆自身馆藏所不能比拟的。所以,选取和利用这些电子信息资源无异于把图书馆的资源范围从本地扩大到全球,其意义不言而喻。庞大的电子信息资源分布在千百万个网络站点上,用户要从中选择可利用的信息资源,查找文献资料,犹如大海捞针。对于图书馆的自身发展而言,为了能够向用户提供更好的信息服务,更好地为学科和科研提供信息支持,如何进行电子资源建设成为图书馆必须要认真思考的问题,建立可检索的电子资源导航平台正是图书馆对电子资源进行有序化管理的有效手段。

(3) 学术期刊导航是学术文献数量高速增长的必然要求。

传统文献的整理、序化也是随着图书馆集成管理系统的建立、完善,才得以高效率、高质量进行的。与传统文献的不同在于,学术期刊文献的数量、品种远远超过传统文献,更为纷繁复杂。对于高校科研用户来说,其信息需求也日益呈现出高度专业化、学科化和综合化趋势,图书馆建立学术期刊导航系统,一方面统一的平台方便了读者的检索,提高了学术期刊文献的使用效率。另一方面也实现了对馆藏学术期刊的有效控制和电子期刊的本地化管理,进而能够开展深层次的期刊服务。有助于高校师生科研人员及时了解本学科领域的前沿动态和发展趋势,快速获取学习、科研所需的学科专业信息资源,也能充分地发挥出高校图书馆的数字化信息服务的功能。

(4) 建立学术期刊导航平台可以更好地指导馆藏建设[①]。

学术期刊导航平台可以将众多的电子期刊资源整合在一起,很好地揭示馆藏电子期刊的种数、学科分布、收藏卷期等信息,形成一体化的期刊资源服务网络。这样有利于图书馆了解馆藏电子资源状况,有效地调整采购策略,避免不必要的重复购置,尤其是决定如何取舍印刷型期刊和电子期刊,同时可以根据学校的学科建设来配置电子期刊资源,使有限的经费得到最大限度的利用。

(5) 建立学术期刊导航平台是解决用户利用学术期刊困难的良好对策。

虽然用户可以使用搜索引擎来搜索访问散乱分布的学术期刊,但是往往需要多次检索、反复尝试,不仅浪费了大量的时间和精力,而且检索的成功率也不高。还有一些挂靠在行业性局域网的学术期刊则只能局限于本系统和本行业内使用,系统和行业外本专业或相关专业的用户很难去发现并使用它们。只有通过构建这样一个学术期刊导航平台,将物理上分散分布的学术期刊集中整理、整合组织在一起,以分类显示的方式呈现,并且提供统一的检索界面,才能使用户方便快捷地找

---

① 覃剑宁.电子期刊导航系统的探讨及实施[J].图书馆论坛,2008(4):66-68.

到自己所需要的学术期刊,改善期刊使用困难的局面,充分发挥期刊的学术价值、信息价值和参考价值。因此积极构建学术期刊导航系统,引导用户更好地利用这些期刊将成为图书情报界未来期刊信息工作的重要任务之一。

4.4.2　学术期刊导航平台现状

早在 1997 年,出版商 Elsevier Science 的 ScienceDirect 系统就开始建立基于 Web 的数字化出版平台,进行资源整合,将 Elsevier Science 的期刊全文上载,供图书馆及读者远程检索和获取。著名科技出版商 Sotillger 也建立了 LINK 系统,将自己所有的期刊及部分电子版图书上网,并链接了其他出版商的电子期刊。同时,LINK 还提供多种新的服务,如电子论坛服务、快报服务等。此外,Springer 还与文摘索引商(如 ISI、SIN、SilverPlatter)合作,将文摘索引数据库的检索结果与 LINK 全文数据库链接起来[①]。

目前国内高校图书馆大部分都自行开发建设了电子期刊导航系统,根据本馆的电子期刊馆藏情况,实现最适合本馆需求的个性化电子期刊导引。国内最早发布的电子期刊导航系统是 2000 年北京大学图书馆建成的"西文电子期刊导航系统"。该系统为读者成功建立了跨平台的期刊信息检索和浏览途径,这些信息一般包括期刊刊名、ISSN 号、学科主题、起始年代、来源数据库等。借助电子期刊导航系统,读者可以迅速知道本馆是否订购某电子期刊,并能直接定位到该电子期刊页面进行目次浏览[②]。清华大学图书馆从 2001 年起就针对电子期刊资源开展了电子期刊导航服务,将分散在不同数据库中的电子期刊集中在一起,建立一个具有浏览、检索电子期刊等功能的导航系统,给读者提供一个方便、快捷的电子期刊查询途径[③]。上海交通大学图书馆的电子资源整合系统,能够帮助用户在众多的电子资源中,方便快捷地找到所需要的全文电子期刊、电子图书、数据库等资源,并且了解某种期刊被 SCI、EI 等索引数据库收录的情况。

总体上看,绝大多数高校图书馆都已开始关注并致力于电子期刊信息资源的组织工作,电子期刊导航平台的建设已引起高校馆的普遍重视。有些高校还对电子资源进行整合,有些建立了跨库检索系统,为读者提供丰富的资源。但是同时各馆开发的电子期刊导航平台水平参差不齐,有的功能比较简单,信息揭示不够深

① 张树中. 图书馆电子期刊导航系统的现状、问题与对策[J]. 现代情报,2008(4):51-53.
② 廖剑岚. MetaLib/SFX 系统与电子期刊导航—从电子期刊管理的角度分析[J]. 现代情报,2009(1):178-180.
③ 窦天芳,姜爱蓉,张成昱等. Web 环境下多源数据的集成服务——以清华大学新期刊导航为例[J]. 大学图书馆学报,2010(3):80-84.

入,有些则功能比较完备。但总的来说目前图书馆电子期刊导航平台仍存在着一些问题:

(1) 电子期刊更新速度慢,不稳定。

电子期刊的信息具有相对的不稳定性。变化频率高,尤其是数据库商的信息每月甚至每天都会发生变化,图书馆做不到随时进行跟踪更新维护。部分印刷型期刊的电子版更新速度慢,与印刷型期刊相对应的电子版往往要滞后半年,有的甚至是一年更新一次。因此,如何跟踪期刊变化的信息,创建系统的有效链接、提供及时更新的数据,都是需要突破和解决的重要瓶颈问题。

(2) 数据收集和整理相对比较困难。

电子期刊来源于不同的平台和不同的数据库商,并且数据格式差别比较大,要把期刊相关的数据信息整理为相同的格式需投入大量的人力和时间。此外虽然图书馆可以在相关的数据库中根据需要下载相关期刊数据列表,也可以由出版商提供期刊目录,但下载和提供的信息不全或不完全符合实际需要,还需要工作人员重新进行整理和完善期刊信息。

(3) 未能充分揭示期刊的学术价值①。

很多高校图书馆对期刊的著录和揭示并不充分,都只是简单地著录"刊名"、"出版信息"及 URL 链接,只有少数几家图书馆揭示了馆藏期刊被 EI/SCIE/SSCI/AHCI 收录的情况。揭示馆藏期刊被权威检索数据库收录的情况更有利于读者了解期刊的学术价值,因此在期刊导航系统的建设中应该重视对这方面信息的揭示。

(4) 个性化定制服务较少。

虽然有的高校已经尝试在学术期刊导航平台中加入个性化的元素,例如清华大学图书馆推出了电子期刊 RSS 订阅的服务,上海交通大学图书馆推出了电子期刊目次 E-mail 推送的服务。但是总的来说,目前的学术期刊导航系统中个性化定制功能还是比较有限。提供个性化定制服务,可以使用户更好地收集、组织和维护自己定制的电子期刊资源和文献信息,可以保存检索参数、个人检索记录,还可以提交原文传递的申请等。

(5) 管理功能上存在着一系列不足。

例如没有独立的统计功能及用户反馈和应答功能。缺乏独立的统计功能不便于图书馆了解电子期刊的利用情况,无法对用户的使用需求作出进一步的分析。当用户发现某种期刊不能访问,或者无法获取的时候,也应该有相应的反馈机制方便用户通知图书馆员,以便及时作出处理。

---

① 马铭锦,应红燕. 网络环境下西文期刊资源的整合——以北京信息科技大学西文期刊导航系统为例[J]. 图书馆学刊,2010(7):87-90.

4.4.3　学术期刊导航平台功能

学术期刊导航平台应该重视电子期刊深层次信息资源的揭示,引导读者获取期刊的有用信息,掌握学科前沿研究动态;提供尽可能多的检索和浏览途径,方便读者快速定位电子期刊,更好把握本馆的电子期刊资源;应使用"知识挖掘"、"推送"等技术为读者利用电子期刊提供最大的便利;应为馆员设计电子期刊统计功能,准确掌握本馆电子期刊资源的使用情况;应提供功能强大的后台管理程序,对导航系统进行维护和管理。总之,用户需要一个界面简单明了、功能强大的导航系统。通过最简单的操作,能获得最为满意的结果。具体来说应该具有以下功能:

(1)全面揭示馆藏期刊资源。

综合组织和揭示图书馆各种类型的期刊资源,使实体馆藏与虚拟馆藏资源整合在一起,以体现馆藏期刊资源的全貌,这已成为期刊组织与揭示的新要求①。图书馆应该以学术期刊导航平台为核心,在整合订购的电子期刊资源的基础上将馆藏中纸本期刊纳入到期刊导航平台中,真正为读者提供"一站式"的期刊服务。

(2)期刊浏览功能。

用户首先通过浏览功能来了解整个学术期刊导航平台的情况的。系统需要揭示电子期刊中的深层次信息。除了揭示刊名、ISSN、收录年限、来源数据库、学科分类、备注等基本信息外,还应揭示 SCI 等三大索引的收录信息、最新卷期、投稿指南等,甚至可以提供电子期刊的最新封面、目次等信息,力求为读者提供更为全面丰富的期刊信息。目前一般的学术期刊导航系统提供以下几种期刊浏览方式:

① 按照期刊名称字顺浏览。

该方式是把刊名按英文字母顺序混合排列,用户可以按照 26 个英文字母选择浏览期刊,或者浏览全部期刊。这种方式主要适用于已经知道刊名的读者使用。

② 按照期刊的学科分类进行浏览。

该方式是按照一定的标准,并根据本馆电子期刊分布情况及本校院系学科专业设置情况进行分类,某学科分类下的电子期刊再按刊名字顺排列,这种方式适用于进行学术研究的读者。对电子期刊进行学科分类不仅为读者提供了一个非常有价值的检索点,也使从学科角度统计分析期刊文献的使用情况成为可能,这为开展学科导航服务打下了很好的数据基础。

③ 其他浏览方式。

上面提到的浏览方式是目前比较常用的,还可以根据本馆的实际需求添加其他的浏览方式,例如按电子期刊的来源数据库进行浏览,读者可浏览各个本馆订购

① 赵乃瑄.电子期刊管理体系方法与实践[M].大连:大连理工大学出版社,2009.

的数据库的简要介绍及各个数据库收录的期刊列表;按收录情况浏览,为读者提供EI/SCIE/SSCI/AHCI 等收录的来源刊链接供读者查看。方便读者查看本馆收藏的来源期刊全文。

（3）期刊检索功能。

通过电子期刊导航的检索功能,读者可以快速准确地定位到所需期刊。导航系统提供的检索途径主要包括关键词、刊名、ISSN 号、学科（或主题）、来源数据库、作者等。导航系统还应支持二次检索、布尔逻辑检索、截词检索、模糊检索、同义词检索、单复数单词检索等功能检索。导航系统越完善,其提供的检索途径和方式就越多,检索功能就越强大。图书馆可根据自身需求、特点或条件来选择配置构建这些检索途径与检索功能。

（4）期刊资源访问链接功能。

电子期刊导航为读者快速、准确查找所需期刊资源起到了很好的导引、定位作用,但是不能一站式地提供期刊全文和其他相关信息,这就需要导航系统具有链接功能。用户通过检索或者浏览功能找到所需的电子期刊后,导航系统提供直接访问的地址链接,用户通过该链接就可直接链接到该电子期刊所在数据库中的卷、期页面,点击各卷期即可直接浏览期刊全文。若该刊同时被几个数据库收录,则会弹出多个数据库链接入口的选择界面,以方便读者进入数据库按主题词或关键词、作者等途径进行期刊文献检索。学科（或主题）链接点可指向导航系统中本学科（或主题）包含的所有电子期刊,使读者能够方便地按学科查找期刊,并且每一种电子期刊能够容纳多个学科。

（5）服务功能。

学术期刊导航系统应根据用户的使用需求设置服务功能。常规项服务包括对导航系统的整体介绍、使用指南、最新学术资源推荐等。期刊导航系统还可以和图书馆原有的实时咨询、邮件咨询、原文传递、馆际互借、馆藏目录等服务项目进行无缝链接,在同一系统平台上为用户提供多方位的全面服务。用户更希望导航系统能够提供针对个人需求的个性化服务。比如设置"我的空间",认证登录后,读者可以保存检索结果记录、检索历史、设计个人空间等。系统还可以自动跟踪读者的检索行为,判断读者的喜好,进一步提供学术期刊推送服务。

（6）期刊的使用情况统计功能。

通过对电子期刊的使用数据统计,馆员可以更好地了解所购买期刊的使用情况,对于调整馆藏及今后的采购策略具有参考价值。同时可以为读者了解学科领域内比较有学术价值的电子期刊提供参考。

（7）管理功能。

电子期刊导航提供给读者使用后,为保证导航系统的质量与稳定性,必须通过完善的后台管理机制,加强导航管理,做好后期的更新与维护工作。对导航中量大、多变的电子期刊进行及时的更新与维护是目前各图书馆电子期刊导航所面临的主要问题。通过系统管理程序,实现对学术期刊导航系统的维护和管理,方便增加、删除和修改电子期刊数据,并实现相关统计数据及报表的输出。

4.4.4 学术期刊导航平台的建设

学术期刊导航平台建立的基础是电子期刊数据库,平台建立在图书馆的 Web 服务器上。建立该平台的目的是为了更全面地揭示学术期刊资源,方便读者更好地检索使用,提高期刊的利用率,因此在平台的建设中要按照易用、实用、节省、有效的原则,抓住全面揭示学术期刊资源、充分展示期刊资源的学术价值、提供完善的检索功能这几个中心理念。

各图书馆根据自身的特点与需求,或是自建、或是购买专业的软件系统、或是借用数据库商编建的电子期刊导航。无论何种形式的电子期刊导航建设,都是为了更全面、深入地揭示图书馆电子资源,让用户更加方便快捷地获取自己想要的资源和服务。

(1) 自建学术期刊导航平台。

学术期刊导航平台发展初期,由于经费所限,很多图书馆无力引进异构统一检索平台实现各数据库期刊论文一级检索的无缝链接,大多数图书馆选择利用本馆现有技术环境建立刊名级检索的导航系统。但是由于电子期刊的动态性非常强,经常发生各种变化,例如:提供的全文年限变更;数据库商电子期刊购买变更;出版商期刊变更,如停刊、更名、新增、转让、与其他刊合并为新刊、并入他刊、拆分成两种以上期刊、不再提供电子版等,这些都会导致导航系统中电子期刊的 URL 地址等信息发生变化。对于购买商用期刊导航平台的图书馆来说,可以把更新与维护的工作交由公司负责,图书馆工作人员只需要根据本馆需求进行相关设置即可。这样一来,工作人员就不需要逐个跟踪每个电子期刊库的变动情况,节省了大量时间精力,更新维护更加便捷,效果也更加准确。而对于自行开发学术期刊导航平台的图书馆来说,工作任务就会重一些。尤其是随着馆藏电子期刊数量的大幅增长,原有手动数据更新与维护的模式使得工作人员的工作越来越繁重,压力越来越大,期刊数据质量也难以保障。同时,自建的学术导航平台也未能满足读者希望了解更深层次内容信息的要求,比如期刊的评价信息、投稿指南等。

(2) 选择商用的期刊导航平台。

由于自建学术期刊导航平台的局限性,越来越多的图书馆意识到需要应用新的技术和系统以改进原有导航系统的维护和服务模式,于是选择购买专业的期刊导航平台软件来构建本馆的学术期刊导航平台。

　　复旦大学图书馆于 2005 年购买了 MetaLib/SFX,它是一种适用于分布环境下异构资源整合管理的系统,能够实现跨库检索和引文链接。MetaLib 是图书馆学术资源门户系统,为图书馆提供多类型资源管理平台,方便读者跨库(多库)检索,并且可以根据需求定制个性化服务。SFX 是上下文敏感的开放链接服务器,可以对任何资源的记录提供所有能够获得内容(如原文、目录)和服务(如咨询、传递)的链接。简单来说可以把 MetaLib/SFX 系统看做是一个能够提供文献和各种服务的数字图书馆。MetaLib/SFX 系统之所以具有强大的整合功能,关键是在于其拥有丰富的知识库和独创的参考链接技术。该系统由公司负责维护中心知识库,包括 40 万种期刊信息和大量的链接规则。图书馆工作人员只需要根据本馆情况配置本地的 SFX 知识库,为读者提供内容敏感的资源链接和服务关联。MetaLib/SFX 系统的用户还包括清华大学图书馆、上海交通大学图书馆、北京交通大学图书馆、北京师范大学图书馆、四川大学图书馆、国家图书馆等。

　　从图 4-14 和图 4-15 可以看到复旦大学图书馆的电子期刊导航平台架设于学术资源门户之下,以 MetaLib 作为门户。提供按字顺、学科分类和数据库三种浏览

图 4-14　复旦大学图书馆电子期刊导航平台

方式,提供多种期刊检索方式,MetaLib/SFX 系统还提供一项特殊的检索功能,即"期刊论文"检索。通过提供刊名、ISSN 号、卷期号、起止页码、篇名、作者、DOI 号等信息,系统能够自动定位到某篇期刊论文的全文,这也就是前面提到的"SFX"服务。检索结果除了刊名、来源数据库、学科分类、ISSN 号等基本信息,还包括投稿指南和期刊同行评审等信息。

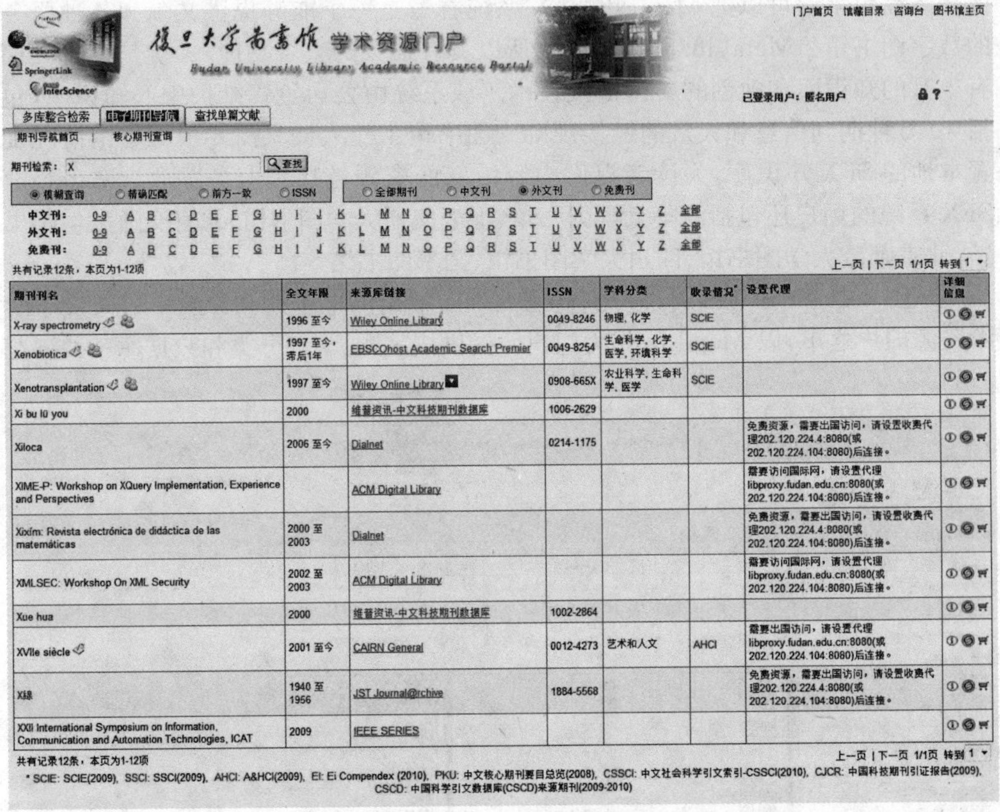

图 4-15　复旦大学图书馆电子期刊导航平台期刊检索界面

　　上海交通大学图书馆还自行开发了电子期刊封面目次预览功能,读者可根据目次链接直接访问查看期刊文献,同时为有需要的读者提供电子期刊封面目录的 RSS 邮件订阅服务,如图 4-16 所示。

　　华中师范大学图书馆选用 TRS 内容管理系列产品来构建全文电子期刊导航系统。TRS 是中国最早的中文全文数据库管理系统,在网络搜索、内容管理和信息挖掘等领域具有领先的水平,在非结构化信息处理技术领域处于领先地位,具有完善的数字资源加工、编目、管理和发布等功能。TRS 由一系列模块组成。全文电子期刊导航系统使用的模块有 TBSServer、TBSAdmin、TRSDP 和 TItSWAS。

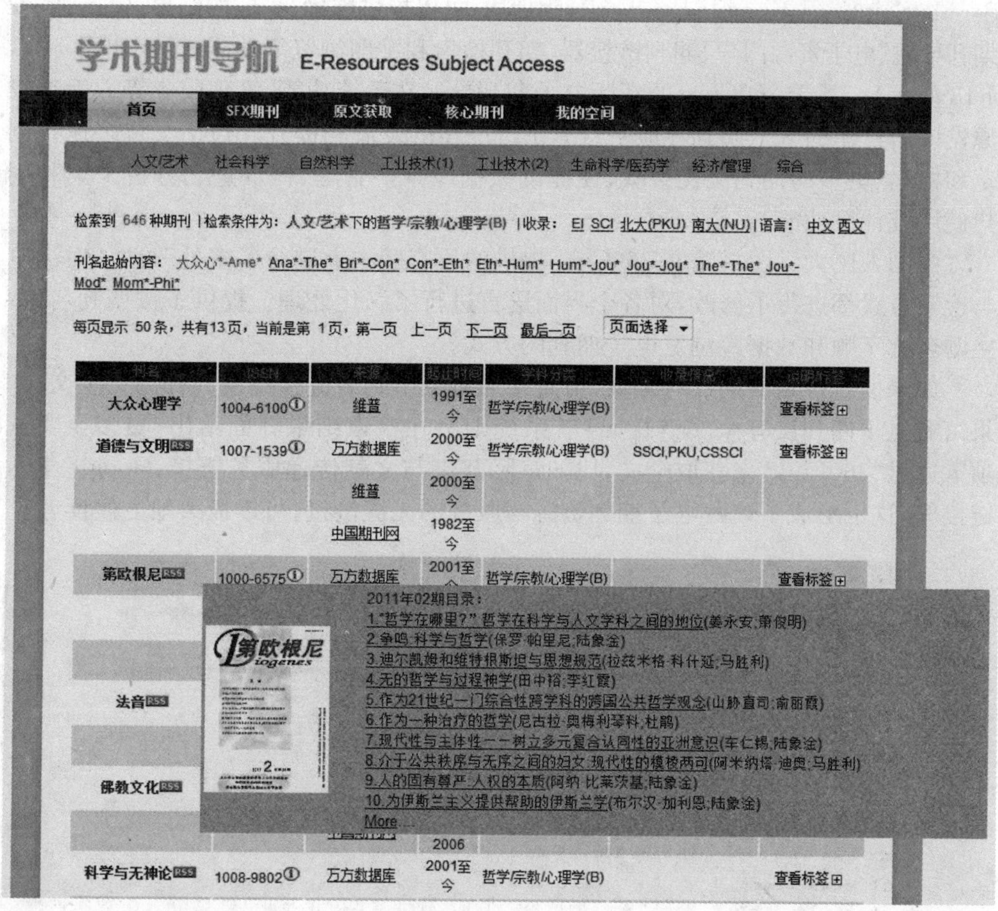

图 4-16　上海交通大学图书馆学术期刊导航平台封面目次预览

数据库底层采用 TBS 全文检索数据库作为元数据库基础平台,使用 SQL 数据库存储数据。应用层采用 TItSWAS 应用服务器平台,通过频道、模板等动态网页技术实现。系统页面采用 JSP 进行开发,JSP 可以和 HTML 以及各脚本语言结合在一起,构成动态网页①。

中国人民大学图书馆于 2010 年引进了 Serials Solutions 公司的 360Core 产品来构建电子期刊导航平台。360Core 是基本的电子资源访问和管理服务。可让读者通过单个入口点访问图书馆的所有电子资源。360Core 以权威电子资源知识库

---

① 李莉. 电子期刊导航系统的设计与构建——以华中师范大学图书馆为例[J]. 图书馆学刊,2009(8):107-109.

Serials Solutions Knowledge Works 为后盾,可以提供准确、一致的结果,包括 A~Z 期刊导航、电子资源门户、期刊链接器、期刊检索和主题浏览等功能模块(如图 4-17,4-18 所示)。基于 360Core 的新版电子期刊导航在系统功能、管理服务等方面都较原先该馆自建的电子期刊导航平台有了进一步的发展和提升。包括支持多途径浏览和检索、更多的期刊全文查找、便捷的数据库维护管理、提供重刊分析工具和用户使用统计等功能①。

　　中国人民大学图书馆在 360Core 提供的原有版本上进行了多处改动。对浏览与检索方式都进行了修改,对各个界面语言进行了汉化处理。提供了按期刊名称/主题名称字顺和数据库浏览电子期刊的方式。

　　如果读者检索的期刊有全文,可直接通过点击刊名链接到期刊并浏览全文;如果馆藏电子期刊没有全文链接,导航系统则会在检索结果界面给出"更多全文选项",通过"360Link"来获取全文,比如馆际互借与文献传递服务链接、Google 学术链接等,这也形成了馆藏电子期刊资源与服务的无缝链接,可以极大地方便读者。

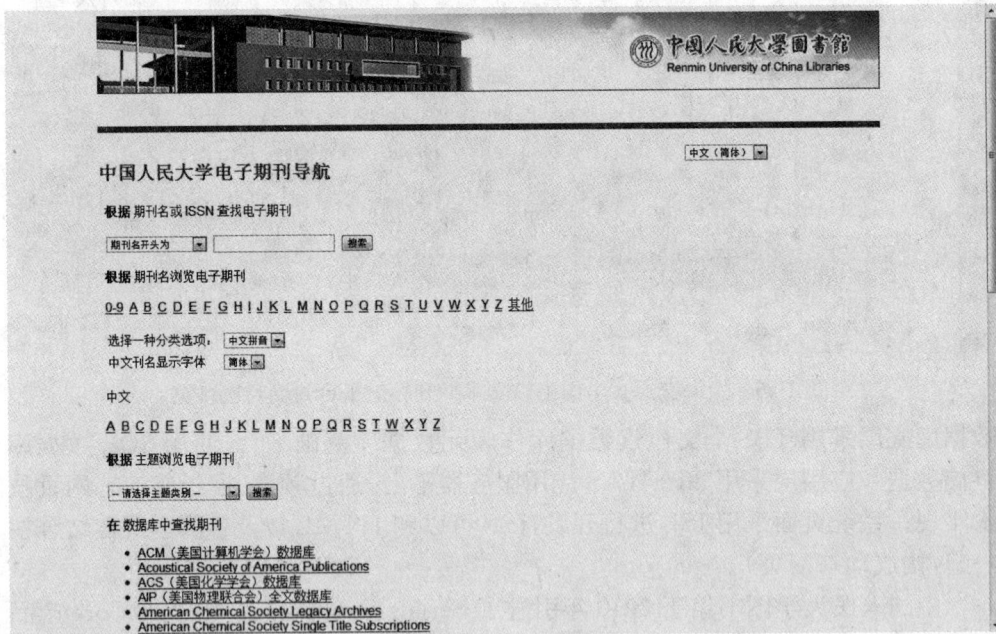

图 4-17　中国人民大学图书馆电子期刊导航平台

①　卢晓慧,何雅琪.高校图书馆电子期刊导航建设——以中国人民大学图书馆为例[J].现代情报,2012(1):150-152.

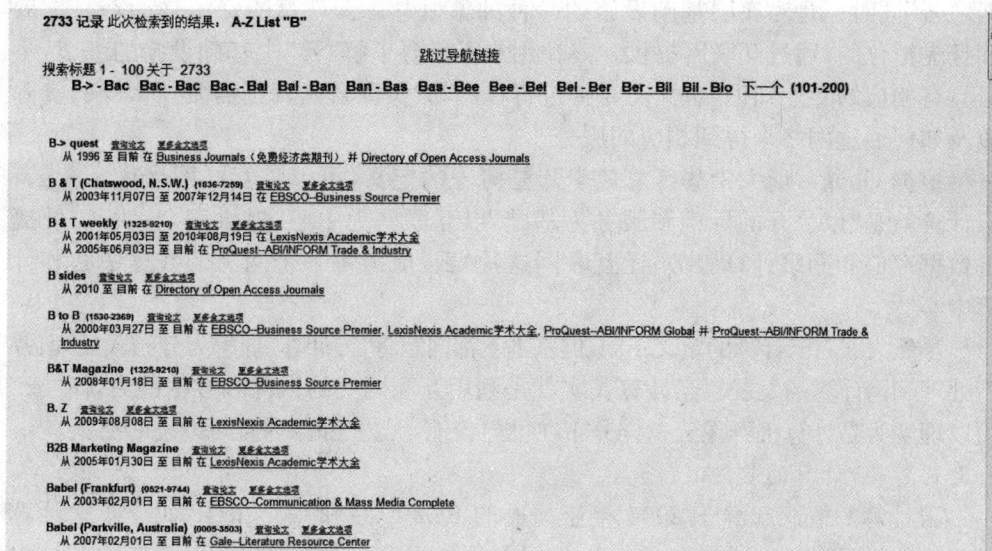

图 4-18　中国人民大学图书馆电子期刊导航平台期刊检索结果界面

　　学术期刊导航平台的建设是图书馆信息资源整合与建设的一项重要内容,是资源检索链上的一个重要节点。学术期刊资源在图书馆服务中所占的比例越来越大,地位也越来越重要,与更多的图书馆其他服务一样,需要利用科学的管理和先进技术来完善其系统的功能,以确保读者能方便、快捷、准确地查找到所需的文献信息资源。随着信息技术的不断发展,学术期刊导航平台的功能也会不断完善,为读者提供更便捷高效的服务。

4.5　基于云的学科化服务平台

4.5.1　什么是云计算

　　人们对云计算的认识还处于一个逐步了解的阶段,对云计算的定义还没有形成一个统一的认识,Google 认为,云计算就是以公开的标准和服务为基础,以互联网为中心,提供安全、快速、便捷的数据存储和网络计算服务,让互联网这片云成为每一个网民的数据中心和计算中心。IBM 认为,云计算是一个虚拟化的计算机资源池,一种新的 IT 资源提供模式。

　　根据维基百科的定义,云计算是一种基于互联网的计算新方式,通过互联网上异构、自治的服务为个人和企业用户提供按需即取的计算。由于资源是在互联网上,而在电脑流程图中,互联网常以一个云状图案来表示,因此可以形象地类比为云,"云"同时也是对底层基础设施的一种抽象概念。云计算的资源是动态易扩展而且虚拟化的,通过互联网提供。终端用户不需要了解"云"中基础设施的细节,不必具有相应的专业知识,也无需直接进行控制,只关注自己真正需要什么样的资源以及如何通过网络来得到相应的服务①。

根据 Google 前大中华区总裁李开复博士的定义,可以将互联网当做一片云,云计算就是"以公开的标准和服务为基础,以互联网为中心,提供安全、快速、便捷的数据存储和网络计算服务,让互联网这片'云'成为每一个网民的数据中心和计算中心"②。

虽然大家对云计算的定义不同,但基本上都同意将"云计算"理解为分布式处理、并行处理和网计算的发展。云计算其实就是利用互联网上的软件和数据能力,而"云"可以理解为是计算机群像云一样分布在世界各地,无边无际,并且可以随时更新。

4.5.1.1 云计算的起源

云计算的概念起源于 2006 年亚马逊的 EC2 产品和 Google-IBM 分布式计算项目。其涉及的 Cloud Computing 一词在此之前并不存在,2006 年前后才开始出现。此后,一些公司、组织和个人(如 Dell、IBM、Google、Baidu 等)的研究与应用让云计算的概念在 2007 年末在全球开始普及,Cloud Computing 开始被翻译为"云计算"也是在 2008 年初。由于"云"在很多示意图里面是表示互联网的,因此云计算的原始含义为将计算能力放在互联网上。当然,云计算发展至今已超越了其原始的概念与内涵。

随着云计算概念的普及和对包括了很多云计算服务的亚马逊 AWS 系列产品等为云计算代表的产品及价值认识,各大 IT 企业纷纷加入到对云计算的开发和利用中去,Microsoft、Google,Intel、IBM、SUN 等相继加入到云计算的争夺战中。截止到 2010 年,国际上主要的云计算服务提供商和名称有 Amazon 的"亚马逊弹性计算机云"(Amazon Elastic Compute Cloud,EC2)服务,Google 的 Google App Engine,IBM 的"蓝云计划",SUN 的"黑盒子"计划、Microsoft 的 LiveMesh 与 HP、Intel、Yahoo 的"云计算试验平台"等。国内的 IT 业虽然对"云"也较为重视和推崇,但对于云计算的争夺与应用相对滞后,如金蝶、用友纷纷成立了 SAAS(软件即服务)部门,神州数码、清华同方等开始了 SAAS 平台的搭建,也有如瑞星的"云安全"计划等研发应用,但数量不多。

---

① 维基百科. 云计算[EB/OL]. [2010-08-07]. http://zh. wikipedia. org/zh-cn/%E4%BA%91%E8%AE%A1%E7%AE%97.

② Google 黑板报. 李开复. 云中漫步——迎接云计算时代的来到[EB/OL]. [2009-05-15]. http://www. googlechinablog. com/2008/05/blog-post_09. html.

目前国内对"云"的应用与研发主要类型模式有三种。一是 IBM 等在国内的开发应用,如 IBM 在 2008 年分别在无锡软件园建立的全球第一个实现商业运营云计算中心(Cloud Computing Center)与在北京建立的 IBM 大中华区云计算中心;二是 IT 巨头与国内企业的合作研发,如金蝶与 IBM 发布的拟在帮助 1000 万中小企业用户通过互联网实现在线管理与全程电子商务服务提供一站式 SAAS 的"腾云计划",Google 中国、EMC 与清华大学的"云计算",南京三宝与微软合作建立 SAAS 运营服务管理平台等;第三种类型就是我国本土 IT 业自主在云计算领域的研发与应用,如世纪互联的业内首款基于云计算的弹性主机租用(EPS)服务,浪潮的"挺进高端"战略计划,阿里巴巴的"电子商务云计算中心"等,其中当属有别于亚马逊等仅仅出租云的计算、存储和网络服务,还提供适合国内用户的各种电子商务服务的"电子商务云计算中心"最受瞩目和关注[①]。

4.5.1.2　云计算架构

云计算的产业三级分层:云软件、云平台、云设备(如图 4-19 所示)。

(1) 上层分级:云软件(Software as a Service,SaaS)。

通过浏览器把程序传给成千上万的用户。在用户看来,这样会省去在服务器和软件授权上的开支;从供应商角度来看,这样只需要维持一个程序就够了,能够减少成本。

(2) 中层分级:云平台(Platform as a Service,PaaS)。

打造程序开发平台与操作系统平台,让开发人员可以通过网络撰写程序与服务,一般消费者也可以在上面运行程序。

| Client |
| Application |
| Platform |
| Infrastructure |
| Server |

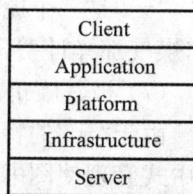

图 4-19　云计算层次结构

(3) 下层分级:云设备(Infrastructure as a Service,IaaS)。

将基础设备(如 IT 系统、数据库等)集成起来,像旅馆一样,分隔成不同的房间供企业租用。

4.5.1.3　云计算的特点[②]

(1) 超大规模。

"云"具有相当大的规模,例如 Google 云计算已经拥有 100 多万台服务器,Amazon、IBM、Microsoft、Yahoo 等的"云"均拥有几十万台服务器。云计算服务商一般都拥有数百上千台服务器,因此"云"能赋予图书馆前所未有的计算能力。

(2) 虚拟化。

---

① 中国云计算网. 阿里巴巴正式涉足云计算[EB/OL]. [2010-08-07]. http:// www. cloudcomputing-china. cn/Article/cloudcomputingchina/200812/223. html.

② 百度百科. 云计算[EB/OL]. [2010-08-07]. http:// baike. baidu. com/view/1316082. html.

云计算支持用户在任意位置、使用各种终端获取应用服务。所请求的资源来自"云",而不是固定的有形的实体。应用在"云"中某处运行,但实际上图书馆无需了解、也不用担心应用运行的具体位置。只需要一台笔记本或者一部手机,就可以通过网络服务来实现我们需要的一切,甚至包括超级计算这样的任务。

（3）高可靠性。

"云"使用了数据多副本容错、计算节点同构可互换等措施来保障服务的高可靠性,使用云计算比使用本地计算机可靠。

（4）通用性。

云计算不针对特定的应用,在"云"的支撑下可以构造出千变万化的应用,同一个"云"可以同时支撑不同的应用运行。

（5）高可扩展性。

"云"的规模可以动态伸缩,满足应用和用户规模增长的需要。

（6）按需服务。

"云"是一个庞大的资源池,图书馆只需要按需购买即可;"云"可以像自来水,电,煤气那样计费,支付也非常方便。

（7）极其廉价。

由于"云"的特殊容错措施可以采用极其廉价的节点来构成云,"云"的自动化集中式管理使图书馆无需负担日益高昂的数据中心管理成本,"云"的通用性使资源的利用率较之传统系统大幅提升,图书馆可以充分享受"云"的低成本优势,利用较少的资金和时间完成以前需要更多资金、数月时间才能完成的任务。

（8）潜在的危险性。

云计算除了提供计算服务外,还提供了存储服务,这所有的云计算服务都掌控在云计算服务商的手中,而他们仅仅能够提供商业信用。对于图书馆而言,一旦图书馆大规模使用商用机构提供的云计算服务,那么云计算中的数据对于所有者以外的其他云计算用户是保密的,但是对于提供云计算的商业机构而言确实毫无秘密可言,因此选择云计算服务应保持足够的警惕。

4.5.2　云计算与图书馆

当前绝大多数图书馆的信息服务架构于计算机与网络基础之上,信息技术不仅决定了图书馆信息服务的能力,而且也在很大程度上影响了图书馆的组织结构与运行成本。作为一种新兴的、备受赞誉的技术,云计算技术一经推出就得到了业界人士的推崇。图书馆历来是信息技术应用的重镇,"云"时代也不例外。从数据库商提供网络版全文数据库到图书馆自动化管理系统托管平台的出现,再到Web2.0技术在图书馆的应用,这些图书馆技术发展均可视为云计算相关技术或服务在图书馆的应用。

国内外图书馆界从 2008 年开始关注云计算技术及其在图书馆中的应用。最早关于云计算的报道来自于博客,2008 年 8 月,Michael Stephens 在博客文章"How Can Libraries Use the Cloud?"[①]对云计算进行了分析,对其在图书馆的应用做了初步的展望,2009 年初,他将云计算列入 2009 年的图书馆界的 10 大技术趋势之一[②]。国内图书馆技术专家刘炜在总结 2008 年图情十大技术进展时,也将云计算列入其中[③]。

2009 年,媒体也开始密集发表关于云计算的文章,大多以理论普及和应用探索为主,该年被媒体称为"云计算元年",这既说明了云计算的"热度",也说明它还处于早期应用阶段,还有很多不成熟的地方。同时,国内图书馆界的重要学术期刊也陆续刊登了一系列关于云计算与图书馆的重要文章(如表 4-3 所示),说明了图书馆开始关注云计算的相关技术,以及云计算在图书馆中的应用。

表 4-3 云计算与图书馆的相关文章列表

文 章	主要内容
《图书馆需要一朵怎样的"云"》[④]	分析了云计算的现状和特点,结合图书馆业务和服务的发展趋势,探讨了 OCLC "云"服务的具体内容,重点阐述了云计算将会对图书馆行业的 IT 应用产生怎样的影响
《图书馆在云时代的思考》[⑤]	介绍云计算技术本身,但在结束部分仍对云计算与图书馆的关系进行了思考,讨论了"全国性的联合编目云计算环境"、"地域性的总分馆图书馆自动化云计算环境"、"利用虚拟机技术,把各自图书馆的多种应用和服务整合成内部云计算环境"等问题
《云计算给图书馆管理带来挑战》[⑥]	云计算将给图书馆带来巨大好处,也将给图书馆管理带来挑战。图书馆面临的管理方面的挑战包括可替代性问题,标准问题,数据安全和保密问题,知识产权问题。为应对这些挑战,图书馆学理论界应当研究:云计算的基础理论问题,云计算在图书馆应用的可行性,图书馆云计算政策、标准与协议,基于云计算的图书馆管理体制,云计算案例

① Tame The Web. How Can Libraries Use the Cloud? [EB/OL]. [2010-08-15]. http://tametheweb. com/2008/08/04/how-can-libraries-use-the-cloud/.
② Tame The Web. Ten Trends & Technologies for 2009 [EB/OL]. [2010-08-15]. http://tametheweb. com/2009/01/12/ten-trends-technologies-for-2009/.
③ 数图技术研究. 2008 年图林十大技术进展(下)[EB/OL]. [2010-08-25]. http://www. kevenlw. name/archives/742.
④ 刘炜. 图书馆需要一朵怎样的"云"? [J]. 大学图书馆学报,2009(3):2-6.
⑤ 孙卫. 图书馆在云时代的思考[J]. 数字图书馆论坛,2009(6):35-41.
⑥ 胡小菁,范并思. 云计算给图书馆管理带来挑战[J]. 大学图书馆学报,2009(4):7-12.

（续表）

文　章	主要内容
《CALIS 数字图书馆云服务平台模型》①	结合云计算、SaaS、Web2.0、SOA 等技术，基于 CALIS"十五"成果和三期建设目标，提出了 CALIS 云战略和相应的数字图书馆云服务平台（即 Nebula 平台）模型。文中描述了 Nebula 云服务平台总体模型和主要服务功能，描述了平台的整合机制（包括开放接口和服务整合方式等），给出数字图书馆公有云、私有云和混合云的构建方式，最后论述该平台需要解决的部分关键问题并介绍其进展情况
《云计算与图书馆：为云计算研究辩护》	云计算是一项迅速发展的信息技术，引起图书馆界的关注。云计算已不是概念的炒作，而是大型企业的实际运作。图书馆学应该关注云计算，云计算也将给图书馆管理带来挑战。云计算在图书馆的可能应用包括：软件即服务、图书馆集成系统、云存储、平台即服务或基础设施即服务

除了学术论文的理论探讨之外，在图书馆界也有不少关于云计算的应用，主要在软件即服务（SaaS）、计算机集成系统（ILS）、云存储、平台即服务或基础设施及服务（PaaS 或 IaaS）等方面。

2009 年 4 月，联机计算机图书馆中心（Online Computer Library Center，OCLC）正式宣布即将推出基于 WorldCat 书目数据的"Web 协作型图书馆管理服务"②，不仅此项服务被公认为是一项云计算服务，而且此举预示着云计算开始在图书馆领域广泛应用。未来的云计算技术将给图书馆工作带来深刻的变革，由于 OCLC 在图书馆界的深远影响，此举预示着云计算在图书馆领域广泛应用的开始。

CALIS 三期推出了数字图书馆云服务平台（Nebula 平台），该模型适合于构建大型分布式的公共数字图书馆服务网络，能将分布在互联网中各个图书馆的资源和服务整合为一个整体，形成一个可控的自适应的新型服务体系，通过对各种服务进行动态管理和分配，来满足不同层次和规模的数字图书馆需求，支持馆际透明的协作和服务获取，支持多馆资源的共建和共享，具有自适应扩展的能力。该平台构建了多级的 CALIS 数字图书馆云服务，为高校用户提供各种类型的数字图书馆服务，同时为图书馆提供本地化的数字图书馆云计算解决方案。

2009 年 5 月，机构库两大开源软件 Fedora 和 DSapce 合并为 DuraSpace，也于 2009 年秋试用新产品 DuraCloud，据称这是一个具有云存储与云计算成本效益优

---

① 王文清，陈凌. CALIS 数字图书馆云服务平台模型[J]. 大学图书馆学报，2009（4）：13-18，32.

② OCLC. OCLC Announces Strategy to Move Library Management Services Web Scale [EB/OL]. [2010-08-25]. http://www.oclc.org/news/releases/200927.htm.

势的托管服务。美国国会图书馆与 DuraSpace 公司的 DuraCloud 项目,为有效解决全国性公共数字遗产有效访问与保存的服务问题,美国国会图书馆国家数字信息基础设施与保存项目(National Digital Information Infrastructure and Preservation Program,NDIIPP)与 DuraSpace 于 2009 年 7 月共同宣布启动一项为时一年左右的试点项目,NDIIPP 项目的合作伙伴——纽约公共图书馆和生物多样性历史文献图书馆(Biodiversity Heritage Library)也参与了该项目的试验。该试点项目的主要目的是检测云技术在维持数字内容永久访问上的性能。云计算通过网络利用远程计算机为用户提供本地化服务,以云服务为支撑,提供存储与访问服务,包括可在多家云存储服务提供商之间实现互操作的内容复制与内容监控服务。这是图书馆对云计算进一步应用的重要见证。可以预料,这一试验将对云计算在图书馆的应用产生巨大的影响①。

图书馆集成管理系统方面有自称亚洲首个 SaaS 的集成图书馆自动化解决方案的 Cybrarian(印度);广州图创计算机软件开发有限公司的中小型图书馆自动化管理托管平台——WebFeatExpress 跨库检索系统;OPAC 强化应用方面有 LibraryThingForLibraries;以及如亚马逊 API,谷歌图书 API 等,也可归入这一范畴。

图书馆网站也可以利用"云"提供服务,例如哥伦比亚区公共图书馆正在使用 Amazon 的 EC2 服务托管它们的网站。

4.5.3　基于云的学科化信息服务

高校图书馆引入云服务理念对图书馆的学科服务进行创新发展,这将为图书馆的知识服务发展带来新的挑战和契机。基于云计算在基础设施建设和软件应用上的优势,中国文献保障系统(CALIS)三期建设项目大规模推广及引入 SaaS 服务平台——LibGuides,探索性地创建一套基于云的学科化服务平台。LibGuides 是 SpringShare 公司在 2007 年推出的一个云服务模式的平台租用系统,包括哈佛大学图书馆、牛津大学图书馆等在内的图书馆租用了该平台进行学科服务。该系统融合了社会网络、RSS、书签、博客等众多 Web2.0 理念,具有鲜明的 Lib2.0 特征,被称为"Lib2.0 知识共享系统"②。

本节以国内首家利用 LibGuides 搭建学科服务平台的上海交通大学图书馆为

①　田雪芹. 云计算环境下图书馆变革的进展与趋势[J]. 中国教育网络. 2009(7):67-69.

②　Springshare. LibGuides for Libraries-Share Knowledge and Information [EB/OL]. [2011-04-15]. http://www.springshare.com/libguides/.

案例①,进行案例分析与展示。上海交通大学图书馆 2009 年开始探索云计算在图书馆服务中的应用,并在 2010 年尝试以学科化知识服务入手引入 LibGuides 平台,作为国内首家利用 LibGuides 搭建学科服务平台的图书馆,上海交通大学图书馆将各种资源组织成一系列"指南",在 SaaS 平台中发布并呈现给用户。

4.5.3.1 用户需求与系统建设目标

高校图书馆学科知识服务是指将知识服务与学科馆员制度相结合,按照学科专业领域组织人力和资源,提供个性化、专业化知识服务的一种模式。根据知识服务的定义,可以将高校图书馆学科知识服务的内涵界定为:以学科馆员的专业知识和图书情报知识为基础,针对用户在知识获取、知识选择、知识吸收、知识利用、知识创新的过程中的需求,对相关学科专业知识进行搜寻、组织、分析、重组,为教师和学生提供所需专业知识的服务②。上海交通大学图书馆在 2007 年即开设了学科博客,推进学科化知识服务。然而,随着学科化服务的深入与拓展,图书馆的学科服务逐渐扩大到更多的学科领域,此时学科博客以日志发布学科信息的表现形式已无法满足用户对学科信息量日益庞大的需求。在图书馆有限的学科馆员队伍情况下,如何更有效地获取和组织学科化信息,如何管理和维护庞大的学科服务平台体系,这些将是高校图书馆学科化知识服务的难点。

基于学科服务发展的需求,上海交通大学图书馆探索利用云计算技术从基础设施到系统平台构建虚拟化动态易拓展的学科化资源服务平台,寻求一种以信息资源导航为主的云服务平台,以减轻图书馆的系统管理负担,共享网络资源,从而为学科用户提供更为丰富的各类专业资源和服务。

4.5.3.2 云服务平台架构、服务模式与功能

(1)平台架构。

基于 LibGuides 的学科服务平台是典型的 SaaS(软件即服务)云模式,其平台架构如图 4-20 所示,可分为基础设施服务层和系统应用层。

(2)系统服务模式。

对图书馆而言,无需考虑系统是架设在哪台服务器上,图书馆只需要向云服务提供商定制系统平台即可进行内容建设,系统服务架构如图 4-21 所示。

从系统服务架构可以看出,学科服务平台体系分为多个层级:

① Subject 层:根据图书馆学科服务的需求进行学科划分,生成不同的 Subject 分类。

① 上海交通大学图书馆.学科服务平台[EB/OL].[2010-12-20].http://ssp.lib.sjtu.edu.cn/.
② 徐恺英,刘佳等.高校图书馆学科化知识服务模式研究[J].图书情报工作,2007,51(3):53-55.

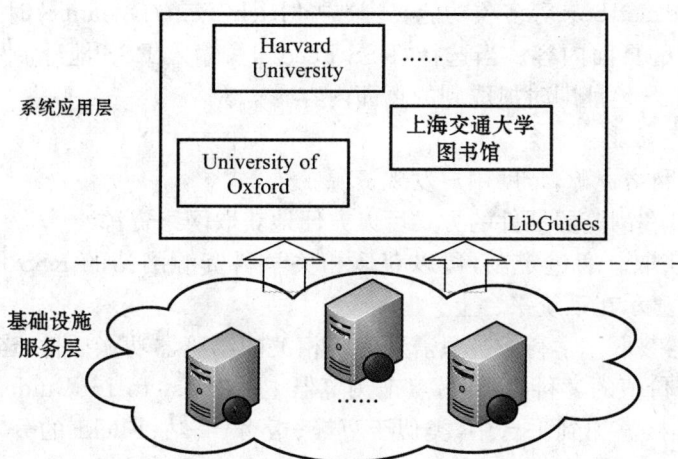

图 4-20 学科云服务平台架构

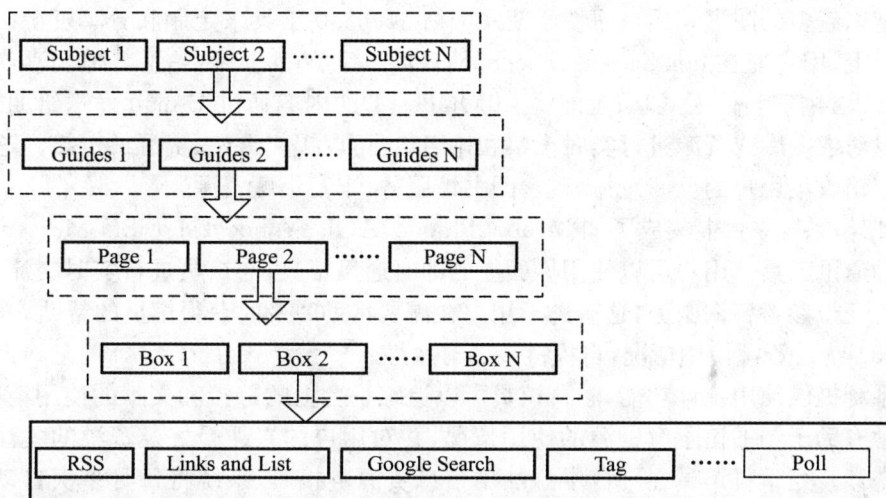

图 4-21 系统服务架构

② Guides 层：每个 Subject 分类下可以拥有多个 Guide，即 Guide 可以以学科下的小学科的形式进行划分，例如：Subject 为"理学"，其学科下可以分为"数学"和"物理学"两个 Guide。

③ Page 层：每个 Guide 下可以建立多个 Page 界面，Page 界面根据目录类型可分为一级目录和二级目录。

④ Box 模块：在每个 Page 页面中，可以添加任意多个 Box 模块。Box 模块为页面显示的最小单位，具有 Rich Text/Dynamic、Simple Web links、Links and Lists、

RSS Feed、Podcast box 等多项功能。当选择"Rich Text/Dynamic"时,可以编辑犹如 Word 一般的页面内容。当选择"RSS Feed"时,输入 RSS 地址,平台将在页面中显示通过 RSS 地址即时抓取到的页面内容。

4.5.3.3　服务功能

（1）获取网络资源,帮助用户发现资源。

通过 RSS 和浏览器插件的方式可以方便地获取网络资源。

① RSS 获取。通过定制,可以获取相关学科资源网站的 RSS 信息,并通过 Box 模块将其显示在系统平台上。

② 浏览器获取。学科馆员只需要安装相关的浏览器功能插件,当学科馆员在网站上找到有价值的学科资源时,点击浏览器上的"Post to LibGuides"按钮,就能将该内容的链接添加到平台中,类似于豆瓣、饭否、嘀咕、Flickr 的分享,对学科馆员集中馆内外相关学科资源是非常实用的功能。

（2）个性化用户分享与参与,增强平台互动。

越来越多的图书馆用户习惯于使用网络 Web2.0 工具来定制和分享资源。在该平台上,用户能在 del.icio.us,Facebook,Digg 等 Web2.0 网站上将他们喜欢的 LibGuides 内容与他人共享;也能将 LibGuides 上的内容通过 E-mail 发送给朋友;还可以对数据库或资源进行实时投票和排名,也可以提交评论、资源或链接。这利于图书馆收集用户的反馈意见,改善图书馆服务,丰富馆藏资源。

此外,系统平台上集成了如 Meebo、Plugoo、AOL、Yahoo IM、MSN Messenger 等多种通讯工具。用户可以使用界面上的即时通讯工具,与馆员进行实时交流,随时随地获得参考咨询服务,这有助于用户在需要帮助时及时获得馆员的帮助。

（3）统计资源使用情况,自检链接的有效性。

系统提供使用统计功能,学科馆员可以追踪平台上的链接和文献的使用情况,这非常有助于图书馆了解资源的使用情况,并对用户的兴趣爱好及资源的关注度进行统计。当学科馆员在平台中添加了信息资源链接后,系统将每月多次自动检查链接是否失效,如果失效的话,系统会自动创建一个失效链接报告,此项功能节省了馆员维护指南中信息资源链接有效性的时间。

（4）移动阅读服务,资源无处不在。

越来越多的用户习惯用手机、移动阅读器浏览网站,系统为用户提供了移动浏览功能。用户可以随时随地使用手机等相关设备登录学科化云服务平台,检索和浏览所关心的学科信息,让资源无处不在。

4.5.3.4　学科云服务平台的优势

基于"云"的学科化服务平台与传统的学科服务平台对比在资源建设、用户使用以及系统运行等方面均有优势。

（1）信息资源共享更方便。

截至 2011 年 6 月，共有 2 100 多家图书馆使用 LibGuides 平台，其中有 3.2 万多名馆员参与平台的资源建设，共建有 16 万多个资源导航站点。如此庞大的学科信息资源都建立在 LibGuides 云系统中，并保存在互通的数据库群中，每个图书馆只是租用 LibGuides 平台中的一个服务空间，这种 SaaS 模式的云服务平台使各图书馆间信息资源的共享变得更为方便。

在各自机构空间中，学科馆员可以相互共享页面模板和页面内容，也可以通过 RSS 模块，检索和获取其他图书馆建设的学科信息源，或向其他图书馆申请其页面中的 Box 模块内容进行共享。这种共享方式形成了虚拟的可无限拓展的信息资源服务模式，集众图书馆的资源服务于本校的学科用户，使得各图书馆的信息资源可以在更大范围内共享，从而提供给图书馆用户更广阔的信息空间。

（2）系统服务更稳定。

云计算是建立在大规模的服务器集群之上，拥有极强的计算能力，因而能高速地响应图书馆信息用户的服务请求。且由于云计算提供动态可扩展的虚拟资源服务，不会发生图书馆学科信息需求量大幅增加时由于计算资源不足而无法有效响应用户的情况[①]。因为在云计算模式中，人们不是从自己的计算机上，也不是从某个指定的服务器上，而是从互联网络上，通过各种设备（如移动终端等）获得所需的信息，因此其速度得到了质的飞跃。在提供学科信息服务时，云计算还用数据冗余的方式保证虚拟资源的高可用性，即使服务器集群中有相当大一部分节点失效，也不会影响应用程序的正常运行。

（3）信息服务更个性化。

在云计算模式中，学科信息的数据存储在"云"中，用户在任何时间、任何地点都可以以某种便捷、安全的方式获得云中的相关信息或服务。虽然在"云"里有成千上万台计算机为其提供服务，但对于"云"外的用户来说，他看到的只是一个统一的接口界面，用户使用云服务就如通过互联网使用本地计算机一样方便。

（4）运行成本更经济。

基于云计算的学科服务平台，图书馆只需花少量的钱来租用云服务商所提供的相关服务即可，这相对于购置服务器、开发和维护系统、容灾备份而言更为经济实惠。它可以让图书馆利用很少的投资获得较大的回报。不必担心自己所购买的 IT 产品被淘汰，因为具体的硬件配置和更新都是由云服务提供商来提供的。图书馆所需做的只是通过各种设备享受云服务所提供自己需要的信息、知识、服务等。

---

①　蔡炳育，陈慧贤. 云计算与数字资源存储问题分析[J]. 电脑知识与技术，2009（24）：7015-7017.

4.5.3.5　学科化云服务平台的问题

虽然基于"云"的学科服务平台为图书馆开展学科化信息服务带来了诸多好处,但是在实际应用中依然存在一些问题。

（1）网络连接不畅。

在国内,高校图书馆的服务对象主要是学校师生,服务的网络以教育网为主。传统的图书馆服务系统架设在校园网络环境中,而基于"云"的学科服务平台,其基础设施大多建设在教育网以外,甚至于国外。LibGuides 平台的服务器架设在美国,图书馆用户在享受图书馆信息服务的时候是从云服务商那里获取的资源,当某些时段访问量较大时,将大大降低访问速度,从而影响用户浏览体验。

（2）系统本地化开发受限。

由于系统平台是采用租用形式,云服务商给予的权限只能在平台的部分内容上进行修改,而对于系统框架及功能无法进行二次开发和拓展,从而阻碍了系统个性化和本地化的改造。这对于某些个性化较强的学科而言,学科信息的建设受到一定限制。

（3）中文字符的支持不足。

图书馆引进的一系列国外系统平台（如图书馆管理系统）,都存在一定的中文字符支持不足的情况,在图书馆引入国外优秀云服务平台的时候,也同样会遇到此类问题。由于 LibGuides 是国外的云服务产品,开发人员并未注重中文字符的支持情况,以至于在实际应用中会遇到一些问题。

① 字符集的问题。

系统平台大多都基于 Unicode 开发,LibGuides 也是如此。但是在中文的显示方面会遇到无法显示、字体大小不对、版面错位等问题。究其原因是中英文的显示大小不同（英文多为 em 格式,而中文多为 px 格式）,字体不同,所占用网页代码中的 div 或 table 的空间不同所致。当遇到此类情况,只能请服务商逐个解决。

② 中文字符搜索。

LibGuides 是基于全英文的网站平台进行开发与设计的,在系统设计之初并未对中文的检索功能进行深入分析与开发,故在中文检索效果、对中文的切词等方面还存在一些问题。

③ 中英文翻译。

由于 LibGuides 是以英文为基础的平台,因此当图书馆定制该平台云服务后,将对整个系统所有界面内容进行翻译,在翻译页面过程中会遇到部分基础页面无法进行修改的情况,这将使得页面的显示变得中英文混合存在,影响页面整体表现形式。

虽然云计算在图书馆学科服务方面应用还有一些问题,但是随着系统的改进,很多问题将可以得到解决。而随着云计算技术在图书馆各个服务领域应用的展开,云计算将成为图书馆新一代资源与用户匹配的基础核心,不仅仅能够展示图书馆的资源,甚至可以实现各种新型服务的重组和稀缺服务内容的再现。

4.5.4　案例分析

如图 4-22 所示是波士顿大学图书馆的 LibGuides 网站首页[①],页面风格简洁,网页最上方及左侧一栏的上方的搜索栏可以按照关键字搜索到平台上所有的

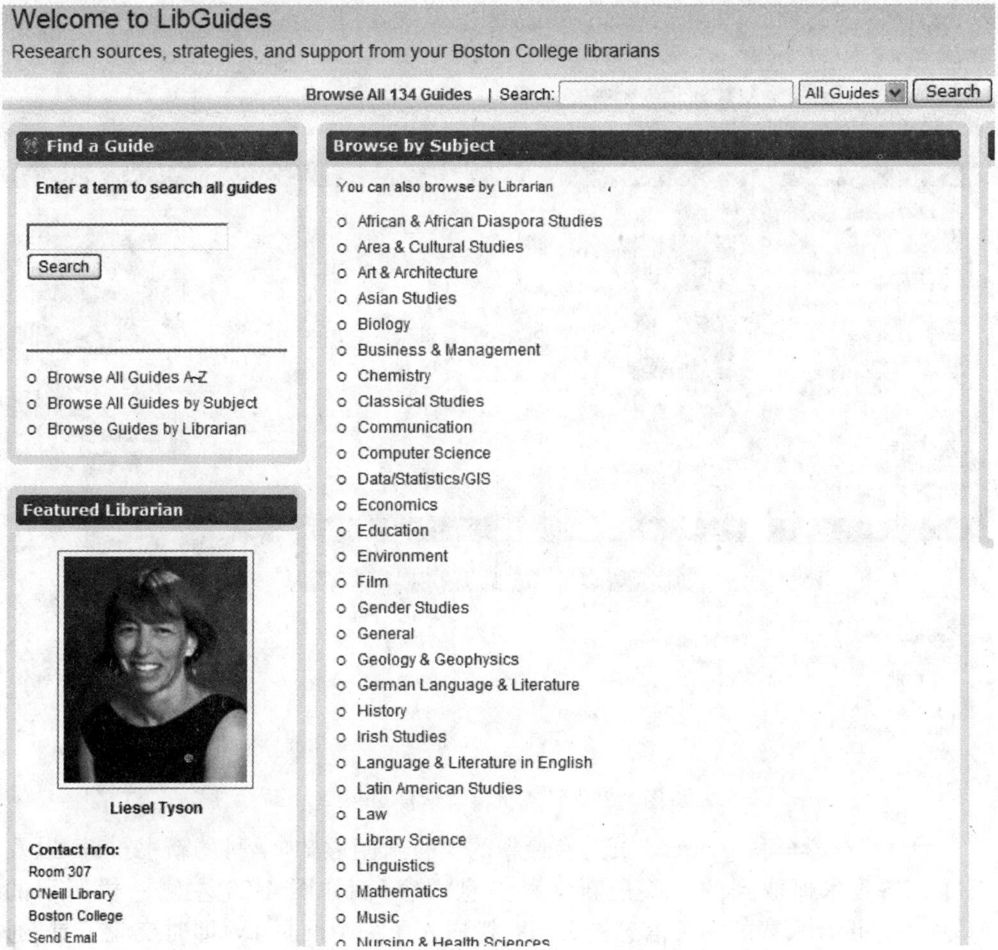

图 4-22　波士顿大学图书馆 LibGuides

---

①　Boston College University Libraries. LibGuides [EB/OL]. [2010-07-20]. http://libguides. bc. edu/.

guides 列表,还可以通过 A～Z 字母分类、学科分类以及不同的学科馆员所创建的
guides 分类来浏览平台的 guides 列表。

　　波士顿大学图书馆 LibGuides 目前一共有 40 个学科分类,每个分类点击进入
都是该学科单独的一个学科导航与门户站点,如图 4-23 所示是该校计算机科学学
科的 guide 首页。

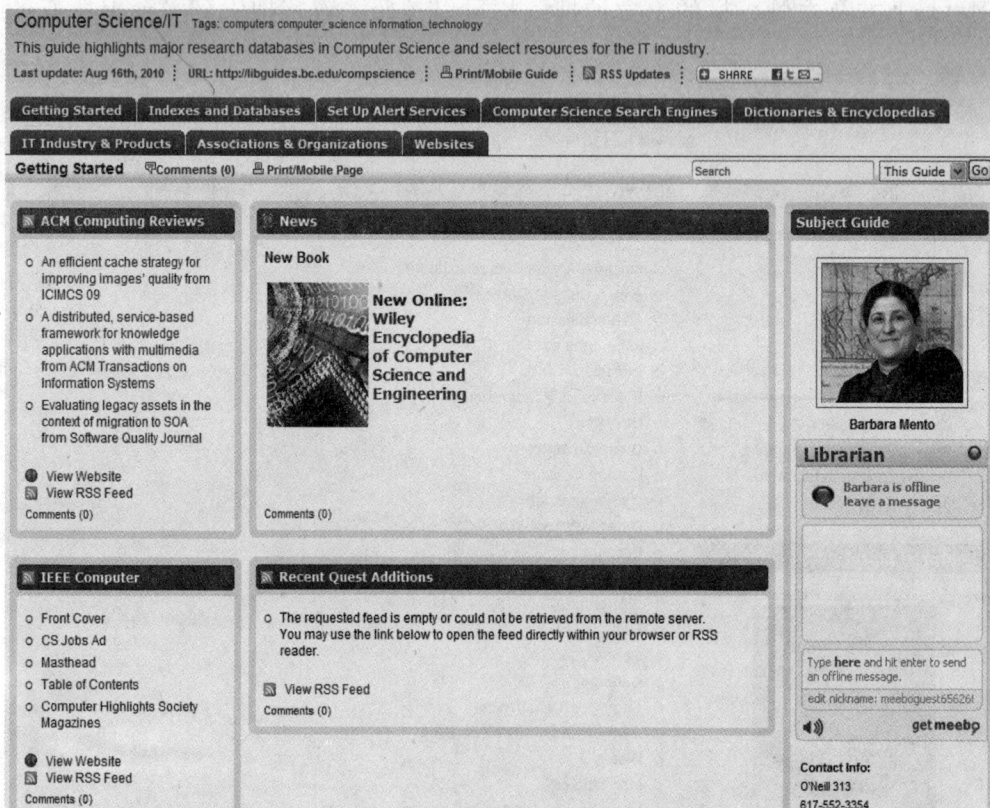

图 4-23　计算机科学学科 guide

　　计算机科学学科 guide 首页上有最新的学科新闻通知,学科的新书推荐,以及
通过 RSS 技术抓取到的一些最新学科信息内容,例如图 4-23 左侧一栏所示的
ACM 程序设计大赛的相关信息。右侧一栏嵌入了一个网页 IM 即时交流工具,通
过这个工具可以很方便地与学科馆员进行交流,咨询相关的学科问题。除了首页
外,guide 还有其他几个页面分类,每个页面分类都代表不同的学科服务主题。

　　在学科资源指引页面,学科馆员重点推荐了一些计算机学科的常用数据库以
及评论性的刊物,列举了不少学科相关的文章和会议记录。此外还提供了一些计
算机学科的搜索引擎和网页目录的链接,通过这些链接可以查找到与本学科相关

的网页,网站资源。在每个 box 的下方都有评论功能,用户觉得哪些数据库,搜索引擎比较实用,还可以增加哪些内容,都可以在评论中与学科馆员取得沟通,从而实现学科信息交互的目标。另外网站还有一个关于学科信息个性化检索与推送的指导性页面。现在很多数据库和电子期刊集都支持个性化的定制服务,用户可以自由定制自己的检索策略,选择特定的学科数据库,随后系统就会自动将通过个性化定制策略检索出的文章链接或者引文直接发送到用户的电子邮箱中。或者用户也可以通过提供 RSS feeds 的网站,定制个性化的内容,这样无需连接到提供内容的网站,通过 RSS 阅读器即可获取最新的学科化信息,实现学科信息自动推送的目标。

除了常规的服务选项外,利用 LibGuides 平台还能实现很多个性化服务功能。

图 4-24 所示的是南加州大学图书馆 LibGuides[①] 首页的一部分,从图中可以看到平台已经实现了标签云功能,每个标签都是在建设不同的学科 guides 时所标

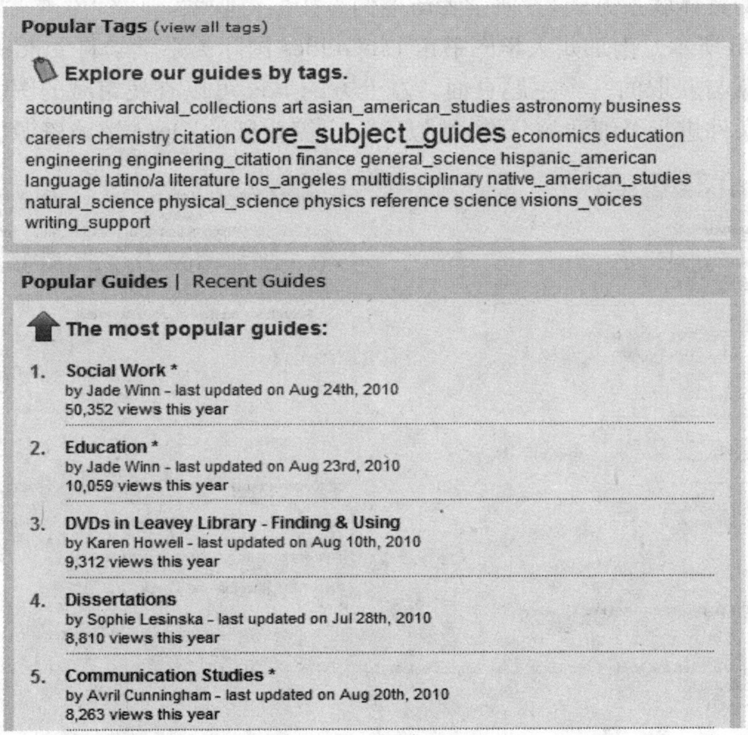

图 4-24 南加州大学图书馆 LibGuides

---

① University of Southern California. Libraries. LibGuides [EB/OL]. [2010-07-20]. http://libguides.usc.edu/.

志的,通过字体大小我们可以很清晰地看出哪个关键字 Tag 是在学科 guides 中使用的最多的,这个 Tag 的字体就越大,从另一方面来说揭示了当前的学科研究热点。页面下半部分展示的是 guides 的排序功能,可以看到每个 guide 的作者,最后更新日期,以及年访问量,通过年访问量排序的方式我们就可以发现当前最热门畅销的学科 guides,这种机制不仅能够给用户提供信息,获知哪些学科 guide 建设得比较好,还能够激励学科馆员们在学科平台建设方面多下工夫,外观上建设个性化、夺人眼球的页面,内容上不断更新最新的学科信息资源,完善学科服务内容。

LibGuides 中还可以嵌入虚拟参考咨询服务,在表单中填写个人信息与问题,提交后会开启一个即时聊天的页面,实现与学科馆员的实时互动交流。E-mail 的功能与之类似,用户填写好问题表单,选择提交后系统会自动将表单内容发送到对应学科馆员的电子邮箱中。网页上还可以列出学科咨询台的电话以及图书馆每个学科馆员的具体联系方式,方便读者与他们直接取得联系。

图 4-25 所示是南加州大学图书馆 LibGuides 国际关系学学科 guide 里关于图书资源检索与获取的一个主题页面。左上方的 box 可以查找馆藏的图书资源,并且对检索条件进行了细致的分类,类似于一个简化版的 Opac 馆藏资源检索系统。

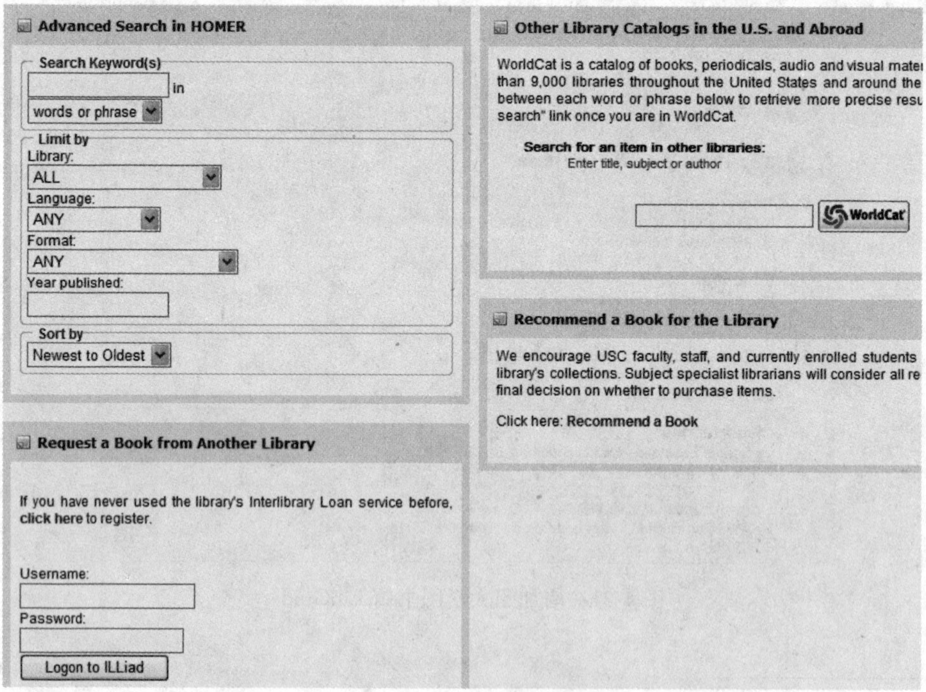

图 4-25　LibGuides 里的资源检索与获取

左下方的 box 嵌入了馆际互借服务平台,通过这个 box 可以直接登录到图书馆馆际互借系统,借阅其他馆的馆藏资源。右上方的 box 嵌入了 worldcat 检索服务,worldcat 是世界上最大的图书馆内容与服务的网络集成商,加入 worldcat 网络的各个图书馆可以通过这个平台共享馆藏资源,相当于一个图书馆社区,社区内的图书馆资源集中起来提供给用户检索,无疑能够使用户更快,更全地查找到想要的资源。用户不仅可以通过题名,作者等传统关键字的途径查找,还能通过学科名称查找到自己想要的学科类信息资源。右下方的 box 是一个资源荐购系统,用户可以自由推荐学科相关的新书、期刊、光盘等图书馆没有的资源,学科馆员审核后对图书馆采编部门提出采购需求。

4.6　学科化虚拟参考咨询平台

4.6.1　虚拟参考咨询平台

4.6.1.1　虚拟参考咨询服务的起源

虚拟参考咨询服务(Virtual Reference Service,VRS)起源于美国,1984 年美国马里兰大学健康服务图书馆和马里兰——巴尔迪大学共同推出了"电子参考服务"(The Electronic Access to Reference Service,EARS),可以说是世界上第一个网上参考咨询服务系统。其后,英国、加拿大、澳大利亚、俄罗斯等国家也相继斥巨资着手数字化参考咨询服务的实践与研究。1999 年,美国图书馆学专家 Cart、Janes、Mammoth 等的一份调查发现美国有 45％的高校通过 E-mail 和网页提供虚拟参考咨询服务。到 2001 年,Tenopir 对美国 70 家高校图书馆作了调查,发现有 99％的高校图书馆通过网络提供实时咨询服务。2002 年以后,这个数字依然在增长。特别是美国教育部资助建立的提供与教育有关方面问题的个性化网络服务系统,它向全世界的教师、图书馆、顾问、管理者、父母及任何对教育有兴趣的人提供虚拟参考咨询"ASKERIC"服务。此系统服务针对性强、实用性强、使用率高,每月咨询量达 700 万个,相当于全美每位中小学师生每年利用 18 次。由此可见,VRS 已成为美国高校及教育界虚拟参考咨询的主流,并获得了良好的效果,被视为全世界教育领域服务的楷模[①]。

20 世纪末,深受美国影响,我国高校图书馆参考咨询服务凭着自身工作自动化不断发展的基础,借助信息资源的全球性交流与共享正在变成现实的潮流,通过

---

①　黄莲芝.高校图书馆虚拟参考咨询在教师信息需求中的战略思考[J].图书馆学刊,2007(6):103-106.

引进和开发相应的软件逐步开展了虚拟参考咨询服务。从最初简单的邮件形式发展到利用网络聊天技术的实时交互式、网络合作咨询、FAQ 服务、电子邮件等多种模式并存的局面。VRS 在高校图书馆的实现，突破了地理空间对信息传播的限制，改变了用户获取信息与知识的方式，极大地拓宽了信息交流的范围并实现了瞬时交流的目标。

4.6.1.2　虚拟参考咨询平台概述

在介绍虚拟参考咨询平台之前首先看一下虚拟参考咨询服务是如何定义的。虚拟参考咨询服务又称为数字参考咨询服务(Digital Reference Service, DRS)，是一种基于互联网的帮助服务机制。参考咨询服务是图书馆读者服务工作的一项传统业务，虚拟参考咨询服务是其在数字图书馆的数字化延伸。用户可以在网上向咨询员提出各种问题，而咨询员的回答也在网上反馈给用户。虚拟参考咨询与传统参考咨询服务相比，在服务对象、服务方式、服务工具、服务内容上都发生了很大的变化。虚拟参考咨询服务有效地超越时空的局限，采用"虚拟的面对面"方式，使咨询馆员和服务对象不管在何处，只要能登录提供咨询服务的站点就可以进行交互式咨询，这对所有的网上用户都是平等的。资源共享使咨询解答后的问题可以为更多的读者提供参考。服务内容也主要针对使用方法、应用环境下各不相同的数据库、检索工具等网络资源。

美国教育部定义下的虚拟参考咨询服务是建立在网络基础上的将用户与专家和学科专门知识联系起来的问答式服务。它包括以下几点[①]：

① 虚拟参考咨询服务是数字参考咨询服务、在线参考咨询服务；

② 虚拟参考咨询服务是在原有传统参考咨询服务的基础上，借助互联网为用户提供的一项新的服务项目；

③ 该项目服务中设计的服务主体(咨询员)和客体(用户)皆通过电子手段完成咨询互动；

④ 该项目服务中使用的技术手段——软件是多种多样的，既有定制的又有来自商用软件的转换；

⑤ 完成咨询服务的全过程可以通过软件得到跟踪和记录，最终形成服务知识库。

由虚拟参考咨询服务的定义我们可以总结出虚拟参考咨询平台的概念，即它是一种基于互联网的服务平台，所提供的服务是图书馆利用网上虚拟平台解答读者咨询的一种逼近现实的新型信息服务模式，其服务内容主要是以人力资源为媒介，依托丰富的电子资源，馆藏实物文献和网络上的数字化信息资源，如常见问题

① 李昭醇. 数字参考咨询服务初探[M]. 北京：北京图书馆出版社，2004.

解答数据库 FAQ、各类学术性的期刊数据库等,由咨询馆员根据用户的具体信息需求,利用电子邮件 E-mail、Web 表单、在线聊天,实时咨询等网络工具手段以及 RSS、IM 机器人等 Web 2.0 的技术,对信息进行搜集、加工、重组与创新,为读者提供准确、及时、个性化和全程式的信息咨询服务。平台的特点是不受系统、资源和地域条件限制,通过网络化,数字化的手段由咨询馆员给读者提供 24 小时的不间断服务,并能使读者在限定的时间内获得可靠的答案,其核心是在分布式的网络环境下由具有特定知识和技能的专家对用户提供个性化的服务[①]。

　　虚拟参考咨询平台是图书馆服务的重要组成部分,是用户向图书馆工作人员或其他专家提问并获得解答的一种信息服务方式,被称作"图书馆的心脏",在开发和报告文献资源、为读者提供信息服务、充分利用智力资源、宣传和扩大图书馆的影响等方面发挥着至关重要的作用,占据着不可或缺的地位。随着网络技术和信息科学的飞速发展,在线咨询、实时咨询、互动咨询、可视咨询等各种方式纷纷涌现,为用户提供网络时代实时、动态、便捷、高效的信息服务。

　　虚拟参考咨询服务平台与传统的到馆参考咨询服务相比,具有很多长处,其优点在于效率高、资源广、延续性强。因此,目前不管是国内还是国外有很多不同类型的图书馆已经或者正在向虚拟参考咨询服务方向转变,建设自己的虚拟参考咨询平台。虚拟参考咨询平台提供了一个使用户通过联机网络查询存储着图书馆内外信息资源的电子参考工具和提出咨询的场所。它使用一种或多种服务手段,来解决用户遇见的各种问题。从用户角度看虚拟参考咨询平台包含两个要素:一个是用户自我服务系统,即资源内容;另一个是请求帮助系统,即服务内容。如何建设好资源内容,提供更好的服务内容是当前建设学科虚拟参考咨询平台的重大课题。

　　当前国内外虚拟参考咨询平台具有代表性的包括美国国会图书馆的合作数字参考服务(Collaborative Digital Reference Service,CDRS),英国的 Ask a Librarian(如图 4-26 所示),美国教育部资助的虚拟咨询台系统(Virtual Reference Desk)、美国教育部的 Ask ERIC、美国密西根大学的因特网公共图书馆(The Internet Public Library)、日本九州佐贺 5 所国立大学图书馆的数字参考服务联盟机制、芬兰的 18 所公共图书馆联合提供的"请问一个图书馆员"(ask a librarian service)服务等。国内则有国家图书馆组织的"全国图书馆信息咨询协作网",中科院文献情报中心的 CSDL,CALIS 分布式联合虚拟参考咨询系统 CVRS,上海图书馆组织的"网上联合知识导航站"以及各高校图书馆自己建设的虚拟参考咨询平台等。

---

　　① 　叶莉. 基于 WEB 的虚拟参考咨询平台的建设与开发——以武汉图书馆为例[J]. 河南图书馆学刊,2006(1):117-120.

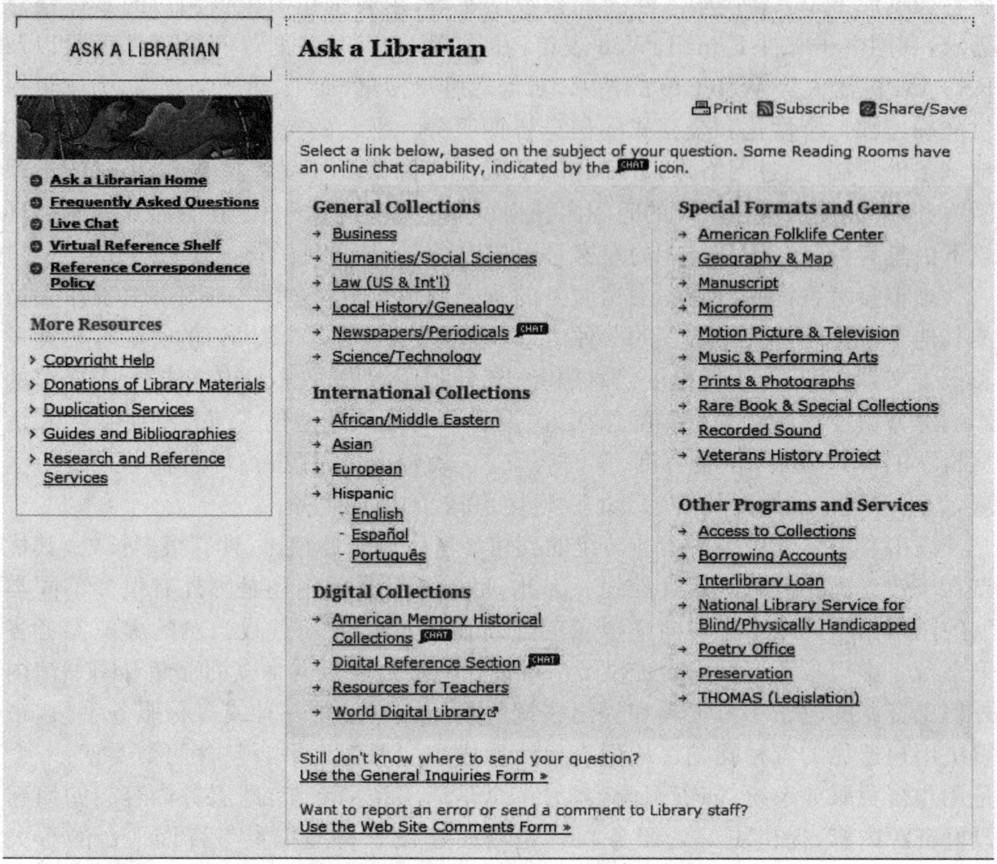

ASK A LIBRARIAN

- ◎ **Ask a Librarian Home**
- ◎ **Frequently Asked Questions**
- ◎ **Live Chat**
- ◎ **Virtual Reference Shelf**
- ◎ **Reference Correspondence Policy**

More Resources

- › Copyright Help
- › Donations of Library Materials
- › Duplication Services
- › Guides and Bibliographies
- › Research and Reference Services

Ask a Librarian

🖶 Print 📶 Subscribe 🔖 Share/Save

Select a link below, based on the subject of your question. Some Reading Rooms have an online chat capability, indicated by the 💬 icon.

General Collections
→ Business
→ Humanities/Social Sciences
→ Law (US & Int'l)
→ Local History/Genealogy
→ Newspapers/Periodicals 💬
→ Science/Technology

International Collections
→ African/Middle Eastern
→ Asian
→ European
→ Hispanic
　- English
　- Español
　- Português

Digital Collections
→ American Memory Historical Collections 💬
→ Digital Reference Section 💬
→ Resources for Teachers
→ World Digital Library ↗

Special Formats and Genre
→ American Folklife Center
→ Geography & Map
→ Manuscript
→ Microform
→ Motion Picture & Television
→ Music & Performing Arts
→ Prints & Photographs
→ Rare Book & Special Collections
→ Recorded Sound
→ Veterans History Project

Other Programs and Services
→ Access to Collections
→ Borrowing Accounts
→ Interlibrary Loan
→ National Library Service for Blind/Physically Handicapped
→ Poetry Office
→ Preservation
→ THOMAS (Legislation)

Still don't know where to send your question?
Use the General Inquiries Form »

Want to report an error or send a comment to Library staff?
Use the Web Site Comments Form »

图 4-26　Ask a Librarian 虚拟参考咨询平台

4.6.1.3　虚拟参考咨询平台的特点

虚拟参考咨询平台之所以能够取代图书馆传统的参考咨询服务,固然有互联网飞速发展的原因,但自身也有很多传统参考咨询服务所不及的优点。

(1) 服务的实时性。

这是虚拟参考咨询平台最大的优点之一,读者在平台上提出问题,自然是希望能够立刻获得咨询馆员的响应和解答,通过平台提供的 IM 交流工具和实时咨询工具,用户能享受到交互式的信息服务,而不需要等待过多的时间,其中实时咨询工具更可以使得用户与馆员之间的交流就好似面对面一样。

(2) 没有时空限制。

传统的参考咨询服务只能在正常上班时间进行,但是很多用户上班或上学时间和参考馆员是一样的,因此这些用户不能在这段时间里亲自到图书馆进行参考咨询,很多问题不能得到迅速的解决。虚拟参考咨询服务可以克服这一难题,用户通过网络随时向参考馆员提出信息需求,因此只要条件许可的话实现类似话务员的全天候在线式系统和服务机制也不是难事。

(3) 服务范围更加广泛。

传统咨询服务的范围相当有限,局限于其职责范围内的一个地区、部门或学校,而且拘泥于图书馆开放的正常时间。但是虚拟参考咨询服务不仅能突破时间限制,读者可以全天候向咨询馆员发送问题;同时,也突破了空间的界限,读者不管身在何处,只要经过图书馆规定的程序和途径,例如在虚拟参考咨询平台上进行注册,都可以享受到图书馆或其他信息服务机构通过网络提供的信息咨询服务。

同时咨询对象的不确定性,造成咨询问题已经超出所谓的馆藏和专业范围,这就要求咨询馆员掌握更多种类的网络检索工具和技能。

(4) 服务手段更先进,内容更丰富。

自动化和网络化是虚拟参考咨询平台的主要特征。在咨询服务中,咨询馆员将在很大程度上摆脱传统参考咨询工作中的那种完全依靠手工来查找、加工、分析资料的工作方式以及和咨询用户面对面的接受咨询问题、洽谈、提供答案的信息交流方式,而是可以更多地依赖计算机和网络对信息进行处理,从而提供更为翔实可靠的服务信息。

传统参考咨询工作中,咨询馆员在咨询过程中投入的智力劳动并不多,向读者提供的咨询解答结果无非是相关信息的原始资料或线索或简单的问题回答。而在虚拟参考咨询服务中咨询馆员凭借虚拟参考咨询平台提供的强大互联网信息技术,可以向读者提供更高水平的解答,为读者提供的不再仅仅是文献单元或信息线索,而是针对性更强的具体知识、具体信息单元,或经过综合分析加工处理重组后的具有更高附加值的智力化成果。

(5) 实现个性化的服务目标。

作为高校图书馆参考咨询服务的主要群体——教学科研人员越来越不满足于图书馆咨询馆员仅告知所需信息的可能方向,而更需要针对查询问题给出确切的信息解答,或直接出具最切题的事实或数据型信息。这种对文献中所包含知识点的索取,反映出用户正从文献需求转向知识需求;同时,他们极具针对性的信息需求取代了泛泛的、一般性论述和单纯的理论研究,代之以实用、适用为前提的个性化目标。

用户迫切需要经过分析、处理后适用的信息,在这种情况下应该根据用户自身特点量身定制出一份信息。由此,利用虚拟参考咨询平台的强大功能,开展个性化、学科化服务,开发相应的知识群,活化和发掘潜在于文献中的新知识要素,是满足用户对参考咨询服务个性化需求的关键。

4.6.1.4　虚拟参考咨询平台的服务方式

（1）帮助系统和 FAQ 信息服务。

这种服务方式是对各种常见问题等进行介绍和说明，形成一个联机帮助系统；汇总常见问题，整理后放在虚拟参考咨询平台上，供读者浏览。随着问题的增多和便于查找，逐渐形成了 FAQ 数据库系统，用户可上网查看自己的疑问是否已有现成答案，或通过输入关键词查找等方式快速获得与自己提问相关问题的解答情况等。

这种服务方式的缺点是通常只列有常见问题集，而用户也只能被动地接受解答，遇到在常见问题集中没有出现过的问题，就变得无所适从了。

（2）非实时的虚拟参考咨询服务。

主要运用 Web 的技术手段如电子邮件 E-Mail，电子表格 E-Form，留言板 Message Board 以及一些 Web 2.0 的技术如 RSS，tag 等方式实现的参考咨询服务。

这种服务模式是现在使用频率较高的一种模式，例如上海图书馆的合作化参考咨询服务就是采用电子表格和电子邮件相结合的方式，读者碰到问题可直接给选定的咨询员填写电子表格，经系统转换后以电子邮件的方式转送给专家，专家将被允许在一周内以电子邮件的方式回答读者的提问。例如中山图书馆采用的是留言板的形式，用户和图书馆咨询员都通过此形式进行提问和解答。此类方式也使用简单的数据库管理，以供检索之用。

（3）实时的虚拟参考咨询服务。

这种方式是在网上实时地、"面对面"地解答读者提问。可以帮助咨询馆员与读者实现实时文字交流，咨询馆员与读者在进行了一系列的文字交互后，便能针对用户咨询问题的关键所在做出正确解答。这种方式的优势在于：模仿面对面的咨询交互，消除了咨询过程中的某些障碍和双方理解上的偏差，给用户带来更大的方便。该服务模式在虚拟参考咨询平台上一般有两种实现方式：一种是通过基于 Web 2.0 技术的 IM 工具，和用户进行实时的交流；另外一种是通过软件技术在网页上实现实时交互的功能，目前最广泛应用的是 chat 软件技术，还有基于 FAQ 数据库管理的 VRS 服务，每次的提问和解答过程都依靠后台数据库的支持，系统管理员或参考咨询馆员在经过筛选后，将有价值的问题及其解答加入其 FAQ 数据库中，不断地增加 FAQ 的数量，并供读者在咨询馆员非在线时查找相关问题的解答。此类方式是真正的实时方式，在第一时间解答了读者的疑问。采用此方式的有美国 LSSI 开发的 Ask a Librarian Live，OCLC 和美国国会图书馆使用的 QuestionPoint 等[①]。

---

　　① 黄敏，杨宗英.网上咨询服务的主要形式与发展趋势——兼谈上海交通大学 VRS 实时解答系统[J].大学图书馆学报，2003，21(1)：33-36.

图 4-26 所示即为一个典型的实时虚拟参考咨询系统的例子。

（4）同步浏览页面的服务。

此类方式采用 Co-browsing 和 Desktop sharing 技术,咨询馆员在必要时推送所推荐的页面至读者端,使读者能够跟着咨询馆员的思路,顺着此页面循序渐进,获得最终的解答。此类方式形象、直观,遇到在咨询过程中难以用言语描述的情况,具有很高的咨询价值。如目前由美国 LSSI 开发的 VRD 软件采用了此方式以直接将页面推送到读者端。咨询馆员可以控制读者的浏览,可看到读者网上联机检索时的疑问和问题所在,甚至在不中断读者检索的情况下,帮助、指导读者解决问题。从图 4-27 中可以看到,咨询馆员可以通过同步浏览和页面推送的按钮实现与读者的桌面共享。

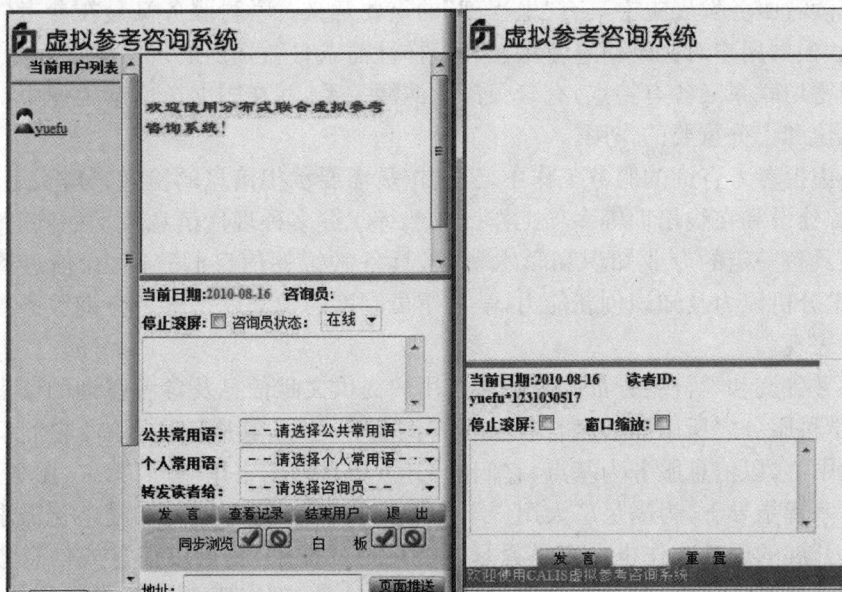

图 4-27　实时的虚拟参考咨询服务方式

（5）分布式合作参考咨询服务。

相当于联合服务平台的概念,即将原先各馆单独的虚拟参考咨询平台联合起来,将原基于 FAQ 的数据库管理发展为知识库管理,将原基于单馆、单咨询台的解答平台发展为基于小组、集团或联盟的一个分布式多咨询台的合作咨询服务平台。该平台可由系统管理员或主管咨询馆员进行系统管理和调度。OCLC 推出的QuestionPoint 就采用了分布式合作参考咨询模式,国内的 CALIS 网上虚拟参考咨询系统 CVRS 也是采用了这种模式。

（6）基于视频音频传送的实时参考咨询服务。

　　就和当今流行的视频会议一样,虚拟参考咨询也完全可以做到参考咨询馆员与读者真正"面对面"的交流,通过网络传送视频和音频,直接指导异地用户,解决用户的疑难问题。这种服务方式对网络条件的要求比较高。

4.6.2　学科化虚拟参考服务应用

4.6.2.1　参考咨询与学科服务

　　虚拟参考咨询平台可以应用在学科服务之中,作为学科服务的一个系统媒介,因为参考咨询与学科服务两者之间有着千丝万缕的关系。

　　参考咨询和学科服务同属于图书馆读者服务的范畴,是图书馆文化发展的产物,他们的诞生,代表了图书馆服务的人文关怀和情报职能的萌发与不断强化,在图书馆读者服务发展史上具有"里程碑"的重要意义。学科服务又是在参考咨询的基础上,根据用户对文献信息专指性和多样性需求日益强烈的现实发展而来的,两者之间密切联系又各有特点,有着很深的渊源关系,并在图书馆读者工作中都具有较高地位和十分重要的作用。

　　在虚拟参考咨询的服务工作中,咨询馆员需要承担信息的检索、分析、组织、导航、资源建设和在线培训等多项工作。在熟练掌握多种现代信息技术的同时,他们还必须具备一定的专业知识和学术背景,具备敏锐的信息洞察能力、信息检索能力、学术分析能力及知识创新能力,学科馆员制度的建立就是参考咨询服务专业化的重要表现。

　　参考咨询和学科服务都是为图书馆用户提供文献信息及参考咨询的读者服务工作,学科服务之所以能够融合在参考咨询服务之中,其原因主要有:它们都是以用户为中心,以信息服务为基点,它们的产生,就是在图书馆"读者第一,服务至上"的服务宗旨指导下,为满足广大用户不断增长的个性化、专业化和复杂化需求而产生的。开展的服务工作也大多是紧紧围绕用户的需求,提供以信息或信息集合为单元的服务工作;它们都具有鲜明的情报服务特征,都以服务科学研究为重点,努力开展各种定题、跟踪、文献检索和科研论证等情报服务工作,在开发利用文献情报资源、深化服务层次、拓展服务领域等方面各尽所能,为强化图书馆的情报职能、提高图书馆的社会地位做出了很大贡献。它们的服务手段基本相同,都以网络检索查找相关的资料,并通过网络传输、书面提供、口头解答和虚拟参考咨询平台等现在常用的方式答复读者。它们利用的信息源也基本相同,早期的参考咨询只以印刷型的检索工具和参考工具书为主要参考源,但是现在参考咨询和学科服务的信息源既包括传统的印刷型文献,也包括视听、缩微资料、光盘、联机数据库等,更有信息含量大、传播速度快、检索利用便捷的互联网资源,而且互联网资源正在成为参考咨询和学科服务的主要信息源[①]。

学科服务借助虚拟参考咨询这个综合平台能够发挥它的巨大潜力与优势,对于学科馆员开展学科服务工作是个巨大的助力。虚拟参考咨询平台使得学科服务的范围更为广阔,不同于传统的参考咨询服务,仅以到馆读者为服务对象,虚拟参考咨询平台通过互联网使学科服务的对象由本馆扩大到整个社会乃至全球,为更广泛的用户提供服务;虚拟参考咨询平台使得学科服务有据可查,有理可依,通过平台上提供的学科知识库,不同院系、不同学科的难题难点都能迎刃而解,而且有了服务的参照依据,在服务的过程中碰到的新问题又能充实到知识库中去,为以后的学科服务工作打好基础;虚拟参考咨询平台能够提供更具体,更全面的学科服务内容,平台的建设利用了互联网资源、专题数据库等电子文献和 Web2.0 等现代信息技术,使得学科资源内容大大地丰富了,凡是图书馆应该为读者提供的所有文献,电子资源信息服务,学科馆员都代表图书馆为所负责的学科或院系全部提供,而且还应积极、主动地提供用户所需要的各种个性化服务,如建立科研档案、协助提供论文发表、专利申请等相关知识或资料等,通过虚拟参考咨询平台上的专栏能够很好地完成这一工作,通过链接能够访问不同的学术与数据库资源;虚拟参考咨询平台使学科服务的服务内容更深入,服务层次要求更高,为对口学科用户提供多角度、全方位的信息服务,如学科发展动态调研、科研课题跟踪论证等,有些需要直接深入课题为用户提供一步到位的信息保障服务,并不断开拓新领域、探索新方法,为用户的研究和工作提供针对性很强的信息服务,使图书馆的学科服务变辅助性服务为综合性研究型服务;虚拟参考咨询平台的非实时、实时咨询模式使得学科服务无处不在,不管是通过平台上的电子邮件、表单,抑或是 IM 即时通讯工具,甚至是实时互动的交流界面,图书馆与用户的距离显然被拉近了,物理空间的隔阂消失了,用户足不出户即可享受到专业学科馆员所带来的学科化服务;虚拟参考咨询平台能减轻学科馆员的工作压力,通过平台上的学科知识库和学习培训中心,用户自己就能学习到一些学科服务相关的知识,从而减轻了相关学科馆员的工作负担。

4.6.2.2　学科服务在虚拟参考咨询平台中的应用

(1) 学科知识库。

知识库是虚拟参考咨询平台的核心和基础。读者可以通过知识库进行自助式检索,解决自己的问题,咨询馆员也需要利用知识库对读者进行服务。咨询馆员通过虚拟参考咨询平台可以对现有的知识库进行添加、删除、修改等操作,还可以通过系统提供的知识组织和分类功能对知识进行整理。咨询馆员可对读者表单提出

---

① 　邬卫华.参考咨询与学科服务比较研究[J].图书馆学研究,2006,(1):75-78.

问题的答案进行整理、归类,假如具有普遍性,可通过网络自动发布到知识库内。在知识库中存放一些经过咨询馆员编辑整理后的有价值的问答,读者可随时检索这些问答系统以解决自己的疑问。

经过学科化的分类形成了学科知识库这一概念,学科知识库主要以特定学科专题的有经验的领域专家、纸质文献、数据库数据和互联网上的资料等作为知识来源,以知识单元为基础存储对象,利用计算机来表达、存储和管理特定领域的知识,并利用知识来解决该领域的问题。它是以知识处理为基础的知识应用系统,它向用户直接提供他们所需的特定知识,以节省用户的大量时间,提高知识的针对性和利用率。学科专题知识库的建立可以使知识有序化,促进学科知识的共享与交流,有利于实现知识使用者之间的协作与沟通,可帮助图书馆实现对用户知识的有效管理,从而有助于传统的被动服务向网络化、个性化、自助式的服务方式过渡,实现向以用户为中心的、满足用户知识需求的服务模式转变。

学科知识库主要以 FAQ 问答的形式为主,它的建设主要应该考虑以下几点:

① 合理分类,层次清晰。用不同的学科主题对 FAQ 问题进行科学合理的归类有助于用户通过分类浏览快速找到所需资料,同时有助于从整体角度认识图书馆学科服务工作。FAQ 问题的归类应该从利于用户使用出发,比如以学科大类为分类,下面再细分成一般问题、学科资料查找、学术资源信息门户、常用学科名词术语等类别,而在这些类别下再细分若干小类,例如学科资料查找这一类下面又可以细分为图书、期刊、学位论文、专利标准等,显得层次清晰,方便查找。

② 应该提供浏览和检索相结合的查询方式。随着 FAQ 库中问题越来越多,假如只通过浏览查询问题会显得非常不方便,用户界面的友好性大为降低,假如能够采取浏览和检索相结合的查询方式以及包括分类、关键词等多种检索途径,这样就能确保学科咨询服务的效率,还可以节省图书馆相关的人力和财力。

③ FAQ 库的建设应该体现学科服务的特色和优势。对于学科专业问题,图书馆在回答、归类与筛选的过程中,都应该由馆内或馆外的各专业的资深学科馆员或者专家来处理,为建立精确翔实的学科知识库打好基础[①]。

(2) 学科化培训学习中心。

学科服务的核心内容之一是对用户进行关于图书馆资源的使用、学科资源与信息的获取等方面的培训。虚拟参考咨询平台可以提供一个在线学习的模块,在上面可以发布数字图书馆、电子资源的使用指南等学习课件,还有一些学科讲座的 PPT 或者视频。用户可以通过平台上的资源参加学习。同时还可以提供网上培

---

① 谢玲.面向学科的图书馆数字参考咨询服务研究[D].福州:福建师范大学图书馆学,2008.

训计划,指定一个时间为某一课件的网上培训时间,届时读者可上网学习,并配有负责培训的学科馆员进行实时解答,甚至可以采用语音视频传输的方式,使得教学过程更趋情景化。

利用虚拟参考咨询平台的学习中心,可以引导用户利用图书馆资源,提供一个多媒体教学、网上答疑及研究获取信息的平台。对于学院来说,可以利用平台上丰富的学科资源与工具开展网上课堂的教学方式,实现网上同步交互,支持教师和学生在同一个系统上开展教学活动,构建教师与学生、教师与教师及学生与学生之间交互实时的教学、答题、讨论环境及在线咨询等。

互联网的发展使信息环境发生了巨大的变化,海量信息的无序和混杂使用户不知道如何从网上快速准确地选择对自己有用的、高质量、正确的信息,不知道查询和获取信息的有效途径。相当一部分用户不具备学科专业知识的检索能力,有时花了很大精力和时间却毫无收获。学习中心正是突破了传统的培训模式,以用户为中心,不仅对用户进行图书馆利用和馆藏文献、学科资源与信息的检索能力的培养,还提高了用户在网络环境下查找、检索和利用学科信息资源的能力。学科馆员可以根据本馆的实际情况,按照不同层次、不同学科用户的实际需要,及时增加具有实用价值和现实意义的培训内容,分专题对用户进行培训。例如馆藏资源的查询与获取,开题与课题申请前的文献调研,常用网络查询工具的功能和使用,学科全文电子期刊的查找与获取,中外电子图书的查找与使用,国内外硕博士论文的查询与获取,中外会议文献、科技报告、专利信息的检索与利用,科技查新、查证查引的方法指导,学术论文的写作与投稿,常用学科工具的使用介绍等。可以围绕这些内容开展讲座、培训和辅导,帮助用户解决实际问题。

（3）网络学科导航。

网络技术的发展使虚拟参考咨询平台增添了许多新的服务内容,网络学科导航便是其中之一。为了方便用户,国内外很多图书馆将网络信息资源进行选择、整理、组织,并链接到虚拟参考咨询平台上,提供网络学科导航服务。网络学科导航主要有三种形式:学科信息资源动态报道、学科常用资源导航和专业学科资源导航数据库。其中,学科信息资源动态报道是推荐性的导航服务,它不仅对报道的内容作链接,还可以加上宣传介绍文字。学科常用资源导航,选择的资源类型通常有国内外重要网络搜索引擎、学术期刊导航、大型图书馆网站、学术机构站点如高校、研究所、著名公司等,尤其是与本馆学科服务密切相关的专业性网站。专业学科资源导航数据库,是较深层次的对学科化资源搜索并有序化组织的信息产品,它将收集到的专业数据库分类组织链接,组成多层次的目录型指示数据库,很多大型学科导航数据库配置检索引擎,可进行输入检索词或检索式并获取与之相匹配的检索结果的查询方式①。

全方位的学科信息资源导航,既强调导航库类型多样化和内容的实用性,包括如重点学科导航、学科信息门户导航等实用信息导航;同时也强调学科导航的服务方式的集成化和个性化,包括自由定制分类、定制关键词、收藏记录、保存检索历史、保存检索策略、添加资源评论等。以重点学科导航库为例,在定位上以重点学科为信息搜集对象,以重点学科相关带头人、研究者需求为基本出发点,在提供的信息内容上可以包括国内外的学术动态、知识要闻、会议资料、成果、人物、学位论文、电子期刊、工具书、经典专著、研究机构、学术实体和站点、专业服务系统等。

(4) 个性化的信息定制和学科知识推送。

个性化信息定制和学科知识推送是个性化信息服务的两种主要形式。个性化的信息定制包括内容定制、界面定制(指网页外观定制、栏目布局和内容模块选择等)、服务方式定制、检索定制及提示定制等,用户只要注册并登录虚拟参考咨询平台,即可按照自己的喜好对平台进行个性化的定制。

学科信息推送则是根据用户的学科分类,按用户提供的检索条件利用信息推送技术把信息自动送到用户面前,实现信息找读者。也可推荐用户感兴趣的信息,其实质是一种"信息找人"的服务模式。符合高校信息用户需求变化的个性化服务,需要根据用户的知识结构、信息需求、行为方式和心理倾向等,有的放矢地为具体用户创造信息服务环境,为其提供定向化的预定信息与服务,并帮助用户建立个人信息系统,这是一种个性化、人本化、主动性的服务方式,其目的是在图书馆已购数字资源的基础上,根据用户的专业特征和研究兴趣向用户提供和推荐教学科研所需要的资料和信息,对用户提供实时咨询服务。从图书馆馆藏资源及经加工的网络知识库中,为他们搜索、整理有针对性的文献,利用虚拟参考咨询平台的电子邮件,电子表单,IM 即时通讯工具以及其他一些 Web 2.0 的网络技术工具开展实时或非实时信息推送服务。把有利于相关学科发展、最新颖、最前沿、最有针对性的信息推送到每个学科带头人的桌面上,并定期更新相关的信息内容②。

(5) 实时互动的学科知识共享平台。

传统的虚拟参考咨询平台主要以一些非实时的交互方式,例如电子邮件,电子表单,知识库等方式为主。但这些方式在服务的亲和力、可操作性及互动的全面性等方面并不是特别理想。虚拟参考咨询平台独有的实时在线咨询功能,作为目前虚拟参考咨询服务领域最先进的技术手段,具有反馈及时、时效性强,主观生动等

① 袁红军. 虚拟参考咨询最优化探究[J]. 国家图书馆学刊,2007,16(1):81-84.
② 覃丽金,刘小香. 基于用户需求的高校图书馆参考咨询服务研究[J]. 科技情报开发与经济,2009,19(9):21-23.

特点。虽然在具体实现上,对学科馆员、网络条件、硬件资源等要求均较高,但即时问答的形式无疑对于用户来说是极具吸引力的,利用虚拟参考咨询平台的实时模式,学科馆员可以通过在线文字聊天,屏幕推送,页面推送等方式给用户直接提供学科化信息服务,推送相关的学科信息以及学术资源信息,解答用户的问题。还可以通过桌面共享技术直接给用户进行实际的操作演示,这种方式相对于文字解答来说无疑更具直观性。在虚拟参考咨询平台上,甚至可以实现学科馆员与用户的视频音频交流,相对于现场咨询服务来说,学科馆员可以利用互联网以及虚拟参考咨询平台的强大功能与海量的学科信息资源,给用户提供更精准的资料与完善的服务。

4.6.3　案例分析

中国科学院国家科学图书馆网上咨询台是一个提供虚拟参考咨询服务的平台,通过实时和非实时的交流方式解答用户的问题,同时也提供学科化信息的咨询服务[1]。如图 4-28 就是网上咨询台的主界面。系统采用 IP 地址自动识别技术和系统内置的时钟设置,根据读者登录的身份地址及其提问时间,将提问用户直接送入实时提问窗口,或者转入表单提问页面。图 4-28 所示网页的中间一栏上方是馆员实时咨询的进入界面,下方是表单提问的界面,用户提问和学科馆员解答的内容都会存放在数据库中,通过点击页面左侧的"问题/答案检索"可以查询到相关的问答信息。

首页左侧的下方是学科专家信息库,显示了各个学科专业学科馆员的简要信息,相当于一张"数字名片",用户点击名片上的"问图书馆员"这一选项即可实现和该学科馆员的互动交流,如图 4-29 所示。国家科学图书馆在网上咨询平台中采用了情景敏感技术,在各个信息检索和服务查询环节中接入了对口的学科馆员,通过对提问用户身份的识别和 IP 地址判断,系统会自动弹出对应的学科馆员的"数字名片",如网上咨询台首页右侧上方所示,"数字名片"将进一步引导读者进入实时提问或延时表单咨询或电子邮件咨询,从而直接向对口的学科馆员进行咨询提问。用户在文献查询,数据库检索,读者服务过程中随时可以激活"问咨询馆员",系统即刻将咨询问题自动转入咨询服务系统,由学科馆员在线即刻解答或随后在最短的时间内作出解答。

首页右侧有一个 FAQ 学科知识库,根据学科进行了分类,用户可以通过浏览学科知识库解决一些常见的问题,学科馆员也可以利用知识库对读者进行服务,既是对学科知识的整理与保留,又在一定程度上减轻了学科馆员的工作量,如图 4-30 所示。

---

① 中国科学院国家科学图书馆. 网上咨询台[EB/OL]. [2010-07-20]. http://dref.csdl.ac.cn/digiref/.

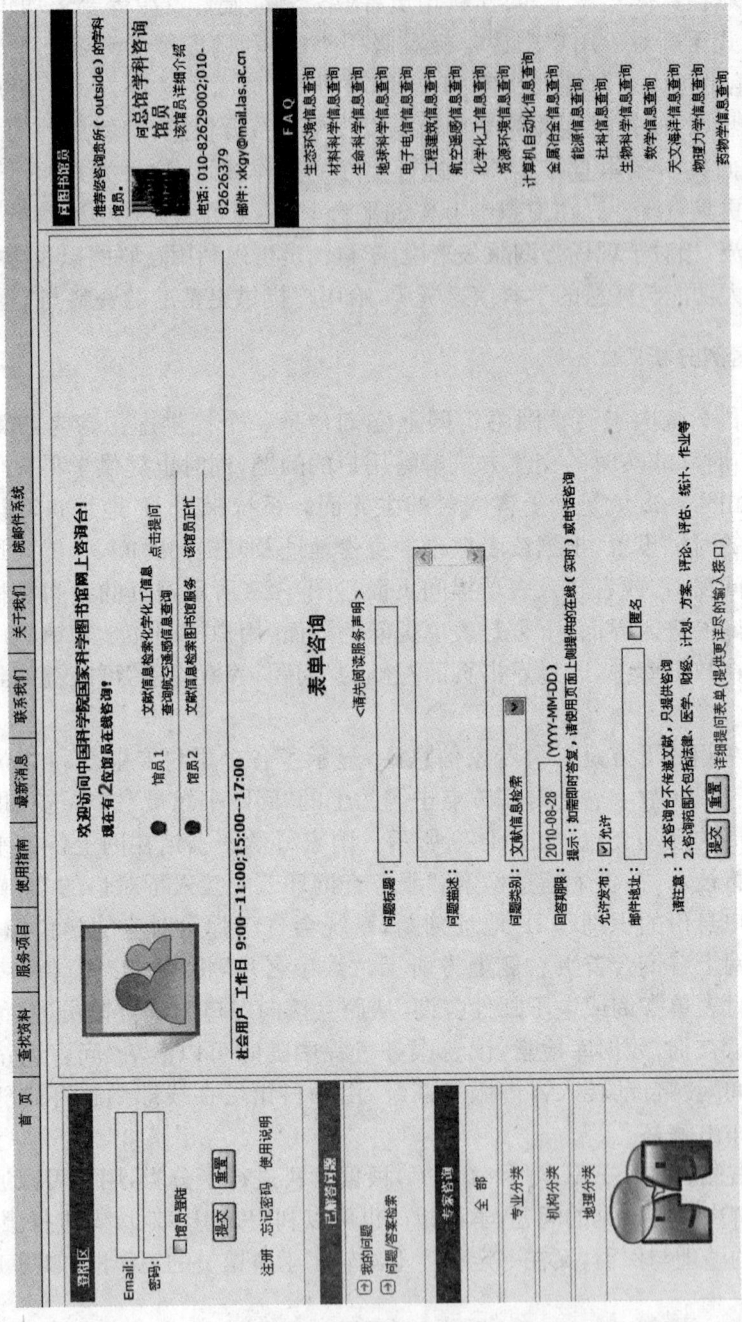

图 4-28　中国科学院国家科学图书馆网上咨询台

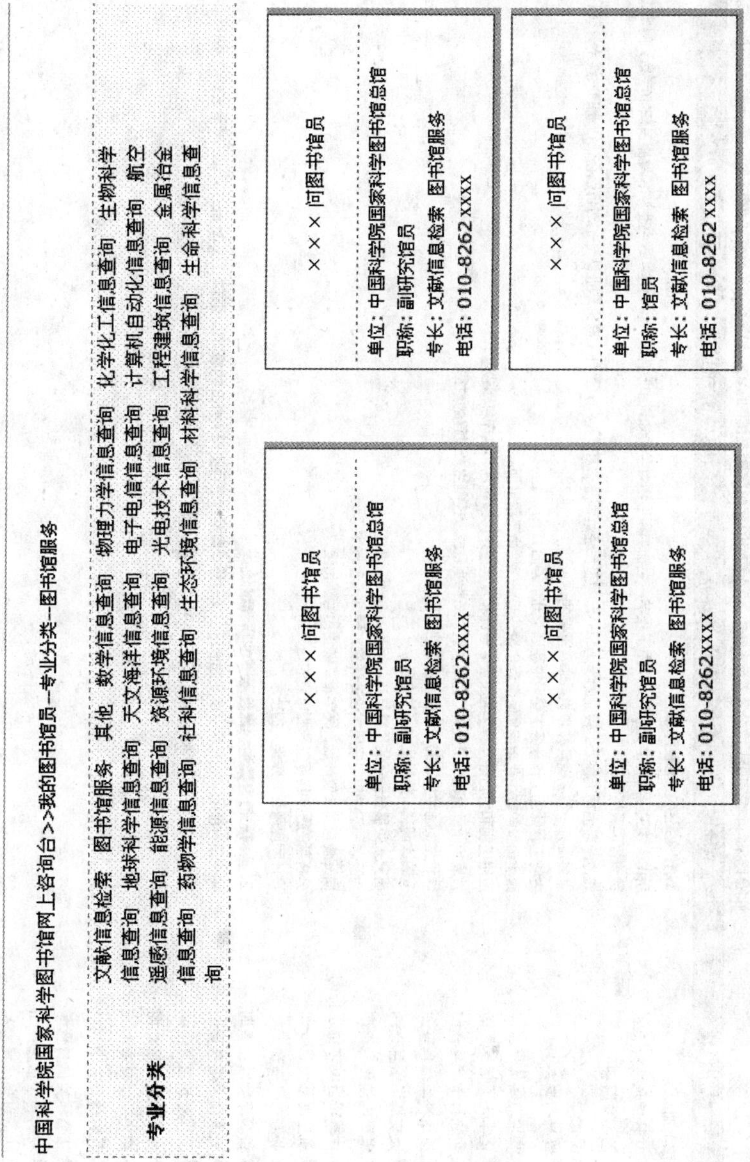

中国科学院国家科学图书馆网上咨询台>>我的图书馆员—专业分类—图书馆服务

专业分类

文献信息检索　图书馆服务　其他　数学信息查询　物理力学信息查询　化学化工信息查询　生物科学信息查询　地球科学信息查询　天文海洋信息查询　电子电信信息查询　计算机自动化信息查询　航空遥感信息查询　能源信息查询　资源环境信息查询　工程建筑技术信息查询　光电技术信息查询　金属冶金信息查询　药物学信息查询　社科信息查询　生态环境信息查询　材料科学信息查询　生命科学信息查询

×××｜问图书馆员
单位：中国科学院国家科学图书馆总馆
职称：副研究馆员
专长：文献信息检索　图书馆服务
电话：010-8262xxxx

×××｜问图书馆员
单位：中国科学院国家科学图书馆总馆
职称：馆员
专长：文献信息检索　图书馆服务
电话：010-8262xxxx

×××｜问图书馆员
单位：中国科学院国家科学图书馆总馆
职称：副研究馆员
专长：文献信息检索　图书馆服务
电话：010-8262xxxx

×××｜问图书馆员
单位：中国科学院国家科学图书馆总馆
职称：副研究馆员
专长：文献信息检索　图书馆服务
电话：010-8262xxxx

图 4-29　学科馆员专家列表

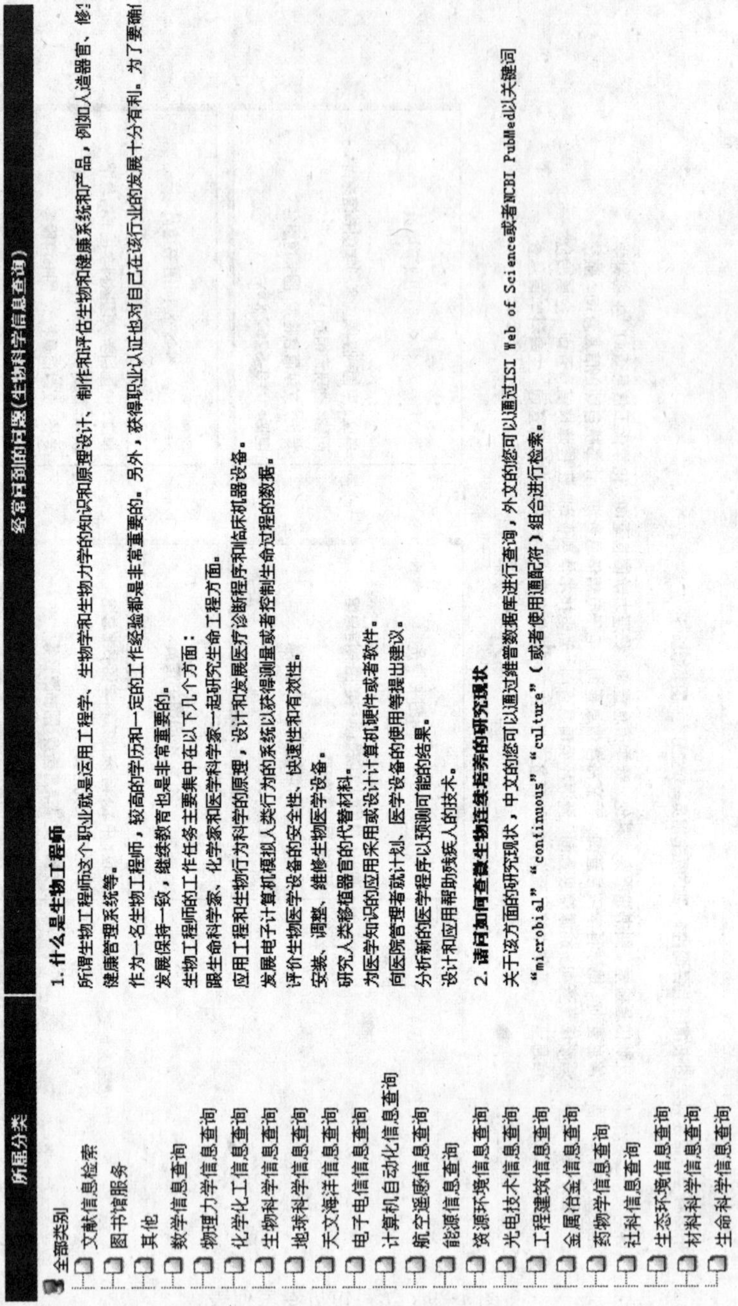
下表列的是国家科学数字图书馆参考咨询系统中国科学院国家科学图书馆的FAQ，如果想浏览所有站点的FAQ，请点击 浏览所有站点的FAQ
所属分类
经常问到的问题(生物科学信息查询)
全部类别
文献信息检索
图书馆服务
其他
数学信息查询
物理力学信息查询
化学化工信息查询
生物科学信息查询
地球科学信息查询
天文海洋信息查询
电子电信信息查询
计算机自动化信息查询
航空遥感信息查询
能源信息查询
资源环境信息查询
光电技术信息查询
工程建筑信息查询
金属冶金信息查询
药物学信息查询
社科信息查询
生态环境信息查询
材料科学信息查询
生命科学信息查询
1. 什么是生物工程师
所谓生物工程师这个职业就是运用工程学、生物学和生物力学的知识和原理设计、制作和评估生物和健康系统和产品，例如人造器官、修
健康管理系统等。
作为一名生物工程师，较高的学历和一定的工作经验都是非常重要的。另外，获得职业认证也对自己在该行业的发展十分有利。为了要确
发展保持一致，继续教育也是非常重要的。
生物工程师的工作任务主要集中在以下几个方面：
跟生命科学家、化学家和医学科学家一起研究生命工程方面。
应用工程和生物行为科学的原理，设计和发展医疗诊断程序和临床机器设备。
发展电子计算机模拟人类行为的系统以获得测量或者控制生命过程的数据。
评价生物医学设备的安全性、快速性和有效性。
安装、调整、维修生物医学设备。
研究人类移植器官的代替材料。
为医学知识的应用采用或设计计算机硬件或者软件。
向医院管理者就计划、医学设备的使用等提出建议。
分析新的医学程序以预测可能的结果。
设计和应用帮助残疾人的技术。
2. 请问如何查微生物连续培养的研究现状
关于该方面的研究现状，中文的您可以通过维普数据库进行查询，外文的您可以通过ISI Web of Science或者NCBI PubMed以关键词
"microbial" "continuous" "culture" (或者使用通配符) 组合进行检索。

图 4-30 FAQ 学科知识库

　　除了非实时的学科咨询服务外,有学科馆员在线的情况下,通过点击首页中间栏上方的"点击提问"选项即可跳转到实时咨询的模式。为了使用户简便快捷地理解和获取解答路径,平台的实时咨询系统中专门设计和采用了"页面共览"技术,咨询馆员在线解答提问时可与用户共同浏览所关心的学科资源与服务系统,为用户同步演示学科资源的检索过程,还可以推送查询页面。用户如急需相关的资料信息,咨询人员还可通过"附件"在线传送原件给用户。

　　CALIS 在 2012 年推出了新版的虚拟参考咨询系统,实时服务的平台界面如图 4-31 所示。左侧显示当前在线的用户列表,学科馆员点击对应的用户即可进行一对一实时的交流。学科馆员在文字框里输入文字,点击"发言"选项可以实现与用户类似 IM 即时交流工具同步交流的效果。"查看记录"选项可以查看和用户的对话记录。"转发"选项使咨询馆员可以将用户推送到最适合的学科馆员那里去,由对口的学科馆员对用户进行服务。学科馆员点击"同步浏览"选项,服务的用户选择接受后,学科馆员的计算机桌面界面就会实时显示在用户的终端屏幕上,用户

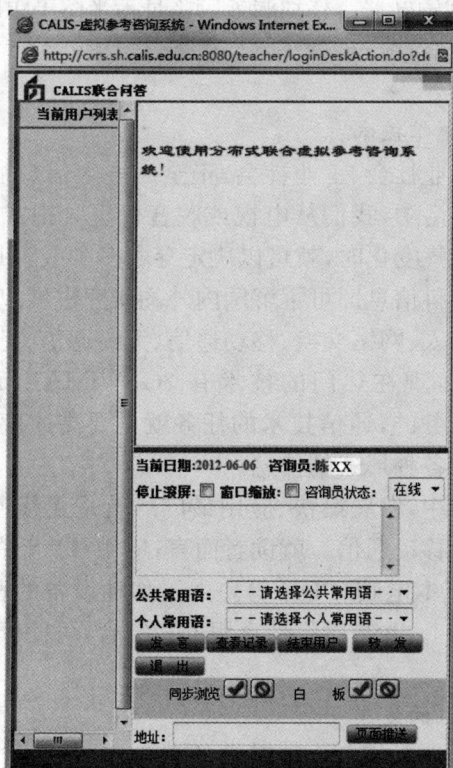

图 4-31　CALIS 实时虚拟参考咨询系统

可以观察到学科馆员的实时操作步骤,例如如何检索,如何查找学科资源等,非常直观地达到教学的目标。"同步浏览"旁边的"白板"功能,能够在学科馆员与用户间建立一个虚拟的涂鸦平台,通过在"白板"上用鼠标写字或者作图的方式与用户进行交流,弥补文字表达意不能及的缺憾。最下方的"页面推送"功能也比较实用,学科馆员可以将学科信息资源的页面通过这个功能推送给用户,用户在自己的终端屏幕上无需输入网址就可以直接看到该页面的内容。

4.7　学科化教参服务平台

近几年随着移动技术、移动阅读的逐渐普及,各种手机、平板设备大行其道,在移动设备上所开展的各项服务逐渐被广大用户所接受,不管是在地铁还是餐馆等场所我们都可以看到手持手机或平板进行上网浏览的用户。对图书馆来说,各种移动式的服务平台也逐渐发芽生根并茁壮成长,例如手机图书馆、移动图书馆、电子教参等服务,一经推出便广受读者好评。移动服务应该是未来图书馆的主流服务发展趋势。

4.7.1　移动通信技术

4.7.1.1　什么是移动通信技术

人类历史经历了农业社会、工业社会,正全面进入信息社会,而信息是无时无处不存在的。在日常生活中,我们从电视或收音机里收视或收听的天气预报就是信息。当人们了解到天气变化时,就可以决定穿衣多少或者是否携带雨具;研究人员通过图书馆提供的学科信息即可了解国内外的研究进展以及发展趋势等。通信技术主要包含了传输接入、网络交换、移动通信、无线通信、光通信、卫星通信、支撑管理、专网通信等技术,现在热门的技术有 3G、WiMAX、IPTV、VoIP、NGN 和 IMS。通信是为信息服务的,通信技术的任务就是要高速度、高质量、准确、及时、安全可靠地传递和交换各种形式的信息。

近来信息通信领域中,发展最快、应用最广的就是无线通信技术,在移动中实现的无线通信又通称为移动通信。就读者而言,应用最广泛的是移动通信设备,例如手机、平板电脑、笔记本电脑、PDA 等。由于移动设备的普及性,将无线通信技术应用到移动通讯设备上,并与学科信息服务相结合,可使读者获得图书馆更全面的学科化服务。

4.7.1.2　移动通信技术的发展历程

在过去 10 年间,世界电信发生了巨大的变化,移动通信特别是蜂窝小区的迅速发展,使用户彻底摆脱终端设备的束缚、实现完整的个人移动性、可靠的传输手段和接续方式。进入 21 世纪,移动通信将逐渐演变成社会发展和进步的必不可少的工具。

(1) 第一代移动通信系统(1G)。

1G 在 20 世纪 80 年代初提出,它完成于 20 世纪 90 年代初,如 NMT 和 AMPS,NMT 于 1981 年投入运营。第一代移动通信系统是基于模拟传输的,其特点是业务量小、质量差、安全性差、没有加密和速度低。1G 主要基于蜂窝结构组网,直接使用模拟语音调制技术,传输速率约 2.4kbit/s。不同国家采用不同的工作系统。

(2) 第二代移动通信系统(2G)。

2G 起源于 20 世纪 90 年代初期。欧洲电信标准协会在 1996 年提出了 GSM Phase 2+,目的在于扩展和改进 GSM Phase1 及 Phase2 中原定的业务和性能。它主要包括客户化应用移动网络增强逻辑(CMAEL),支持最佳路由(SO)、立即计费,GSM900/1800 双频段工作等内容,也包含了与全速率完全兼容的增强型话音编解码技术,使得话音质量得到了质的改进;半速率编解码器可使 GSM 系统的容量提高近一倍。在 GSMPhase2+阶段中,采用更密集的频率复用、多复用、多重复用结构技术,引入智能天线技术、双频段等技术,有效地克服了随着业务量剧增所引发的 GSM 系统容量不足的缺陷;自适应语音编码(AMR)技术的应用,极大提高了系统通话质量;GPRS/EDGE 技术的引入,使 GSM 与计算机通信有机相结合,数据传送速率可达 115/384 kbit/s,从而使 GSM 功能得到不断增强,初步具备了支持多媒体业务的能力。尽管 2G 技术在发展中不断得到完善,但随着用户规模和网络规模的不断扩大,频率资源已接近枯竭,语音质量不能达到用户满意的标准,数据通信速率太低,无法在真正意义上满足移动多媒体业务的需求。

(3) 第三代移动通信系统(3G)。

3G 也称 IMT 2000,是正在全力开发的系统,其最基本的特征是智能信号处理技术,智能信号处理单元将成为基本功能模块,支持话音和多媒体数据通信,它可以提供前两代产品不能提供的各种宽带信息业务,例如高速数据、慢速图像与电视图像等。如 WCDMA 的传输速率在用户静止时最大为 2Mbps,在用户高速移动时最大支持 144 Kbps,所占频带宽度 5MHz 左右。但是,第三代移动通信系统的通信标准共有 WCDMA,CDMA2000 和 TD-SCDMA 三大分支,共同组成一个 IMT 2000 家庭,成员间存在相互兼容的问题,因此已有的移动通信系统不是真正意义上的个人通信和全球通信;再者,3G 的频谱利用率还比较低,不能充分地利用宝贵的频谱资源;第三,3G 支持的速率还不够高,如单载波只支持最大 2~fDps 的业务,等等。这些不足点远远不能适应未来移动通信发展的需要,因此寻求一种既能解决现有问题,又能适应未来移动通信需求的新技术是必要的。

(4) 第四代移动通信系统(4G)。

4G 是集 3G 与 WLAN 于一体并能够传输高质量视频图像以及图像传输质量与高清晰度电视不相上下的技术产品。4G 系统能够以 100 Mbps 的速度下载，比拨号上网快 2 000 倍，上传的速度也能达到 20 Mbps，并能够满足几乎所有用户对于无线服务的要求。而在用户最为关注的价格方面，4G 与固定宽带网络在价格方面不相上下，而且计费方式更加灵活机动，用户完全可以根据自身的需求确定所需的服务。此外，4G 可以在 DSL 和有线电视调制解调器没有覆盖的地方部署，然后再扩展到整个地区。

4G 移动系统网络结构可分为三层：物理网络层、中间环境层、应用网络层。物理网络层提供接入和路由选择功能，它们由无线和核心网的结合格式完成。中间环境层的功能有 QoS 映射、地址变换和完全性管理等。物理网络层与中间环境层及其应用环境之间的接口是开放的，发展和提供新的应用及服务变得更为容易，提供无缝高数据率的无线服务，并运行于多个频带。这一服务能自适应多个无线标准及多模终端能力，跨越多个运营者和服务，提供大范围服务。第四代移动通信系统的关键技术包括信道传输；抗干扰性强的高速接入技术、调制和信息传输技术；高性能、小型化和低成本的自适应阵列智能天线；大容量、低成本的无线接口和光接口；系统管理资源；软件无线电、网络结构协议等。第四代移动通信系统主要是以正交频分复用（OFDM）为技术核心。OFDM 技术的特点是网络结构高度可扩展，具有良好的抗噪声性能和抗多信道干扰能力，可以提供无线数据技术质量更高（速率高、时延小）的服务和更好的性能价格比，能为 4G 无线网提供更好的方案。例如无线区域环路（WLL）、数字音讯广播（DAB）等，预计都采用 OFDM 技术。4G 移动通信对加速增长的广带无线连接的要求提供技术上的回应，对跨越公众的和专用的、室内和室外的多种无线系统和网络保证提供无缝的服务。通过对最适合的可用网络提供用户所需求的最佳服务，能应付基于因特网通信所期望的增长，增添新的频段，使频谱资源大扩展，提供不同类型的通信接口，运用路由技术为主的网络架构，以傅立叶变换来发展硬件架构实现第四代网络架构。移动通信会向数据化、高速化、宽带化、频段更高化方向发展，移动数据、移动 IP 预计会成为未来移动网的主流业务。

4.7.2 学校课程服务系统和教参服务建设

随着数字图书馆的发展，大学图书馆应不仅是数字化资源的保存者和提供者，也应成为一个将馆藏、服务和用户整合在一起的知识、信息在线服务环境[①]，全面

---

① Lee Yen Han：The Role and Integration of Digital Libraries in E-Learning, Handbook of Research on Digital Libraries：Design, Development, and Impact, Chapter XLIX.

支撑用户对知识的在线发现、获取与保存。2005 年,Gibbons 在(ALA)①关于"在线学习环境与图书馆的关系"的报告中提出了一个支持在线学习环境的理想大学图书馆愿景:①可以对异构信息资源进行无缝、一站式获取;②可以为学习者提供个性化服务;③可以被授课者灵活应用;④每位用户都能方便使用。而在学科化服务中为用户提供、推荐教学参考资源是学科馆员的职责之一,建设融合教学的学科化教参服务平台,可以让学科化服务更加有效融入整个校园学习环境。

　　对于学校师生而言,学校课程管理系统(Course Management System,CMS),也称学习管理系统(Learning Management System,LMS)是获取教学课程信息以及进行课程管理、在线学习的重要平台,目前常用的 CMS 系统有国外的 BlackBoard、Moodle、Sakai,以及国内卓越公司(Able)开发的课程中心系统②等。如何将图书馆资源(主要为课程教学参考资源)和服务整合、融入到 CMS 系统已经成为国内外图书馆进行学科化教参服务的共同认识。Gibbons(2005)调查了北美十余家大学CMS 系统整合图书馆服务的方式,多数图书馆都是通过嵌入图书馆学科课程界面(Library Course Pages)或通过资源链接的方式,将学生直接引导到图书馆教参资源对应的书目系统或电子数据库系统,并嵌入学科馆员的在线服务及咨询。如Ohio State University 在 LMS 系统中通过图书馆提供的页面链接(Carmen Library Link)将学生引导到由图书馆定制的学科资源服务页面中来③;University of Waikato 则通过建立 Web service 接口链接的方式(Greenstone-Moodle link),将学校的 Moodle 课程系统与图书馆的资源实现有效交互,老师可以方便地将由图书馆定制的教参资源整合到课程中来,以方便学生使用④。The University of North Carolina 通过代码嵌入 Blackboard 网页的方式,将一系列图书馆课程服务工具和学科导航工具,如 IM Widget 等,融入到 BlackBoard 系统的课程界面中⑤。

---

① Susan Gibbons. "Integration of Libraries and Course-Management Systems." Library Technology Reports 41, no. 3 (2005): 4 Chapter 1, Chapter 2, Chapter 6.

② 卓越电子. 课程中心. [EB/OL]. [2012-05-20]. http: // www. able-elec. com/Web/ProductCourse. aspx?SortNo=003&TypeNo=017.

③ Elizabeth L. Black & Betsy Blankenship (2010): Linking Students to Library Resources through the Learning Management System [J]. Journal of Library Administration, 50: 5-6, 458-467.

④ Ian H. Witten, Shaoqun Wu, Xiaofeng Yu LINKING DIGITAL LIBRARIES TO COURSES. [EB/OL]. [2012-05-20]. http: // www. cs. waikato. ac. nz/~ihw/papers/11-IHW-SW-XY-Linking%20DL's. pdf.

⑤ Kellam, L. M. (2009). Hacking blackboard: Customizing access to library resources through the blackboard course management system [J]. Journal of Web Librarianship, 3(4), 349-363.

　　这些研究,有效地将图书馆馆藏资源、学科咨询服务和课程进行了链接,但是在课程参考资源的提供方式上,主要体现为 OPAC 馆藏链接,并没有将内容(全文)直接推送给课程学习者。

　　电子教参服务系统可以为读者提供在线访问教参全文服务,不受时间、地点的限制;同时大大减少了纸质图书的借还,减轻了图书馆的流通工作量,保护了部分珍贵纸本图书的收藏;电子教参在图书馆学科化服务以及实际应用中的优势,尤其表现在访问时间和并发数上[①]。美国的 Jacksonville State University Houston Cole Library 于 2001 年就购买了 Docutek's Electronic Reserves System(Eres)建立电子教参服务系统,并将获取的电子教参全文信息传递至 BlackBoard CMS 系统,供师生使用;但是教参资源的信息还是主要依靠教师的邮件(E-mail message)或图书馆推荐的在线表单(online form)来收集[②],电子教参的全文也还需老师来录入,并没有真正实现课程系统与电子教参系统的有机融合。

　　发达国家高校大多已形成了较完善的教学参考资源服务加工体系,即由图书馆配合学校教学系统,对纸本与数字化的教学参考资源,进行收集、加工、著录、揭示并提供服务。国内各高校也非常重视教学参考资源服务体系的建设,清华大学、天津大学等多所高校已推出了本校的教学参考书服务系统,中国高等教学文献保障系统 CALIS 联合多所高校,建立了"高校教学参考与信息管理服务系统"。但国内现有的服务系统及其相关的研究成果,普遍存在教参资源与学校课程系统互不关联,不能实现信息的动态更新,教参服务功能比较封闭,不能满足学生与教师、学生与学生等的课程社群的交流与互动、及教参信息个性化服务等比较关键的问题。因而研究、开发融入教学系统的新型电子教参服务,实现与教学课程信息的有机结合与实时联动,成为图书馆全面支撑校园 E-learning 和获取资源的创新起点。

4.7.3　融入教学的学科化教参服务

　　以上海交通大学课程管理系统的教学信息服务网(简称 AIS 系统)为例,其整合了学生的培养计划、选课、注册收费、学籍管理、教学评估、考试成绩、本科生研究计划(PRP)和毕业设计等各项业务模块[③],在线为学生提供课程大纲、课程表及课

　　① Rabia Ramlogan and Jennifer Papin-Ramcharany (2011):The potential of e-reserves for the Main Library [J]. Information Development,27(3):196-206.

　　② Jodi Poe & Bethany Skaggs (2007):Course Reserves, Journal of Interlibrary Loan [J]. Document Delivery & Electronic Reserve, 18:1, 79-91.

　　③ 上海交通大学. 教学信息服务网.[EB/OL].[2012-05-20]. http://electsys0. sjtu. edu. cn/edu.

程教参书等信息服务。

在 2011 年以前,AIS 系统教学参考书服务的方式主要是以教参图书介绍为主,由老师在设立课程的同时,预先添加对应的教参信息,手工录入教参的书名、ISBN、作者、出版社等信息,学生则通过这些信息,到图书馆已有的系统中查询、借阅纸质或电子图书,包括 OPAC 系统、电子图书系统、原上海交通大学电子教参系统等①。而在 2003~2008 年由图书馆建立的原电子教参系统,主要通过从教务处及院系批量获取课程与教参信息的方式,提供多门课程对应电子教参书的在线查询和浏览,并没有与学校教学系统实现教学教参信息共享及教参资源服务的交互与融合。

因此在学科化教参服务平台的建设中,需从观念上改变以往图书馆教学参考系统以图书馆为主导的服务模式,将教参依据不同学科,全面嵌入教师课程设计与学生选课、学习流程并以之为主导,设计开发全面融入教学的电子教参服务,为全校师生提供学科化、数字化、智能化的教学参考资源服务,发挥教学参考资源在新型教学服务中的内在潜力和应有价值。与 Gibbons 的愿景相对应,新型电子教参服务应有以下设计框架:

① 电子教参服务平台逐步整合各类教参资源,包括图书、论文、课件和多媒体资源等,资源的来源也更加广泛,包括商业资源、共享资源和自建资源;

② 教参服务融入用户学习过程,为用户提供个性化服务;

③ 教师添加教参更加便捷,只需录入部分教参信息查询后即可添加教参,同时还可以通过查看同类课程的教参信息、图书馆馆员推荐信息等方式来添加;

④ 用户端除支持网页浏览器在线阅读外,还可提供多类移动操作系统的个性化阅读。

结合课程和学科化服务的电子教参服务关键在于如何将图书馆的教参资源融入学校课程教学系统,将学生选课与教学课程中心整合在一起,方便同学学习、与老师交流沟通,学科馆员积极参与资源的服务与推荐。因此,在实践中,上海交通大学图书馆设计了 AIS 系统和图书馆教参平台之间的一系列数据接口,以教学信息服务网作为提供电子教参服务的统一平台(图 4-32),将图书馆教参资源与 AIS 平台实现了有效整合,从教师添加教参信息,学科馆员推荐教参信息,直至学生和老师自动获取电子教参全文内容,整个流程实现数据信息的自动交互和动态融合;实时、主动地将与各门课程匹配的电子教参资源融入到课程平台。

① 上海交通大学图书馆. 馆藏及资源. [EB/OL]. [2012-05-20]. http://www.lib.sjtu.edu.cn/view.do?id=1355.

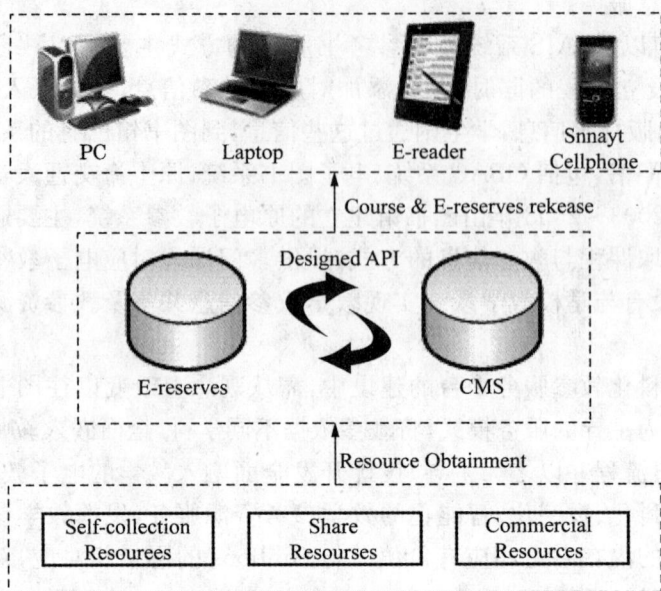

图 4-32　融合课程的电子教参服务

4.7.4　学科化电子教参系统的设计

图书馆本地需设计一个教参管理平台（Library Course-reserves Management-system，LCM），平台主要功能为在图书馆保存教参相关数据及电子教参全文信息，实现与 AIS 系统教参数据的双向同步。具体的应用设计流程如下：

① 老师添加教参信息，在 AIS 系统中新增一条教参数据；

② 通过数据同步，将新增教参信息同步自 LCM 系统；

③ 图书馆馆员审核、确认教参信息的完整性，若有修正则同步更新 AIS 中；

④ 图书馆通过获取商业资源或数字加工，生成电子教参全文访问 URL；

⑤ LCM 系统自动将全文 URL 返回至 AIS 系统；

⑥ 学生和老师在 AIS 系统点击对应 URL，在线浏览电子教参全文。

如图 4-33 为上海交通大学电子教参服务的元数据基本概念模型，表 4-4 为 LCM 中关于教参图书的主要描述性元数据，在 AIS 中一门课程会对应多条教参信息，同样一条教参也可能会被多门课程添加。RevID 为一本教参图书的唯一 ID，LCM 中图书的主要描述信息（RevID，Title，ISBN，Author，Publisher，PublishDate）与 AIS 系统中的教参信息保持一一对应。

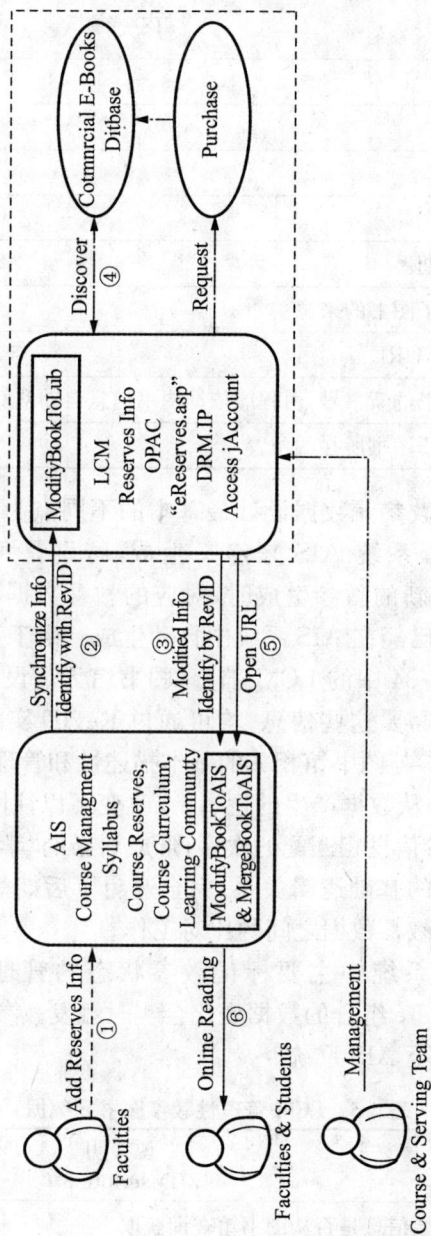

图 4-33　用户应用流程及关键接口

表 4-4　LCM 描述性教参图书元数据

字段名称 ReserveID	内　　容
Title	书名
ISBN	ISBN
Author	作者
Publisher	出版社
PublishDate	出版日期
Source	商业电子图书的来源
URL	Fulltext URL
Callno	馆藏图书的索书号,由程序依据图书信息自动从 OPAC 数据中查询获取
Location	显示纸质图书所在的位置

　　与目前常用的电子教参元数据设计最基本的不同点为,上海交通大学电子教参的初始信息即由课程系统 AIS 来定义生成,特别是每一条教参的基本 ID (RevID);因而在每一条新的教参生成时,对应的教参数据与课程、授课老师和选课学生之间的逻辑关系已经在 AIS 系统中自动生成。由于直接在课程系统提供电子教参全文服务,如图 4-34 中的 LCM 部分,图书馆无需设计、保存任何相关的课程、教师和学生信息,如需要这些信息,均可通过 RevID 实时从 AIS 系统中获取,在 LCM 中只需设计教参与图书馆相关的基本描述性和管理性元数据即可。

　　由 AIS 来定义教参,从数据产生的逻辑上,改变了以往图书馆首先建立教参数据,再与教务系统的教参信息相匹配的次序,形成崭新的"学生"或"教师"→"课程"→"教参"→"电子全文"的基础逻辑关系;完全避免了后期需要进行图书馆教参信息平台数据和课程平台教参数据之间的比对工作。

　　如表 4-5,为 LCM 系统中主要标记教参状态的管理性元数据设计,其中 URLAudit 和 URLUpdate 组合的数据变化会实时触发教参更新程序,自动将教参的信息及全文链接更新至 AIS 系统。

表 4-5　LCM 管理性教参图书元数据

字段名称 ReserveID	说　　明 Description
Status	教参原始信息是否从图书馆查询获取
InfoAudit	教参信息是否经过人工修订、确认
UpdateTime	新增教参信息的时间

（续表）

字段名称 ReserveID	说　　明 Description
URLAudit	教参图书全文 URL 需经过专业馆员审核后，才可同步至 AIS 系统，1 为审核通过
URLUpdate	教参全文的 URL 是否已回传至 AIS，1 为已回传

4.7.5　教参与课程之间的主要接口设计

图书馆 LCM 平台通过数据接口，如 Web Service 接口方式，与教务处 AIS 系统完成教参信息与教参全文链接的实时交互（见图 4-34），由 AIS 实时提供教参信息，LCM 平台自动返回教参全文链接及进行教参信息修正。

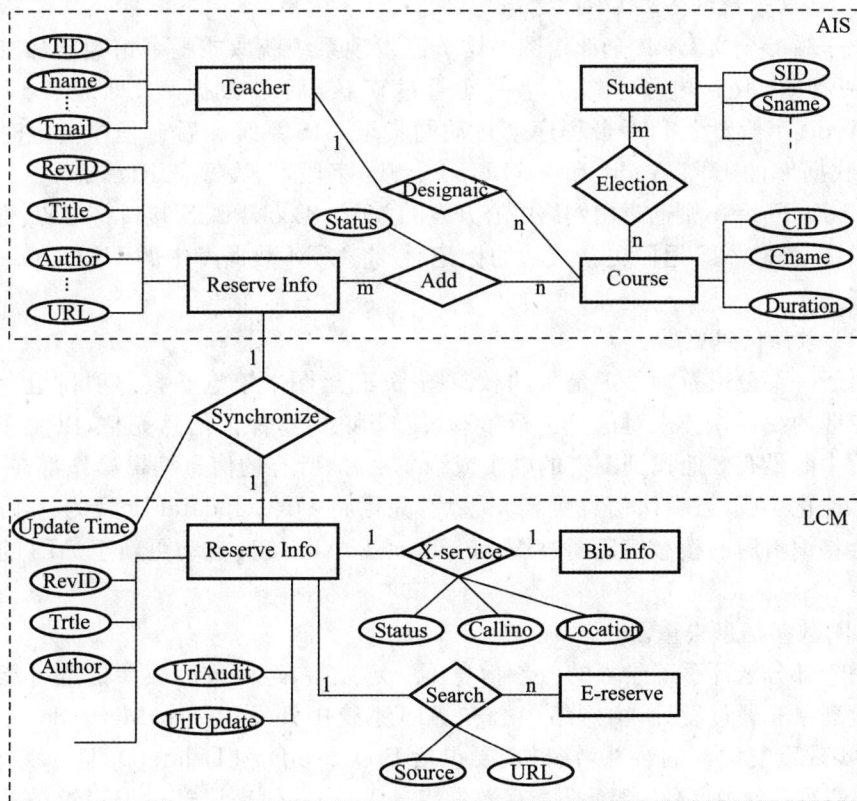

图 4-34　教参服务元数据概念模型

4.7.5.1　图书馆获取教参信息接口

如图 4-34，老师在添加教参信息后，AIS 系统首先判断老师添加的图书是否已经在其系统中,要求 Title、Author、ISBN、Publish 和 PublishDate 均严格相同才可,否则即认为是新添加的图书,为其新增一条唯一教参 ID 号(RevID),并通过图书馆提供的 ModifyBookToLib 接口,将新增图书的各项信息提交给图书馆教参平台;同时还包含一个 Status 字段,标明教参图书原始信息是否是从图书馆后台查询获取。

对应课程管理系统的教参信息,LCM 也有同样的一张教参表(表 4-4),通过这一接口,无需图书馆管理员做任何操作,AIS 系统中新增的教参图书信息均会实时地同步至图书馆教参平台。

4.7.5.2 图书馆更新教参信息

如图 4-34 所示,图书馆在获取教参全文 URL 后或需要修改教参信息时,均通过 ModifyBookToAIS 接口,反向同步将 AIS 中的信息进行更新;同时图书馆还有权限对 AIS 的教参信息通过 MergeBookToAIS 接口进行去重操作。

4.7.5.3 电子教参全文 URL 更新

电子教参全文 URL 全部由图书馆资源发现系统获取或图书馆数字加工后生成,图书馆获取到电子全文后,一旦通过审核,后台数据表(见表 4-5)中的 URLAudit 字段置为 1,后台程序会自动同步至 AIS 系统。后台程序会定时轮询 LCM 数据库的 URLAudit 和 URLUpdateFlg 字段,若发现 URLAudit=1 并且 URLUpdateFlg=0,则通过由网络中心开发的 ModifyBookToAIS 接口将 URL 更新至 AIS 系统,获取 AIS 返回更新成功的标记后,将 LCM 数据库中的 URLUpdateFlg 字段置为 1。

(1) 教参信息更新。

对于一部分由教师手工录入的教参图书信息,图书馆电子教参项目组专门匹配了专业的编目馆员来对信息进行整理、编辑和去重,保证信息完整,以便在下一步流程中能最有效地找到图书的电子或纸质来源,所有的信息编辑操作都在 LCM 后台本地化完成,当确认信息更新完整后,只需将 URLUpdateFlg 置为 0,后台程序也会将编辑后的教参信息通过 ModifyBookToAIS 接口自动更新至 AIS 的后台数据库。

(2) 教参信息去重。

由于部分老师手工录入的教参信息不一定完整,经修改后教参信息可能会出现重复现象。通过设计,由网络中心在 AIS 系统中开发了一个 MergeBooktoAIS 接口,实现重复教参的合并,接口主要包括 PreserveID 和 DeleteID 两条参数。首先在 LCM 平台中,自动判断是否有教参信息重复,一般来讲经过编目馆员处理后的数据均比较准确,只需判断图书的 ISBN 是否重复即可(判断时应经过去除"一"符号,以及 10 位或 13 位 ISBN 的标准化),这个判断由 LCM 后台程序自动匹配并提醒电子教参项目组管理人员,由管理人员手工来发送教参的去重命令,将同步请求发送至 AIS 系统。在 AIS 系统中需要将这两条教参进行逻辑关系的合并,将需删除教参(教参 ID 为 DeleteID)所对应课程指向到需保留的教参之上(教参 ID 为 PreserveID),返回合并成功标记后,再在 LCM 本地进行去重合并。教参去重的设计原则是在不改变 AIS 中原有的教参逻辑关系基础上,严格保证 AIS 和 LCM 的教参信息的完全同步。

4.7.6 学科化、个性化服务展示

通过设计,上海交通大学电子教参服务改变了以往由图书馆提供电子教参查询、浏览为主的服务方式,电子教参全文服务全部融入 AIS 课程系统,以课程为主导,实现用户的个性化服务。上海交大师生通过统一身份认证(jAccount)①登录该课程平台之后,教师可添加、查看其所开设课程指定的教参信息,并可进一步阅览全文;学生则可轻松快捷地在教学课程系统中直接查看和阅读其所选课程的教师指定的电子教参(全文)资源。

如图 4-35 所示,学生在浏览课程电子教参时,首先登录 AIS 系统,通过浏览本

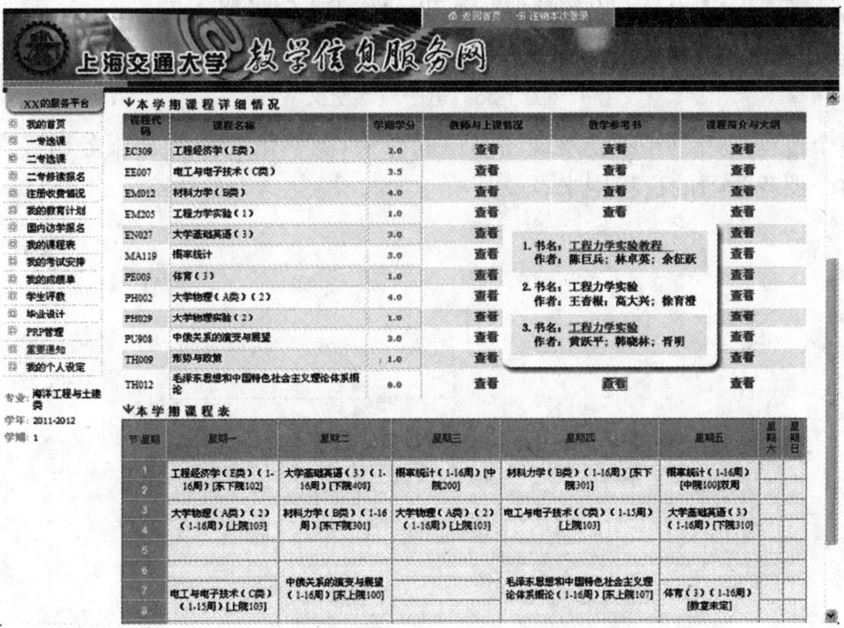

图 4-35 学生登录后进入的"我的课程表"

---

① 上海交通大学.上海交通大学统一身份认证.[EB/OL].[2012-05-20].http://jaccount.sjtu.edu.cn.

人的学习课程表及课程,直接查看对应的教参书信息,点击教参链接,即可直接访问电子全文(如图 4-36 所示)。没有电子全文的教参暂不提供全文链接点击,一旦图书馆传入全文 URL 后,即会自动显示。

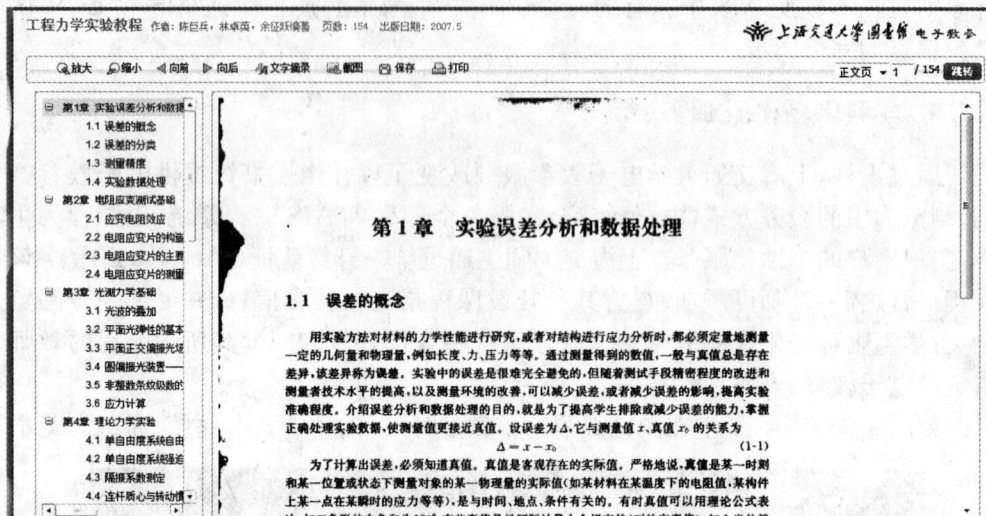

图 4-36　电子教参全文

　整个过程中用户并不会发现图书馆的介入,图书馆的资源和服务已经完全融合到整个课程学习的过程中来。

第5章 学科化技术与应用展望

IT界的每一轮技术革新总是带来让世人啧啧称奇、赞叹不已的新型应用。21世纪的图书馆早已抛弃了传统封闭保守的思想,也喜闻乐见地追逐并跟随着IT界的脚步。智慧地球、智慧城市等一系列概念的提出,从而引出了智慧图书馆的理念,即基于最新的尖端技术建设一所在资源、技术、服务、馆员、读者五要素都泛在智慧化的图书馆,能提供智慧型的学科服务,惠及读者。在这一智慧型的图书馆中,可以充斥各种新技术应用,通过升级的书联网应用、语义网技术、网络机器人、谷歌智能眼镜等实现智能的学科信息获取服务;通过移动阅读技术使得图书馆无处不在,实现无时无刻不在的学科信息推送服务;通过关联数据实现人工智能的目标,自动为读者联想到其他类似的学科信息资源;未来的图书馆一定是建在云端,而且是一朵智慧云,调动海量的计算能力与信息资源来为学科进行服务;想象图书馆成为"他"或"她",像人一样和读者进行互动交流,通过动作捕捉、智能语音、虚拟现实等技术完美打造一所智能、互动、人性化的智慧图书馆。

5.1 智慧型学科服务

学科服务在图书馆如火如荼地进行,不管在国内还是国外,俨然都已成为各高校图书馆的核心服务。就学科服务本身来说,自从进入21世纪以来开始逐渐发展壮大,之前国外虽已有相关的概念,但图书馆界从来没有像现在这么重视,学科服务已经逐步取代了采编、流通在高校图书馆的核心地位。伴随着学科服务的逐渐深入与扩大,与之配套的学科服务技术与应用自然也紧跟时代潮流,追逐最新的IT领域技术。图书馆界其实对于最新的技术有着敏锐的嗅觉与洞察力,敢于并且愿意尝试新生事物,人们往往会发现IT界提出某个新的概念,图书馆常常是最先吃螃蟹、将之应用于自身,也许图书馆的传统理念过于陈旧与经典,所以急切渴望着变革、渴望新技术的应用能带来振聋发聩的效果,给图书馆领域吹来改革的新风。

回顾21世纪的这十余年,IT技术可谓突飞猛进,几乎每个月都会有革命性的新技术问世。20世纪末21世纪初,计算机与网络从未像如今这样普及与发达,图书馆集成管理系统也仅仅是一个处理流通与编目事物的工具而已。如今的社会是知识大爆炸时代,电子资源有逐步超越实体图书的趋势,各种移动阅读技术、集成融汇的数字资源检索技术、关联数据、大数据、多维互动的资源揭示等,将图书馆的传统思想枷锁冲击地粉碎。对于高校图书馆学科服务来说,各种智慧型的技术与应用的出现,无疑是非常好的帮手,可以将之前仅存在于想象中的服务模式付诸现实,将科幻电影中才有的情景带进现实生活中。展望未来,新型的学科化技术与应用将使得学科服务充满"智慧"与"人性",这也是未来建设"智慧型图书馆"的目标之一。

5.1.1　智慧概念的提出

在全球金融危机的背景下,2009 年 1 月 28 日美国工商业领袖举行了一次"圆桌会议",IBM 首席执行官彭明盛(Sam Palmisano)首次提出"智慧的地球"(以下简称智慧地球)这一概念,并阐明其短期和长期的战略意义,建议新政府投资建设下一代智慧型基础设施。奥巴马对此给予了积极的回应:"经济刺激资金将会投入到宽带网络等新兴技术中去。"智慧地球被认为是挽救危机、振兴经济、确立美国在未来竞争优势的关键所在,并将上升为美国的国家战略。奥巴马政府在出台的"7 870亿经济刺激计划"中,针对宽带基础设施建设、医疗电子档案、电网以及学校 IT 基础设施等智慧地球的相关内容制定了战略规划并对其进行了大规模投资。2009年 2 月 24 日,IBM 在中国也提出了"智慧地球赢在中国",认为智慧地球这一概念可以推动中国向 21 世纪领先经济转型,中国政府、企业和市民可以相互协作共同创建一个更透彻感知,拥有更全面的互联互通和实现更深入的智能化的生态系统;同时建议优先建设智慧的电力、智慧的医疗、智慧的城市、智慧的交通、智慧的供应链(物流)、智慧的银行等六大行业,从而引领中国经济快速发展。

智慧地球是使用先进信息技术改善商业运作和公共服务,并以此来构建新的世界运行模型的一个愿景。智慧地球的核心是以一种"更智慧"的方法来改进政府、公司和人们交互的方式,以便提高交互的明确性、效率、灵活性和响应速度。IBM 智慧地球的主要内容是把新一代 IT 技术充分运用到各行各业之中,把感应器嵌入到全球每个角落的电网、铁路、桥梁、隧道、公路、建筑、供水系统、大坝、油气管道等各种物体中,并且被相互连接,形成"物联网",并通过超级计算机和云计算技术将"物联网"整合起来,实现人类社会与物理系统的整合。在此基础上,人类可以以更加精细和动态的方式管理生产和生活,从而达到"智慧"状态。智慧地球的最大价值是进一步拓展了客观世界的信息化范围。可以认为智慧地球是互联网(计算机网络)与物联网的融合,即"智慧地球"=互联网+物联网[①]。

---

① 百度文库. IBM"智慧地球"的认识和思考[EB/OL]. [2010-05-25]. http:// wenku. baidu. com/view/802b80ea998fcc22bcd10d0c. html.

IBM 提出智慧地球的 6 个必要条件(Six imperatives for a smarter planet)[①]：

① 变信息为洞悉(Turn information into insights)。

② 驱动企业运转的效能和效率(Drive enterprise operations' effectiveness and efficiency)。

③ 增强敏捷性(Increase agility)。

④ 联合并给予人们力量(Connect and empower people)。

⑤ 促进企业服务和产品的创新(Enable business service and product innovation)。

⑥ 处理危机、安全和兼容(Manage risk, security and compliance)。

继 IBM 提出"智慧地球"的宏观概念之后，"智慧城市"等系列智慧思想开始风生水起。智慧城市是指这样一种城市，它充分借助物联网、传感网，涉及智能楼宇、智能家居、路网监控、智能医院、城市生命线管理、食品药品管理、票证管理、家庭护理、个人健康与数字生活等诸多领域，把握新一轮科技创新革命和信息产业浪潮的重大机遇，充分发挥发达的信息通信产业、领先的 RFID 相关技术、优良的电信业务及信息化基础设施等优势，通过建设通信基础设施、认证、安全等平台和示范工程，加快产业关键技术攻关，构建城市发展的智慧环境，形成基于海量信息和智能过滤处理的新的生活、产业发展、社会管理等模式，面向未来构建而成的全新的城市形态[②]。

"智慧城市"的概念高于数字化城市、智能化城市，它能让市民依托完善的信息化基础建设，充分享受城市信息化带来的智慧化城市生活，城市更加快捷、更加聪明，"以人为本"是大前提；除了依靠现代通讯技术、传感技术和信息技术来促进和提升城市化建设外，还强调如何汇聚更多的人才，建立更好的意见表达机制，实行更科学的发展规划。

从"智慧地球"、"智慧城市"缩小到高校范围，那就是建设"智慧校园"。如同智慧地球一样，智慧校园与时下如火如荼的物联网技术密不可分。美国国际数据公司(IDC)的最新数据预测，截至 2020 年，全球将有 310 亿个互联设备联网工作[③]。届时，人们将体验到连续的、无处不在的互联网。而智慧校园的首要目标，也正是通过物联网技术，连接校园网中的各个物件。从技术上来说，智慧校园涉及 RFID、

---

①　What is a smart planet[EB/OL]. [2012-05-12]. http：// www. ibm. com/smarterplanet/us/en/overview/ideas/index. html.

②　互动百科. 智慧城市[EB/OL]. [2012-05-04]. http：// www. hudong. com/wiki/%E6%99%BA%E6%85%A7%E5%9F%8E%E5%B8%82.

③　百度百科. 智慧校园[EB/OL]. [2012-03-23]. http：// baike. baidu. com/view/5478486. htm.

二维码、视频监控等感知技术和设备。

智慧校园有三个核心特征:一是为广大师生提供一个全面的智能感知环境和综合信息服务平台,提供基于角色的个性化定制服务;二是将基于计算机网络的信息服务融入学校的各个应用服务领域,实现互联和协作;三是通过智能感知环境和综合信息服务平台,为学校与外部世界提供一个相互交流和相互感知的接口。

图书馆作为"智慧校园"中的一员,自然责无旁贷地需要加入智慧化大军,建设智慧型图书馆显然是未来较明确的发展方向。

5.1.2　智慧图书馆

在前文提到的"智慧地球"、"智慧城市"、"智慧校园"几种智慧型实体的框架下,"智慧图书馆"应运而生。

先来看一下转变的背景:随着知识与数据的爆炸式发展,传统的数据库面临向数据海(data of ocean)的转变,这不仅仅意味被电子化的图书数量急剧增加,从100万到500万甚至是1000万本书,它还意味着信息形式的丰富多样化,从图书、图片、书法、视频、油画、照片到它们之间的各种联系形式和衍生物。

随着数字图书馆向智慧图书馆的转变,图书馆提供超越传统图书馆的高级服务,如个性化服务、超文本服务、计算机辅助设计服务、翻译服务、知识挖掘服务、跨媒体服务等。这意味着新颖、多彩、智慧的云服务将从数据海洋中出现,使得数字图书馆更加活跃、专业和智能。

我们无法对"智慧图书馆"下一个官方的定义,因为目前并没有任何一所真正意义上的"智慧图书馆",我们只能从现有的概念、技术,以及发展方向等方面推测未来的"智慧图书馆"的定义。

智慧图书馆是高于数字图书馆的"智慧共同体",即依托智慧(专业)馆员,通过智能业务管理平台和信息素养培训,高效、广泛地培养智慧读者。通过一系列由智慧技术驱动,可以主动、即时感知的智能环境设施、智能信息存取和智能数据分析的智慧资源,为智慧校园的学习、教学和科研提供无处不在、形式多样、主动灵活的智慧服务。

智慧图书馆的一个重要特征就是感知智慧化,通过传感器将图书馆的互联网延伸到图书馆的建筑环境、文献资源、设备以及读者证件等图书馆的所有管理对象上,真正实现人与人的对话、人与物的对话以及物与物之间的对话。感知智慧化包含三方面的内容:

(1)深刻的感知:将传感器部署在需要感知、管理、服务或者遥控监测的图书馆管理对象上,这些各种类型的传感器相当于给图书馆增加了一层有感觉的皮肤。例如,温湿度传感器可以用于对机房的监控和预警、射频识别(RFID)感应系统可用于图书和文献的感知等。目前通过物联网连接的传感器涉及范围非常广泛,包括手机、电脑、射频识别装置、红外感应器、全球定位系统、激光扫描器等。

(2) 更广泛的互联互通:将各种各样的数据采集端通过包括互联网、移动互联网等网络互连,实现随时随地采集外部环境信息、物体动态信息,并将其转化为适合网络传输的数据格式,通过网络传输到图书馆的数据处理中心。

(3) 基于感知的智慧化的管理和服务:图书馆数据处理中心对采集的数据分析和处理后,根据需要为读者和馆内工作人员提供智慧化的服务和管理平台①。

目前,国内外很多图书馆已经基于物联网实现了图书馆的部分智慧功能,即利用 RFID 技术实现了图书自助借还、自动分拣、盘点理架等功能,但这些功能都处于基础应用的范畴,属于智慧图书馆应用的萌芽,还需要进一步地改进和发展。

5.1.3　学科服务智慧化

经过高度浓缩与提炼,基于智慧图书馆的智慧型学科服务应该由以下五大要素组成:

(1) 资源:优质、多元、高效,形成世界级的文献信息资源体系。

通过智能化的判断,对学科资源进行"净化"与"进化"智能处理,从而提炼出更优质、高效的数据;整合融汇多元化的学科信息资源,达到一站式检索与获取的目标;通过各种学科服务平台,如 libguides 等,聚合与分享海量学科信息资源,智慧筛选、大浪淘金;利用物联网、智能书架等技术智能抓取数据,进行读者行为学分析,获取其阅读喜好,将对应学科资源"投其所好"。

(2) 服务:智能、泛在、感知,建成立体深入的智慧学科服务体系。

在知识与用户之间架起互通桥梁,提供便捷、人性化的服务;以创新型学科化服务为核心,设计崭新的功能组合与服务体系;通过先进技术手段,实现缤纷多彩的服务形式;提供主动式服务,"想读者之所想",感知读者的服务需求。

(3) 技术:精准、便捷、智能,促成智能感知的创新技术体系。

利用各种先进的软硬件技术,充分利用、服务于学科,构建一个创新型技术服务模型,如图 5-1 所示。

(4) 馆员:敬业、专业、创新,育成一支国际水准的学科馆员队伍。

学科馆员的新岗位将具有专业性、复合型、时代感的特点。创新性应具备聪慧的头脑与较高的创造力,对新技术有强烈的敏锐度与较强的学习运用能力;专业性应具备高水平的专业人才队伍,同时不断学习与提高业务水平;爱岗敬业是指馆员工作兢兢业业,服务好读者,并能够从海量学科资源中准确地筛选出最合适的信息。

---

① 董晓霞,等.智慧图书馆的定义、设计以及实现[J].现代图书情报技术,2011(2):76-80.

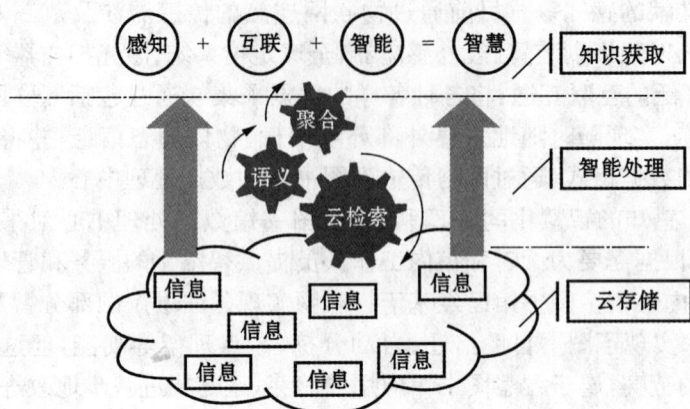

图 5-1 创新型学科服务技术模型

（5）读者：乐用、协同、敏锐，培养研学驱动的高素质读者群体。

乐用是乐于尝试新技术，喜欢图书馆的服务；协同是齐心协力，出谋划策，协助图书馆建设；敏锐是具备较高素质和敏锐洞察力，及时发现问题。

从表面来看，该五大要素并没有与目前高校图书馆所倡导的学科服务的关键因素有明显区别，但每个要素所显现的基本特征则有不小的区别，较以往有大幅度地提升。从优质资源来看，除了构建更加便捷的学科资源存取环境，依托学科资源进行精深数据分析，还强调互动配置的资源环境与渠道的建立，从而突出了学科资源建设将更关注利用，更为人性化、更广泛和便捷地吸纳用户的参与。从智能技术与设施来看，将更多地采用通信技术、物联网技术、云计算、RFID 和智能信息过滤等，为智慧型学科服务提供坚实有效的技术支撑条件。与之相对应，学科馆员所提供的学科型服务也呈现出无所不在、形式多样以及更为主动灵活的特征。

智慧型学科服务的建设与发展，将催生很多过去无法实现的服务方式。为了应对这种局面，图书馆需要进行大量的前期准备与行动。

第一，需要学科馆员获得崭新的智能和洞察工具，从众多的学科资料来源所提供的丰富实时信息中，为读者智能化地筛选出最合适的信息，做出更明智的决策。

第二，图书馆也需要开发和设计新的学科服务模式和业务流程，以更加灵活和动态的流程与服务机制，支持无所不在的灵活服务与运作，实现更为高效、优质的智慧型学科服务。

第三，图书馆需要建立一种可以降低成本、具有智能化和安全特性、并能够与当前的服务体系同样灵活、动态、节能、环保、具有人性化和亲和力的基础设施，使物理空间与数字空间在智慧型学科服务的框架下巧妙融合，和谐共生。

第四，智慧型学科服务将更加依赖高素质、乐于创新、敬业专业的学科馆员队伍,因此长效的学科馆员培训机制与职业生涯规划,将是与图书馆服务同等重要的命题。随着"泛在"服务的开展以及信息环境的日益丰富,智慧型学科服务更需要提高效率、塑造核心竞争力,需要利用先进的技术和更加聪明的头脑,以更加智慧的方式去开展服务,以可持续发展的眼光去建设智慧型学科服务[①]。

智慧型学科服务离不开各种智慧型技术与应用的发展,技术与应用促进了学科服务的发展壮大,而学科服务又很好地找到了技术应用于图书馆的切合点,双方可谓相辅相成,互为所依。

5.2　信息资源智能获取

展望未来的学科信息资源获取手段,最关键的变化应该是资源的智能、自动化获取,目前的学科信息资源通常是依靠学科馆员的力量,通过其专业知识与经验,利用各种网络资源、学术站点、搜索引擎等网罗各种有用的学科信息资源,相当于大浪淘金。虽然保证了资源的优质可靠性,但人力毕竟是有限的,一方面可能会错过很多有用的学科资源,另一方面也加重了学科馆员的工作负担。

对于读者来说,实现信息资源的智能获取无疑也是个巨大的利好,读者毕竟不像那些受过专业培训的学科馆员那么专业,对于他们来说在海量的信息资源中获取自己想要的东西无异于大海捞针。因此,解决方式一是找学科馆员寻求帮助,二是通过图书馆举办的培训掌握检索资源的方法。但与学科馆员们的困扰一样,这两种资源获取的途径效率都不是很高。

随着技术的日新月异,智慧化的资源获取方式无疑是最好的解决方案,它可以使学科服务变得更人性化、智能化,大大减轻学科馆员的工作压力,同时又能提高学科服务的效率。

5.2.1　书联网

这里提到的"书联网"涉及两个不同的概念,一种是实体图书,另一种是数字资源。对于前者,目前图书馆应用比较多的是 RFID 技术(建设物联网、智慧城市的关键性核心技术),该技术在前文中已有详细描述,所以不再对其原理进行赘述。目前 RFID 技术在图书馆应用到的只有一些自助借还、分拣、盘点等基础功能,没有进一步的拓展性应用,因此书联网应用于学科化服务的潜能还有巨大的空间可以开发。对于后者,目前各个图书馆拥有的电子资源可能已经超过了实体图书的数量,这些电子资源可以在网络上进行限制性的检索与浏览,实现"书联网"的目

---

① 郭晶. 上海交通大学智慧图书馆之"型"与"行"[J]. 中国教育网络,2011(11):23-24.

标,但同样也缺乏智能化的解决手段,通过语义网、关联数据、智能数据分析等技术手段的发展也许可以解决这一问题。

不仅图书可以联网,今后图书馆所有的物品、包括人都可以加入物联网的联网大军,实现实时感知、导航、监控的目标。RFID 技术相当于一个信息与数据采集的工具,利用它可以轻松获得很多之前没办法获得的信息,例如人员识别信息、图书的阅览量、图书的流动量等,通过这些获取的数据再进行智能数据分析,实现学科服务信息的智慧化获取。

目前摆在物联网技术面前最现实的难题是如何获取精准而有效的数据,图书馆的应用与物流等其他领域不同,往往封闭在一定的空间内,空间复杂度很高,而且实体图书排列得非常紧密,读取时极度依赖抗冲突机制。未来希望能够出现一种革命性的技术,使得 RFID 芯片读取效率大大提高,克服超高频芯片抗干扰性较差的问题,在一定范围内确保芯片读取的绝对稳定性。对于某些距离要求高的场合,重新设计读写器天线,既能够保证功率辐射在人体可接受的范围内,又能确保不漏读、误读、具备明确的读取方向性。例如扫架时直接可进行整架盘点,而不需要像现在这样一本本扫描,耗时耗力,学科馆员反映这样的盘点效率还不如使用传统索书号细排架的工作效率。

展望书联网升级后的场景,所有难题都迎刃而解,那么未来的图书馆学科服务将会完全大变样。图书馆的门禁就是一扇普通的带有浓郁学术建筑风格的大门,其内部隐藏的读写器直接将每个进门的读者信息采集下来,当然读者需要携带嵌有 RFID 芯片的读者证。采集后的读者信息被传送至后台服务器,包括读者的学科信息、个人喜好、资源获取要求等信息都一目了然,假如读者自行提交了服务请求,那么系统会自动提示学科馆员,某位读者已经来到图书馆并准备接受相关的学科服务。图书馆内的各种电子设备,包括机器人等,通过识别读者的身份,自动将该读者感兴趣的问题或资料展现在读者面前。学科书目导航也会变得非常智能,全馆的书目资源全部构建成一张立体三维的网络,通过三维仿真的导航地图指示出书目的明确位置,读者手持图书馆提供的设备或自己的移动设备,该路径导航系统可通过语音与文字提示一步步将读者指引到所寻找书籍的书架旁。智能书架旁装有电子屏幕,显示该书架的书籍借阅情况与简单的书目信息介绍,这就需要使用智能书架实时对在架图书的信息进行采集与更新。今后也许学生们根本不需要到图书馆来获取资源,在各个院系、宿舍楼门口有卫星图书馆,放置各个学科点的热门图书,学科信息资源在家门口即可轻松获取。

对于学科馆员来说,工作也会变得非常轻松,理架时只需对某个书架进行整体扫描,该书架的书籍信息可一次性获取。排架也不再按照以前的索书号细排架,在导航系统中书籍的实际位置清晰可见,不管是馆员还是读者,找书都会变得非常方便。在智能书架的帮助下,读者每次取书放书的动作都可以被记录,这样原来根本无法测算的图书阅览量统计成为可能;进一步在每个阅览室安装大量 RFID 读写器,图书的实际位置可以随时被跟踪,大大减小了读者找不到图书的概率,同时可以获知某些图书被哪些群体的读者阅览,以及阅览了多久,就可以确定具体图书的受欢迎程度如何。有了这么多原来没法统计的翔实数据,相信会对学科馆员的帮助很大,学科馆员可以有针对性地向读者推荐他们感兴趣的学科类书籍与信息资源,同时还可以根据统计数据对书架进行剔旧工作,及时将借阅量与阅览量非常少的图书下架;并且还可以给图书馆的采访工作人员带来建设性的采购建议。

我们在科幻电影中常常可以看到,人体内被植入各种各样的芯片,人体本身就可以当成身份证来"刷卡"使用。甚至植入一些高性能的电脑芯片,人体的大脑处理能力可以得到成倍地提升,记忆能够保存并回放,这些大概就是物联网的极致了。未来的图书馆未尝不能达到这种地步,再也不需要纸质书籍甚至物理设备了,人体芯片通过接入直接与图书馆的数据库联通,自由下载并阅览海量数据资源,同时高性能的芯片对各种学科类信息资源自动智能处理,达到"人书合一"的完美境界。

5.2.2　语义网技术

提到智能获取,不能不说语义网技术。语义网就是能够根据语义进行判断的网络。简单地说,语义网是一种能理解人类语言的智能网络,它不但能够理解人类的语言,而且还可以使人与电脑之间的交流变得像人与人之间交流一样轻松。它是对未来网络的一个设想,在这样的网络中,信息都被赋予了明确的含义,机器能够自动地处理和集成网上可用的信息。语义网使用 XML 格式来定义标签格式,以及用 RDF 的灵活性来表达数据。

语义网的基本特征有以下几条:语义网不同于现在的互联网,它是现有互联网的扩展与延伸;现有的互联网是面向文档而语义网则面向文档所表示的数据;语义网将更利于计算机的"理解与处理",并将具有一定的判断与推理能力。

语义网与现在的互联网不一样,其数据主要供人类使用,新一代互联网中将提供也能为计算机所处理的数据,这将使得大量的智能服务成为可能;语义网研究活动的目标是"开发一系列计算机可理解和处理的表达语义信息的语言和技术,以支持网络环境下广泛有效的自动推理"[1]。

目前我们所使用的互联网,实际上是一个存储和共享图像、文本的媒介,计算机所能看到的只是一堆文字或图像,对其内容无法进行识别。万维网中的信息,如

---

[1]　百度百科. 语义网[EB/OL]. [2012-01-05]. http://baike.baidu.com/view/1967.htm.

果要让计算机进行处理的话,就必须首先将这些信息加工成计算机可以理解的原始信息后才能进行处理,这是相当麻烦的事情。而语义网的建立则将事情变得简单得多。

语义网是对互联网本质的变革,它的主要开发任务是使数据更加便于计算机进行处理和查找。其最终目标是让用户变成全能的上帝,对因特网上的海量资源达到几乎无所不知的程度,计算机可以在这些资源中找到读者所需要的信息,从而将互联网中一个个现存的信息孤岛发展成一个巨大的数据库。语义网将使人类从搜索相关网页的繁重劳动中解放出来。因为网中的计算机能利用自己的智能软件,在搜索数以万计的网页时,通过"智能代理"从中筛选出相关的有用信息。而不像现在的互联网,只给用户罗列出数以万计的无用的搜索结果。例如,读者在进行在线登记参加会议时,会议主办方在网站上列出了时间、地点,以及附近宾馆的打折信息。如果使用互联网的话,此时读者必须上网查看时间表,并进行拷贝和粘贴,然后打电话或在线预订机票和宾馆等。但假如使用的是语义网,那么一切都变得很简单了,此时安装在读者计算机上的软件会自动完成上述步骤,读者所做的仅仅是用鼠标按几个按钮而已。在浏览新闻时,语义网将给每一篇新闻报道贴上标签,分门别类地详细描述哪句是作者、哪句是导语、哪句是标题。这样,如果在搜索引擎里输入"老槐的作品",读者就可以轻松地找到老槐的作品,而不是关于他的文章。

总之,语义网是一种比传统网络更丰富多彩、更个性化的网络,可以给予其高度信任,让它帮助滤掉读者所不喜欢的内容,使得网络更像是自己的网络。

语义网的 API(应用程序接口)技术是随着语义网的发展而发展的,这类网络服务以非结构化的文本作为输入,输出一些实体与关系。例如路透社的 Open Calais API,这项服务接受原始文本的输入,返回文本中的人名、地点、公司等信息,并在原文中加以标注。另一个例子是 TextWise 的 Hacker API,该公司还提供了100 万美元的悬赏,以奖励基于它的 API 所做的最好的商业语义网应用。这个 API 可以把文档中的信息分为不同的类别(称为语义指纹),输出文档中的实体与主题。这点和 Calais 很相似,但它还提供了一个主题的层次结构,文档中的实际对象是结构中的叶节点。再一个例子来自于 Dapper,那是一个有助于从无结构的 HTML 页面提取结构化信息的网络服务。Dapper 的工作依赖于用户在页面上为对象定义一些属性,比如一个图片出版商会定义作者、ISBN 和页数的信息在哪里,然后 Dapper 应用就可以为该站点创建一个识别器,之后就可以通过 API 来读取它的信息。从技术的角度来看,这似乎是个倒退,但实际上 Dapper 的技术在实际应用中非常有用。举个典型的情景为例,对于一个并没有专门 API 可以读取其信息的网站,即便是一个不懂得技术的人都可以在短时间内用 Dapper 来构造一个

API。这是最强大、最快捷地把网站变为语义网网络服务的途径[①]。

语义网目前应用的一个重要领域是搜索引擎。可能语义网发展的最初动机就是因为很久以来搜索的质量都已经很难再得到提升,关于对页面语义的理解能提高搜索质量这一点假设也已经被证实。语义网搜索两个主要的竞争者 Hakia 与 PowerSet 都已经取得不小的进步,但仍然不够好。因为,基于统计的 Google 算法,在处理人物、城市与公司等实体时表现得与语义网技术同样的好。当用户提问"法国总统是谁"时,它能返回一个足够好的答案。越来越多的人意识到对搜索技术边缘化的改进是很难击败 Google 的,因而转向寻找语义网的杀手级应用。很有可能,理解语义对于搜索引擎是有帮助的,但就此并不足以构建一个更好的搜索引擎。充分结合语义、新颖的展示方式与对用户的识别能提升下一代搜索引擎的搜索体验。另有一些方法试图在搜索结果上应用语义。Google 也在尝试把搜索结果分为不同的类别,用户可以决定他们对哪些类别感兴趣。搜索是一场竞赛,很多语义公司都在追逐其中。也许会有另一种提高搜索质量的可能:文本处理技术与语义数据库的结合。越来越多的文本处理工具进入消费市场,像 Snap、Yahoo Shortcuts 或 SmartLinks 那样的文本导航应用可以"理解"文本与链接中的对象,并附加相应的信息于其上。其结果是用户根本不需要搜索就可以得到对信息的理解。想得更远一些,文本工具使用语义的方式可以更为有趣。文本工具不再解析用户在搜索框里输入的关键词,而是依赖于对网络文档的分析。这样对语义的理解会更为精确,或者说减少猜测性。随后文本工具给用户提供几类相关的结果供选择。这种方式从根本上不同于传统的把大量文档中得到的正确结果一起堆放在用户面前的方式,同样有越来越多的文本处理工具与浏览器结合起来。

除了这些模式,人们也看到了语义 API 与文本浏览工具的发展。所有的这些技术都还处于其早期发展阶段,但都承载着改变人与网络信息交互方式的期望。语义网的高级阶段使得图书馆,售订票系统,客户管理系统,决策系统均能发挥很好的效果。譬如要查找图书馆的学术活动,只要把具体时间要求与自己感兴趣的学术活动类型提供给语义网支持的查询系统,那么相应的图书馆讲座、活动等最适合的学术活动信息与提示等均能很快速地出现在浏览器页面上。

语义网最终会把网络的高级阶段应用到世界的每一个角落,每个人均有自己的网络 IP 一样的身份证明。个人消费信用、医疗、档案等全在自己的网络身份里面。同时网络社区比现实社区更有活跃力,网络社会更有秩序、更和谐。

虽然语义网给我们展示了美好前景以及由此带来的互联网的革命,但语义网的实现仍面临着巨大的挑战:内容的可获取性,即基于本体而构建的语义网网页目

---

① 百度百科. 语义网[EB/OL]. [2012-01-05]. http://baike.baidu.com/view/1967.htm.

前还很少;本体的开发和演化,包括用于所有领域的核心本体的开发、开发过程中的方法及技术支持、本体的演化及标注和版本控制问题;内容的可扩展性,即有了语义网的内容以后,如何以可扩展的方式来管理它,包括如何组织、存储和查找等;多语种支持的问题;本体语言的标准化问题等。

有了语义网的助力,学科服务将变得更加智能。今后图书馆的学术检索引擎将根据读者输入的关键词自动进行联想,清楚地理解判断读者的意图,不会再出现检索结果有一大堆不相关记录的问题。未来甚至用手势、眼神等操作,计算机即可理解意图,达到高智能化语义分析理解的目标。

5.2.3　网络机器人技术

未来的网络机器人技术由现在的网络爬虫技术发展而来。网络爬虫技术是一种按照一定的规则,自动的抓取万维网信息的程序或者脚本。它是一个自动提取网页的程序,它为搜索引擎从万维网上下载网页,是搜索引擎的重要组成部分[①]。传统爬虫从一个或若干初始网页的 URL(超链接)开始,获得初始网页上的 URL,在抓取网页的过程中,不断从当前页面上抽取新的 URL 放入队列,直到满足系统所设定的停止条件。聚焦爬虫的工作流程较为复杂,需要根据一定的网页分析算法过滤与主题无关的链接,保留有用的链接并将其放入等待抓取的 URL 队列。然后,它将根据一定的搜索策略从队列中选择下一步要抓取的网页 URL,并重复上述过程,直到达到系统的某一条件时停止。另外,所有被爬虫抓取的网页将会被系统存贮,进行一定的分析、过滤,并建立索引,以便之后的查询和检索;对于聚焦爬虫来说,这一过程所得到的分析结果还可能对以后的抓取过程给出反馈和指导。网页的抓取策略可以分为深度优先、广度优先和最佳优先三种。深度优先在很多情况下会导致爬虫的陷入问题,目前常见的是广度优先和最佳优先方法。

未来的网络机器人技术相比爬虫技术显得更为智能,爬虫技术只能根据事先定义好的规则来进行网页的抓取工作,依赖于算法的先进程度。而网络机器人则拥有人工智能的特点,采用深度问题解答和自然语言处理等技术,自我具备学习与感知能力,针对使用者的习惯与特点自动抓取其感兴趣的网页内容推送到客户端。当图书馆使用了这种网络机器人来取代传统的检索与收集工作后,效率必将有很大的提升,网络机器人会自动按照不同的学科从互联网上采集获取最新最合适的学科热点信息与资源,由于是机器自动采集,所以遗漏性会大大降低。对于读者来说,网络机器人可根据自己的喜好与学科类型自动推荐最合适的资源与网站,省去

---

① 百度百科. 网络爬虫[EB/OL]. [2012-05-11]. http://baike.baidu.com/view/284853.htm.

了学科馆员的工作。

5.2.4　Google Project Glass

Google 在近期推出了看上去极具科幻色彩的 Project Glass[①] 项目,通俗地讲就是智能眼镜(如图 5-2 所示)。只要戴上这样一副高科技眼镜,就像配备了一台微型智能电脑。例如抬眼看一眼天空,眼镜屏幕会自动弹出天气信息,眼镜能识别出用户观看的物体;几乎可用语音完成所有指令操作,依赖于 Google 的语音识别技术,并具备学习当事人语音命令的功能;用户走到地铁入口,眼镜就自动发出提示信息告知今天这条线路停运;Google 地图服务可指引使用者走到指定目的地,完全依靠显示眼镜屏幕右上角的提示信息指路,并伴有语音提示,类似 GPS 的功能。眼镜除了指引街道信息,也可以指引商家内的信息,比如进入书店直接询问音乐类的书籍在哪里,眼镜就会显示出书店内的地图并给出指引。

图 5-2　Google 智能眼镜演示图

眼镜本身就是一个所谓的"虚拟视网膜显示"设备,它可以完全抛弃要显示必须有显示器这个传统观念,利用装置在眼镜上的一个小型激光投影仪,将显示内容直接投射到眼镜佩带者眼球的视网膜上,使得佩带者在当前所看到的事务上再叠加上一层半透明的内容,所展示出来的相当于一块 16 英寸屏幕可容纳的内容,而且这种投射技术对人眼是完全无害的,除此之外可以在眼镜上再装配上一枚小型摄像机,这样拍摄的内容就几乎等于是用户看到的东西了;配合现在已经出现的增强现实技术也不难,例如将眼镜上的小型摄像机捕捉到的影像加以分析,绘制出相关的图形和信息再由投影仪实时投射到你的视网膜上,就完全可以投射出一个拟真的影像出来。还可以将拍摄下来的影像随时分享到互联网上。

----

① Project Glass[EB/OL]. [2012-05-27]. http:// en. wikipedia. org/wiki/Project_Glass.

　　以后学科馆员们人手一副类似这种功能的智能眼镜,自动识别各种物体(包括人)并进行分析,对于读者显示该读者的信息,了解其学科背景,还可通过眼镜的动作控制信息的发送直接与读者进行对话;对于物品例如书籍则联网自动检索获取其相关资料,并返回需要的信息呈现在眼镜屏幕上,有选择地保存或直接推送给读者,还可以将所看到的内容直接拍摄下来与读者或学科馆员进行分享。

　　读者在进入图书馆后,可配发一副智能眼镜,对于学科类图书的寻找显然会非常方便。读者戴着眼镜进入书架丛中,经过眼镜扫描,各种书籍的信息都会出现在屏幕上,可自由进行挑选。还可以通过眼球的动作来进行某类或某一本图书的检索操作,这时眼镜上会自动出现图书馆的全景地图,同时有类似 GPS 的图像与语言的引导,将读者正确指引到该类图书所在的位置。与学科馆员一样,读者在看到某位学科馆员时,眼镜上也会自动提示,可通过眼镜直接与学科馆员进行交流。

5.3　信息资源智能推送

　　利用先进的 IT 技术,实现学科化信息资源的主动智能推送,打破现有的传统模式。传统模式下学科馆员寻找到相关学科热点资源后,利用各种 Web 2.0 工具,如 RSS、即时通讯工具等,将资源推送给读者,读者过于依赖学科馆员的个人能力与工作热情。未来的信息资源推送将向智能化方向发展,在信息资源智能获取与分析的基础上,实现主动推送与揭示的目标。未来的图书馆将以数字资源与移动阅读为主,使读者可随时随地感受图书馆的服务,因此如何给读者推送合理的资源也是个非常值得研究与关注的问题。一方面是资源的推送形式;另一方面是资源推送的内容。这两方面内容肯定是今后发展智能化学科信息资源推送研究的重点。

5.3.1　随时随地的图书馆

　　最近几年,伴随着电纸书技术与平板电脑、手机的蓬勃发展,移动阅读开始大行其道,它的最大好处是可以不受图书馆建筑与书籍的限制,随时随地享受到图书馆的资源与服务。

　　移动阅读,即随身阅读,是读者通过平时随身携带的一些移动终端,如手机、平板电脑、手持阅读器等设备,通过有线下载或无线接收的方式,进行随时随地阅读的一种服务。移动阅读可以使读者通过利用零散的时间,摄入零散的信息,从而完成一个系统的知识建构。它克服了需要电脑以及固定场所才能进行阅读的限制,是数字阅读的深化阅读形式①。

---

　　①　曾妍. 移动阅读在图书馆实行的可能性分析[J]. 图书馆建设,2009(2):70-72.

通过移动阅读,人们可以不受存储空间及获取信息需求的时间限制,随时随地通过移动设备上网获取信息。图书馆则通过开展移动阅读服务,延伸了图书馆服务时空,增加了与读者的互动,使图书馆服务更加个性化、实用化和高效化。

移动阅读的重要工具是电纸书,电纸书是近几年开始迅速蹿红的一种类纸阅读器,基于电子墨水的显示技术,阅读时就像阅读纸质书籍一样,舒适环保、不伤眼睛,便携性好,一个电纸书可以携带成千上万册书籍。电纸书最需要的就是各类电子书资源,脱离了资源的电纸书是个无用的工具。图书馆可以提供大量的电子书籍,高校图书馆更可提供各种学术类书籍。例如上海交通大学图书馆所提供的电子教参服务,使学生不必再抱着厚重的书本去上课,取而代之的是轻薄的移动阅读设备,轻松阅读各种电子教学参考书。

由于手机和平板等屏幕较小,短信息的浏览较占优势,其内容短小精悍并且具有弹性,便于移动阅读,因此一些学术类短新闻、图书馆的培训讲座信息、新书通报、馆藏书目和读者借阅信息等都是比较好的推送内容。国内外已经有不少图书馆推出了移动图书馆服务,可提供上述的服务内容,但还不够智能化。未来我们可以畅想的是:读者在注册个人信息之后,可以结合物联网技术内嵌个人所研究的学科领域,通过各类系统的关联,自动记录与分析感兴趣的内容与学科研究的重要信息。智慧化的移动图书馆会根据这些分析结果自动定期把与该读者相关度最大的服务内容推送至读者的移动设备上,读者只要打开自己的移动设备登录移动图书馆,所看到的必定是自己感兴趣的内容,既节约了读者搜寻的时间,又省去了学科馆员的手工推送工作。

图书馆的另外一个重点是资源的累积与服务工作,不管是公共图书馆还是高校图书馆,在学科信息资源上对读者有着天然的吸引力。图书馆每年会购买各种中外文数据库,提供上万种数字期刊和电子图书。高校图书馆提供的学术资源与网络搜索获取的信息相比更具有学术权威性,而且更具有学科专业性,质量更高。因此以本地馆藏作为服务基础,开展智能化的学术信息推送是打造随时随地图书馆的一个先决条件。由于移动阅读的特性,不需要非常繁杂的页面与各种数据库的勾选,所以应当单独开发一些移动阅读所用的学术检索系统,选择一些具有学术权威性的数据库作为试点,为读者提供较为简单的论文信息,如题名、作者、摘要、刊名等。假如读者在初步阅读后,对某些内容感兴趣觉得需要进行进一步的精读和研究,那么可以通过点击操作,将文献自动下载或发送到自己的账户里,以备后续再进行仔细阅读。

通过移动阅读技术的进步,可以实现更优质的学科服务方式,移动阅读的一大特点就是随身性强,读者可以随时随地获取信息,而学科馆员同样也可随时随地向读者提供咨询与资源推送服务。当读者对图书馆的资源在使用上有任何疑问或者有难题需要咨询学科馆员时,就可以通过移动阅读平台向图书馆员提问,借助文字、语音、视频等各种方式,在线即时得到学科信息咨询服务,使读者随时随地得到专业馆员的个性化帮助,无形中提高了学科服务的质量。

5.3.2   关联数据技术

关联数据(Linked Data)最早是在 2007 年 5 月,由 Chris Bizer 和 Richard Cyganiak 向 W3C SWEO 提交的一个项目申请"Linked Open Data Project"中提出来的。关联数据提出的目的是构建一个计算机能理解的语义数据网络,而不仅仅是人能读懂的文档网络,以便于在此之上构建更智能的应用。"Linked Open Data Project"的宗旨在于号召人们将现有数据发布成关联数据,并将不同数据源互联起来。在过去的几年中,越来越多的数据提供者和网络应用开发者将他们各自的数据发布到互联网上,并且与其他数据源关联在一起,形成一个巨大的数据网络。截至 2009 年 7 月,已发布的关联数据规模为 672 600 万个 RDF 三元组以及 14 894.8 万个 RDF 关联关系,相比 2007 年 5 月的 5 亿个 RDF 三元组以及 12 万个 RDF 关联关系,增长非常迅速。其数据领域涉及地理数据、生命科学、出版业、媒体等多个领域。不仅仅是公众网络,随着企业 2.0 的到来,企业内部也迫切需要越来越多的数据与网络上的数据关联,从而构建更好的应用与服务。而现有的数据,尤其是企业内部的数据,大多数存在于关系型数据库中①。

简单来讲,关联数据即为一系列利用网络在不同数据源之间创建语义关联的最佳实践方法。这里的不同数据源,可以来自一个组织内部的不同系统,也可以来自不同组织的不同系统,它们的内容、存储地点以及存储方式都可以完全不同,但它们很可能存在着关联,例如当当网上的某本图书与开心网上的某人之间可能存在关联,因为该图书的作者有可能在开心网上注册过账号。总之,关联数据最大的特点便是能将不同的数据关联起来。

关联数据包含以下几条基本原则:

① 资源。在发布一个领域的数据之前,首先需要确定要发布的资源是什么。任何事物,只要你认为是有意义的,有被引用必要的,都可以称之为资源。

② 资源标志。任何一个资源都用一个 HTTP URI(Uniform Resource Identifiers)来标志。之所以要用 HTTP URI 来标志,是希望数据能够通过 HTTP 协议访问,真正实现基于网络的访问与互联。

③ 资源描述。资源可以有多种描述,例如 HTML,XML,RDF 以及 JPEG。

---

① 百度百科. Linked Data[EB/OL]. [2010-10-20]. http：// baike. baidu. com/view/2283704. htm.

文档主要通过 HTML 格式来表示，数据主要通过 RDF 格式（Resource Description Framework）来表示。RDF 是将一个资源描述成一组三元组（主语、谓语、宾语）。主语用来表示需要描述的资源，谓语用来表示主语的某个属性（例如姓名、出生日期）或者某个关系（例如雇佣、认识、教授等），宾语表示属性的值或者关系的值。主语,谓语都需要用 HTTP URI 来表示。宾语可以用 HTTP URI 标志另一个资源，也可以是字符串表示的文本。我们可以把主语看做是类资源，而将谓语看做是类资源的属性资源，宾语或者是类资源或者是文字型资源。根据宾语的种类，可以将三元组分为两类：文字型三元组以及非文字型三元组，第二种可以看做是类资源之间的关联。

关联数据从技术上来说虽然很简单，然而却正在使互联网发生深刻的改变。目前 Open Linked Data 项目已经使 20 亿条传统网页上的数据（包括维基百科）自动半自动地转换成了关联数据。一些拥有丰富内容的媒体公司，如 BBC、纽约时报等，已经把他们的海量数据转换成了关联数据。英国前首相戈登·布朗,已邀请互联网之父——蒂姆·伯纳斯·李爵士为英国政府信息提供关联数据支持[①]。图书馆的 MARC 数据，规范记录，主题编目等，都可以开放成为任意互联的关联数据。

图书馆能够从关联数据的发展与应用中获益,关联数据能够让图书馆以通用的格式（RDF）标准来发布各种事实性调查数据，这些数据能够很容易被其他系统汇聚和利用，从而使图书馆有效地支持"基于证据的决策"；通过采用关联数据技术，图书馆能够成为一个关联枢纽，这个枢纽可以连接各种图书馆相关者，将其整合在一起，形成一个真正的集成式图书馆系统；关联数据有助于图书馆实现"智能联合检索"。如果各种数据都以标准的数据格式发布出来，那么很多智能联合检索的问题都可以迎刃而解；关联数据还有助于实现基于语义网的搜索引擎。

图书馆利用关联数据最为重要的价值不在于具体的技术改善，而是关联数据将从根基上改变图书馆在整个社会信息基础结构中的地位。关联数据本质上是面向机器的语言，关联数据在图书馆界的应用必然带来图书馆用户概念的变化，图书馆不仅要为活生生的人服务，同时也要为机器服务。当机器成为图书馆的主要服务对象后，图书馆的性质就会发生质的转变，图书馆可能会从前台服务转为后台服务，成为整个社会信息系统的一个基础设施。学科馆员的角色也会发生变化，他们通过控制资源的源头来确保数据整合的可靠性，其他事情就可以交给机器依据关联数据原则去整合，这样既体现了图书馆员的智力贡献，又借助了机器的高效率，

---

① 百度百科. Linked Data［EB/OL］.［2010-10-20］. http：// baike. baidu. com/view/2283704. htm.

使得图书馆能够应付瞬息万变的信息世界①。

　　高校里现在学科服务开展得如火如荼,学科馆员们实行嵌入院系式的服务,与院系的教授们打交道的频率很高,因此非常了解他们的实际需求,可以提供一些切实的学科服务内容,例如学科馆员可以帮助院系的教授们、研究者们发现其研究成果的引文影响力。在学术研究的过程中,研究者们往往希望看到自己的研究成果被引用的情况和再利用的情况,希望能通过研究出版物找到其原始文献、原始数据以及发现更多的创作者。图书馆提供各种文献的检索服务,但是要靠人工收集这些文献或寻找文献资料之间的关联难度是非常大的,有了关联数据之后就会变得轻松很多。在检索过程中选择的学术资源,如学术论文之间本身存在一定的关联,通过图书馆提供的关联数据发布就会揭示出一些文章之间的学术关联性,将对科学研究可能最有帮助的学术资源主动推送给读者,展现在研究者面前,帮助研究者尽快找到其最需要的期刊、文章等学术资源。研究者只要登录图书馆的关联数据系统,在页面上就可以点击相关按钮找到关联的文章全文或使用其他扩展服务。

　　关联数据可以为图书馆提供学术资源之间的关联和链接,通过发现和共享网络平台向读者智能化地推送不同类型的学科类期刊、论文、图书和会议集等。关联数据在数据层建立了链接机制,数据的结构信息被很好地描述,并通过 URI 来确保服务器能够自动链接各种数据,为知识聚合的智能化和自动推荐提供基础。例如根据某一篇文献的作者,通过关联数据可定位到研究人员;从研究人员,推荐链接到其他相关研究人员;再从研究人员,推荐链接到其科研成果,还可根据其所属机构,推荐链接到更多的科研成果,如此循环往复,形成互为关联关系的知识服务网状链接②。

　　假如将关联数据应用于学科服务的各个应用平台,用 URI 来重新标志各个元数据,在数据之间建起关联关系以及与互联网数据之间进行关联,图书馆的学科服务将变得异常强大。读者登录平台后,系统自动分析其个人信息,通过关联自动获取并推送各种相关学科资源与信息,读者也可以自己进行检索,通过强大的关联数据搜索引擎,系统像蛛网一样在各个元数据之间建立错综复杂的互联关系,这样搜索出来的学科类资源信息内容将变得非常丰富与发散,对于科研人员来讲是极其有用的。喜欢玩微博的人都会发现微博有一个比较有意思的功能,会自动帮用户发现“你可能认识的人”或是“你可能感兴趣的人”,然后可以添加关注,这就是小范围关联数据的案例。试想一下,关联数据放大到整个互联网,将来搜索某篇国内学者所撰写的学位论文,会自动关联到该研究领域国外某学者的研究资料,并将之主

　　①　林海青等.图书馆关联数据:机会与挑战[J].中国图书馆学报,2012(1):58-66.
　　②　张小峰.基于关联数据的图书馆学术资源推荐研究[J].图书馆学研究,2012(5):87-89.

动推送到读者面前,会是多么美好的愿景。

5.4　智慧云服务

　　"图书馆上空飘扬着的那朵云",或者说"云"的概念已经被炒作很久了,但事实上除了各家 IT 厂商提供的私有云,云计算声势轰轰烈烈但是却未见明显成效。目前所应用的云服务其实还只是小范围的应用,只能由某些拥有大量资源的厂商,例如超星、万方等来进行牵头,由于涉及版权、利益等问题,各家图书馆显然不见得愿意开放与共享自己的馆藏资源。云服务的主旨是追求资源的共建共享,开放存取,希望将来图书馆能够联合力量,摒弃传统观念,使图书馆的"云"真正飘扬起来。

　　云服务的核心是云计算技术,是将计算任务分布在大量的分布式计算机上,而非本地计算机或远程服务器中,图书馆数据中心的运行将更与互联网相似。这使得图书馆能够将资源切换到需要的应用上,根据需求访问计算机和存储系统。这种服务类型是将网络中的各种资源调动起来,为读者服务。云服务的诞生前提是互联网能够打破地域分割形成一个统一的大市场,为个性化需求提供产品并且有利可图。其客观效果是把运营成本降到最低,图书馆只专注于服务等核心环节,设备和管理将不再重要。

　　云计算并不是一种产品,更准确地说,是提供 IT 服务的一种方式,是一个逐步走向用户自我服务的业务模型,不管是图书馆内部还是通过互联网的业务部署和使用,都是透明的,服务都是基于需求,实现按需获取资源和服务的目的。虚拟化、广域网、数据集中应用,以及带宽设施的普及和费用的降低,促使云计算技术实现能力和经济价值不断提高。通过云计算实现成本优化和提高流程效率的优势日益凸显,加快了市场对云服务的接受度。

　　目前图书馆用的个人电脑桌面浏览器还是接入云端的主要前端工具,但其他形式工具正在层出不穷地涌现,例如各种手机、平板电脑等。"云"既然具有无所不在的特点,接入点的前端工具就也应该是无所不在。首先是个人电脑正在越变越小、轻、薄、可移动,从而使得随时随地接触"云"变得越来越方便。究竟是前端接入工具的轻薄化、可移动化造成了云服务的无所不在,还是云服务这一需求催生了前端接入工具的这些变化,从技术发展过程上来说,云技术的发展是与信息技术的发展互为因果的。

　　云服务带来的一个重大变革是从以设备为中心转向以资源为中心。设备包括应用程序只是来去匆匆的过客,而资源、知识服务则是必须要长期保留的资产。所以无论多么新颖的设备,甚至是相当昂贵的前端硬件设备都会过时,有的甚至会很快过时,变为一文不值。资源不仅不过时,许多资源必须长期保存,而且越久越有价值。今后在"云"上每个人都将会有一个伴随终生的个人数据体,这样的个人数据体不会被捆绑到任何一种机器上,随着机器的过期失效而失效。目前主要使用的是虚拟化技术,例如 VMWare 是比较著名的虚拟化软件公司,它已经为本公司员工实现了虚拟桌面计算机,可以由中央系统集中管理,操作系统及应用都不是跑在员工面前的 PC 上,而是跑在数据中心的虚拟机上。这样的虚拟机理论上可以被任何一种前端 PC 硬件所使用。所以或早或晚各种前端硬件工具都会被同样的技术虚拟化。硬件的过时,应用软件的过时,在"云"上都不再是一个问题。

在云计算大肆扩张的带动之下,IT 界的云服务也将得到空前发展。公共 IT 云服务方面的支出在 2011 年的增长幅度达到整个 IT 行业的 5 倍以上,较 2010 年上升 30%,因为将有内容更加广泛的业务应用融入到云技术中。中小型图书馆的云应用将在未来出现井喷现象。同时,由于基础架构、软件和服务提供商在一系列新的服务和解决方面展开协作,将会有更多新生的自有云模型不断出现。

云服务有着诸多优点,例如降低图书馆的运营成本,减小采购设备与资源的开销;减少工作人员的压力;确保数字资源的共享与开放存取。但是云服务也存在着很多疑问,这也导致很多图书馆在它面前迟疑不决。一个潜在的不足是它的安全性。基于互联网的应用长时间以来就被认为具有潜在的安全风险。由于这一原因,许多图书馆宁愿将应用、数据和 IT 操作保持在自己的掌控之下。也就是说,利用云托管的应用和存储在少数情况下会产生数据丢失。尽管可以说,一个大的云托管公司可能比图书馆有更好的数据安全和备份的工具。然而,在任何情况下,即便是感知到的来自关键数据和服务异地托管的安全威胁也可能阻止一些图书馆这么做。另外一个潜在的不足就是云计算宿主离线所导致的事件。尽管多数公司说这是不可能的,但它确实发生了,亚马逊的 EC2 业务在 2008 年 2 月 15 日经受了一次大规模的服务中止,并抹去了一些客户应用数据(该次业务中止由一个软件部署所引起,它错误地终止了数量未知的用户实例)。针对那些需要可靠和安全平台的图书馆服务应用来说,平台故障和数据消失就无异于当头一棒,是完全不可接受的。更进一步讲,如果一个图书馆依赖于第三方的云平台来存放数据资源而没有其他的物理备份,该资源很可能处于危险之中①。

当图书馆终于能想通并解决上述的所有问题,并且抛弃成见,大家手拉手共建资源合作的时候,那就是图书馆云服务的春天来临了。到那时已经没有了图书馆的界限,所有的图书馆使用的都是在云端的资源管理系统,读者来到任意一家图书馆都可以通借通还,坐下后拿出自己的平板电脑,轻松连接并使用云端的各种学科

---

① 百度百科. 云服务[EB/OL]. [2012-04-27]. http：// baike. baidu. com/view/2007356. htm.

信息资源。图书馆的建筑界限将会变得非常模糊，通过云服务平台，读者随时随地都可以享受到图书馆的服务，获取想要的资源。通过各种 Mashup 集成融汇技术，配合强大的云资源数据库与云服务器的计算能力，任何想要的资源都随手可得。

5.5　智能互动技术

曾几何时鼠标键盘的操作方式是计算机的教科书般的互动方式，读者能够与机器打交道的途径极为有限。后来微软在 Windows 系统上应用了触摸屏技术，但缺乏应用程序的支持，反响并不好，直到苹果将之发扬光大，现在的智能手机、平板电脑、甚至包括某些 PC，触控技术已经发展得相当成熟，使用者已经逐渐接受并熟悉了这样的操作方式。未来的互动技术将向更为智能化的方向发展，比如手势操作、动作控制、语音控制等，最终达到科幻电影中描述的场景，人工智能的进化使机器变得非常"聪明"。

5.5.1　动作捕捉技术

动作捕捉技术有别于手势操作技术，手势操作往往脱离不了与触控屏的直接接触，而动作捕捉完全是隔空取物，这一技术近几年在游戏机上运用得非常红火，比如任天堂的 wii 和微软的 kinect 技术，都非常受欢迎。最近也开始逐渐应用到商务交流与日常生活中，使它发挥更大的作用。

微软的 Kinect 技术也称为 Natal 技术，Natal 这一名称是它的内部开发代号，它是一种 3D 体感摄影机，同时它导入了即时动态捕捉、影像辨识、麦克风输入、语音辨识、社群互动等功能。

Natal 技术是微软公司基于动作捕捉技术研究出来的一个产品。说到 Natal 的工作原理，摄像头起到了很大的作用，它负责捕捉人的肢体动作，然后微软的工程师设计程序教它如何去识别、记忆、分析处理这些动作。摄像头一秒可以捕捉 30 次，但这只是整个系统的一部分。除此之外，还有一个传感器负责探测力度和深度、四个麦克风负责采集声音。Natal 也不只是一个控制器。虽然微软公司的宣传标语说："你的身体就是控制器"。但是 Natal 的工作原理要更为复杂，它会将使用者所处的房间形成一个 3D 影像，然后分析使用者身体的运动，因此整个系统是着眼于使用者所处的全部环境，并形成一个综合的控制系统。Natal 中有一个功能强大的感觉阵列，能从事捕捉图片到识别颜色等多项工作。而 Natal 中的麦克风则可以在短时间内采集多次声音数据，以便把使用者和同处在一间房间中的其他人分开。当然这些智能离不开软件的支持，而这方面是微软的强项。特制的软件已经把 Natal 训练得能成功识别人的脸部细节变化①。

由于 Kinect 的强大性能及其不断发展的技术趋势,很多原先无法想象的场景成为了现实。例如图书馆的共享空间里,教授在和学生探讨问题,房间里挂了多个屏幕,每个屏幕都有不同的内容,如需要集中讨论某块内容,使用者只要对着感兴趣的屏幕用手挥一下,该屏幕显示的内容自动转移到中央的主屏幕上。同时随着发言者的身体所处位置,屏幕上的字体会自动移动位置,不会因为被发言者的身体遮挡造成其他人看不到的情况。

利用动作捕捉技术完全可以实现学科智慧课堂的建设,未来的智慧课堂上无需纸质的记录本,每个人只要携带数码设备,笔记本、手机或者平板,都能参与互动,再加上动作捕捉技术与手势操作,让课堂可以有更高的弹性。从图 5-3 可以看到老师用手势随意操作黑板上的内容、下面的学生可以用数码设备操作黑板、也可以将黑板上的东西抓到自己的设备上,或将自己设备上的东西推到黑板上,都可以配合手势来操作。更有趣味性的是,同样是靠着移动设备和动作捕捉技术的搭配,完全可以用移动设备指着某个人,然后将资源、数据等丢给那个人,或是配合多屏幕配置(例如在触控屏幕上的投影屏幕)将不需要触控的东西暂存上去。

图 5-3　智慧课堂演示图

5.5.2　智能语音技术

语音识别技术其实很早就有研究,最早可追溯到 20 世纪 50 年代贝尔实验室

---

①　百度百科. Kinect[EB/OL]. [2012-02-12]. http://baike.baidu.com/view/3766855.htm.

的研究,不过将之应用到移动设备,做智能化的语音识别,苹果公司的 Siri 技术属于比较成功的案例。Siri 可以令苹果手机变身为一台智能化机器人,利用 Siri 用户可以通过手机读短信、介绍餐厅、询问天气、语音设置闹钟等。Siri 可以支持自然语言输入,并且可以调用系统自带的天气预报、日程安排、搜索资料等应用,还能够不断学习新的声音和语调,提供对话式的应答。

　　Siri 所用到的技术包括人工智能以及云计算。首先,在前端方面,即面向用户,和用户交互(User Interface, UI)的技术,主要是语音识别以及语音合成技术。语音识别技术是把用户的口语转化成文字,其中需要强大的语音知识库,因此需要用到所谓的"云计算"技术。而语音合成则是把返回的文字结果转化成语音输出,这个技术理论上本地就能完成,当然在云端完成也并无不可。其次,后台技术,这其实才是真正的技术难点。后台技术的目的就是处理用户的请求,并返回最匹配的结果,这些请求类型很多、千奇百怪,要处理好并不简单。基本的结构猜测可能是分析用户的输入(已经通过语音转化),根据输入类型,分别采用合适的技术进行处理。这些合适的后台技术包括:以 Google 为代表的网页搜索技术;以 Wolfram Alpha 为代表的知识搜索技术(或者知识计算技术);以维基百科为代表的知识库(和 Wolfram Alpha 不同的是,这些知识来自人类的手工编辑)技术(包括其他百科,如电影百科等);以 Yelp 为代表的问答以及推荐技术[①]。

　　随着自然语言理解和人工智能技术的逐步提升,移动设备上所加载的智能语音技术将能理解人类更加微妙的意图和目的。不少公司在采用深度问题解答和自然语言处理等技术,帮助手机用户迅速找到以前很难找到的东西,基于云平台的方式,利用云计算的强大处理能力来计算分析用户的需求。同时利用本章之前所提到的语义网技术,可以帮用户分析与获取很多额外的资源,智能判断用户意图。

　　读者来到图书馆后,对着智能屏幕说出自己的意图,系统能够智能分析判断读者的语义要求,将之指引到对应的服务。要寻找某类的学科信息资源,只要"大声地喊出来",系统会自动将之推送到面前,省去了动手寻找的麻烦。

5.5.3　虚拟现实技术

　　相比动作与语音等智能互动技术,虚拟现实技术所描绘的场景更让人怦然心动。虚拟现实技术是利用计算机(应该会极度依赖云计算的能力)模拟产生一个图书馆三维空间的虚拟世界,提供用户关于视觉、听觉、触觉等全方位感官的模拟,让用户如同身临其境一般,可以及时、没有限制地观察三维空间内的事物。

---

　　①　Siri 背后的技术[EB/OL].[2011-10-23]. http://www.sigma.me/2011/10/23/the-technology-behand-siri.html.

当前许多高校都在积极研究虚拟现实技术及其应用,并相继建起了虚拟现实与系统仿真的研究室,将科研成果迅速转化为实用技术,如北京航空航天大学在分布式飞行模拟方面的应用;浙江大学在建筑方面进行虚拟规划、虚拟设计的应用;哈尔滨工业大学在人机交互方面的应用;清华大学对临场感的研究等都颇具特色。有的研究室甚至已经具备独立承接大型虚拟现实项目的实力。虚拟学习环境虚拟现实技术能够为学生提供生动、逼真的学习环境,如建造人体模型、电脑太空旅行、化合物分子结构显示等,在广泛的科目领域提供无限的虚拟体验,从而加速和巩固学生学习知识的过程。亲身去经历、亲身去感受比空洞抽象的说教更具说服力,主动地去交互与被动的灌输,有本质的差别。虚拟实验利用虚拟现实技术,可以建立各种虚拟实验室,如地理、物理、化学、生物实验室等,拥有传统实验室难以比拟的优势①。

在科幻电影中不止一次地看到虚拟现实技术的美好未来,电脑虚拟出来的场景与真实场景别无二致,虚拟世界完全可以取代真实世界,甚至造成识别的困难性,到底哪个才是真实世界呢?未来的虚拟现实图书馆在三维空间技术基础上,结合物联网、云计算、语义网络、关联数据、手势语音识别等先进技术,完全可以实现科幻电影中才能看到的场景,打造一个栩栩如生的虚拟图书馆,实现虚拟化的各种图书馆咨询与学科服务,读者不用前往图书馆一样能体验到对等甚至更高级的服务,淡化图书馆建筑的局限,将服务平滑融入至读者的日常生活中,无处不在又无所不能,这不啻于是学科服务所追求的终极目标,图书馆渴盼这一天的早日到来。

---

① 百度百科. 虚拟现实[EB/OL]. [2012-04-24]. http://baike.baidu.com/view/7299.htm.

参 考 文 献

[1] 柯平,唐承秀. 新世纪十年我国学科馆员与学科服务的发展(上)[J]. 高校图书馆工作,2011(2):3-10.

[2] 杜也力. 谈大学图书馆"学科馆员"制度[J]. 图书馆与图书馆事业,2002(1):49-50.

[3] 初景利,张冬荣. 第二代学科馆员与学科化服务[J]. 图书情报工作,2008(2):6-10,68.

[4] 维基百科. 信息技术[EB/OL]. [2012-05-06]. http://zh. Wikipedia. org/Wiki/%E4%BF%A1%E6%81%AF%E6%8A%80%E6%9C%AF.

[5] 百度百科. 信息技术[EB/OL]. [2012-05-06]. http://baike. baidu. com/view/3226. htm.

[6] 王青. 高校图书馆学科化信息服务模式研究[J]. 大学图书情报学刊,2010(6):15-17.

[7] 晁卫华. 信息时代高校图书馆信息服务模式[J]. 河北理工大学学报:社会科学版,2011(5):84-86.

[8] 侯福丽. 网络环境下高校图书馆信息服务模式探讨[J]. 农业网络信息,2011(9):49-50,65.

[9] 苌群策. 大学图书馆知识创新的信息服务模式研究[J]. 河南图书馆学刊,2009(1):85-88.

[10] 方胜华. 个性化需求与图书馆信息服务模式探讨[J]. 情报杂志,2004(8):40-41.

[11] 沈迪飞. 图书馆信息技术工作[M]. 北京:北京图书馆出版社,2000.

[12] Joel Cummings, Alex Merrill, Steve Borrelli. The Bse of handheld mobile devices:their impact and implications for library services [J]. Library Hi Tech. 2010(1):22-40.

[13] Robert Fox. DIGITAL LIBRARIES:THE SYSTEMS ANALYSIS PERSPECTIVE Library to go. OCLC Systems & Services:International digital library perspectives. 2010(1):8-13.

[14] 李金波. 国外图书馆播客站点建设调查与分析[J]. 图书馆论坛,2009(2):52-56.

[15] 刘景字. RSS 在图书馆个性化信息服务中的应用[J]. 情报资料工作,2007(4):102—105.

[16] 于宁,庞海燕. 国内外高校图书馆 RSS 服务及技术应用[J]. 图书馆学刊,2009(7):33-37.

[17] Butler WikiRef Home Page [EB/OL] (2012-04-30). http://www. seedWiki. com/Wiki/butler-Wikiref.

[18] SJCPL's Subject Guides. [EB/OL] (2012-04-30). http://www. libraryforlife. org/Subjectguides/index. php/Main-Page.

[19] 陈敏豫,左晶晶,陈超. 关于图书馆 SNS 社会性平台的构建与应用[J]. 大学图书情报学刊,2010(3):49-53.

[20] 聂应高. SNS 在图书馆信息服务中的应用[J]. 图书馆工作与研究,2009(6):77-79.

[21] 潘卫,郑巧英. IM——实时虚拟参考咨询方式的再选择[J]. 现代图书情报技术,2006(11):12-15.

[22] 陈旭东. 国外图书馆虚拟参考服务的新特点及启示[J]. 图书馆,2009(3):44-48.

[23] 王博,刘青华. 基于 Wiki 的图书馆网络交流平台建设[J]. 图书馆学研究,2006(11):22-26.

[24] 孙明杰,吴德岗. Wiki 与高校图书馆学科导航库建设[J]. 科技信息,2008(35):32-37.

[25] 柯平,唐承秀. 新世纪十年我国学科馆员与学科服务的发展(上)[J]. 高校图书馆工作,2011
(2):3-10.

[26] 郭海明,邓灵斌. 数字图书馆信息服务模式研究. 中国图书馆学报,2005(2):47-49,53.

[27] 陈庄,刘加伶,成卫. 信息资源组织与管理[M]. 北京:清华大学出版社. 2011.

[28] 王纯. 信息资源管理的现状及趋势[J]. 河北科技图苑. 2000(3):38-39.

[29] 谢红芳,童一秋. 信息资源开发利用与管理全书[M]. 北京:中国科学技术出版社. 2001.

[30] 吴慰慈. 从信息资源管理到知识管理[J]. 图书馆论坛. 2002,22(5):12-13.

[31] 卢泰宏. 国家信息政策[M]. 北京:科学技术文献出版社,1993.

[32] 孟广均,等. 信息资源管理导论[M]. 北京:科学出版社,1998.

[33] 张群,何丽梅. "211 工程"高校图书馆学科馆员服务的现状及发展对策研究[J]. 现代情报.
2008(5):49-52.

[34] 王培凤. 元数据在数字图书馆中的应用[J]. 科技情报开发与经济. 2004(9):121-125.

[35] 龙烨. 信息采集技术在高校数字图书馆中的应用[D]. 北京:北京工业大学,2007.

[36] 朱华. 浅谈网络信息资源采集技术[J]. 国家图书馆学刊. 2004(2):38-40.

[37] 王晶. 基于 Web 信息获取的新闻数据分析研究[D]. 上海:华东师范大学,2009.

[38] 徐学可. 网页文本分类及其在搜索引擎中的应用[D]. 北京:北京工业大学,2008.

[39] 赵洋,等. 基于 Internet 的农业信息垂直搜索引擎的设计[J]. 河北农业大学学报,2009(6):
125-128.

[40] 朱学芳,等. 基于 P2P 的分布式主题爬虫系统的设计与实现[J]. 情报学报. 2010(3):402-
407.

[41] 张翔,等. 基于 PageRank 与 Bagging 的主题爬虫研究[J]. 计算机工程与设计. 2010(14):
3309-3312.

[42] 袁浩. 主题爬虫搜索 Web 页面策略的研究[D]. 长沙:中南大学,2009.

[43] 夏诏杰,等. 化学主题网络爬虫的设计和实现[J]. 计算机工程与应用,2006(10):204-206.

[44] 孙庚,等. 一种基于 Heritrix 的网络定题爬虫算法——以渔业信息网络为例[J]. 软件导刊.
2010(5):47-49.

[45] 李丽,等. 高校图书馆全方位学科咨询服务创新实践[J]. 图书馆建设. 2010(5):51-54.

[46] 王琦,等. 基于 Lucene 与 Heritrix 的图书垂直搜索引擎的研究与实现[J]. 计算机时代.
2010(2):12-14.

[47] 周利兵. 图像搜索引擎中信息采集技术的研究[D]. 武汉:华中科技大学,2006.

[48] 陈廉芳. 高校图书馆面向学科服务构建信息共享空间的研究[D]. 福建:福建师范大学,
2009.

[49] 冯研. 数字图书馆中基于流媒体技术的教学平台建设[D]. 大连:大连理工大学,2006.

[50] 杨强,等. 基于语义的新闻视频检索系统设计[J]. 电视技术. 2010(4):90-92.

[51] 蒲筱哥. 基于内容的视频检索关键技术研究综述[J]. 情报科学. 2010(3):464-469.

[52] 薛峰. 基于内容的音乐检索[J]. 大学图书馆学报. 1999(4):28-30.

[53] 薛振武. 基于内容的音乐检索算法研究[J]. 语音技术. 2009(3):63-67.

[54] 张宝华,等. 基于旋律的音乐检索系统[J]. 电声技术. 2005(12):4-11.

[55] 李晨,等. 音频检索技术研究[J]. 计算机技术与发展. 2008(8):215-218.

[56] 金毅,等. 基于旋律的音乐检索[J]. 情报学报. 2003(3):297-301.

[57] 金毅,等. 基于旋律的音乐检索研究——旋律特征的匹配检索[J]. 现代图书情报技术,2003 (4):57-59.

[58] 金毅,等. 基于旋律的音乐检索研究——旋律特征的输入识别[J]. 现代图书情报技术. 2004 (1):41-45.

[59] 百度百科. RFID[EB/OL][2012-05-11]. http://baike. baidu. com/view/26303. htm.

[60] 谭民,刘禹. RFID 技术系统工程及应用指南[M]. 北京:机械工业出版社,2007.

[61] 王颖,冯涛. 对 RFID 在图书馆应用的思考[J]. 图书馆工作与研究,2009,(2):46-48.

[62] 袁琳,何坚石. 数字出版环境下的信息资源采集策略研究[J]. 图书馆理论与实践,2010(4): 7-11.

[63] 刘家新,等. 面向重点学科的服务型资源体系建设[J]. 情报资料工作,2004,(4):38-40.

[64] 叶继元. 信息检索导论[M]. 北京:电子工业出版社,2010.

[65] 章志成. 自动标引研究的回顾与展望[J]. 现代图书情报技术,2007(11):33-39.

[66] Albert-Laszlo, Barabasi, Eeic Bonabeau. Scale-Free Networks[J]. 环球科学,2003(7):50- 59.

[67] 顾犇. 国际标准书目著录(统一版)[M]. 北京:北京图书馆出版社,2007.

[68] 王松林. 资源组织[M]. 北京:国家图书馆出版社,2011.

[69] 代根兴,周晓燕. 信息资源类型研究[J]. 中国图书馆学报,2000(2):76-79.

[70] 曾建雄. Web 信息资源评价及分类的研究[D]. 长沙:中南大学,2008.

[71] 刘波. 网络信息资源分类组织研究[D]. 大连:辽宁师范大学,2008.

[72] 庞剑锋,卜东波. 基于向量空间模型的文本自动分类系统的研究与实现[J]. 计算机应用研 究,2001(9):52-55.

[73] Graham Klyne, Jeremy J Carroll. Resource description framework (RDF):concepts and abstract syntax. [EB/OL] [2009-02-10]. http://www. w3. org/TR/2004/REC—rdf- concepts—20040210/,W3C Recommendation.

[74] Y. Papakonstantiou, H. Garacia-Molina, J. Widom. Object Exchange AcrossHeterogeneous Information Source. In Proceeding of Eleventh IntemationalConference on Data Engineering. 1995.

[75] 陈庄,刘加伶,成卫. 信息资源组织与管理[M]. 北京:清华大学出版社. 2011.

[76] 黎旭. 近现代信息组织发展[J]. 中国科技博览,2009(35):162-163,79.

[77] 罗丽丽. 西方目录学史:发展历程与基本文献[J]. 情报资料工作,2002(6):31-35.

[78] 陈耀盛. 经验科学时期的中西目录活动和目录学[J]. 图书与情报,1997(3):20-26.

[79] 华炳,黄奇. 计算机信息组织发展演变[J]. 科技情报开发与经济,2010(9):95-97.

［80］成兆珠. 谈 CNMARC 格式著录中计算机文件的处理方法［J］. 大学图书情报学刊，2005 (3)：10-15.

［81］数据库发展历史［EB/OL］［2009-02-25］. http：// www. miel68. com/othed2004-09/37973. htm.

［82］Web 数据管理未来发展趋势探讨［EB/OL］. ［2009-02-28］. http：// idke. ruc. edu. cn/ reports/report2007fFechnology％ 20seminar％ 20reports/Web％ 20data％ 20management. pdf.

［83］吴玲丽，余建桥，孙荣荣. 一种基于 Ontology 的异构数据库语义集成方法［J］. 计算机系统应用，2008(3)：11-16.

［84］王松林. 资源组织［M］. 北京：国家图书馆出版社，2011.

［85］王松林. 信息资源编目［M］. 北京：北京图书馆出版社. 2005.

［86］顾犇. 国际标准书目著录(统一版)［M］. 北京：北京图书馆出版社，2007.

［87］吴跃. AACR2 与 RDA 的联系及在图书著录部分的区别［J］. 北京：大学图书馆学报. 2010 (4)：77-83.

［88］MARC［EB/OL］. ［2012-02-28］. http：// baike. baidu. com/view/554512. htm.

［89］DC 元数据［EB/OL］. ［2012-02-28］. http：// baike. baidu. com/view/1246142. htm.

［90］夏立新，方志，唐艺. 基于 XML 的信息组织探讨［J］. 科技进步与对策，2006(2)：96-100.

［91］张晓林. 基于 XML 的信息组织与处理：XML 技术体系［J］. 情报科学，2001(8)：965-983.

［92］王松林. FRBR 与编目工作思考［J］. 国家图书馆学刊，2007(2)：85-87.

［93］吴江. FRBR 在网络书目控制的实现构想［J］. 数字图书馆论坛，2007(4)：37-40.

［94］Functional Requirements for Bibliographic Records ［EB/OL］. ［2009-12-09］. http：// www. ifla. org/Ⅶ/s3/frbr/frbr. pdf.

［95］宋志红. 高校图书馆文献信息资源揭示方法集合［J］. 图书馆论坛. 2006，26(4)：198-200.

［96］Ex Libris. SFX. ［2012-05-17］. http：// www. exlibrisgroup. com/category/SFXOverview.

［97］张俊略. 论网络信息资源的组织［J］. 图书情报知识，1998(2)：32-35.

［98］宋文，傅红梅. 文献资源集成揭示的模式与应用［J］. 图书馆论坛. 2008，28(1)：73-76.

［99］Millennium 2005 Preview：FRBR support. INN-Touch，2004(1)：9.

［100］邹广严，王红兵. 信息检索与利用［M］. 北京：科学出版社. 2011.

［101］叶继元. 信息检索导论［M］. 北京：电子工业出版社，2010.

［102］Mashup ［EO/BL］. ［2012-6-11］. http：// baike. baidu. com/view/241257. htm.

［103］百度百科. AJAX［EO/BL］. ［2012-6-11］. http：// baike. baidu. com/view/1641. htm.

［104］Excel 规范与限制［EB/OL］. ［2012-05-18］. http：// office. microsoft. com/zh-cn/excel-help/HP010073849. aspx.

［105］将 Access 2002 数据库迁移到 SQL Server［EB/OL］. ［2012-05-18］. http：// www. microsoft. com/china/msdn/library/data/sqlserver/sqlbackend. mspx？ mfr＝true.

［106］杨涛，等. 深入理解 MySQL［M］. 北京：人民邮电出版社，2010.

［107］MySQL Licensing Policy ［EB/OL］. ［2012-05-18］. http：// www. mysql. com/about/

legal/licensing/index. html.

[108] 陆宝华,王晓宇. 信息安全等级保护技术基础培训教程[M].北京:电子工业出版社.2010.

[109] 孙自发. 信息资源管理安全性研究[J].中国信息界.2010(4):45-46.

[110] 徐莉. 浅谈数字图书馆信息资源安全[J].图书馆学刊.2005(2):47-49.

[111] 信息安全[BO/EL].[2012-5-12]. http://baike. baidu. com/view/17249. htm.

[112] 于金海,郭军成. 基于 RSS 的图书馆网络信息推送服务[J].科技情报开发与经济,2007 (29):38-39.

[113] 百度百科. XML[EB/OL].[2010-08-06]. http://baike. baidu. com/view/63. htm.

[114] 百度百科. Feed[EB/OL].[2010-08-06]. http://baike. baidu. com/view/566694. htm.

[115] 秦鸿. RSS 技术在图书馆中的应用[M].上海:上海交通大学出版社,2010.

[116] Site Statistics —RSS. Syndic8. com [EB/OL].[2012-05-16]. http://www. syndic8. com/ stats. php?Section=rss.

[117] 陈凌晖. 基于 RSS 技术的信息门户个性化信息服务理念与实现[J].现代图书情报技术. 2007,146(1):33-36.

[118] RODRIGO O. RSS utilities:a tutorial [EB/OL].[2011-12-12]. http://java. sun. com/ developer/technicalArticles/javaserverpages/rss_utilities/.

[119] 黄继征. RSS 技术在图书馆信息推送服务中的应用[J].大学图书情报学刊,2006(5):36- 42.

[120] 姜瑞其. RSS 在图书馆自助式数字参考咨询服务中的应用[J].情报理论与实践,2006(1): 78-80.

[121] Zeki Celikbas. What is RSS and how can it serve libraries?. http://eprints. rclis. org/ archive/00002531/01/RSS_and_libraries_EN3. pdf.

[122] 孙翌. IM 技术在图书馆中的应用[M].上海:上海交通大学出版社,2010.

[123] 上海交通大学图书馆. 期刊目次订阅.[EB/OL].[2012-04-16]. http://ersa. lib. sjtu. edu. cn/custom/html/list_by_alph. asp?alph=a&lan=cn.

[124] National Cancer Institute News—The New York Times [EB/OL].[2010-08-16]. http:// topics. nytimes. com/topics/reference/timestopics/organizations/n/national_ cancer_ institute/ index. html?inline=nyt-org％rss=1/.

[125] 百度百科. 电子邮件.[EB/OL].[2012-5-18]. http://baike. baidu. com/view/4178. htm.

[126] 中国互联网协会反垃圾信息中心.2011 年第三季度中国反垃圾邮件状况调查报告[R]. http://www. 12321. org. cn/pdf/2011_03. pdf.

[127] 中国反垃圾邮件联盟.[EB/OL].[2012-05-19]. http://www. anti-spam. org. cn/.

[128] 国家工业和信息化部.《互联网电子邮件服务管理办法》.[EB/OL].[2012-05-19]. http:// www. miit. gov. cn/n11293472/n11294912/n11296542/12165060. html.

[129] 中国互联网协会.《中国互联网协会互联网公共电子邮件服务规范》(试行).[EB/OL]. [2012-05-19]. http://www. isc. org. cn/hyzl/hyzl/listinfo-15604. html.

[130] 常唯. 标签在数字学术资源内容解释中的作用研究[J].图书馆杂志.2007:46-52.

［131］庄秀丽."Tag 标签"互联应用［EB/OL］.［2007-05-13］. http：//www. kmcenter. org/html/zhuangxiuli/200705/13-4265. html.

［132］中国政府门户网站.国家中长期科学和技术发展规划纲要.［EB/OL］.［2012-04-16］. http：//www. gov. cn/jrzg/2006-02/09/content_183787. htm,2006-02-09.

［133］百度百科. RFID.［2011-05-16］. http：//baike. baidu. com/view/26303. htm.

［134］Sung Kuan. What Went Right & What Went Wrong with RFID—The National Singapore Library.［2009-02-18］. http：//www. zlb. de/aktivitaeten/bd_neu/heftinhalte2006/Betorg 080906. pdf.

［135］刘白秋.无线射频识别技术在国内图书馆中的首次应用实践［J］.图书馆学研究,2007(4)：10-12.

［136］吴晞,甘琳.迈向智能化图书馆——无线射频识别技术在图书馆的应用和创新［J］.中国图书馆学报,2006,32(6)：65-68.

［137］甘琳. RFID 技术在图书馆的创新应用.图书馆论坛,2007,27(3)：8-11.

［138］艾瑞咨询.艾瑞 iUserTracker：2012 年 3 月即时通讯软件行业数据［EB/OL］.［2012-04-30］. http：//www. iresearch. com. cn/Report/View. aspx?Newsid=170842.

［139］上海交通大学图书馆. OPAC 机器人［EB/OL］.［2011-04-18］. http：//opac. lib. sjtu. edu. cn/F/?func=file&file_name=robot. html.

［140］MSN Messenger Protocol［EB/OL］.［2012-05-23］. http：//www. hypothetic. org/docs/msn/index. php.

［141］百度百科.博客［EB/OL］.［2010-07-08］. http：//baike. baidu. com/view/1509. htm.

［142］方兴东,王俊秀.博客—e 时代的盗火者［M］.北京：中国方正出版社,2003：35-47.

［143］2002 年至 2009 年中国博客市场用户规模［EB/OL］.［2009-10-10］. http：//www. cnnic. cn/uploadfiles/pdf/2009/10/10/105733. pdf.

［144］百度百科.微博［EB/OL］.［2012-05-27］. http：//baike. baidu. com/view/1567099. htm.

［145］博客大巴.大旗底下［EB/OL］.［2009-09-08］. http：//dqdx. blogbus. com/logs/45622119. html.

［146］上海交通大学图书馆.学科博客［EB/OL］.［2010-07-13］. http：//www. lib. sjtu. edu. cn/view. do?id=1590.

［147］维基百科.博客［EB/OL］.［2010-07-08］. http：//zh. wikipedia. org/zh-cn/％E5％8D％9A％E5％AE％A2.

［148］孙翌,郭晶.基于博客的高校图书馆学科化知识服务平台实证研究［J］.图书与情报,2009(5)：105-107.

［149］钟文娟.个性化服务——博客在图书馆学科化服务中的应用［J］.科技情报开发与经济. 2009,19(28)：6-7.

［150］张秋,韩丽风.清华大学图书馆学科博客探索实践及理性思考［J］.图书情报工作,2009,53(15)：88-91.

［151］维基百科.微博客.［EB/OL］.［2012-02-14］. http：//zh. wikipedia. org/wiki/％E5％BE％

AE％E5％8D％9A.

[152] 孙宇. Micro-blogging 图书馆个性化服务新平台[J]. 图书馆工作与研究,2010(2):33-36.

[153] 林菲,朴咏男. "微博"理念下图书馆读者的信息素养教育探析[J]. 长春师范学院学报(自然科学版),2011,30(3):172-174.

[154] 百度百科. Twitter. [EB/OL]. [2012-05-20]. http:∥baike. baidu. com/view/843376. htm.

[155] 维基百科. Plurk. [EB/OL]. [2012-04-21]. http:∥zh. wikipedia. org/wiki/Plurk.

[156] Google⁺ 就是冲着 Facebook 去的,细看 Google 的社交网络. [EB/OL]. [2011-06-29]. http:∥www. guao. hk/posts/googles-facebook-competitor-the-google-social-network-finally-arrives. html.

[157] 百度百科. 新浪微博. [EB/OL]. [2012-05-05]. http:∥baike. baidu. com/view/2762127. htm.

[158] 维基百科. 腾讯微博. [EB/OL]. [2012-04-07]. http:∥zh. wikipedia. org/wiki/％E8％85％BE％E8％AE％AF％E5％BE％AE％E5％8D％9A.

[159] Geogia Library News Now on Twitter [J]. Georgia Library Quarterly. 2009,46(4):24.

[160] Google、Facebook、Twitter 时代高校图书馆依然蓬勃发展[J]. 现代情报技术,2009(5):96.

[161] Twitter 在英国图书馆渐成流行[J]. 出版参考,2009(19):42.

[162] 美国会图书馆将收藏 Twitter 上所有历史记录[EB/OL]. [2011-02-16]. http:∥tech. 163. com/10/0415/16/64AU9URG000915BF. html.

[163] Twitter [EB/OL]. [2011-02-16]. http:∥www. libsuccess. org/index. php?title＝Twitter.

[164] 在 Twitter 上关注图书馆,兼及其他—[新知][EB/OL]. [2011-02-16]http:∥nalsicat. blogbus. com/tag/Twitter/.

[165] 司姣姣. 微博在图书馆中的应用[J]. 数字图书馆论坛,2011,(3):39-43.

[166] 杨亮. 浅议微博客与图书馆的发展[J]. 中国科技信息,2010(10):202-203.

[167] 陈丽纳. 微博客(Micro-blog)在图书馆中的应用研究[J]. 四川图书馆学报,2010(4):32-36.

[168] 维基百科. wiki. [EB/OL]. [2012-05-27]. http:∥zh. wikipedia. org/zh-cn/Wiki.

[169] 王博,刘青华. 基于 WIKI 的图书馆网络交流平台建设[J]. 图书馆学研究,2006(11):19-21.

[170] 上海交通大学图书馆. 馆员维基. [EB/OL]. [2010-10-12]. http:∥wiki. lib. sjtu. edu. cn.

[171] 同济大学图书馆百事通. [EB/OL]. [2010-01-10]. http:∥wiki. lib. tongji. edu. cn.

[172] 刘佳音. 应用 Web2. 0 核心技术的图书馆信息服务创新[J]. 图书馆学研究. 2008(3):98-101.

[173] The Ohio University Libraries Biz Wiki. [EB/OL]. [2012-05-28]. http:∥www. library. ohiou. edu/subjects/bizwiki/index. php/Main_Page.

[174] 覃剑宁. 电子期刊导航系统的探讨及实施[J]. 图书馆论坛,2008(4):66-68.

[175] 张树中. 图书馆电子期刊导航系统的现状、问题与对策[J]. 现代情报,2008(4):51-53.

[176] 廖剑岚. MetaLib/SFX 系统与电子期刊导航—从电子期刊管理的角度分析[J]. 现代情报,

2009(1):178-180.

[177] 窦天芳,姜爱蓉,张成昱,等. Web 环境下多源数据的集成服务——以清华大学新期刊导航为例[J]. 大学图书馆学报,2010(3):80-84.

[178] 马铭锦,应红燕. 网络环境下西文期刊资源的整合——以北京信息科技大学西文期刊导航系统为例[J]. 图书馆学刊,2010(7):87-90.

[179] 赵乃瑄. 电子期刊管理体系方法与实践[M]. 大连:大连理工大学出版社,2009.

[180] 李莉. 电子期刊导航系统的设计与构建——以华中师范大学图书馆为例[J]. 图书馆学刊,2009(8):107-109.

[181] 卢晓慧,何雅琪. 高校图书馆电子期刊导航建设——以中国人民大学图书馆为例[J]. 现代情报,2012(1):150-152.

[182] 维基百科. 云计算[EB/OL]. [2010-08-07]. http://zh. wikipedia. org/zh-cn/%E4%BA%91%E8%AE%A1%E7%AE%97.

[183] Google 黑板报. 李开复. 云中漫步——迎接云计算时代的来到[EB/OL]. [2009-05-15]. http://www. googlechinablog. com/2008/05/blog-post_09. html.

[184] 中国云计算网. 阿里巴巴正式涉足云计算[EB/OL]. [2010-08-07]. http://www. cloudcomputing-china. cn/Article/cloudcomputingchina/200812/223. html.

[185] 百度百科. 云计算[EB/OL]. [2010-08-07]. http://baike. baidu. com/view/1316082. html.

[186] Tame The Web. How Can Libraries Use the Cloud? [EB/OL]. [2010-08-15]. http://tametheweb. com/2008/08/04/how-can-libraries-use-the-cloud/.

[187] Tame The Web. Ten Trends & Technologies for 2009 [EB/OL]. [2010-08-15]. http://tametheweb. com/2009/01/12/ten-trends-technologies-for-2009/.

[188] 数图技术研究. 2008 图林十大技术进展(下)[EB/OL]. [2010-08-25]. http://www. kevenlw. name/archives/742.

[189] 刘炜. 图书馆需要一朵怎样的"云"? [J]. 大学图书馆学报,2009(3):2-6.

[190] 孙卫. 图书馆在云时代的思考[J]. 数字图书馆论坛,2009(6):35-41.

[191] 胡小菁,范并思. 云计算给图书馆管理带来挑战[J]. 大学图书馆学报,2009(4):7-12.

[192] 王文清,陈凌. CALIS 数字图书馆云服务平台模型[J]. 大学图书馆学报,2009(4):13-18,32.

[193] OCLC. OCLC Announces Strategy to Move Library Management Services Web Scale [EB/OL]. [2010-08-25]. http://www. oclc. org/news/releases/200927. htm.

[194] 田雪芹. 云计算环境下图书馆变革的进展与趋势[J]. 中国教育网络. 2009(7):67-69.

[195] Springshare. LibGuides for Libraries-Share Knowledge and Information [EB/OL]. [2011-04-15]. http://www. springshare. com/libguides/.

[196] 上海交通大学图书馆. 学科服务平台[EB/OL]. [2010-12-20]. http://ssp. lib. sjtu. edu. cn/.

[197] 徐恺英,刘佳,等. 高校图书馆学科化知识服务模式研究[J]. 图书情报工作,2007,51(3):53-55.

[198] 蔡炳育,陈慧贤.云计算与数字资源存储问题分析[J].电脑知识与技术,2009(24):7015-7017.

[199] Boston College University Libraries. LibGuides [EB/OL]. [2010-07-20]. http：// libguides. bc. edu/.

[200] University of Southern California. Libraries. LibGuides [EB/OL]. [2010-07-20]. http： //libguides. usc. edu/.

[201] 黄莲芝.高校图书馆虚拟参考咨询在教师信息需求中的战略思考[J].图书馆学刊.2007 (6):103-106.

[202] 李昭醇.数字参考咨询服务初探[M].北京:北京图书馆出版社,2004.

[203] 叶莉.基于 WEB 的虚拟参考咨询平台的建设与开发——以武汉图书馆为例[J].河南图书 馆学刊,2006(1):117-120.

[204] 黄敏,杨宗英.网上咨询服务的主要形式与发展趋势——兼谈上海交通大学 VRS 实时解 答系统[J].大学图书馆学报,2003,21(1):33-36.

[205] 邬卫华.参考咨询与学科服务比较研究[J].图书馆学研究,2006,(1):75-78.

[206] 谢玲.面向学科的图书馆数字参考咨询服务研究[D].福州:福建师范大学图书馆学, 2008.

[207] 袁红军.虚拟参考咨询最优化探究[J].国家图书馆学刊,2007,16(1):81-84.

[208] 覃丽金,刘小香.基于用户需求的高校图书馆参考咨询服务研究[J].科技情报开发与经 济,2009,19(9):21-23.

[209] 中国科学院国家科学图书馆.网上咨询台[EB/OL].[2010-07-20]. http：// dref. csdl. ac. cn/digiref/.

[210] Lee Yen Han：The Role and Integration of Digital Libraries in E-Learning, Handbook of Research on Digital Libraries：Design, Development, and Impact, Chapter XLIX.

[211] Susan Gibbons. "Integration of Libraries andCourse-Management Systems." Library Technology Reports 41, no. 3 (2005)：4 Chapter 1, Chapter 2, Chapter 6.

[212] 卓越电子.课程中心.[EB/OL].[2012-05-20]. http：// www. able-elec. com/Web/ProductCourse. aspx?SortNo=003&TypeNo=017.

[213] Elizabeth L. Black & Betsy Blankenship (2010)：Linking Students to Library Resources through the Learning Management System [J]. Journal of Library Administration, 50：5-6, 458-467.

[214] Ian H. Witten, Shaoqun Wu, Xiaofeng Yu LINKING DIGITAL LIBRARIES TO COURSES. [EB/OL]. [2012-05-20]. http：// www. cs. waikato. ac. nz/~ihw/papers/11-IHW-SW-XY-Linking%20DL's. pdf.

[215] Kellam, L. M. (2009). Hacking blackboard：Customizing access to library resources through the blackboard course management system [J]. Journal of Web Librarianship, 3 (4)，349-363.

[216] Rabia Ramlogan and Jennifer Papin-Ramcharany (2011)：The potential of e-reserves for

the Main Library [J]. Information Development，27(3)，196-206.

[217] Jodi Poe & Bethany Skaggs（2007）：Course Reserves，Journal of Interlibrary Loan [J]. Document Delivery & Electronic Reserve，18：1，79-91.

[218] 上海交通大学.教学信息服务网.[EB/OL].[2012-05-20].http：// electsys0. sjtu. edu. cn/ edu.

[219] 上海交通大学图书馆.馆藏及资源.[EB/OL].[2012-05-20].http：// www. lib. sjtu. edu. cn/view. do?id＝1355.

[220] 上海交通大学.上海交通大学统一身份认证.[EB/OL].[2012-05-20].http：// jaccount. sjtu. edu. cn.

[221] 百度文库.IBM"智慧地球"的认识和思考[EB/OL].[2010-05-25].http：// wenku. baidu. com/view/802b80ea998fcc22bcd10d0c. html.

[222] What is a smart planet [EB/OL].[2012-05-12].http：// www. ibm. com/smarterplanet/ us/en/overview/ideas/index. html.

[223] 互动百科.智慧城市[EB/OL].[2012-05-04].http：// www. hudong. com/wiki/％E6％ 99％BA％E6％85％A7％E5％9F％8E％E5％B8％82.

[224] 百度百科.智慧校园[EB/OL].[2012-03-23].http：// baike. baidu. com/view/5478486. htm.

[225] 董晓霞,等.智慧图书馆的定义、设计以及实现[J].现代图书情报技术,2011(2)：76-80.

[226] 郭晶.上海交通大学智慧图书馆之"型"与"行"[J].中国教育网络,2011(11)：23-24.

[227] 百度百科.语义网[EB/OL].[2012-01-05].http：// baike. baidu. com/view/1967. htm.

[228] 百度百科.网络爬虫[EB/OL].[2012-05-11].http：// baike. baidu. com/view/284853. htm.

[229] Project Glass[EB/OL].[2012-05-27].http：//en. wikipedia. org/wiki/Project_Glass.

[230] 曾妍.移动阅读在图书馆实行的可能性分析[J].图书馆建设,2009(2)：70-72.

[231] 百度百科.Linked Data [EB/OL].[2010-10-20].http：// baike. baidu. com/view/2283704. htm.

[232] 林海青,等.图书馆关联数据：机会与挑战[J].中国图书馆学报,2012(1)：58-66.

[233] 张小峰.基于关联数据的图书馆学术资源推荐研究[J].图书馆学研究,2012(5)：87-89.

[234] 百度百科.云服务[EB/OL].[2012-04-27].http：// baike. baidu. com/view/2007356. htm.

[235] 百度百科.Kinect[EB/OL].[2012-02-12].http：// baike. baidu. com/view/3766855. htm.

[236] Siri 背后的技术[EB/OL].[2011-10-23].http：// www. sigma. me/2011/10/23/the-technology-behand-siri. html.

[237] 百度百科.虚拟现实[EB/OL].[2012-04-24].http：// baike. baidu. com/view/7299. htm.